Meiner lieben Frau

Albrecht Lohmann

DIE BOTSCHAFTER

Eine Kulturgeschichte
der Diplomatie

Econon Verlag
Düsseldorf · Wien

Bildnachweis:

Archiv des Autors: VI, XIV, XV
Bildarchiv Preußischer Kulturbesitz, Berlin: I–V, VII, VIII, IX unten, X, XI–XIII
Deutsches Archäologisches Institut, Istanbul: IX oben
dpa, Düsseldorf: XVI

1. Auflage 1976

Gesetzt aus der 10 Punkt Times der Linofilm V-I-P
Satz: Otto Gutfreund & Sohn, Darmstadt
Druck- und Bindearbeiten: Ebner, Ulm
Printed in Germany
ISBN 3 430 16180 0

Inhaltsverzeichnis

Vorbetrachtung

Die Weltgeschichte, die sich dünkt was Rechtes,
Ist die Zoologie des Menschengeschlechtes.

Grillparzer

Die Bücher unserer Zeit sind voll von Betrachtungen über die Angriffslust der Menschen, wissenschaftlich »Aggression« genannt. »Aggression« ist ein Modewort, das in keiner Abhandlung fehlen darf. Es muß also auch hier stehen; denn die Aggression ist die Stiefschwester der Diplomatie, ein Paar von Gegenspielerinnen, die sich gegenseitig bedingen, wie wir sehen werden.

Sehr neu sind die Erkenntnisse über die Aggression gerade nicht. »Homo homini lupus« ist der lakonisch kurze lateinische Spruch, daß jeder des anderen Wolf ist. Dem ist schwer abzuhelfen. An Bemühungen hat es in der Geschichte nicht gefehlt. Märtyrer ließen sich dafür ans Kreuz schlagen, verbrennen und wilden Tieren vorwerfen. Es hat nichts geholfen. In neuer Zeit beschäftigte sich die Wissenschaft mit diesem Problem. Mit einer Unzahl neuer Wortbildungen versuchte sie, den Menschen zu überlisten. Da nun der Glaube an die Wissenschaft heute der vorherrschende Glaube ist, der Mensch ohne Glaube und Hoffnung nicht recht durchs Leben kommt, hat die Wissenschaft, um glaubwürdig zu bleiben, obwohl sie doch vom Zweifel abstammt, einen neuen Glauben gefunden, einen weltlichen Himmel auf Erden zu errichten. Es ist nur noch ein wenig Erziehungsarbeit erforderlich. Nun hat die Menschheit aber das Ergebnis dieser wissenschaftlichen Bemühungen nicht abwarten können. Sie mußte dem Urstreben, sich gegenseitig umzubringen, sofort entgegentreten und zu Mitteln greifen, die zwar nicht die volle Lösung brachten, die aber bisher die völlige Ausrottung verhindert haben.

Bevor das abgestorbene Latein und das ebenfalls verblichene Griechisch den modernen Sprachkünstlern die Möglichkeit gaben, alles, aber auch alles in den bis zur Unverständlichkeit differenzierten Abstrakta zu erfassen, pflegte man die Unergründlichkeiten dieser Welt in Bildern darzustellen, die zumindest vordergründig von allen verstanden wurden. Der Teufel war mitsamt seiner Muhme, der bekannten Schlange, eine eindeutige, erst im letzten zweifelhafte Gestalt. Aber das sogenannte Böse verlangt eingehende Abhandlungen, denen der Mensch in grauer Vorzeit und vielleicht auch heute noch nicht recht gewachsen ist. Wir bleiben daher, schon der Kürze wegen, im Bereich der Bilder.

Nachdem nun im Paradies die Sache mit dem Apfel passiert war – nach neueren Forschungen hat es sich um eine Tomate gehandelt, was glaubhaft ist, denn nicht ohne Grund wird die Tomate Paradiesapfel genannt –, wurde der Mensch der Erkenntnis teilhaftig. Damit setzte die frühere vollautomatische Steuerung seines gesamten Triebwerks, was man früher den Verlust der paradiesischen Unschuld nannte, aus. Der Mensch war ein moralisches Wesen geworden, weil die Schlange ihm vorgelogen hatte, er werde nun das Gute und das Böse wissen. Der neue Kompaß hatte aber offensichtlich Mißweisungen, da der Kreiselkompaß noch nicht erfunden war. Außerdem mußte dies Instrument ständig beobachtet werden, um danach das Triebwerk einzustellen. So weit war nicht einmal die Schlange gegangen, zu behaupten, daß der Mensch nach der Apfelspeise auf Grund seines neuen Wissens nun auch das Böse unterlassen werde. Es zeigte sich auch bald, daß dieser, wie man sagt, von Natur aus gute Mensch, der nach neuerer Lehre erst durch die Gesellschaft, die Zusammenfassung dieser guten Menschen, böse wird, nicht so gut war wie gedacht, da er trotz fehlender Gesellschaft – es gab erst 4 Exemplare dieser neuen Spezies – es zum Mord kommen ließ. Kain erschlug Abel im Zorn. Hinterher kam ihm die Erkenntnis des Bösen. In die frühere automatische Triebschaltung hatte sich ein Verzögerungssatz eingeschlichen. An den so unvermeidlich gewordenen Spätzündungen war nun nicht mehr vorbeizukommen. Es bestand die Aussicht, daß das Menschengeschlecht sich alsbald wieder auslöschte, wenn es zu Kettenreaktionen und Eskalationen kam.

Nach der Bibel mußte der Herr noch einmal eingreifen. Er schuf das Kainszeichen, nicht wie man es von einem so autoritativen Herrn erwarten sollte, als Repression und um Kain gesellschaftlich zu diskriminieren, sondern – ich bitte, selbst nachzulesen – um ihn unter ein Tabu zu stellen, daß er seinerseits nicht erschlagen werde. Es ist der erste Fall einer persönlichen Immunität, der in der Literatur erwähnt wird. Da in diesem Buch noch verschiedentlich von Immunität die Rede sein wird, mußte dieser Fall, wie der Leser zugestehen wird, besonders hervorgehoben werden. Unverständlicherweise ist dies bisher – soweit ich sehe – in der Fachliteratur nie geschehen.

Nach neuerer Lehre muß die Idee des Tabu allerdings von einem Astronauten auf der Erde verbreitet worden sein. Eine andere Theorie meint, die Menschen hätten sich so lange gegenseitig aufgefressen, bis sie das Unsinnige ihres Tuns einzusehen in der Lage gewesen seien. Ich habe einige Zweifel, oder sollten sie zu früh mit dieser so erfolgreichen Tätigkeit aufgehört haben?
Im ganzen stand es schlecht um den Menschen in der Vorzeit und sein vorerst einziges Tabu, dessen Herkunft wir nach den vorangegangenen Erörterungen noch dazu als zweifelhaft bezeichnen müssen.

Mephisto bei seiner bekannten Unterredung mit der höchsten Autorität – die Repression blieb nicht aus – faßte seine Meinung, die er von Goethe übernahm, sehr poetisch wie folgt zusammen:

»Der kleine Gott der Welt bleibt stets vom gleichen Schlag
Und ist so wunderlich, als wie am ersten Tag.
Ein wenig besser würd' er leben,
Hätt'st Du ihm nicht den Schein des Himmelslichts gegeben.
Er nennt's Vernunft und braucht's allein,
Nur tierischer als jedes Tier zu sein.«

Hier lügt und übertreibt Mephisto aber wieder genauso wie damals seine Muhme, die Schlange. Alle Hunde- und Katzenliebhaber, vor allem -liebhaberinnen, Meerschweinchen- und Kanarienvogelhalter sind sich darin einig, daß hier hinsichtlich des Tieres ein Vorurteil geprägt worden ist, was zu den schwersten

Bedenken Anlaß gibt. Wir können es hier im einzelnen nicht erörtern, müssen aber zugunsten des Menschen darauf hinweisen, daß bei ihm doch dann und wann ein Strahl der Vernunft durchbricht, sei es nun Glückssache oder ein Rest der umfunktionierten früheren automatischen Triebwerkssteuerung. Die Psychologen und andere grübeln noch nach. Leider können wir das Ergebnis nicht abwarten. Dies Buch würde sonst nie erscheinen. Wir lassen also auch diese Frage dahingestellt, wollen aber daran festhalten, daß der Mensch auch bei seinem Vernunftsgebaren meist, wir machen bewußt diese kleine Einschränkung, um die These unangreifbarer zu machen, so wunderlich wie am ersten Tag bleibt. Man wird auch zugestehen müssen, daß aus Bösem sich Gutes ergeben kann, und aus Gutgemeintem Böses. Das Unterscheidungsvermögen reicht eben nicht aus. Vielleicht ist die ganze Frage falsch gestellt. Man weiß es nicht. Vielleicht hätten Adam und Eva zwei Tomaten essen sollen. Aber das ist nun versäumt und läßt sich nach so langer Zeit nicht mehr nachholen. Das innere Triebwerk aus der Urzeit hat sich nun nicht mehr umstellen lassen.

Wir müssen aber nach diesen notwendigen Abschweifungen wieder auf die Tabus zurückkommen. Wir entnehmen der allgemeinen Verhaltenslehre, daß es in der Tierwelt verschiedene Tabus gibt und andere Verhaltensweisen automatischer Steuerung, mit denen wir uns wohlwollend lächelnd im Hinblick auf spätere Kapitel dieses Buches bekanntmachen: ritualisierte Verhaltensweisen, Rangordnungen – mit einem von uns zu verwerfenden Ausdruck auch Hackordnung genannt – und das so vielfältige Imponiergehabe bunter Vögel und anderer Lebewesen.

Ehe wir aber im einzelnen darauf eingehen, stellen wir zunächst einmal zusammenfassend fest: Aufgrund des Lichtstümpfchens Vernunft im Verein mit den eben genannten Wunderlichkeiten haben sich die Sippen und später die Völker und Staaten noch nicht völlig ausgerottet, soviel Mühe sie sich auch gegeben haben und soviele auch auf der Strecke geblieben sind. Zu diesem immerhin mittleren Erfolg führte die Sprache, das beruhigende Palaver und die ausgleichende Verhandlung. Die tragenden Personen aber waren die Überbringer von Botschaften und der verständige Unterhändler.

Damit sind wir beim Thema, nachdem wir der Pflichtübung deutscher Autoren, bei Adam und Eva anzufangen, im wörtlichen Sinne genügt haben.

1.
Frühes Tabu

Sacrum inter externas gentes legatorum ius.

Tacitus

Von den frühen ersten Menschenhorden, Sippenverbänden und Völkerschaften meldet keine Inschrift und kein Buch. Einzelne Knochen- und Waffenfunde, Reste urzeitlicher Siedlungen geben uns von ihrer Existenz und Lebensweise eine entfernte Kenntnis. Wie sie aber im Verstehen und Streit sich mit- und gegeneinander verhalten haben, zeigen die Spuren nicht, abgesehen davon, daß aufgeschlagene Markknochen von frühem Kannibalismus zeugen.

Wenn man sich nun irgendein Bild von der vorgeschichtlichen Zeit machen will, bleibt nichts anderes übrig, als das Zusammenleben solcher Völkerschaften zum Vergleich heranzuziehen, die dem Urzustand noch am nächsten sind oder – wie man heute wohl sagen muß – waren: denn die Zivilisation hat sie alle mehr oder weniger erfaßt.

Ein finnischer Diplomat, R. Numelin, hat sich die unendliche Mühe gemacht, alle ethnologischen und sonstigen Quellen über diese primitiven Völkerschaften zu erfassen und festzustellen, wie sich das, was wir heute Diplomatie nennen, bei ihnen und somit wohl auch in der Vorzeit gestaltet hat.

Überall auf dieser Erde, auf allen Kontinenten finden sich im einzelnen verschiedene, im ganzen aber gleichlaufende Frühformen des Völkerrechts, meist in magisch-religiöse Vorstellungen eingebettet und abgesichert. Wie es dazu gekommen ist, bleibt ungewiß. Alle Anfänge sind geheimnisvoll, um mit Goethe zu formulieren. Sehr komplexe psychologische und soziale Einwirkungen zusammen mit den in ihrer Entstehung ebenso rätselhaften magischen Grundvorstellungen lassen jedenfalls überall gewisse Sitten und Gebräuche entstehen, die es ermöglichen, die Stammesfehden zu beenden oder neue nicht erst aufkommen zu lassen. Diese »völkerrechtlichen« Regeln enthalten, soweit wir sehen, in ihrer ersten Phase vorzugsweise Verbote, aber keine Anweisungen für ein bestimmtes Verhalten. Mehr noch als die Sitte verbürgt die magisch-religiöse Weihe die strikte Einhaltung dieser Verbote. Als letzte Sanktion kann eine Verletzung dieser Regeln eine kriegerische Auseinandersetzung auslösen.

Der große Ausgangspunkt dieser ersten »internationalen« Verhandlungen ist die Unverletzlichkeit des Boten und des Unterhändlers, der sich in das Gebiet des gegnerischen Stammes begibt und der an sich dem Grundsatz nach vom Überschreiten der Grenze ab als Feind betrachtet werden müßte. Hier macht sich höchst merkwürdigerweise sehr früh etwas geltend, was wir juristischen Formalismus nennen würden. Wir kennen ihn eigentlich erst seit den Zeiten des römischen Rechts. Die Römer erlangten eine große Meisterschaft darin, aus archaischen Rechtsbestimmungen etwas neues Praktikables entstehen zu lassen. Wenn eine Schenkung verboten war, trat der Verkauf für einen Pfennig an die Stelle der rechtsunwirksamen Schenkung. Und die strafrechtlich gedachte Vorschrift, daß ein Sohn von jeder väterlichen Gewalt frei sein sollte, wenn dieser ihn dreimal verkaufe, benutzten die römischen Juristen als Form, sich aus dem Familienwirtschaftsverband – was die römische Familieneinheit u. a. darstellte – zu lösen, um mit eigenem Recht und Namen zu leben und zu wirtschaften. Die Menschen der Vorzeit müssen ähnlich gedacht haben. Und so fanden sie auch eine Lösung, wie man den Boten des gegnerischen Stammes, wenn er die Grenze überschritt, nicht als Feind zu betrachten brauchte, ja es nicht einmal durfte. Er mußte eben als Mitglied des eigenen Stammes angesehen werden können. Die »rechtliche« Form hierfür aber war der Abschluß einer Blutsbrüderschaft. Die Blutsbrüderschaft schloß jede feindselige Handlung aus, über die Person des Blutsbruders band sie den ganzen Stamm. Der magische Hintergrund ist unverkennbar.

Die Riten waren sehr verschieden: unmittelbare Berührung der beigebrachten Wunden, Mischen des Blutes in Wein oder Speisen und deren Verzehr u. a. ... Uns ist die Zeremonie eines Opfer- und Blutrituals einer afrikanischen Völkerschaft überliefert, das gut zeigt, wie die Magie Ausgangspunkt eines quasi völkerrechtlichen Verhaltens wird, einen unverletzlichen Unterhändler aufzunehmen.

Die vorgesehenen Unterhändler der im Streit liegenden Stämme treffen sich mit ihren Familien im Niemandsland. Sie haben als Opfertier je ein Schwein mitgebracht. Die Tiere werden ausgetauscht. Der Älteste jeder Gruppe schlachtet das Tier, fängt das Blut auf und mischt es mit Ocker. Dann werden Stirn und weitere Körperteile von den Mitgliedern der beiden Gruppen mit der Mischung eingerieben. Nunmehr trennen sich beide Gruppen wieder und verzehren auf dem Heimweg das Opfertier in einiger Entfernung von ihrem Kral. Es ist nun jeder der Beteiligten Gastfreund und Blutsbruder des anderen. Selbst die Abkömmlinge sind einbezogen. Sie sind ebenfalls Mitglied des anderen Stammes geworden und fallen unter das allgemeine Tabu, das verbietet, einen Stammesangehörigen zu töten. Ein sakrosankter Unterhändler ist so geschaffen, und es gibt Beispiele einer erblichen Gesandtenstellung. Diese »Gesandten« früher Prägung waren bei der Aufnahme von Verhandlungen durch die feste Überzeugung der Beteiligten gesichert, daß die ganze Familie sterben würde, wenn man den Blutbann bräche.

Es bildeten sich auf diese Weise sogar Verhandlungsketten. Der eine Stamm unterhielt eine Blutsbrüderschaft mit seinem Nachbarn, dieser wieder mit einem anderen Stamm usw. ... Auf diesem Weg wurde nun mittelbar auch mit anderen Völkerschaften verhandelt, ohne daß unmittelbare »diplomatische Beziehungen« bestanden.

Dieses Jahr ging eine Meldung durch die Zeitungen, die gut als Ergänzung herangezogen werden kann. Die Fotojournalistin Wyn Sargent aus einer Stadt Kaliforniens sei in die Urwälder West-Irians gereist, um die Sex-Sitten der Urbevölkerung zu studieren, habe sich dann aber entschlossen, drei miteinander im Kriege befindliche Stämme zu befrieden. Den einen Häuptling habe sie geheiratet, und außerdem sei sie Blutsschwester der beiden anderen beteiligten Häuptlinge geworden. Sie schildert dieses Ritual:

> »Dazu wurden meine Gelenke geritzt und diejenigen der beiden anderen Häuptlinge, und dann ließen wir, die Gelenke aneinandergelegt, das Blut zusammenfließen, was uns zu Blutsbrüdern und Blutsschwester machte.«

Ihre Heirat mit dem dritten Häuptling führte zur allgemeinen Beendigung der Feindseligkeiten. Die früheren Feinde kamen zusammen und verzehrten 25 Schweine zusammen zur Hochzeit und zum Friedensschluß.

Reste der Vorzeit leben also noch und lassen sichere Schlüsse auf die Vergangenheit zu, Tabus für die Beteiligten zu schaffen.

Es gab aber auch noch andere Möglichkeiten, ungefährdet in Verhandlungen zu treten. Unverletzlich waren nach sehr verbreitetem Brauch die Medizinmänner. Sie schützte ebenfalls ein Tabu, und man konnte sie zu Verhandlungen über die Grenze schicken. In manchen Ländern konnten außer den Medizinmännern auch die Frauen sicher die Grenze überqueren. Auch sie schützte in diesen Gegenden ein Tabu. Das ist vor allem für die Urvölker Australiens, aber auch Afrikas und Nordamerikas festgestellt worden. Ein Ethnologe bemerkte dazu, daß man in Australien sogar mit Vorliebe über die Frauen sich mit der gegnerischen Völkerschaft auseinandergesetzt habe, da sie die zäheren Verhandlungsführer seien, also doch eben die besseren Diplomaten. Man wußte es schon damals. Es war ihnen auch gestattet, ihre männlichen Verhandlungsgegner nicht nur durch die Wucht ihrer Argumente, sondern auch durch Einsatz ihrer weiblichen Reize und Möglichkeiten auf ihre Seite zu ziehen.

Es scheint so, als ob man später von dem strengen Blutritus abgekommen ist. Man begnügte sich mit der Gastfreundschaft des Abgesandten mit einem Mitglied des Stammes. Die Gastfreundschaft schuf ebenfalls ein besonderes, im Grundsatz auch wieder magisches Verhältnis, wenn auch schwächerer Art. In Neukaledonien war es z. B. üblich, einen Mann und eine Frau zu dem feindlichen Stamm zu schicken, der dort einen Gastfreund hatte. Beide waren ungefährdet, während jeder andere getötet und verspeist worden wäre.

Über diese leichteren Formen hat sich das Völkerrecht allmählich dahin entwickelt, daß jeder als solcher gekennzeichnete Abgesandte unverletzlich war. Man konnte nunmehr als Unterhändler jemanden auswählen, der die Sprache des anderen Stammes verstand, der entsprechend gewandt war, ohne daß er durch Verwandtschaft oder andere formalisierte rituelle Beziehungen mit dem Gegner in besonderer Beziehung stand. Freilich auf der anderen Seite wurde damit der Schutz durch die große schwarze Magie schwächer, bis diese ganz aus dem Spiele blieb und nur ein Rechtssatz noch schützte.

Die Unverletzlichkeit des Gesandten entwickelte sich allgemein auch insoweit fort, daß er auch auf dem Gebiet nicht unmittelbar beteiligter Stämme, wenn er es durchqueren mußte, als unverletzlich angesehen wurde.

2.
Das große Zeremoniell der Vorzeit

Il n'y a pas des gens plus cérémonieux que les sauvages.

Jules Cambon

Solange der Unterhändler durch Blutsbrüderschaft oder als Gastfreund im Kreise des fremden Stammes als tabu bekannt war, konnte er ohne Gefährdung die Grenze überschreiten, um Nachrichten zu überbringen oder auch zu verhandeln.

In demselben Grade aber, in dem mehr und mehr fremde Unterhändler geschickt wurden, bedurfte es bestimmter Formen und Kennzeichnungen, damit der Abgesandte nicht als feindlicher Eindringling behandelt wurde. Denn das bedeutete weitgehend den Tod und das anschließende Verzehrtwerden. Zwei Arten von Symbolen waren erforderlich und wurden, wenn auch in verschiedenen Formen, rings um den Erdball herum entwickelt. Das eine war die Kundmachung friedlicher Absichten auf nahe Entfernungen, das andere die Kennzeichnung für den Bereich von Bumerang, Speer, Pfeil und Bogen, die Vorform der noch heute üblichen Parlamentärsflagge.

Das erste Symbol der friedlichen Annäherung mußte die Waffenlosigkeit darstellen. Wir finden überall derartige kennzeichnende Gebärden, die sich im Laufe der menschlichen Entwicklung zu Höflichkeitsgesten weitergewandelt und sich z. T. bis auf den heutigen Tag erhalten haben, in einer Form allerdings, die den ursprünglichen praktischen Zweck kaum noch erkennen läßt.

Trafen sich in der Sahara – und das galt noch im vorigen Jahrhundert – zwei Angehörige verschiedener Stämme, so setzten sie sich in gehöriger Entfernung voneinander nieder und begrüßten sich, indem sie Lanze und Schwert in bestimmter vorgeschriebener Weise hin und her bewegten. Hatte man sich auf diese Weise seiner friedlichen Absichten versichert, kam man zusammen. Diese symbolische Zwiesprache wurde später ein zweckfreies Begrüßungsritual.

Es gab natürlich auch einfachere Gesten, die friedliche Absicht kenntlich zu machen. Man erhob die nach vorn gewendete offene – und das bedeutete waffenlose – rechte Hand. Dies war noch die Begrüßungsform der Griechen und Römer. Mussolini führte sie wieder ein, Hitler verformte sie zum Sinnlosen, den Arm zu heben, aber die offene Hand zum Erdboden zu kehren, nicht zu dem zu Begrüßenden.

Unser Hutabnehmen hat eine dem Heben der Hand entsprechende Urbedeutung. Nahm man den Helm ab, beraubte man sich seines Schutzes; man kam also in friedlicher Absicht. Der militärische Gruß, das Anlegen der Hand an die Mütze oder an den Helm gibt das gleiche, wenn auch unvollkommener wieder. Es war aber auch die Bewegung, mit der der Ritter einst das Visier des Helmes hochschob, sich aus Höflichkeit, besonders den Damen gegenüber, kenntlich machte, sich aber auch eines wesentlichen Schutzes beraubte.

Es ist immer die rechte Hand im Spiele, die waffenführende. So hat auch der Händedruck, das Handschütteln seinen Urgrund im Friedenszeremoniell der Vorzeit. Es wurde später neben der Begrüßung vor allem Symbol für den Abschluß eines Vertrages. Noch heute ist die Verpflichtung durch Handschlag nicht unbekannt. In germanischer und islamischer Frühzeit wurde der Handschlag vielfach als Zeichen für einen Waffenstillstand verwendet.

Die Drei-Meilen-Zone an den Meeresküsten als zum Hoheitsgebiet des Anrainerstaates gehörig beruhte auf der Tragweite der Kanonen in der Zeit, als man diesen Abstand im Völkerrecht festlegte. In der Vorzeit gab es ähnliches auf dem Lande. Bei allen Urvölkern finden wir, daß der Abgesandte – wie die beiden Beduinen in der Wüste – in angemessener Entfernung von dem zu besuchenden Camp oder Häuptlingssitz anhält. Das Salutschießen – ebenfalls ursprünglich eine Friedensgeste, bevor es reines Zeremoniell wurde – war noch nicht erfunden, aber es gab andere Möglichkeiten, das gleiche auszudrücken. In Neuseeland stieß der »Gesandte« in der Nähe des feindlichen Camps einen lauten Schrei besonderer Art aus, worauf ein Abgesandter des Camps sich ihm näherte oder auch die Bewohnerschaft. In den großen Weiten Australiens waren Rauchzeichen üblich. Aus der Art des Rauches waren schon Rückschlüsse auf den Zweck des Besuches möglich durch Dämpfung des Feuers und Wiederaufflammenlassen etc. .. Der Gegengesandte des Camps näherte sich dann nach einer ebenfalls festgelegten Weile mit einem brennenden Stock seinem Partner. Bei anderen Völkerschaften machte man sich durch das Zusammenschlagen von Bumerangs bemerkbar. In Afrika kam die Ankündigung durch die Trommel hinzu. Die indianischen Sitten werden wir in einem anderen Zusammenhang darstellen. Die ritualisierten und damit geheiligten Formen mußten streng eingehalten werden.

Zu diesem Zeremoniell kam als weitere Schutzmaßnahme noch eine besondere Kennzeichnung. Wir kennen die Rote-Kreuz-Binde. Die Formensprache der Vorzeit war vielfältiger. In Neusüdwales trug der Unterhändler ein rotes Netz über der Stirn. Bei anderen Völkerschaften wurde er durch eine bestimmte Körperbemalung gekennzeichnet. Die gewählten Farben ließen oft schon die Art des Auftrags erkennen. Bei einigen Stämmen Afrikas gab es den Kapredho, einen »international« oder sagen wir besser »intertribal« zwischen den Stämmen anerkannten Boten. Er trug bei seinen Aufträgen einen Speer mit einem Baumwolltuch an der Spitze. Sein Besuch bedeutete vielfach die Aufforderung, ordentliche und beglaubigte Gesandte zu dem ihn entsendenden Häuptling kommen zu lassen, um zu verhandeln. Andere Kennzeichen waren festgelegte Haartrachten, bestimmter Federschmuck und mit weitreichenden anderen Bedeutungen der Botenstab.

Der Stab – in sich schon wieder Symbol der Keule – hat die mannigfachsten Bedeutungen. Er ist Zeichen der Herrschaft, von dem Knopstick der Häuptlinge Südafrikas bis zu den Zeptern unserer mittelalterlichen Herrscher. Der Stab wird als Zeichen der Verurteilung vor dem Angeklagten zerbrochen. Das Sprichwort heißt: den Stab über einen brechen. Es gibt den Bischofsstab und eben den Botenstab. Noch in geschichtlicher Zeit trugen bei den Griechen die Herolde den mit weißen Bändern umwickelten Heroldstab, der sie sakrosankt machte, eine Rückerinnerung an uralte Zeiten.

Dieser Stab – oft war es der Stab des Häuptlings selbst – kennzeichnete und legitimierte den Boten nach außen hin. Darin erschöpfte sich aber seine Bedeutung nicht. In den Händen des Empfängers war er gleichzeitig das, was wir heute als Beglaubigungsschreiben des Botschafters bezeichnen würden: die Versinnbildlichung der Vollmacht, im Auftrag des Entsenders verhandeln zu dürfen. Zum letzten war der Stab manchmal unmittelbarer Träger einer Botschaft. Je nach Zweck oder Zwecken war der Stab gekennzeichnet und auch magisch geweiht ... Hieroglyphenähnliche Zeichen können eingeschnitzt sein, Kurven und Linien, deren Symbolgehalt der Empfänger versteht, vor allem ist er in vielfältiger Form gekerbt, ebenso wie auch Schnüre und Knoten verwendet wurden.

Im allgemeinen kam zu dem Stab die mündliche Botschaft des Abgesandten. Dabei konnten die Kerben neben der unmittelbaren Bedeutung auch mnemotechnisches Hilfsmittel für den Boten sein, für Zahlenangaben oder Zahl der Aufträge.

Herodot, der Vater der Geschichte, der so manchen uralten Brauch uns übermittelt hat, weiß etwas Ähnliches zu erzählen:

> »Darius knüpfte sechzig Knoten in einen Riemen und berief die ionischen Fürsten zu sich und erklärte ihnen:
> Diesen Riemen gebraucht so: Wenn ich gegen die Skythen gezogen bin, so löst von dieser Zeit an jeden Tag einen Knoten auf. Bin ich zu der Zeit, in der soviel Tage vergangen sind als Knoten, nicht zurück, so schifft Euch nach Euren Städten ein.«

Darius folgte damit sicher einem alten Brauch unmißverständlicher Nachrichtenübermittlung.

Diese Botenstäbe finden sich bei wohl allen Völkerschaften. Im Landesmuseum in Zürich wird der älteste erhaltene europäische Botenstab aufbewahrt, der in Möringen am Bieler See aufgefunden wurde.

Der Zeremonie des Boten oder Unterhändlers in Sichtweite des Camps entsprach eine Gegenzeremonie. Wenn man einen Querschnitt durch die Vielfalt der Gebräuche legt, so kann man verallgemeinernd sagen, daß den Abgesandten ein angesehenes, im allgemeinen älteres Mitglied des Camps aufsuchte. Dieser war oft auch wieder durch gewisse Symbole gekennzeichnet. Wenn Rauch- oder Feuersignale üblich waren, trug er einen brennenden Stab, sonst gewisse Baumzweige und ähnliches. In vielen Gegenden hatte der Palmzweig die ausgesprochene Bedeutung des Friedens und einer freundlichen Begrüßung. Durch das Neue Testament, die Kirchenlieder hat der Palmzweig auch bei uns noch diese symbolische Bedeutung, allerdings mehr in abstracto, da in den germanischen Urwäldern keine Palmen wuchsen und man deshalb in den nördlichen Gefilden zu anderen Sinnbildern greifen mußte, wie ja auch der Lorbeer mit seiner spezifischen Bedeutung in den Mittelmeerländern bei uns durch das Eichenlaub ersetzt wurde, die Palme wiederum in den Mittelmeerländern durch den Ölzweig. Der Ölbaum ist der lebenspendende Baum dieser Länder und damit Ausdruck des Friedens und der Aussöhnung. Darin liegt auch die Bedeutung, daß eine Taube, die den gleichen Symbolgehalt verkörpert, Noah den Ölzweig brachte.

Der Unterhändler des anderen Stammes wurde nun aufgefordert, zum Camp zu kommen. Dort übergab er sein Beglaubigungsschreiben, den Botenstab. Dessen Echtheit und Inhalt wurde nunmehr überprüft. Dabei können wir davon ausgehen, daß die Augen der Urvölker mehr aus dem Stück Holz heraussahen, als wir das heute könnten. Sie werden ihn geprüft haben, wie wir die Echtheit einer Unterschrift festzustellen imstande sind. Nach genauer Überprüfung seiner Vollmacht wurde der Bote oder Unterhändler ins Camp geleitet und erhielt Unterkunft und Verpflegung. Schon bei den Urvölkern gab es für die weiteren Schritte zwei Wege. Die Botschaft konnte an den Häuptling oder König unmittelbar gerichtet sein oder an die Ratsversammlung zum Meinungsaustausch. Auf alle Fälle führte ein Betreuer den Unterhändler bei der zuständigen Stelle ein. Als Betreuer gab es bei manchen Stämmen ständige Zeremonienmeister. Handelte es sich, wie wir sagen würden, um Geheimdiplomatie, wurde der Abgesandte feierlich beim Staatschef eingeführt, sonst zum Häuptling in der Ratsversammlung. Es wurden manchmal Höflichkeiten und Geschenke ausgetauscht, manchmal wurde die Verhandlung durch ein längeres Schweigen eingeleitet. Das vorgeschriebene Zeremoniell war einzuhalten. Es erscheint uns heute oft sehr sonderbar, weil wir die ihm zugrundeliegenden Anschauungen nicht kennen und auch kaum gedanklich nachvollziehen können. Der König, oft zugleich der oberste Medizinmann und Mittelsmann des Stammes zum großen Geist, galt in seiner Person selbst als Träger einer übernatürlichen Wesenheit, war dadurch sakrosankt und dem gewöhnlichen Erdenleben entrückt. So erklärt es sich, daß es bei manchen Völkerschaften ein schweres Verbrechen war, dem König ins Auge zu schauen. Jeder hatte in seiner Gegenwart die Augen gesenkt zu halten. Oder er durfte nicht unmittelbar angesprochen werden. Das Gespräch wurde über bestimmte Personen seiner Hofhaltung geführt. Aus Dahomey ist ein derartiges Zeremoniell in seinen Einzelheiten überliefert. Dem Boten wurde übermittelt: »Der Geist verlangt Ihr Kommen.« Wenn der König auf die Botschaft geantwortet hatte, riefen die Umstehenden: »Der Geist spricht wahr!«

In der Ratsversammlung wurde, wenn das zeremonielle Schweigen sein Ende erreichte, der Bote oder Unterhändler zum Bericht aufgefordert. Es schloß sich gewöhnlich ein längeres Palaver an. Es war nicht die Regel, die Antwort sofort zu geben. Das konnte mehrere Tage dauern. Solange war er geehrter Gast des Stammes. Er erhielt seine Verpflegung, eine Frau wurde ihm auf diese Zeit zugeteilt, bis er mit der Gegenantwort heimkehren konnte, wobei man ihm bis zur Stammesgrenze sicheres Geleit gab.

Der Inhalt der Botschaft, der Gegenstand der Verhandlung konnten sehr verschiedener Natur sein. Häufig waren es Einladungen zu großen religiösen Festen, wie man aus Vergleichen z. B. mit den Gebräuchen australischer Eingeborener entnehmen kann, unter Angabe der Zahl der zu entsendenden Männer und Frauen. Eine solche Einladung konnte unmittelbar im Botenstab verschlüsselt übermittelt werden und bedurfte keiner mündlichen Erläuterung. Es waren aber auch Vorschläge, sich gegen andere Stämme zu verbünden, allgemeine Freundschaftspakte abzuschließen, Jagdangelegenheiten zu regeln; es gab aber auch rein »protokollarische« Mitteilungen, die dem anderen Stamm oder Häuptling »notifiziert« wurden. Der König sei gestorben, ein anderer habe seinen Platz eingenommen; der Häuptling wünsche eine Ehefrau des anderen Stammes (meist auf Grund desselben Totems).

Von besonderer Bedeutung waren natürlich Kriegserklärungen und Friedensangebote. Es ist für uns erstaunlich, daß in der Vorzeit bei Auseinandersetzungen nicht einfach »ab heute zurückgeschossen« wurde, sondern daß jede kriegerische Verwicklung ein längeres formelles Vorspiel hatte. Von einem spontanen Vorgehen kann kaum je die Rede sein. Das ist nur in Fällen der Blutrache zu verzeichnen, die allgemein verbreitet, aber vorzugsweise Angelegenheit der beteiligten Familien, aber nicht des Stammes war. Ein Fremder im Stammesbereich konnte erschlagen werden, er war ungeschützt, aber sein Tod verpflichtete seine Familie zur Blutrache. Ein Stammesrecht war nicht verletzt. Bei Auseinandersetzungen der Stämme aber über Jagd- und Weidegebiete, und was es sonst gewesen sein mag, verlangte die Sitte bei vielen Völkerschaften vorab Vergleichsverhandlungen. Erst wenn diese scheiterten, wurde der Krieg erklärt. Dem gingen aber innerhalb des Stammes Erörterungen und Zeremonien voraus. Von afrikanischen Stämmen wird berichtet, daß bei der Planung eines Krieges der Stammesälteste, gleichzeitig Medizinmann, zusammen mit den Häuptlingen der verschiedenen Camps eine allgemeine Ratsversammlung an einem besonderen Platz außerhalb der Ortschaft einberief. Es wurde viel Bier getrunken – auch der Alkohol gehört zum Bereich der Magie, was unsere eigenen Trinksitten noch entfernt erkennen lassen – »damit die Überlegungen zu einem guten Ende führten«. Im Schatten eines heiligen Baumes – sie gibt es heute noch in ganz Afrika, und keiner wagt, an sie eine Axt anzulegen – rief der Medizinmann den »Guten Geist« an, den Kriegern den Sieg und Schutz im kommenden Kampf zu geben. Danach vollführten die jungen Männer den Kriegstanz. Diese Zeremonie konnte sich über Tage hinziehen.

Im Hintergrund stehen wie immer magische Vorstellungen. Schlechte Vorzeichen konnten dazu führen, vom Krieg abzustehen oder ihn abzubrechen, ebenso schwarze Magie der Gegenseite. Es wird glaubhaft erzählt, daß noch in einem der heutigen afrikanischen Staaten sich das Regierungsheer weigerte zu kämpfen, weil eine berühmte Hexe der anderen Seite magischen Schutz bot. Diese Hexe mußte erst für die Sache der Regierung gewonnen werden, ehe die Truppen den Kampf aufnahmen. Es sei aber in diesem Zusammenhang daran erinnert, wie in durchaus geschichtlicher Zeit die Griechen regelmäßig ihre Orakel, besonders das in Delphi, befragten, wie sie sich verhalten sollten. Herodot ist voll von solchen Anfragen und den »delphischen« Antworten. Aber selbst die doch sehr rationalistisch handelnden Römer befragten vor jeder Schlacht ihre Haruspices – die meist etruskischen Eingeweidebeschauer –, die die Leber der Opfertiere begutachteten und auf Vogelzeichen sahen. Als einmal die heiligen Hühner nicht fressen wollten, ein schlechtes Omen, ließ sie der erboste römische Admiral ins Wasser werfen mit der Bemerkung: »Wenn Ihr schon nicht fressen wollt, so sauft!« Er begann trotz des schlechten Omens die Schlacht. Leider ging sie verloren, was ihm einen Prozeß einbrachte und den Kopf kostete.

Doch zurück zu den Urvölkern. War man intern zum Kriege entschlossen, so mußte der Krieg formell erklärt werden. In Australien waren Rauchzeichen üblich. Bei einigen Stämmen in Afrika übersandte man dem anderen Stamm einen Speer und eine Hacke. Wurde die Hacke, das Symbol der friedlichen Landarbeit, zurückgesandt, so bedeutete das den Krieg; gab man aber den Speer zurück, so lag darin der Wunsch nach Frieden und die Annahme der früher gestellten Forderungen. Es gab gerade in Afrika auch die Trommelsprache; aber am verbreitetsten war wohl der Brauch, einen Boten zu schicken, auch zur Vorwarnung der benachbarten Stämme. Man findet vereinzelt sogar die Sitte, daß die durch einen Boten überbrachte Kriegserklärung durch einen Gegenboten bestätigt werden mußte. Unsere heutigen Staaten – es war nicht nur Hitler – könnten sich daran ein Beispiel nehmen. Werfen wir noch einmal abschließend einen Blick auf das Militärvolk der Römer, so sehen wir noch einmal den Zusammenhang mit alten magischen Vorstellungen in der Priesterschaft der Fetialen behandelt. Nach vergeblichem Schlichtungsversuch, der clarigatio (res repetuntur), stellte das Kollegium fest, ob die Gründe für einen Krieg gerechtfertigt seien (certa causa, bellum iustum legitimumque); wurde dies anerkannt, schleuderte man eine in Blut getauchte eiserne Lanze mit Holzspitze – das Holz wieder von einem heiligen Baum – über die Grenze. Als die Grenzen der römischen Herrschaft sich allzuweit von Rom entfernt hatten, griff man zu symbolischen Ersatzhandlungen am Tempel der Bellona. Einer alten Überlieferung nach wurde ein feindlicher Kriegsgefangener bestimmt, dort ein Stück Land zu kaufen. So gewann man das Stück Feindesland, das man brauchte, um die Lanze zu werfen. Diese Geschichte, mag sie wahr oder nachträglich erfunden sein, ist typisch für das römische Formaldenken, das sich auch gerade im Umgang mit ihren Göttern ausgebildet hatte.

Später kam man von dem Brauch völlig ab. Aber Kaiser Claudius (41–54 n. Chr.), der selbst Fetiale war (römische Priestervereinigung, die im völkerrechtlichen Verkehr die religiösen Formen überwachte), versuchte noch einmal, das alte Brauchtum zu beleben, vergeblich. Er handelte auch weniger als formender Staatsmann als aus historischer Rückschau. Bevor er Kaiser wurde, niemand hatte damit gerechnet, betätigte er sich als Historiker. Seine Taten als Kaiser, es waren nicht viele, sind überliefert, lieber hätten wir heute, daß sein zwanzigbändiges Werk über die Etrusker auf uns gekommen wäre.

Vergleichend aber stellen wir fest, daß der römische Brauch sich völlig mit der Sitte verschiedener Eingeborenenstämme deckt, durch das Schießen von Pfeilen über die Grenze oder das Einstekken in den Boden den Krieg für eröffnet zu erklären.

Eine Abhandlung über das vorgeschichtliche Kriegsrecht gehört nicht in diesen Zusammenhang. Aber die Art und Weise, den Krieg zu beenden, ist heute wie früher eine der wesentlichen Aufgaben jeder Diplomatie, auch der der Vorzeit. Und so finden wir weltweit wieder den Unterhändler als Überbringer des Friedensangebots, als solcher schon äußerlich gekennzeichnet, unverletzlich wie auch der Überbringer der Kriegserklärung. Er wird empfangen, entweder ergebnislos zurückgeschickt, oder aber man tritt in ein langes Palaver über die Modalitäten des Friedensschlusses ein. Man kommt zur Einigung und der Vertrag wird ratifiziert, wie sollte es anders sein, durch Symbolhandlungen verschiedenster Art, magische Absicherungen. Zunächst mußten die Kriegshandlungen eingestellt werden. Als 1940 die Kriegshandlungen in Frankreich beendet werden sollten, wurde zum letzten Male das alte Signal »Das Ganze – halt!« geblasen und durch den Rundfunk verbreitet. Dergleichen gab es schon in Urzeiten, und so lesen wir im Alten Testament im 2. Samuel 28: »Und Joab blies das Kriegshorn, und das Volk stand stille, und jagten nicht mehr Israel nach und stritten nicht mehr.« Das Weitere war dann Sache der Unterhändler, der Medizinmänner oder Priester und der beteiligten Völkerschaften, die Verhandlungen zu führen und den Frieden abzuschließen.

Bei der Bestellung von Unterhändlern ist uns bereits die Form der Blutsbrüderschaft begegnet. Abgewandelte Formen eines Blutrituals finden wir bei Friedensschlüssen und anderen Verträgen. Dabei müssen wir den alten Ausdruck, »einen Bund abschließen«, im allgemeinen als »Vertrag mit gegenseitigen Verpflichtungen« auffassen, der feierlich »besiegelt« wird. Das »Besiegeln« ist aber ein Bild späterer Zeit, wo eine Vertragsurkunde »gesiegelt« und damit der Inhalt des Vertrages »besiegelt« wird.

In der Vorzeit handelt es sich bei gleicher Bedeutung meist um eine Blut- und Opferzeremonie. Im 2. Mose Kap. 24 haben wir eine anschauliche Schilderung. Es ist der »Bund« mit Gott dem Herrn selbst in der Form der frühen weltlichen Verträge, wie wir mit Sicherheit annehmen können. Es wurde ein Opfertier geschlachtet, und dann heißt es: »Und Mose nahm die Hälfte des Blutes und tat's in Becken; die andere Hälfte sprengte er auf den Altar. Und nahm den Text des Bundes und las ihn vor den Ohren des Volkes. Und als sie sprachen: Alles, was der Herr gesagt hat, wollen wir tun und gehorchen, da nahm Mose das Blut und besprengte das Volk damit und sprach: »Seht, das ist das Blut des Bundes, den der Herr mit Euch macht über allen diesen Worten.«

Herodot erzählt uns von den Skythen, einer Völkerschaft in den Ländern des Balkans und des südlichen Rußlands, daß sie zum Abschluß eines Vertrages Wein in einen Tonkrug gossen, in dem sie dann ihr Blut mit dem der anderen Partei mischten. Danach wurden Pfeile und Speere hineingetaucht und von beiden Parteien die Mischung getrunken, nachdem sie vorher jeden, der den Vertrag brechen sollte, verfluchten. Eine ähnliche Bedeutung wie das Blutritual hat die gemeinsame Mahlzeit. Auch durch sie wird eine magische Verbindung hergestellt, deren Bruch sich rächt. Wir lesen im 1. Mose Kap. 31 von dem Vertrag zwischen Laban und Jakob, der auch deren Sippen binden sollte. Da heißt es: »So komm nun und laß uns einen Bund machen, ich und Du, der ein Zeugnis sei zwischen mir und Dir ... Es ist hier kein Mensch mit uns; siehe aber, Gott ist Zeuge zwischen mir und Dir ... Der Gott Abrahams ... sei Richter über uns. Und Jakob schwur ihm ... und opferte auf dem Berge und lud seine Brüder zum Essen.« Daß wir dem Vorgang diese Deutung geben können, daß das gemeinsame Mahl eine Verbindung ähnlich der Blutsbrüderschaft herstellen soll, entnehmen wir dem älteren römischen Recht. Die älteste und zwar unlösbare Ehe der Römer beruhte auf der Confarreatio. Es war das Opfer eines Far-Gebäckes (FAR = Spelt, eine traditionelle Getreideart) aus gesalzenem gesiebtem Mehl, von dem Braut und Bräutigam gemeinsam aßen mit dem obersten Priester, dem Pontifex Maximus, den flamen dialis, einer Priesterschaft, und 10 Bürgern als Zeugen. Es entsteht dadurch eine geheiligte Gemeinschaft, die von Menschen nicht mehr gelöst werden kann. Die christliche Parallele, die Ehe als Sakrament, bietet sich zum Vergleich an. Unser Hochzeitskuchen ist ein Relikt aus heidnischem Brauchtum. In Rumänien hat sich die Sitte erhalten, daß die Brautleute dreimal aus dem gleichen Glase Wein trinken müssen. Die Bedeutung ist bei der besonderen Symbolik des Weines so klar, daß es nicht näher erörtert zu werden braucht. Daß durch die Symbolik des Abendmahles der urmenschliche Glaube durchleuchtet, kann wohl kaum bestritten werden. Es ist der »neue Bund« im Gegensatz oder in der Ergänzung des oben geschilderten »alten Bundes« in den abgewandelten Formen der Zeit, wobei wir auch an die Griechen denken können, die mit einer Weinspende an die Götter ihre Verträge »besiegelten«. Das griechische Wort »spondai« hatte ursprünglich die Bedeutung des »Außgießens«, des »den Göttern Spendens« und des »zum gegenseitigen Trinken Anbietens«, stand aber in späterer Zeit einfach für Abkommen oder bindenden Vertrag.

Kehren wir nach diesem Ausflug zum altertümlichen Völkerrecht zurück. Zum Zeremoniell kommt die Selbstverfluchung für den Fall des Vertragsbruches. Livius hat uns die römische Form überliefert. Wieder tritt die Priesterschaft der Fetialen in unser Blickfeld. Der Friede ist geschlossen und muß in des Wortes eigentlicher Bedeutung »sanktioniert« werden. Nun tritt der Oberste der Fetialen als Pater patratus, als Eidesvater, an die Staatsleitung heran, die in der Vorzeit durch die Könige, später durch den Praetor repräsentiert wurde: »Befiehlst Du mir, mit dem Eidesvater der Albaner den Bund zu schließen? Dann überreiche mir den heiligen Grasbüschel!« Die Übergabe dieses am Kapitol gepflückten Büschels bedeutete die Ermächtigung des Priesters und machte ihn sakrosankt. Die beiden Patres patrati der Römer und Albaner trafen dann vor der Volksversammlung der Albaner zusammen. Der Fetiale rief: »Höre, Jupiter, höre albanischer Pater Patratus, höre albanisches Volk« und verlas ihnen den Vertragstext. Zum Schluß rief er noch einmal Jupiter, den obersten Staatsgott, mit seinem alten Namen an: »Diespiter, dem römischen Volke, wenn es den Vertrag bricht, werde so getan, wie ich es heute mit diesem Schwein tue!« Und mit dieser bedingten Fluchformel für das römische Volk wurde das Schwein geschlachtet und geopfert.

Unerwartete Schwierigkeiten bekamen die Diplomaten des sehr christlich gewordenen Byzanz. Sie hatten einen Friedensschluß mit den gegen Konstantinopel anrennenden Bulgaren ausgehandelt. Nach deren Sitte wurde zur Bestätigung ein Tieropfer den Göttern dargebracht. Als die Gesandten, stolz über ihren

Erfolg, nach Konstantinopel zurückkehrten, wurden sie eines schweren Verbrechens beschuldigt, nämlich an einem Götzendienst teilgenommen zu haben. Die Geschichte erinnert an die Schwierigkeiten eines sowjetischen Botschafters, der als Doyen (Rangältester und Wortführer des diplomatischen Korps) die Leichenrede auf einen verstorbenen christlichen Botschafter eines anderen Landes zu halten hatte. Er wußte sich zu helfen, er sprach französisch und endete mit dem doppeldeutigen Wort »Adieu«, das man weltlich wie geistlich auslegen konnte.

3.
Die Friedenspfeife

Wir Wilden sind doch bess're Menschen.

Seume

Durch unsere Kindheitserinnerungen geistern Winnetou und der Häuptling der Mohikaner, genannt die Große Schlange, der Stamm der Rothäute auf dem Kriegspfad und das Rauchen der Friedenspfeife. Da uns dieses Zeremoniell so jugendvertraut ist, sei ihm ein besonderer Abschnitt gewidmet.

Das Gesamtbild des indianischen Brauchtums paßt sich in seinen Grundzügen dem bisher von den Urvölkern Gesagten völlig an. Eine zeremoniell gefaßte Magie leitet die Handlung, sei es die Mitteilung, daß man den Kriegspfad beschreiten wolle, daß man Frieden schließen oder sonstige Vereinbarungen treffen wolle. Der Unterschied zu den übrigen Kontinenten – auf denen es aber auch Rauchzeremonien gegeben haben soll – liegt darin, daß Botenstab und Blutritual weitgehend durch das Kalumet, die Friedenspfeife, abgelöst sind. Eine langstielige Tabakspfeife ist das Kalumet mit einem Kopf aus weichem Stein geschnitten, geschmückt mit Federn, vor allem des Adlers, und mit Roßhaarbündel. Jedes Dorf hat seine Friedenspfeife. Sie ist ein heiliger Gegenstand. Jede Absprache wird durch das Rauchen des Kalumet bestätigt und bindend. Denn nun wacht der große Geist, Manitu, selbst über das Einhalten der Abreden und straft den, der sie nicht einhält. Wieder ist durch eine Gemeinsamkeit, hier die des Rauchens aus einer Pfeife, eine magische Verbindung zwischen den Parteien hergestellt, die alle Beteiligten beim Zorne Manitus verpflichtet. Es heißt, daß die durch die Friedenspfeife sanktionierten Abkommen von den Indianerstämmen mit peinlicher Genauigkeit eingehalten wurden, bis sie von den Weißen eines besseren belehrt worden seien. Die Europäer hatten zur Magie kein Verhältnis mehr und waren frei von dieser Bindung. Es scheint überall so, daß bei fortschreitender Kultur die Bindung an die Verträge nur noch durch das Recht schwächer war als die frühere magisch abgesicherte Verpflichtung.

Das Zeremoniell der nordamerikanischen Indianer war bei den Stämmen verschieden. Es ergibt sich ungefähr folgendes Bild. Wenn ein Stamm den Kriegspfad verlassen will, übersendet er dem Gegner Tabak und teilt ihm dadurch mit, daß eine Gesandtschaft geschickt werde. Ein bewährtes älteres Stammesmitglied wird nun mit der Friedenspfeife ausgerüstet. Wie der Botenstab ist das Kalumet zugleich Paß, und zwar Diplomatenpaß auch dritten Stämmen gegenüber und zugleich Beglaubigungssymbol dem Verhandlungspartner gegenüber. Als Träger der Pfeife ist der Unterhändler sakrosankt und unverletzlich. Das gilt auch für seine Begleiter. Man geht bei Tage, um gesehen zu werden. Der Unterhändler und seine Begleiter sind waffenlos. Abgesandte des anderen Stammes kommen ihm entgegen. Die Abordnung wird untergebracht, es wird ihnen eine Mahlzeit geboten; dann geht es zur Verhandlung in die Ratsversammlung. Viermal bläst der Abgesandte den Rauch zum Himmel, in alle 4 Richtungen, um Unwillen und alle Mißhelligkeiten verschwinden zu lassen. Die Verhandlung kann beginnen. Zum Abschluß wird wieder die Pfeife entzündet. Oft folgt ein Gesang. Dann geht die Pfeife von Hand zu Hand, von links nach rechts im Kreise. Jeder pafft viermal, dann folgt der Kalumettanz. Ein Tänzer hat die Pfeife in der linken Hand, in der rechten eine Rassel. Der Tanz schließt mit lautem Ruf aller Versammelten: Hau, hau! Damit ist die Zeremonie beendet, der Friede geschlossen. Nun wird richtig geraucht. Ein Ethnologe schrieb: Es folgte eine Rauchorgie.

Übrigens wurde in älterer Zeit die Zeremonialmischung für die Pfeife aus Weidenrinde gemischt mit pulverisiertem Büffeldünger hergestellt. Das Rezept hat in der tabakarmen Zeit nach dem Kriege gerade noch gefehlt. Man hat nach einigen Erfahrungen mit den selbstfermentierten Rosen- und sonstigen Blättern Verständnis dafür, daß die Indianer von der Zeremonialmischung zu richtigem Tabak übergingen. Es wird Grobschnitt gewesen sein, um den Übergang für Strenggläubige zu erleichtern.

Wir sind bei dem Kalumet von dem gleichen Gedanken einer magischen Verbindung ausgegangen wie bei der Schilderung des Blutrituals. Es ist interessant, in diesem Zusammenhang den anderen Ausgangspunkt der modernen Verhaltensforschung zu betrachten. Lorenz in seinem Buch über »Das sogenannte Böse« widmet der Friedenspfeife ebenfalls besondere Ausführungen und geht von einem individuell psychologischen Verhalten aus, das sich im Laufe der Zeit zur Befriedungszeremonie entwickelt habe. Ursprünglich rationale Einsichten hätten verschiedentlich zu Verboten geführt, die durch zeitliche und mythische Ferne eine Apotheose erfahren hätten, die diese Verbote als göttlich, den Verstoß als Sünde erschienen ließen.

Der Verfasser dieses Buches hat Bedenken, ob man die weitgehend magisch gesteuerte Grundhaltung der Urvölker von rationellen Erwägungen allein ableiten kann. Das gilt nicht nur von der Friedenspfeife, sondern von allen Ritualen und Tabus. Er möchte eher an eine Mutation der verlorengegangenen Instinkte denken, wobei mit dem Wort Mutation freilich nichts erklärt, sondern ein Unbekanntes an die Stelle eines anderen gesetzt ist. Das soll häufiger vorkommen, wobei sich mit den Worten trefflich streiten läßt. Der Verfasser zieht es jedoch vor, sich auf Sokrates zu berufen und mit diesem sein generelles Nichtwissen zu erklären. Er gesteht dabei ein, daß ihm der erste Zweifel kam, als er an die rituelle Mischung für die Friedenspfeife dachte. Er gibt gern zu, daß dies kein wissenschaftliches Argument, sondern die Reaktion eines Pfeifenliebhabers ist, dessen Rauchvergnügen beim Machorka endete.

Wie dem auch sei, die von dem Kalumet ausgehende Befriedung hat weitere Kreise gezogen und endete nicht mit dem Ergebnis, daß nur zwischen je zwei verfeindeten Stämmen das Kriegsbeil begraben wurde.

Wir haben schon angedeutet, daß es bei Völkerschaften der Vorzeit zu Allianzen kam, die gemeinsame religiöse Feste oder die Abwehr fremder Stämme zum Inhalt hatten. Die nordamerikanischen Indianer gelangten weit darüber hinaus zu »supernationalen« Formen im heutigen Wortsinn, an die jene anderen primitiveren Zusammenschlüsse nicht herankamen.

Die Irokesen gründeten – nach ihren Stammessagen soll es im 15. Jahrhundert n. Chr. gewesen sein – einen Bund von zunächst 5 Stämmen. Ein gewisser totemistisch-religiöser Hintergrund ist zu erkennen. Der Bund erschöpfte sich darin aber bei weitem nicht. Er entsprach nach heutigen Begriffen einem Staatenbund mit gemeinsamer Außenpolitik und Kriegführung. Die innere Autonomie der Stämme blieb unberührt. Aber mindestens einmal im Jahr traten die Vertreter der Stämme, die Sachem, zur Beratung und zur Beschlußfassung zusammen. Für alle Resolutionen war Einstimmigkeit erforderlich. Es wurde nach Stämmen abgestimmt. Die Ratsversammlung jeden Stammes hatte das Recht, eine Bundesversammlung einzuberufen. Diese hatte nicht die Vollmacht, aus eigenem Recht zusammenzutreten. Der Bund hatte kein eigenes Oberhaupt, nur für den Kriegsfall wurden Oberbefehlshaber gewählt, die gleichberechtigt nebeneinander standen, anscheinend ähnlich wie die römischen Konsuln. Erwähnt soll noch werden, daß bei den Irokesen und Huronen die Frauen in der Ratsversammlung ihrer Stämme mitwirkten und manchmal die Mehrheit darstellten. Die Häuptlinge waren allerdings stets Männer.

Der Bund empfing und entsandte Botschafter. Mit den nicht zum Bund gehörigen Stämmen wurde über einen Beitritt, über Zwistigkeiten und über Krieg und Frieden verhandelt. Die Botschafter wurden nicht nur für Einzelgespräche entsandt, es gab bereits ständige Botschafter, außerdem Kuriere, die durch einen Wampum besonders gekennzeichnet waren.

Der Irokesenbund war nicht der einzige in seiner Art, aber der bedeutendste. Er hat mit Bestimmtheit über 200 Jahre bestanden. Es gibt in den USA Historiker, die meinen, die europäischen Kolonisten wären, von dem Vorbild dieser Bünde beeindruckt, zu ihrer noch heute bestehenden Bundesverfassung gekommen, die in ihren Anfängen weitgehend mehr als Staatenbund im Sinne der Indianer-Alliancen gedacht gewesen sei.

4.
Von der frühen geschichtlichen Zeit

Es gibt nichts Neues auf der Welt.

Ben Akiba

Man kann kein festes Datum dafür angeben, wann die Vorzeit endet und die geschichtliche Frühzeit beginnt. Im Innern der brasilianischen Wälder herrscht heute noch die Vorzeit. Die Stämme führen ihr geschichtsloses Dasein wie seit vielen Jahrhunderten. Bei anderen Völkern müssen wir eine geschichtliche Wirksamkeit bereits im 3. Jahrtausend v. Chr. anerkennen. Der maßgebende Gesichtspunkt ist ihre Entwicklung zu durchorganisierten staatlichen Gebilden und einem unverkennbaren Aufstieg zu differenziertem kulturellem Verhalten. Der Übergang von einzelnen Symbolen zur Schrift wird immer ein wesentliches äußeres Merkmal sein. Die religiösen Vorstellungen haben sich geändert. Aus den dunklen magischen Anschauungen sind Göttergestalten verschiedenster Art hervorgegangen. Magische Vorstellungen sind noch vielfach erhalten, im Brauchtum, im Aberglauben, darüber aber breitet sich ein bis dahin unbekannter Himmel aus, der von Göttern bewohnt ist, die das Geschick der Menschen leiten, die man aber anrufen kann, man erforscht ihren Willen und kann sie versöhnen. Innerhalb des von ihnen gesetzten Rahmens erfreut sich der Mensch aber einer größeren Freiheit des Denkens und eines größeren Ausmaßes rationellen Handelns. Man beobachtet die Sterne. Ihr Lauf wird sich auf der Erde widerspiegeln in der Natur, aber auch im Leben der Menschen. Man berechnet die Wiederkehr der Erscheinungen am Himmel auf dem Weg über die abstrakten Zahlen. Vieles ist noch Magie, aber sie ist schon auf dem Wege zum Mythos und über diesen zur naturwissenschaftlichen und philosophischen Erkenntnis. Werkzeuge und Waffen vervollkommnen sich. Anderes bleibt, so der Krieg unter den Völkern, er wird sogar grausamer und schlimmer, weil der Schutz der alten Tabus nur noch hintergründig wirkt und fast steigend mehr mißachtet wird. Man tötet Frauen und Kinder, was es vordem nicht gab. Man vernichtet systematisch Äcker und Baumanpflanzungen, und selbst Tempel, der Inbegriff des Sakrosankten, werden zerstört. Der intellektuelle und technische Fortschritt hat den Menschen nicht gebessert. Das silberne Zeitalter wird durch das eherne abgelöst, wie die Griechen es bildhaft erfaßten.

Aber die Notwendigkeit, dieses Übel zu beenden, zu versuchen, sie nicht aufkommen zu lassen, einen Ausgleich zu finden und diesen zu heiligen und dadurch dauerhaft zu machen, ist geblieben. Und mit dieser Notwendigkeit ist auch ein Teil der alten Anschauungen und Riten erhalten geblieben, wenn auch mehr oder minder der neuen Zeit angepaßt, bewußter gemacht, aber deswegen auch in ihrer Wirkung schwächer und umgrenzter.

Wir gehen in das 4. Jahrtausend zurück. Am Nil haben sich zwei große Reiche entwickelt, die zu einem zusammenwachsen werden. Vieles scheint noch wie früher. Der Name des Königs war der »gute Gott«. Man scheute sich, seinen Namen auszusprechen. Seine Regierung und schließlich er selbst wurden als »großes Haus« bezeichnet, ägyptisch Pero. Dieser Name ist durch die Sprache der Bibel als Pharao auf uns gekommen. Die Etikette, die wir von den Häuptlingen der Vorzeit kennen, war weiter ausgebaut. Wer zur Audienz kam, mußte sich vor dem »guten Gott« niederwerfen und den Staub des Bodens küssen. Es war eine besondere Gunsterweisung, den Fuß des Pharao küssen zu dürfen. Er war umgeben von vornehmen Hofbeamten mit festgelegten Titeln und fester Rangordnung. Wir kennen dieses Heer von Palastherren aus ihren Gräbern, in denen sie Rang und Titel verzeichneten: Aufseher des Salbgefäßes, Sandalenträger des Königs, Leiter der Hofmusik, Hofleibarzt. Die Feinheiten des Vortritts wurden bei Staatsempfängen und bei den Audienzen des Königs auf das genaueste beobachtet und durchgeführt. Ludwig XIV. im Prunkschloß von Versailles muß wahrscheinlich noch zurückstehen. Aber hinter diesem allen – man erkennt es schon aus der Verschiedenheit der Titel – steht bereits eine sehr rationale Arbeitsteilung und für den Pharao selbst ein reichliches Maß von Arbeit. Wir wissen von den Kronprinzen, daß sie ihre Zeit nicht vergeuden durften. Sie wurden erst in unteren Funktionen eingesetzt, z. B. als Leiter der Bergwerke u. a., um dann auf höhere Posten wie Minister oder Ministerpräsident, modern ausgedrückt, aufzurücken. Es gab eine geordnete Verwaltung, eine hochentwickelte künstlerische Handwerkstätigkeit und als tragenden Unterbau eine sehr geordnete Landwirtschaft. Aber es gab auch Streit mit den Nachbarn, Aufstände und Kriege. Vor allem die kampflustigen westlichen Nachbarn, die Libyer, hatten regelmäßig den Wunsch, an dem Reichtum Ägyptens teilzunehmen. Einer der ersten Pharaonen, wenn es nicht der sagenhafte allererste Menes selbst ist, hat sich als Sieger auf einer Schminktafel darstellen lassen. Die Zeremonialkeule erhoben, um sie auf einen am Kopf festgehaltenen Libyer heruntersausen zu lassen, der am Boden kniet. Unter ihm aber sind fliehende Libyer dargestellt. 120 000 Gefangene will er gemacht haben. Es war in der Zeit 3400 v. Chr. Es gab aber auch andere als kriegerische Beziehungen zu den Nachbarn, in deren Gebiet man Bergwerke (Kupfer auf der Halbinsel Sinai) und Steinbrüche für den Pyramidenbau betrieb. Es sind aber auch Spuren vorhanden, daß die Könige schon in dieser grauen Vorzeit Beziehungen zu den Inseln des Ägäischen Meeres und zu anderen Mittelmeerländern unterhielten.

Diesem Reich war in der Nähe kein anderes Volk, kein anderer Stamm gewachsen. Von den Großreichen am Euphrat und Tigris war Ägypten durch Wüsten und weite Strecken getrennt. Sie zu überqueren mit Heeresmacht, war in dieser Zeit noch nicht möglich, zumindest fehlte jeder Anlaß sowohl für die Bewohner und Staaten des Zweistromlandes wie für die Ägyptens. So waren die Beziehungen Ägyptens zu seinen Nachbarn recht einseitig, das Diktat herrschte vor, selbst wenn es sich in die Form eines Vertrages kleidete. So bestimmte Sesostris III. von sich aus die Südgrenze seines Reiches. Im Jahre 1879 v. Chr. errichtete er auf jeder Seite des Nils einen Grenzstein. Der Grenzstein erhielt in Hieroglyphen eingehauen sein Dekret zur Kenntnis aller, die hier zu Schiff oder zu Lande vorbeiwollten:

»Südgrenze!
Errichtet im Jahre 8 unter der Majestät des Königs von Unter- und Oberägypten, dem ewiges Leben gegeben ist, auf daß niemals ein Neger sie überschreite, zu Wasser oder zu Lande, zu Schiffe oder mit Herden, es sei denn, daß ein Neger sie überschreite, um in Eken Handel zu treiben, oder daß er als Gesandter sie passiere. Jegliche freundliche Behandlung soll ihnen zuteil werden, aber keinem Schiff der Neger soll erlaubt werden, bei Semne stromabwärts vorüberzufahren.«

Damit legte er die Grenze etwa 150 km weiter südlich fest, als sie früher gewesen war. Semne war der der Grenze am nächsten liegende größere Ort, Eken ein Marktplatz. Gesichert wurde die Grenze durch je eine Festung auf beiden Seiten des Flusses. Ihre Ruinen sind heute noch zu sehen. Das alles zeigt reines rationales Denken, von Magie ist in den Sachentscheidungen nichts mehr zu merken. Ausnutzung der kulturellen und technischen Möglichkeiten steht im Vordergrund, wenn der Zweck auch zum erheblichen Teil mit den alten Vorstellungen zusammenhängt. Nicht das Ökonomische stand im Vordergrund, sondern der Gedanke, die riesigen Tempel für die Götter zu errichten, die Grabanlagen der Pharaonen und die Totenstädte für die, die um ihn waren. Die Bauwerke wurden daher auch nach dem Pharao benannt. Die Grenzfestung erhielt den Namen »Chekurê ist mächtig«, und der Kanal durch den ersten Nilkatarakt hieß »Schön sind die Wege des Chekurê«. »Chekurê« war der Krönungsname Sesostris. Das »Rê« im Namen aber bedeutete den obersten Sonnengott, die Sohnschaft des Pharao, dem deshalb »ewiges Leben gegeben ist«.

Das Reich dehnte sich weiter aus. Es kam nun in die Nachbarschaft zu Völkern, die etwas anderes darstellten als die Nubier oder die nomadisierenden Stämme der Beduinen der Wüste. Es waren mächtige Reiche mit gleichen technischen Fähigkeiten, eigener Schrift und mit ausgebildeter Verwaltung und entsprechendem Heerwesen. Zwischen diesen Staatsgebilden, das sind Babylon, Ninive, das Reich Mitanni, das der Hethiter (Hatti) und das Königreich Alasia (Zypern), bildete sich im Laufe der nächsten

Jahrhunderte ein diplomatischer Verkehr, den wir an Hand der erhaltenen Inschriften in Ägypten und der Tontafelarchive in den anderen Ländern, manchmal mit einigem Schmunzeln, nachlesen können. Das Reich der Hethiter lag im Zentralgebiet der heutigen Türkei, die Mitanni schlossen sich in Richtung auf das Zweistromland nach Süden und Südosten hin an mit der Grenze nach Mesopotamien. Die Könige dieser Reiche, die Großen von damals, schickten sich untereinander Briefe und Botschafter, schlossen diplomatische Heiraten und tauschten reiche Geschenke, die schon eher nach Warenaustausch aussahen. Im Land der Hethiter »wuchs das Eisen«, im ägyptischen Einzugsgebiet das Gold, und neu war von Osten her der Import von Pferden, die man vordem in Ägypten nicht kannte. Sie waren militärisch wichtig, da sich die von Pferden gezogenen Streitwagen als der Infanterie überlegen gezeigt hatten.

An dem Hof des gewaltigen Pharao Thutmosis III. (1504–1450 v. Chr.) drängten sich die Gesandten, vor allem auch die der kleineren Fürstentümer in Syrien und im Jordanland. Babylon schickte Geschenke aus Lapislazuli, die Söhne Heth's, wie die Hethiter in der Bibel heißen, eiserne Schwerter, Eisen war kostbarer als Gold, die seefahrttreibenden Völker Silber, dem Gold erst noch gleichwertig. Und Thutmosis errichtete aufgrund dieses Reichtums die größten Obelisken, die es je gegeben hat und gibt. Einer von ihnen steht in Rom vor dem Lateranpalast, ein anderer in Paris, ein dritter in London und noch einer in Istanbul und in New York. Bis auf den letzten, alles Beute späterer siegreicher Feldherren und Völker.

Ergötzlich ist der Briefwechsel des Königs von Mitanni mit Amenhotep III. Der ägyptische Botschafter hatte den Auftrag, festzustellen, ob die für eine der diplomatischen Heiraten vorgesehene Prinzessin für seinen Pharao die richtige sei. Ein probabler Weg, den man noch im vorvorigen Jahrhundert einzuschlagen pflegte. Ein katholischer Geistlicher, im diplomatischen Dienst seines Fürsten tätig – die Verwendung der unverheirateten geistlichen Herrn war weitaus ökonomischer als die Entsendung weltlicher Adliger –, erhielt eines Tages den Auftrag, eine in Aussicht genommene fürstliche Braut in Augenschein zu nehmen. Man zeigte ihm ein Bild der »Zukünftigen« mit folgender Instruktion:

»Dieses Porträt zeigte an eine vollkommene Schönheit, verbarg aber auch eine erhabene Brust; ob aber das Original in seiner Natur durchgehend übereinstimmte, den Augenschein zu nehmen.«

Die klassische Antwort war:

»In tantum, in quantum oculo religioso inspicere licet, habet!«

Soweit es dem Auge eines Religionsdieners zu schauen erlaubt war, hatte sie also das Gewünschte. Und in ähnlicher Form berichtete damals Manê, der ägyptische Botschafter, seinem Herrn. Die Heirat kam zustande und der König schrieb etwas später an seinen Schwiegersohn, der sein fürstlicher Bruder in der Sprechweise der alten orientalischen Könige war:

»An Nimmuria*, den großen König, den König von Ägypten, meinen Bruder, meinen Schwiegersohn, der mich liebt, und den ich liebe. So spricht Tuschratta, der große König, Dein Schwiegervater, der Dich liebt, der König von Mitanni, Dein Bruder. Mir geht es wohl. Möge es auch Dir wohlgehen ... Als mein Bruder den Manê, seinen Botschafter, sandte, da sagte mein Bruder also: ›Bring mir Deine Tochter zur Frau, zur Herrin von Ägypten!‹ Und ich kränkte das Herz meines Bruders nicht, sondern sagte freundlich: ›Ich werde willfahren!‹ Und die, welche mein Bruder verlangte, die zeigte ich dem Manê, und er sah sie sich an. Und als er sie gesehen, lobte er sie auch sehr. So möge sie denn wohlbehalten im Lande meines Bruders eintreffen. Istar und Amon mögen sie meinem Bruder wohlgefallen lassen! –

Gilia, mein Botschafter, hat mir die Worte meines Bruders mitgeteilt. Als ich sie vernahm, schienen sie mir sehr gut, und ich freue mich über die Maßen. Und ich sagte darauf: ›Dies ist ganz gewiß, daß wir unter uns miteinander Freundschaft halten wollen.‹ Siehe, auf diese Worte hin wollen wir ewig Freundschaft halten!

* Nimmuria = Nebmatrê, dem persönlichen Namen des Pharao.

Als ich an meinen Bruder sandte, da sagte ich also: ›Sehr, sehr gute Freundschaft wollen wir halten miteinander und gute Freunde sein zusammen.‹ Und ich sagte weiter zu meinem Bruder: ›Mein Bruder möge mir zehnmal soviel zuteil werden lassen wie meinem Vater!‹ Und ich bat meinen Bruder um viel Gold, indem ich sagte: ›Mehr als meinem Vater möge mein Bruder mich bereichern und mir zusenden!‹ Und meinem Vater hast Du doch viel Gold übersandt, große goldene Schalen und große goldene Krüge hast Du ihm gesandt, goldene Tafeln so reichlich wie Bronze.
So möge mein Bruder mir viel Gold senden, unzählbar viel möge mein Bruder mir senden, mein Bruder möge mir mehr Gold senden als meinem Vater. Gibt es doch im Lande meines Bruders soviel Gold wie Sand.«

Wir können annehmen, daß der Pharao dem lieben Verwandten genügend Gold geschickt hat. Er schickte es auch dem König von Assyrien und sicherte sich so dessen Freundschaft. Der König von Zypern hingegen sandte große Mengen an Kupfer über das Mittelmeer. Einmal entschuldigte er sich für das Ausbleiben des Metalles. In seinem Land sei die Pest ausgebrochen, was die Lieferung unmöglich gemacht habe. Die diplomatischen Beziehungen zwischen diesen beiden Königen gingen bereits soweit, daß das Eigentum eines Bürgers von Zypern im Falle seines Todes ganz selbstverständlich ausgeliefert wurde.

Die kleinen Fürsten in Syrien aber, die Vasallen des Pharaos waren, redeten ihn nicht mit Bruder an. Ihr Ton ist von beispielloser Unterwürfigkeit. Sie bezeichnen sich als »der Boden, auf den Du trittst«, »der Schemel Deiner Füße«, »Dein Hund« und »Dein Pferdeknecht«.

Man sieht, welche Möglichkeiten Schrift und Sprache schon entwickelt haben. Fügen wir hinzu, daß es auch bereits eine Diplomatensprache gab. Alle diese Völker korrespondierten über die babylonische Sprache auf den relativ handlichen Tontäfelchen, die in den Staatsarchiven sorgsam aufgehoben wurden. Der für die außenpolitischen Dinge zuständige Wesir oder Minister hatte seine Dolmetscher und Schreiber. Die Hethiter hatten einen Obertafelschreiber. Viele der ägyptischen Schreiber, die keine Tontäfelchen ritzten, sondern auf dem Blatt der präparierten Papyrusstaude schreiben – daher unser Name für Papier – sind im Bilde uns erhalten geblieben. Eins dieser Bilder zeigt, wie eine ganze Reihe von Schreibern, man möchte Stenographen sagen, mit äußerster Spannung den Worten folgt, um sie auf dem Papier festzuhalten.

Es wundert uns nun nicht mehr, daß wir etwas später auf den ersten schriftlich festgehaltenen und abgeschlossenen Vertrag zwischen zwei Reichen stoßen, und es entspricht dem Stand der Entwicklung, daß der Inhalt des Vertrages sehr rationell eigentlich schon alles enthält, was wir heute von einem Vertrag verlangen würden. Der Zufall hat es gewollt, daß der Inhalt dieses Vertrages auf der Mauer eines ägyptischen Tempels erhalten geblieben ist, und daß sein babylonisches Gegenstück sich auf zerbrechlichen Tontäfelchen im Archiv der Hethiterhauptstadt Hattusa bei Ausgrabungen in Boghazköy in der Nähe des heutigen Ankara auch aufgefunden hat. Und – was ja keineswegs selbstverständlich ist – dank dem Fleiß und Scharfsinn der Archäologen sind die Texte entziffert und übersetzt, wobei man ihre Übereinstimmung feststellen konnte. Und das nach immerhin über 3000 Jahren. Es ist der große Nichtangriffsvertrag zwischen Ramses II. (1298–1232 v. Chr.) und dem mächtigen Hethiterkönig Hattusilis. Der Vertrag ist von Ramses II. auf der Wand des großen Tempels in Karnak in Hieroglyphen auf Ägyptisch wiedergegeben, und in Boghazköy fand man bei den Ausgrabungen auf Tontafeln in Keilschrift den Briefbericht über diesen Vertrag. Ramses schrieb an Hattusilis. Die sachlichen Bestimmungen decken sich völlig, nur daß an der Tempelwand in Karnak Ramses' Propagandaminister, wenn er es nicht selbst war, den Vertrag als großen Erfolg darstellte, wobei wir in allen Einzelheiten wissen, daß die Ägypter bei Kadesch eine entscheidende Schlacht verloren hatten und diesen Ausgleich mit dem mächtigen Nachbarn im Nordosten gern annahmen, den die Hethiter ihnen anboten.

Etwa 1275 v. Chr. erschienen die hethitischen Gesandten, wir kennen ihre Namen, sie hießen Tarteshub und Ramose, mit einem sehr sachlichen Vertragsvorschlag bei Ramses. Man einigte sich. Der Vertrag war auf einer Silberplatte eingeritzt, er hatte in seiner endgültigen Fassung 18 Paragraphen. Das große Zeremoniell der Vorzeit fehlt nicht, und die Bestätigung durch Anruf der Götter ist ebenfalls vorhanden. Fangen wir mit der Einleitung an, weil sie so großartig klingt:

»Der Vertrag, den der große Fürst von Hatti, der mächtige Hattusilis, Sohn des Mursilis, des mächtigen großen Fürsten von Hatti, und Enkel des Suppiluliumas, des mächtigen großen Fürsten von Hatti, auf einer silbernen Tafel machte für Ramses II., den mächtigen großen Herrscher von Ägypten, den Sohn Sethos' I., des mächtigen großen Herrschers von Ägypten, und Enkel Ramses' I., des mächtigen großen Herrschers von Ägypten, der gute Vertrag des Friedens und der Brüderschaft, der Frieden zwischen ihnen stiftet für ewige Zeiten.«

Dann kommt der sehr klare Inhalt. Beide Parteien verpflichten sich, auf Eroberungen gegenseitig zu verzichten, und verbünden sich gegen die Angriffe anderer. Die früheren Verträge zwischen den beiden Ländern wurden bestätigt. Bei der Bestrafung aufrührerischer Untertanen – wohl in Syrien – sollte gemeinsam vorgegangen werden, politische Flüchtlinge soll man ausliefern, aber human behandeln. Der Text könnte heute noch aktuell sein:

»Wenn ein Mann – oder auch zwei oder drei – aus dem Lande Ägypten flieht und zu dem großen Fürsten von Hatti kommt, so soll der große Fürst von Hatti sie verhaften und wieder zu Ramses II., dem großen Herrn von Ägypten, bringen lassen. Aber wen man zu Ramses, dem großen Herrn von Ägypten, zurückbringt, den soll man seines Verbrechens nicht anklagen und soll sein Haus und seine Frauen und seine Kinder nicht verderben und soll ihn nicht töten, und soll ihn nicht schädigen, weder an seinen Augen, noch an seinen Ohren, noch an seinem Mund, noch an seinen Füßen, und soll ihn nicht irgendeines Verbrechens anklagen.«

Der Vertrag schließt dann mit der feierlichen Verfluchung bei Verstoß gegen seinen Inhalt:

»Was diese Worte betrifft, die auf diese silberne Tafel für das Land Hatti und für das Land Ägypten geschrieben stehen – wer sie nicht einhält, dem mögen die tausend Götter des Landes Hatti und die tausend Götter des Landes Ägypten sein Haus, sein Land und seine Diener verderben!«

Der Vertrag blieb zwei Menschenalter bestehen. Er wurde dann noch durch eine Heirat bekräftigt. Ramses II. nahm eine Tochter Hattusilis zur Frau, und zwar zur Hauptfrau. Bei der Hochzeitsfeier trafen sich die beiden Fürsten, nachdem vorher noch korrespondiert worden war: »Der Sonnengott und der Wettergott werden meinen Bruder seinen Bruder sehen lassen, und mein Bruder möge den guten Vorschlag ausführen, zu kommen, um mich zu sehen, und einer möge dem anderen in sein Antlitz schauen«. Auf einer Felsstele bei Abu Simbel ist das Ereignis verewigt, neben Ramses II. die Prinzessin, neben ihr der Vater König Hattusilis III. Siegfried Schott hat die Texte übersetzt:

»Man meldete seiner Majestät:
Sieh, was der Großfürst von Hatti tut.
Man bringt seine älteste Tochter mit zahlreichen Gaben,
sie bedecken den Ort, an dem sie sind, mit ihren Schätzen.
Die Fürstentochter und die Fürsten von Hatti tragen sie.
Sie überschreiten viele Berge und schwierige Pässe
und werden die Grenzen Deiner Majestät erreichen.
Entsende ein Heer und Edle, sie zu empfangen!«

Wie wir eben gelesen haben, hat sich Hattusilis mit seiner Tochter allerdings erst auf die Reise begeben, nachdem sein außerordentlicher und bevollmächtigter Botschafter mit der Nachricht ins Hethiterland zurückgekehrt war, daß Ramses einverstanden sei und ihn herzlichst einlade, daß der eine Bruder dem anderen ins Antlitz sehe. Man kannte schon damals offenbar das, was wir dichterische Freiheit nennen. Aber hören wir weiter:

»Seine Majestät geriet in Freude. Der Herr des Palastes war froh,

als er von diesem außerordentlichen Ereignis vernahm,
desgleichen in Ägypten gänzlich unbekannt war.
Er entsandte ein Heer und Edle, sie sofort zu empfangen.«

Ramses betete dann zum Gott Seth, den Hethitern gutes Wetter zu schicken:
»Höre auf, Regen, Sturm und Schnee zu machen ...«

Dann wird der Zug der Hethiter dargestellt:
»Es waren Hatti-Truppen, Bogenschützen und Reiterei,
alles Leute des Landes Hatti,
gemischt mit denen von Ägypten.
Sie aßen und tranken miteinander.
Sie waren einmütig wie Geschwister,
ohne daß einer dem anderen grollte.
Friede und Freundschaft war zwischen ihnen,
wie sonst nur zwischen Ägyptern selbst.
Die Großfürsten aller Lande, durch die sie zogen,
waren bestürzt, ungläubig und ohnmächtig,
als sie alle Leute von Hatti sahen,
die sich mit dem Heer des Königs vereinigt hatten.
Einer dieser Fürsten sagte es dem andern:
Es ist wahr, was seine Majestät gesagt hat,
Wie groß ist das, was wir mit eigenen Augen sehen.«

Zum Schluß aber heißt es, und das wird damals manchen interessiert und gefreut haben:
»Wenn nun aber ein Mann oder eine Frau in ihren Geschäften
nach Syrien reiste und bis nach dem Lande Hatti kam,
war keine Furcht um ihre Herzen,
weil die Macht seiner Majestät so groß war.«

Die allgemeine Korrespondenz und der Austausch von Botschaftern war in jener Zeit lebhaft. Man hielt die Gesandten einer besonderen Beachtung für würdig. Die Tontafel-Archive von Mari, sie sind erst in diesem Jahrhundert ausgegraben und erwiesen sich als sehr ergiebig, zeigen, daß die Ankunft und die Abreise von Gesandten regelmäßig schriftlich festgehalten wurden. Die Regierung von Babylon wurde genauestens darüber unterrichtet, gleichgültig ob Mari der Bestimmungsort oder auch nur Durchgangsstation war.

Manche der Städte des Zweistromlandes unterhielten, wenn wir die Tontäfelchen richtig deuten, sogar ständige Gesandtschaften in den benachbarten Stadtstaaten, um über die Verhältnisse dort dauernd auf dem laufenden zu sein. Der Vergleich mit den oberitalienischen Städten des 15. Jahrhunderts drängt sich auf, in denen die Einrichtung ständiger Gesandtschaften aufgrund wohl ähnlicher Verhältnisse neu erfunden wurde.

Auch in anderen Praktiken war man sich gleich, z. B. wenn es galt, Boten der Gesandten an ihren Heimatstaat abzufangen. Ob Papier, ob Pergament, ob Tontäfelchen oder Wellen im Äther, mitzulesen oder mitzuhören, was der andere plant, war zu allen Zeiten interessant, soll es auch heute noch sein.

War man insoweit keineswegs empfindlich, so hielt man doch auf vornehme Formen. Man sollte es kaum für möglich halten, aber bereits im 3. Jahrtausend vor Chr. erfand man unseren heutigen Stil besonderer Höflichkeit. Man vermied das vulgäre »Du«, das im allgemeinen Schriftverkehr verwendet wurde, und ersetzte es durch die dritte Person, wie es heute noch neben der 2. Person der Mehrzahl in verschiedenen Sprachen nun auch im Allgemeinverkehr verwendet wird. Diese Form der 3. Person in die Mehrzahl zu übersteigern, blieb allerdings einem besonders höflichen Volke, den Italienern, und einem im gleichen Maße unhöflichen Volke, den Deutschen, vorbehalten. Wenn man in der Vorzeit in der dritten Person den Adressaten anschrieb, benötigte man aber natürlich ein passendes Hauptwort. Den Ausdruck »Exzellenz« gab es noch nicht, es hieß noch etwas schlichter »mein Herr« oder »mein Bruder«, aber auch »Majestät« mit der Fortführung des Satzes in der dritten Person.

Aus den Täfelchen ist einwandfrei zu ersehen, daß z. B. zwischen Ägypten und Zypern jährlich mindestens ein Botschafter von jeder Seite entsandt wurde. Wenn es im 16. und 17. Jahrhundert unserer Zeitrechnung üblich war, zu Thronbesteigungen einen außerordentlichen Botschafter zu schicken, so ist das nichts Neues, es gab damals schon entsprechende Gebräuche.

Hattusilis, der uns schon bekannte König der Hethiter, beschwerte sich in einem im Archiv gefundenen Briefentwurf – der Brief ist wahrscheinlich an den König von Assyrien gerichtet gewesen – wie folgt:

»Als ich die Königsherrschaft antrat, hast Du mir keinen Botschafter geschickt. Und doch ist es gute Sitte, daß, wenn Könige die Herrschaft antreten, die ihnen gleichgestellten Könige gute Geschenke senden: ein königliches Gewand und Feinöl zur Salbung. Du aber hast bis heute derartiges nicht getan ...«

Der König von Babylon aber beklagte sich, daß der König von Ägypten mit Assur im Gesandtenaustausch stände, obwohl Assur nur ein Vasallenstaat Babylons sei. Er umschreibt das diplomatisch:

»Assyrer, Untertanen von mir, habe ich Dir nicht geschickt, warum sind sie in Dein Land gekommen! Wenn Du mich lieb hast, sollen sie irgendwelche Geschäfte nicht machen.«

Ein andermal teilt er dem Ägypter mit:

»Eine meiner Karawanen wurde von dem Statthalter eines Dir gehörigen Landes geplündert, diese Rechtssache schlichte Du, mein Bruder!«

In der Nähe von Akko war eine babylonische Handelskarawane geplündert worden. Der König schrieb:

»Kanaan ist Dein Land, und seine Könige sind Deine Diener. In Deinem Lande bin ich beraubt worden. Bändige sie, und das Gold, das sie weggenommen haben, erstatte es, und die Leute, die meine Diener getötet haben, töte sie und räche mein Blut!«

Eine Kriegserklärung ist im Archiv der Hethiter durch eine Büronotiz festgehalten worden:

»Da zog meine Majestät gegen ihn (den König der Kaskäer),

und ich schickte ihm einen Botschafter und schrieb ihm: Meine Untertanen, welche Du genommen und nach Kaschka hinabgeführt hast, die schicke mir zurück! Pithunija aber antwortete mir: Ich werde Dir nichts zurückgeben. Und wenn Du zum Kampfe gegen mich kommst, werde ich mich Dir keineswegs auf meinem Gebiet stellen. In Dein Land werde ich Dir entgegenkommen und werde mich Dir in Deinem Land zum Kampfe stellen!«

Als nach dem Dreißigjährigen Kriege weite Landstriche menschenleer und brach lagen, betrieb man die »Peuplierung«, wie es damals hieß, und besiedelte sie mit Flüchtlingen wie den Hugenotten. Anscheinend gab es schon damals dieses Rezept, nur daß man sich die Bevölkerung mit Gewalt holte, gleichzeitig um das gegnerische Land zu schwächen und die Grenzgebiete in ihrer sozialen Struktur zu vernichten. Und genau wie Macchiavelli es empfohlen haben würde, suchte man Unterstützung bei anderen Gegnern seines Feindes, der meist der Nachbar war. In diesem Sinne schloß der Hethiterkönig mit dem König von Amurru einen Bündnisvertrag gegen Assyrien, das keinen Botschafter und keine Geschenke zu seiner Krönung geschickt hatte; offenbar lagen tieferreichende Zwistigkeiten vor. Der Bündnisvertrag lautet:

»Und die Könige, die mir gleichgestellt, sind der König von Ägypten, der König von Babylon, der König von Assyrien. Wenn der König von Ägypten meiner Majestät Freund ist, soll er auch Dir Freund sein! Und wenn der König von Babylon meiner Majestät Freund ist, soll er auch Dir Freund sein! Wenn er aber meiner Majestät Feind ist, soll er auch Dir Feind sein! Wie der König von Assyrien aber meiner Majestät Feind ist, so soll er auch Dir Feind sein.

Ein Kaufmann von Dir darf nicht ins Land Assyrien gehen, einen Kaufmann von ihm aber darfst Du nicht in Dein Land lassen, er darf auch nicht durch Dein Land gehen! Falls er aber zu Dir in Dein Land kommt, so nimm ihn fest und schicke ihn sofort zu meiner Majestät. Die Sache soll Dir unter Gotteseid gestellt sein.

Und da ich, meine Majestät, dem König von Assyrien den Krieg erklärt habe, wie ich, meine Majestät, Heerhaufen und Gespanne aufbiete, so biete auch Du Heerhaufen und Gespanne auf.«

Man sieht, auch der Gedanke einer Wirtschaftsblockade ist nicht neu. Mit der in solchen Verträgen vereinbarten Heerfolge klappte es nicht immer. Es ist unklar, ob es an mangelnder Kampfkraft der Truppe, an Verständigungsschwierigkeiten zwischen den Befehlshabern lag, was es auch gewesen sein mag, man erfand als Ersatz den Subsidienvertrag. Subsidien zu zahlen, gehörte im 17. und 18. Jahrhundert unserer Geschichte zu den Stärken der englischen und französischen Politik, um Kriege im Rücken seiner Feinde zu entfachen. Man kann natürlich sich das Geld auch selbst bezahlen lassen. Wieder finden wir im Archiv eine entsprechende Aktennotiz:

»Vor Ini-Tesup, dem Sohn des Sanurunuwa, König von Karchemisch, hat die Majestät Tuthatija, der Großkönig, König von Hatti, den Amistauru, König von Ugarit, hinsichtlich der Gestellung von Truppen und Wagenkämpfern befreit. Bis der Kriegszustand mit Assur beendet ist, werden vom König von Ugarit Truppen und Wagenkämpfer nicht marschieren. Der König von Ugarit hat meiner Majestät 50 Minen Gold gegeben.«

Ugarit war eine reiche Handelsstadt am Mittelmeer. Militärisch konnte sie es mit den Großkönigen nicht aufnehmen. Sie mußte politisch lavieren und sich gefällig erweisen. Ihre Gesandte haben deshalb mit dem Hethiterkönig eine Geldzahlung ausgehandelt, die zu der oben wiedergegebenen Aktennotiz im politischen Archiv des Königs führte. Ein andermal verlangten die Hethiter Schiffsraum. Im Hethiterland herrschte eine furchtbare Hungersnot. Der Pharao war bereit, mit Getreide auszuhelfen. Also schickte man einen Botschafter mit einem persönlichen Brief des Hethiterfürsten an den König von Ugarit, dieser »möge für den Transport von Getreide Schiffsraum nach Ura in Kilikien bereitstellen, es sei eine Sache auf Leben und Tod ...« Der Schiffsraum für die Hilfslieferungen wurde gestellt. Das ergibt nun wieder eine ägyptische Königsinschrift:

»Den Asiaten habe ich in Schiffen Getreide zu bringen veranlaßt, um dieses Land Hatti am Leben zu erhalten.«

An der Existenz des Hethiterlandes war der Pharao durchaus interessiert. Die Machtstellung dieses Landes verhinderte das Übergewicht Babylons bzw. später Assyriens. Das ausgewogene Spiel der Kräfte endete aber bald. Aus dem Norden traten die sogenannten Seevölker zum Angriff an. Der ägyptische Chronist berichtet sachlich:

»Die Fremdländer verschworen sich untereinander. So waren plötzlich die Staaten verschwunden und zerstreut. Kein Land konnte vor ihren Waffen bestehen: Hatti, Kode, Karchemisch, Arzum, Alasia, auf einmal abgeschnitten.«

Der Überfall kam so schnell, daß die Ausgrabungen in der Hauptstadt der Hethiter die letzten Aufträge an den König von Ugarit noch in dem Brennofen fanden, in dem die beschriebenen Tontäfelchen gehärtet werden sollten, um aufbewahrungs- und transportfähig zu werden. Hatussa, die Hauptstadt der Hethiter, wurde niedergebrannt und dem Erdboden gleichgemacht. Selbst die Erinnerung an Volk und Stadt verschwand, bis die Ausgrabungen in unserem Jahrhundert das Bild dieses Reiches wieder erstehen ließen.

Es gibt nicht viel Neues in der Welt. Auch in anderem Zusammenhang wird es sich ergeben, daß die beste Diplomatie versagt, wenn eine Sturmflut die Völker erfaßt und in einen Kampf auf Leben und Tod hineinreißt. Ägypten konnte sich diesmal unter Aufgebot seines gesamten militärischen Potentials der Überschwemmung durch die Seevölker erwehren. Die Woge verlief sich wieder. Ein Rest dieser Normannen der Antike blieb in Palästina hängen und ist uns als das Volk der Philister bekannt. Ihre körperliche Größe und die Stärke ihrer Bewaffnung ist im Bild des Riesen Goliath der Nachwelt übermittelt.

5.
Entwicklungshilfe 1000 v. Chr.

Es liegt im wohlverstandenen Interesse der hochindustrialisierten Staaten, Entwicklungshilfe zu leisten.

Aus einer Uno-Rede.

Wer kennt nicht die Geschichte von David und Goliath. Der geschichtliche Hintergrund liegt in dem Erfolg Davids, die untereinander uneinigen Philister zu schlagen und aus Juda und Israel ein neues Königreich zu bilden. Das ebenfalls von ihm eroberte Jerusalem erhob er zur Hauptstadt des neuen Reiches.

An diesem neuen Staat waren die Phönizier interessiert, da die Philister unruhige und gefährliche Nachbarn waren. Wenn wir dem Bericht des Alten Testaments folgen, schickte König Hiram von Tyrus, der mächtigsten und reichsten der phönizischen Stadtstaaten, alsbald einen Botschafter zu König David, ihm ein besonderes Angebot zu machen, nämlich die Materialien für den Bau eines Tempels in der neuen Hauptstadt zu liefern und die erforderlichen Fachkräfte zu stellen. Von Gegenleistungen spricht die Bibel nicht, nur von der Bereitschaft Davids, das Angebot anzunehmen. Eine Hauptstadt ohne Tempel für den Staatsgott und einen Palast für den König war damals so undenkbar wie heute eine Großstadt ohne Kanalisation. Doch David starb 966 v. Chr., ehe mit den Großbauten begonnen werden konnte. Hiram schickte alsbald an Davids Sohn, Salomo, Botschafter, wie es die Höflichkeit erforderte, ihm zur Thronbesteigung seine Glückwünsche auszusprechen; »denn er hatte gehört«, wie in der Bibel zu lesen, »daß sie ihn zum Könige gesalbt hatten an seines Vaters Statt«. Als Begründung für die Glückwünsche steht im Buch der Könige: »Denn Hiram liebte David sein Leben lang.« Nun pflegt die Liebe der Könige und Völker von handgreiflichen Interessen auszugehen und nicht von Gemütsbewegungen persönlicher Art. Es scheint auch so, daß Hirams Botschafter nebenbei von materiellen

Dingen geredet haben und dem einstigen Übereinkommen mit David. Das entnehmen wir wieder dem Buch der Könige, nach dem Salomo alsbald eine Gegengesandtschaft nach Tyrus schickt und Hiram folgendes sagen läßt:

»Du weißt, daß mein Vater David kein Haus dem Namen des Herrn, seines Gottes, bauen konnte um des Krieges willen ... Nun aber hat mir der Herr, mein Gott, Ruhe gegeben ... Siehe, so habe ich gedacht, ein Haus zu bauen dem Namen des Herrn, meines Gottes ... So befiehl nun, daß man mir Zedern aus dem Libanon haue, und daß Deine Knechte mit meinen Knechten seien ... Denn Du weißt, daß bei uns niemand ist, der Holz zu hauen wisse wie die Sidonier (= Phönizier).«

Als Hiram diese Worte der Gesandtschaft hörte:

»freute er sich hoch und sprach: Gelobt sei der Herr heute, der David einen weisen Sohn gegeben hat über dies große Volk.«

Hiram sandte wiederum eine Gegengesandtschaft, die erwiderte:

»Ich will tun nach allem Deinem Begehr ...«

Das alles klingt nach einer Huldigung für Salomo und dessen Herrn und Gott. Aber warum sich Hiram freute, kann man der phönizischen Geschichte entnehmen. Sie stehen in der Chronik des Priesters Sanchuniaton. Dort heißt es:

»Hiram erbot sich dem Fürsten der Judäer, Material zum Bau eines neuen Palastes zu liefern, wenn er ihm einen Hafen am Äthiopischen Meer einräume.«

Und der Chronist berichtet weiter, daß Salomo dem König Hiram die Stadt und den Hafen Eilotha übergab. Das war das Eleath der Bibel mit dem Hafen Ezeon – Geber, an dem heute wieder so oft genannten Golf von Akaba. Und jetzt ist die Freude Hirams über die Anforderung Salomos klar und verständlich. Tyrus verfügte über eine hochstehende Industrie und war ein Handelsstaat von damaliger Weltgeltung, wie es wenige gab. Der Zugang zum Indischen Ozean war Hiram mehr wert als Holz und Tannen und die Gestellung qualifizierter Fachkräfte. Für Salomo aber bedeutete es – von dem Bau des Tempels und seines Palastes abgesehen –, daß sein Land zu einem Zwischenhandelsland erster Ordnung aufrückte und seine Handwerker von den technologischen Erfolgen der Phönizier das, was sie brauchten, übernehmen konnten, das Stadium eines zurückgebliebenen Landes überwanden.

Die Gesandten schlossen einen entsprechenden Vertrag, Luther braucht das Wort Bund, und schufen damit ein Beispiel erfolgreichster Entwicklungshilfe, da Hiram außer dem Material das Know-how mitlieferte. Das galt aber nicht nur für die Holzbearbeitung, sondern auch für die Erzgewinnung und Metallverarbeitung. Denn am Gebirge bei Ezeon-Geber wurde Eisen und Kupfer gewonnen und verhüttet. Auch hier waren die Phönizier beteiligt, das kann man Ausgrabungsfunden entnehmen, ohne daß wir Einzelheiten wissen.

In Tyrus verstand man sich aber nicht nur auf die industrielle Fertigung begehrter Waren, ebenso geschickt, wenn nicht noch erfolgreicher, war man im Handel und im Schiffsbau. Während die Bibel sich vorwiegend für den Tempelbau interessiert, stand für den phönizischen Chronisten der Hafen und der Schiffsbau im Vordergrund:

> »Es gab in der Nähe (des Hafens) Palmen in großer Zahl, aber es fehlte das Bauholz, und Hiram mußte auf 8000 Kamelen das Holz herantransportieren. Aus diesem Holz ließ er eine Flotte von 10 Schiffen bauen ...«

Hiram hatte damit aufgrund seiner Angebote an David und Salomo einen Flottenstützpunkt erhalten und eine Handelsflotte stationiert. Das war der Erfolg seiner diplomatischen Verhandlungen. Und von diesem Hafen aus erreichte er das Goldland Ophir. Die Güter, die die Schiffe alle drei Jahre mitbrachten, müssen von ungeheuerlichem Wert gewesen sein. Das Buch der Könige ist voll davon, Gold, Silber, Elfenbein, Ebenholz, Sandelholz, Affen, Pfauen und Edelgestein. Die Waren mußten durch das Reich Salomos nach Tyrus gebracht werden. Man versteht, daß er an dem Reichtum partizipierte.

Aber es kam noch zu einer weiteren, außerordentlich einträglichen Handelsverbindung, zu der keine phönizische Hilfe erforderlich war.

Hier müssen wir einschalten, daß der Fernhandel in den alten orientalischen Reichen ein Staatsmonopol war, wenn er auch im einzelnen durch Kaufleute betrieben wurde. Man denke an das parallele Beispiel, daß die Steuern durch Steuerpächter eingetrieben wurden.

Nun endete am Golf von Akaba auf israelischem Gebiet die Weihrauchstraße, auf der seit Urzeiten der Handel mit Weihrauch, Myrrhen und anderen – wie die Bibel sie nennt – Spezereien betrieben wurde. Über 2000 km führte sie zum Königreich von Saba und zu einigen anderen kleineren Staaten des südlichen Arabiens. Der Transport war mühsam und teuer, aber die Ware von unendlichem Wert. Gerade in dieser Zeit um die Jahrtausendwende aber entdeckte man einen neuen Fernlaster anstelle des kleinen und langsamen Esels. Das Kamel wurde zum Haus- und Lasttier der Menschen, das Schiff der Wüste. Nun waren die 2000 km schneller und mit größeren Lasten zu überwinden. Salomo nahm sich dieses Zwischenhandels an, der nach allen Absatzländern durch sein Staatsgebiet laufen mußte. Er hielt die Straßen frei von Räubern und wird sonstige Erleichterungen gegeben haben. Diese Maßnahmen führten zu Kontakten mit den südarabischen Staatshandelsländern, die natürlich am reibungslosen Absatz ihrer Produkte interessiert waren, zu dem, was wir heute diplomatische Beziehungen nennen. Wir entnehmen es wieder dem Buch der Könige. Hier kann man lesen, daß die Königin von Saba dem König Salomo einen Besuch abstattete.

> »Die Königin kam nach Jerusalem mit sehr vielem Volk, mit Kamelen, die Spezereien trugen und viel Gold und Edelsteine. Und da sie zum König Salomo hineinkam, redete sie mit ihm alles, was sie sich vorgenommen hatte.«

Das war also ein fürstlicher Einzug, der nicht von ungefähr kommen konnte, der vorher abgesprochen war mit Zollbefreiung für die Waren und der Zusage eines entsprechenden Empfanges.

Es wurden die üblichen Geschenke überreicht, deren Art und Umfang den ganzen Reichtum und die Macht der Herrscherin zeigen sollten. Und Salomo sparte nicht mit Gegengeschenken, »... und gab ihr alles, was sie begehrte und sich erbat, zusätzlich zu dem, was er von sich aus ihr schenkte«. »Und sie wandte sich und zog in ihr Land samt ihrem Gefolge.« Das war ein Staatsbesuch erster Klasse. Nun steht im Text nicht, über was die beiden Fürsten verhandelt haben, was die Königin sich vorgenommen hatte, mit Salomo zu besprechen. Aber sie war sicher nicht gekommen, die Weisheit des Königs zu bewundern und um mit ihm nach phönizischer Art sich Rätsel aufzugeben und zu lösen. Man kann mit jeder Sicherheit sagen, es waren Wirtschaftsverhandlungen. Das zeigt schon das Übermaß an Aufwand auf beiden Seiten. Offenbar war man sich einig geworden, und der Handel blühte weiter im Rahmen des neuen Handelsvertrages.

Der Prunk der Königin und ihres Königs muß auf die Bevölkerung des Landes einen alles übersteigenden Eindruck hinterlassen haben. Sie war alle Zeit ein armes Bauern- und Hirtenvolk gewesen und staunte nun über das Gold, die Seide, das Edelgestein. Der Reichtum Salomos blieb deshalb bis in unsere Zeit durch die biblische Darstellung sprichwörtlich. Er blieb aber auch in der arabisch-islamischen Tradition lebendig. Nach ihr wurde die Königin von Saba die Gemahlin Salomos. Aber selbst mit einer chinesischen Überlieferung brachte man die Königin aus Reich-Arabien in Verbindung. Nach dieser ist einst um die hier in Betracht kommende Zeit der König Mu aus der Chou-Dynastie in die fernen Länder der untergehenden Sonne gezogen zu der sagenhaften Hsi-wang-mu, der Königsmutter des Abendlandes. Lange Zeit hat man geglaubt, sie mit der Königin von Saba identifizieren zu können. Aber der nüchterne Sinn der Gelehrten hat diese reizvolle Hypothese ins Nichts aufgehen lassen.

Die goldenen Zeiten Salomos vergingen. Er hatte sich durch eine Heirat mit einer ägyptischen Pharaonentochter politisch an den Süden angelehnt und so, gegen Norden abgesichert, seine Handelspolitik betreiben können. Aber die Macht Babylons und Assurs wuchs und die Ägyptens verringerte sich. Im Schatten dieser drei Großmächte versuchten die kleineren Staaten Palästinas und Syriens, deren Zwistigkeiten auszunutzen, um zu überleben. Aber sie konnten es auch nicht unterlassen, die Großen in ihre eigenen Landesfehden hineinzuziehen, um sich helfen zu lassen. Das bedeutet im Anfang Geschenke und Tribute, zuletzt die Unterwerfung aller dieser Fürstentümer. Zu den Tributen und Geschenken brauchte man Gold, viel Gold.

Die Bibel berichtet; nachdem Juda und Israel wieder auseinandergefallen waren: Da raubte König Ahas von Juda den Tempel in Jerusalem aus, um das Gold für Geschenke an den König von Assyrien zusammenzubekommen, dessen Hilfe er gegen Syrien anrief. Seine Botschafter bestellten König Tiglatpilesar von Assyrien:

> »Ich bin Dein Knecht und Dein Sohn, komm herauf und hilf mir aus der Hand des Königs von Syrien und des Königs von Israel, die sich wider mich aufgemacht!«

Tiglatpilesar, der offenbar kein Interesse hatte, daß auch nur eins dieser Kleinfürstentümer zu groß wurde, kam, ließ den König von Syrien hinrichten und siedelte die Einwohner von Damaskus um. Die assyrische Gefahr wurde unübersehbar. Die minder mächtigen Staaten suchten sich zu verbünden. Die Botschafter reisten hin und her. Die Bücher des alten Testaments wissen auch vom Nachrichtendienst der Assyrer und schreiben: »Es wurde dem König hinterbracht ...« Gefährdet war jetzt auch Babylon und es sucht Verbindungen. Man muß es etwas zwischen den Zeilen lesen, wenn man im Buch der Könige liest, daß Babylon dem sehr befähigten König von Juda, Hiskia, aus Anlaß seiner Gesundung nach schwerer Krankheit Botschafter und reiche Geschenke schickte.

> »Hiskia aber war fröhlich mit ihnen und zeigte ihnen das ganze Schatzhaus ... und das Zeughaus und alles, was in seinen Schätzen vorhanden war. Es war nichts in seinem Hause und in seiner ganzen Herrschaft, das ihnen Hiskia nicht zeigte« (2. Könige 20.12–13).

Wenn Hiskia den Babyloniern alles zeigte und glaubte, zeigen zu können oder zu sollen, dann bedeutete das, vor allem das Zeigen des Zeughauses, das die militärische Ausrüstung enthielt, nicht Eitelkeit, sondern den Beweis, welchen Beitrag er in der Auseinandersetzung mit Assyrien leisten könnte. Im Zusammenhang damit muß man lesen, daß Hiskia in dieser Zeit daran ging, Jerusalem stark zu befestigen und seine Wasserversorgung für den Fall einer Belagerung sicherzustellen.

Doch das Gleichgewicht der Kräfte war gestört. Von den beiden Machtblöcken, Ägypten und Assyrien, war der am Nil durch innere Auseinandersetzungen geschwächt. Der König von Assyrien wußte es wohl und ließ König Hiskia durch seinen militärischen Oberbefehlshaber mitteilen, als dieser mit seinem Heer vor Jerusalem erschien:

»Was ist das für ein Trotz, darauf Du Dich verlässest? Meinst Du, es sei noch Rat und Macht zu streiten? Worauf verlässest Du denn nun Dich, wenn Du mir abtrünnig geworden bist? Siehe, verlässest Du Dich auf diesen zersplitterten Rohrstab, auf Ägypten? Wer sich auf diesen Stab stützt, wird sich die Hand verletzen und sie durchbohren. Also ist Pharao, der König von Ägypten, zu allen, die sich auf ihn verlassen.«

Die Verhandlung wurde von jenseits der Mauer geführt, und den Unterhändlern des Königs Hiskia war es unangenehm, daß das Gespräch von der Mauer her mit angehört wurde, und sie baten den Assyrer:

»Rede mit uns auf syrisch, denn wir verstehen es, und rede nicht mit uns auf jüdisch vor den Ohren des Volkes, das auf der Mauer ist!«

Aber der Assyrer ließ sich nicht auf diesen Weg der Geheimdiplomatie ein und sprach nur um so lauter und das jüdische Volk unmittelbar an, um es zu schrecken. Feindpropaganda würde man das heute nennen und moralische Zersetzung.

Jerusalem wurde diesmal noch gerettet, da die Pest im Heer der Assyrer ausbrach. Als aber ein Menschenalter später die Babylonier mit Hilfe der neuzugewanderten Meder Assyrien vernichteten und in Palästina wieder die Herrschaft übernahmen, wurde Jerusalem erobert und seine Einwohner umgesiedelt. Sie saßen an den Wassern Babels und weinten. Dann aber überrollten die Perser alles, die Meder, die Babylonier und die Ägypter. Das Schwert hatte das letzte Wort, und damit endet die Geschichte des alten Orients und auch die Geschichte seiner Diplomatie.

6.
Die Zeit der Griechen

Fuchsschlau ein jeder für die eignen Ziele
Seid Ihr als Ganzes für das Ganze blind
Und gaukelt noch mit eitlem Redespiele,
Wenn dreiste Taten schon im Werke sind.

Solon

Im alten Orient hatten die Völker ihre Staatsgötter. Man mußte sie ehren und ihnen Opfer bringen, dann schützten und erhielten sie den Staat. Die Bürger waren davor bewahrt, von bösen Nachbarn umgebracht oder deportiert zu werden. In den bildlichen Darstellungen erscheinen die Könige meist im Zusammenhang mit der für sie zuständigen obersten Gottheit, der sie Opfer bringen. Verstimmt man die Götter, und das fällt auf den König zurück, so wendet sich der Gott von seinem Volke ab. Politische und militärische Niederlagen sind die unausbleibliche Folge. Das Alte Testament ist voll von diesen Geschichten. Aber so wie Jahwe handelten auch die vielen anderen Götter der umliegenden Völker. Von ihnen gab es aber Darstellungen, vom Baal, von der Astarte. Die Anforderungen, die sie an die Menschen stellten, waren weniger streng, der Kult angenehmer und bei manchen dieser Götter bzw. Göttinnen mit allerlei Obszönitäten verbrämt. Manchmal traten Zweifel daran auf, ob der Nachbargott nicht doch stärker sei, und es deshalb ratsamer war, ihm zu opfern. Der eigene Nationalgott sah das allerdings ungern und er warnte durch den Mund der Propheten.

Von alledem gibt es nichts im Bereich der griechischen Völkerschaften. Es ist eine andere Welt. Zwar haben die einzelnen griechischen Stadtstaaten ihre besonderen Schutzgottheiten wie z. B. Athen die Göttin Athene. Aber diese Gottheiten bevölkern einen gemeinsamen Götterhimmel, der den gesamten Kosmos umfaßt. Schon in der Ilias waltet der Göttervater Zeus über die Achäer und Trojaner gleichermaßen. Die Könige dieser Völker stammen zwar von Heroen ab, auch hat sich hier und da ein Gott einer Groß-

oder Urgroßmutter liebevoll angenommen, aber diese Könige sind nicht mehr Inkarnationen, Söhne Gottes, wie die Pharaonen am Nil und die Herrscher an Euphrat und Tigris. Sie sind Menschen, wenn auch aus durch den Segen oder Fluch der Götter herausgehobenen Geschlechtern. Man wirft sich nicht vor ihnen nieder, und über Politik, Krieg und Frieden wird in der Ratsversammlung diskutiert. Zeus hält es mit seinen Göttern nicht anders, wenn er auch letztlich den Ausschlag gibt. Die Gesandten kommen daher schon in der aristokratischen Frühzeit nicht zum König, sondern sie sprechen in der Ratsversammlung. Die einzelnen Personen, wir würden modern sagen: die Individuen, treten mehr und mehr in Erscheinung. Selbst die Götter interessieren sich für die einzelnen Helden mehr als für das Gesamtschicksal der Völker, über die das unerbittliche Schicksal waltet, das selbst Zeus nicht wenden kann. Die magischen Züge der Vorzeit weichen rationelleren Überlegungen, wenn sie mittelbar durch den Götterglauben auch noch eine gewisse Wirksamkeit behalten. Aber neben den unreflektierten Glauben tritt – und das verstärkt sich mit der Zeit – der Gedanke der Zweckmäßigkeit und des sich vom Glauben lösenden Rechts als nunmehr weltlich verbindlicher Regel. Bei den Völkern der Vorzeit ist magische Vorstellung, Sitte und Recht noch eine Einheit. Recht entsteht, wenn seine Verletzung als Verletzung eines weltlichen Rechtsprinzips aufgefaßt wird. Das tritt ein, wenn eine weltlich organisierte Autorität den Bruch des Rechts verurteilt. Diesen Weg haben die Griechen eingeschlagen, wenn sie auch noch die Eierschalen älterer Auffassungen nicht ganz abgeworfen haben.

Geblieben ist zunächst einmal die Unverletzlichkeit der Gesandten, genauer gesagt der Herolde. Der Herold mit dem mit weißen Binden umwickelten Stab steht unter dem Schutz der Götter und ist sakrosankt. Die Herolde leiten den Gesandten, der dadurch unverletzlich wird, oder die Herolde lassen sich die Unverletzlichkeit zusichern. In diesem Fall ist die alte magische Grundvorstellung bereits durch eine rechtliche Abmachung ersetzt, wenn auch der abgeschlossene Vertrag als unter dem Schutz der Götter stehend angesehen wird, insbesondere wenn er durch Eide und Verfluchung bekräftigt ist. In Sparta findet sich allerdings noch eine archaischere Form. Das Geschlecht der Talthybiaden wird von altersher als sakrosankt angesehen. Schon Agamemnon rief »Talthybios, den heiligen *Herold*«. Die Unverletzlichkeit der Mitglieder dieser Familie war allgemein im griechischen Bereich anerkannt. Sie wurden deshalb auch von Sparta mit besonders gefährlichen Sendungen beauftragt.

Der Gesandte mußte seine Sache in der fremden Volksversammlung vertreten. Wir finden hier eine Parallele zu den indianischen Gebräuchen. Der Gesandte mußte daher redegewandt sein und durch seine Persönlichkeit wirken. Das zieht sich durch die ganze griechische Geschichte hindurch. Der listenreiche Odysseus ist der erste Prototyp eines solchen Gesandten. Homer läßt Menelaos und ihn als Abgesandte in der Ratsversammlung der Troer erscheinen. Sie sollen vorschlagen, Helena zurückzugeben, eine angemessene Buße zu entrichten, um sich daraufhin wieder in Freundschaft zu trennen, um den Krieg zu vermeiden. Dann kommt die Schilderung, hier in der Übersetzung Thassilos von Scheffer wiedergegeben:

»Wie sie dann aber im Kreis der beratenden Troer erschienen,
Übertraf Menelaos sie stehend an Breite der Schultern,
Setzten sich aber die zwei, so war Odysseus gewicht'ger.
Wenn sie dann an alle verkündeten Rede und Ratschlag,
Dann begann Menelaos sofort mit heftigem Anlauf,
Sprach nur wenig, doch sehr vernehmlich und ohne viel Worte,
Sachlich immer und treffend. Auch war er jünger an Jahren.
Hatte sich aber erhoben der viel erfahr'ne Odysseus,
Stand er und schaute hinab, die Augen am Boden geheftet,
Auch seinen Stab bewegte er weder nach vorne noch rückwärts,
Sondern hielt ihn fest wie steife und törichte Leute,
Und mit bissiger Miene erschien er mürrisch und blöde.
Wenn aber dann aus der Brust die Stimme gewaltig hervorbrach,
Und die Worte ihm flogen wie winterlich stürmende Flocken,
Keiner der Sterblichen hätte sich dann mit Odysseus gemessen.
Und nun befremdet uns nicht so des Odysseus Erscheinung.«

Diese Stelle der Ilias erinnerte den britischen Botschafter beim Völkerbund in Genf, Nicolson, wie er in einem Rundfunkvortrag erwähnte, an das Auftreten Briands im Völkerbund, der auf den Stufen zur Rednertribüne ebenfalls den Eindruck eines leisen Mangels an Selbstvertrauen erweckt habe, ehe er seine großen, rednerisch glänzenden Worte und Sätze höchst eindrucksvoll der Versammlung vortrug. Kehren wir aber zur trojanischen Ratsversammlung zurück. Die Mission der beiden Gesandten scheiterte. Paris, der seine Frau hätte hergeben müssen, hatte seine Lobby in der Ratsversammlung. Ihr Wortführer, Herr Antimachos, schlug sogar vor, die beiden Gesandten kurzerhand totzuschlagen. Dieser Antrag wurde jedoch abgelehnt. Später brachte er den Söhnen des Antimachos den Tod. Sie hatten das Pech, in einer der nachfolgenden Schlachten Menelaos in die Hände zu fallen. Sie baten vergebens um Gnade. »Wohl, so büßet nun Ihr des Vaters schändlichen Frevel!« bemerkte Menelaos und brachte sie um. Homer in seiner bemerkenswert pedantischen Art schildert genau, wie dies geschah.

Obwohl Menelaos und Odysseus mit ihren Vorschlägen nicht durchkamen – dieser Fehlleistung verdanken wir alle folgenden Bücher der Ilias, die sonst nicht hätten geschrieben werden können –, erzielte man einen anderen Kompromiß. Menelaos und Paris sollten zum Zweikampf antreten. Der Sieger sollte Recht behalten. Das war der Weg des Gottesurteils durch Zweikampf, wie er uns vor allem im älteren germanischen Recht wieder begegnet. Die Abmachung wird formell bekräftigt, und noch einmal erleben wir die Schilderung einer magischen Verfestigung durch Blutritus als Götteropfer, das Trinken des Weines aus gemeinsamem Krug, den Anruf der Götter und die Verfluchung für den Eidbrüchigen. Zwischen den Heeren fand die Zeremonie statt.

»Über die Worte freuten sich beide, Achaier und Troer,
Hofften sie nun doch endlich, vom traurigen Kampfe zu ruhen.
Reihweis zügelten sie die Gespanne und stiegen zur Erde,
Legten die Waffen ab und legten sie nieder zu Boden
Nah beieinander; es war ja wenig Raum in der Runde.«

Priamos wird nun aus Troja geholt, und von jeder Partei zwei Lämmer zum Opfer. Agamemnon bemüht damit seinen Herold Talthybios, den Urvater der späteren spartanischen Gesandtenfamilie. Von Priamos und den Troern erfahren wir aber weitere Einzelheiten:

»Herolde brachten bereits durch die Stadt das heilige Treupfand,
Beide Lämmer, dazu auch Wein, die Spende des Feldes,
In einem Schlauche aus Leder. Es trug der Herold Idaios
Einen blinkenden Mischkrug, dazu auch die goldenen Becher,
Und er trat zu dem Greis und sprach mit ermunternden Worten:
›Sohn des Laomedon, mache Dich auf! Es rufen die Fürsten
Rossezügelnder Troer und erzbewehrter Achaier
Dich in die Ebene nieder, den heiligen Treubund zu schließen.
Alexandros* jedoch und Menelaos, der Kampfheld,
Werden nun streiten dem Weib zulieb mit mächtigen Speeren,
Und der Sieger nehme sich dann die Frau und die Schätze.
Freundschaft mit heiligen Eiden mag später die anderen binden …
So sprach jener …«

Die Rosse werden angeschirrt und Priamos fährt durchs skäische Tor auf das Feld.

»Als sie nun zwischen das Heer der Achaier und Troer gekommen,
Stiegen vom Wagen sie ab zur nahrungspendenden Erde,
Und sie durchschritten die Reih'n der Achaier und Troer zur Mitte.
Da erhob sich sofort der Gebieter des Volks Agamemnon,
Auch der gewandte Odysseus. Die trefflichen Herolde aber
Brachten das heilige Treupfand der Götter und mischten im Kruge
Erst den Wein und besprengten mit Wasser der Könige Hände.
Zückend ergriff der Atride mit raschen Händen das Messer,
Das an der mächtigen Scheide des Schwertes ihm immer herabhing,

* Griechischer Name des Paris

Schor von den Häuptern der Lämmer das Haar; die Herolde aber
Teilten es unter die Fürsten der Troer und auch der Achaier.
Und der Atride flehte mit hoch erhobenen Händen:
›Herrlichster, mächtiger Zeus, Du Vater, Herrscher vom Ida!
Helios auch, der Du alles erschaust und alles mit anhörst!
Auch Ihr Flüsse und Felder, Ihr beide auch unter der Erde,
Die die entschlafenen Menschen bestrafen, die trügend geschworen!
Zeugen sollt Ihr mir sein, sollt hüten das heilige Treupfand,
Schlägt Alexandros im Kampf den Menelaos zu Boden,
Soll er Helena selber und sämtliche Schätze behalten,
Wir aber kehren dann heim in den flutendurchfurchenden Schiffen.
Tötet den Alexandros jedoch Menelaos, der blonde,
Geben die Troer das Weib zurück mit sämtlichen Schätzen,
Zahlen auch an die Argeier die richtig bemessene Buße,
Wie es in künftiger Zeit ein Vorbild allen Geschlechtern.
Weigern sich Priamos aber dann selbst und Priamos' Söhne,
Mir die Buße zu zahlen, auch wenn Alexandros gefallen,
Dann verbleibe ich hier und werde um Rache und Sühne
Kämpfen so lange, bis ich das Ziel des Kampfes erreiche!‹
Sprach's, und mit grimmigem Erz durchschnitt er die Kehle der Lämmer,
Und noch zuckend legte er auf den Boden sie nieder,
Wo sie die Seele verhauchten, die ihnen das Messer entrissen.
Wein nun schöpften die Fürsten vom Kruge sich rings in die Becher,
Brachten die Spende und beteten dann zu den ewigen Göttern:
So aber sprach wohl mancher im Heer der Achaier und Troer:
›Ruhmvoll erhabenster Zeus und ihr anderen unsterblichen Götter!
Wer von den streitenden Teilen die Bande des Eides verletzte,
Fließen möge sein Hirn gleich diesem Weine zu Boden,
Seins und der Kinder zugleich, und es zwinge der Fremde die Frauen!‹«

Soweit das Epos, das den alten Brauch einer frühen Zeit genau und richtig beschreibt. In der klassischen Zeit der griechischen Stadtstaaten ging es bei den Vertragsverhandlungen und ihren Abschlüssen rationeller zu, und manches erinnert schon an recht moderne Formen. Es gab neben den gewöhnlichen Gesandten, die sich streng an ihren Auftrag halten müssen, sozusagen nur Sprachrohr ihrer Ratsversammlung sind, auch schon »bevollmächtigte Botschafter«, die nach eigenem Ermessen handeln dürfen. Alle diese Gesandten und Botschafter, die äußerst zahlreich zwischen den vielen griechischen Stadtstaaten verkehrten, dienten begrenzten Aufgaben. Es waren keine ständigen Botschafter in unserem Sinne, wenn sie sich auch noch solange in einer Stadt aufhielten. Sie mußten ihre Beglaubigungsschreiben vorlegen, ohne das sie keinen diplomatischen Schutz genossen und unter Umständen der Todesstrafe verfielen.

Zwischen diesen Stadtstaaten Griechenlands bestanden laufend die stärksten Zwistigkeiten. Ein alter Schriftsteller, Herodian, nennt es eine Krankheit der Griechen, ihre Liebe zur Zwietracht. Anscheinend wurden alle Hellenen, wenn sie nicht Bürger der Stadt waren, grundsätzlich als mögliche Feinde angesehen. Der Verbündete von heute war der Feind von morgen. Es galt nur das Interesse der eigenen Stadt. Aber innerhalb dieser Stadt gab es auch wieder Parteiungen, die ihrerseits mit Parteigruppen anderer Städte sympathisierten. Es war schwer für einen Gesandten zu verhandeln. Dazu kam, daß man auch den eigenen Gesandten nicht traute, die ja einer anderen Parteirichtung angehören könnten. Man schickte deshalb große Gesandtschaften, die dann aus mehr als 10 Köpfen bestanden. Keiner war dem anderen untergeordnet, damit die Volks- oder Ratsversammlung auch in all ihren Gruppen uneingeschränkt vertreten war. Da die Griechen ein überaus kluges Volk waren, hatten sie den Wiener Proporz – wenn auch nicht dem Namen, so doch der Sache nach – schon vorweggenommen. Im übrigen mißtrauten sie ihren Gesandten auf das äußerste. Auch das ist ein durchaus moderner Zug in ihren Auffassungen. Bei einer Mehrheit von Gesandten stand natürlich jeder unter der Aufsicht des anderen. Schon die Achaier bei Homer pflegten jeweils Zweit-Gesandte zu schicken, ob nun Menelaos und Odysseus in die Ratsversammlung der Troer gingen, oder ob es sich um Verhandlungen mit dem grollenden Achill oder anderes handelte.

Bei einer solchen Vielzahl von Gesandten, zu denen man außerdem kein rechtes Zutrauen hatte, mußte man sparsam sein. Die Reisetagegelder wurden sehr karg bemessen. Andererseits wurde es den Gesandten streng verboten, irgendwelche Geschenke anzunehmen, worin ja vielleicht ein gewisser finanzieller Ausgleich bestanden hätte. Die Athener ließen einen Gesandten hinrichten, weil er vom persischen König Artaxerxes Geschenke erhalten hatte, wie es im Orient allgemein üblich war. Umgekehrt hätte Artaxerxes wahrscheinlich den Unglücklichen ebenfalls hinrichten lassen, wenn er dessen Geschenke abgelehnt hätte. In den Augen der Perser wäre die Ausschlagung eines Geschenkes Majestätsbeleidigung gewesen. Man sieht, es war nicht immer leicht, Gesandter zu sein. Waren sie erfolgreich, erhielten sie einen Olivenkranz und ein Galadinner im Rathaus. Waren die Verhandlungen aber nach der Auffassung der Ratsversammlung nicht zufriedenstellend verlaufen, so gab es einen ganzen Katalog von Strafen, der bis zum Todesurteil ging. Man wundert sich, daß sich unter diesen Bedingungen genug Gesandte fanden – vielleicht doch der Bestechungsgelder wegen, die ja erst einmal nachgewiesen werden mußten, wenn derartige Anklagen erhoben wurden. Aber schon eine Anklage wegen »unzulänglicher Diplomatie« war ärgerlich, in Verbindung damit stand gewöhnlich die Auflage, die Reisekosten einem öffentlichen Ausschuß für Rechnungsangelegenheiten vorzulegen. Es ist unbekannt, ob die Abgesandten wie bei den Städten im christlichen Mittelalter auch den Besuch des »Rosengäßchens« in die Liquidation aufnehmen konnten; auf alle Fälle konnte man in der öffentlichen Verhandlung beim Vorläufer des Bundesrechnungshofes stets die häßlichsten Vermutungen aussprechen. Es handelte sich um ein ausgezeichnetes Forum für Rufmord. Man lese einmal in den Reden des Demosthenes nach, wie er durch Andeutungen die Meinung zu verbreiten suchte, sein Parteigegner Aeschines – dem übrigens politisch die weitere Entwicklung recht gegeben hat – habe sich von König Philipp von Makedonien bestechen lassen. Von Aeschines hingegen wissen wir wieder, daß Demosthenes bei einer lebenswichtigen Verhandlung am Hof des Makedonierkönigs in solcher Harmonie zu seinen Mitgesandten stand, daß er sich weigerte, mit ihnen zusammen zu essen und im gleichen Hause zu logieren. Bei solchen Verhältnissen brauchte man nur einen Bruchteil der Schläue zu haben, über die Philipp, der Vater Alexanders des Großen, verfügte, die Gesandten gegeneinander auszuspielen und um alles zu erfahren, was man in Athen oder anderen Griechenstädten dachte und plante. Es hat Griechenland die Freiheit gekostet. Der Spruch Solons – Jahrhunderte vorher ausgesprochen – bestand zu Recht. Später hat Rom es verstanden, das gleiche Spiel den griechischen Staaten gegenüber zu spielen, die Zwistigkeiten innerhalb der Städte auszunutzen, von denen jede bereit war, des eigenen Vorteils wegen die Bundesgenossen zu verraten.

Daß die Griechen die Perserkriege siegreich überstanden, kann politisch als reines Wunder der Weltgeschichte angesehen werden. Denn immer waren zahlreiche Stadtstaaten auf seiten der Perser und kämpften gegen ihre eigenen Stammesgenossen. Herodot schildert es als ganz selbstverständlich und ohne jede moralische Verurteilung. Man soll auch nicht vergessen, daß die wegen innerpolitischer Zwistigkeiten verbannten griechischen Staatsmänner sich gern an den persischen Hof begaben. Und bis heute weiß man nicht ganz genau, ob nicht Themistokles, der Vater des Sieges über die Perser – er wurde bei den Olympischen Spielen des Jahres 476 v. Chr. stürmisch begrüßt und gefeiert – bei seinem Vorgehen nicht gleichzeitig ein genial-grandioses doppeltes Spiel gespielt hat, das ihm bei einem Siege der Perser deren höchsten Beifall eingetragen hätte. Vor der entscheidenden großen Seeschlacht von Salamis, als die Griechen beschlossen hatten, sich nicht der persischen Flotte zu stellen, schickte er einen Boten an den persischen Flottenchef und ließ ihm folgendes bestellen:

> »Themistokles, der athenische Feldherr, hat mich ohne Wissen der anderen Griechen abgeschickt; denn er ist dem König zugetan und will lieber, daß Ihr als die Griechen die Oberhand ge-

winnen sollt. Ich soll berichten, daß die Griechen aus großer Furcht auf die Flucht bedacht sind. Nun habt Ihr Gelegenheit, die schönste aller Taten zu verrichten, wenn Ihr sie nicht auseinanderfliehen laßt ...«

Themistokles verbrachte u. a. aufgrund dieser Mitteilung seine letzte Lebenszeit als Verbannter unter persischem Schutz. Das Mißtrauen gegen Gesandte, das kann man daraus wohl schließen, war offenbar nicht immer unbegründet. Ein klassisches Beispiel ist überliefert. Exilspartaner waren an den römischen Senat herangetreten, ihnen die Rückkehr in die Heimat zu ermöglichen. Kallikrates, Tyrann von Leontine, war Mitglied einer dreiköpfigen Gesandtschaft des Achäischen Bundes – einer Art innergriechischer NATO –, die den Auftrag hatte, die Römer zu überzeugen, daß diese subversiven Elemente nicht zurückkehren dürften. Kallikrates aber tat das Gegenteil und empfahl dem römischen Senat, sich für ihre Rückführung einzusetzen. Das geschah dann auch, und Kallikrates wurde von den wieder eingebürgerten Spartanern im Heiligtum von Olympia ein Reiterdenkmal errichtet, eine Ehre ganz besonderer Art. Übrigens wurde Kallikrates ein Jahr später zum militärischen Oberbefehlshaber des Bundes gewählt.

Man kann nicht sagen, daß die griechische Diplomatie im ganzen nach außen hin erfolgreich gewesen sei. Nicolson erinnerte sich in seiner »Kleinen Geschichte der Diplomatie« in diesem Zusammenhang an das Dilemma seiner eigenen Regierung, als sie im Jahre 1938 in München mit Hitler verhandelte, er schreibt:

»Eine Demokratie ist, wenn sie mit einem despotischen System zu tun hat, immer im Nachteil, weil ihre Entscheidungen weder so geheim noch so schnell wie die des Gegners sein können.«

Demosthenes hat uns seine Gedanken darüber in seiner Rede über falsche Delegationsführung mitgeteilt. Er schiebt zwar alle Schuld den Gesandten zu, aber mittelbar trifft er die Unzulänglichkeiten der athenischen Verfassung:

»Gesandten stehen weder Kriegsschiffe noch schwerbewaffnete Soldaten zur Verfügung, auch keine Festungen. Ihre Worte sind die Waffen und günstige Gelegenheiten. Ergeben sich bei wichtigen Verhandlungen auch nur flüchtig solche günstigen Gelegenheiten, so kommen sie nicht wieder, wenn man sie einmal verfehlt hat. Es ist ein größeres Unrecht, einer Demokratie eine solche Gelegenheit entgehen zu lassen als einer Adelsherrschaft oder Einherrschaft. Bei diesen Systemen können sofort und auf einfachen Befehl hin Maßnahmen getroffen werden, aber bei uns muß erst der Rat in Kenntnis gesetzt werden und einen vorläufigen Beschluß fassen ... Dann muß der Rat die Ratsversammlung einberufen, und zwar zu der gesetzlich festgelegten Frist. Dann muß der Redner einer unwissenden und oft bestochenen Opposition gegenüber Beweise für sein Vorhaben erbringen. Und selbst wenn dies endlose Verfahren beendet ist und man sich entschieden hat, muß noch weitere Zeit verschwendet werden, bis der erforderliche Beschluß wegen der Haushaltsmittel gefaßt werden konnte... Mir scheint, ihr Männer von Athen, daß Ihr völlig teilnahmslos geworden seid und stumm die Katastrophe erwartet, die über uns hereinzubrechen droht. Da sitzt Ihr, seht das Unglück, das Eure Nachbarn trifft, und laßt es an Maßnahmen zu Eurer eigenen Verteidigung fehlen! Ihr scheint Euch auch nicht der kunstvoll ausgeklügelten Methoden bewußt zu sein, die unser Land aushöhlen!«

Eins hat Demosthenes bei seinen Ausführungen noch übersehen, daß unter diesen Verhältnissen kein Gesandter rein sachlich verhandeln konnte, sondern sich auf irgendeine Partei und die bei dieser vorherrschende Meinung stützen mußte, wenn er nicht Gefahr laufen wollte, später wegen seiner Verhandlungsführung angeklagt zu werden. Es sind bei der politischen Auseinandersetzung mit Philipp von Makedonien verschiedene Gesandte, die keinen Erfolg in den Augen der Volksversammlung hatten, angeklagt und zum Tode verurteilt worden. Die Ratsversammlung aber »klammerte sich an Versprechungen, von denen man wußte, daß sie falsch, und an Hoffnungen, die als trügerisch erkannt waren«. Man sieht, wie lebendig die Erinnerung an das Jahr 1938 bei Nicolson war, als er diese Formulierungen niederschrieb. Die Geschichte wiederholt sich nicht, aber einige Grundverhaltensweisen tauchen in neuem Gewand immer wieder auf.

Noch ein anderes hemmte den Lauf und den Abschluß der Verhandlungen: die mangelnde Achtung der abgeschlossenen Verträge. Thukydides bemerkt: »Eide, soweit sie überhaupt noch bei den Vertragsabschlüssen geleistet wurden, galten für beide Seiten nur für den Augenblick der Not, wenn sie nirgends anders Hilfe fanden. Sobald aber nur eine Partei wieder Mut faßte, weil sie den Gegner für nicht mehr abgesichert hielt, zog sie es vor, das Vertrauen zu mißbrauchen, statt sich in offener Auseinandersetzung zu messen.«

Fontane schrieb einmal, daß sich die Moral von selbst verstehen müsse. Er dürfte wohl recht haben, denn ohne sie herrscht, um ein indisches Bild zu bringen, die Zeit der Fische, der größere frißt den kleineren. Und auf diese Weise endete auch die Geschichte der freien hellenischen Staaten. Sie fielen Makedonien zum Opfer, und später mit diesem zusammen den Römern. Eigenständigkeit, Freiheit und Wohlstand verschwanden, und unter der schweren Decke der Pax Romana, die vielfach einem Leichentuch gleichkam, führten die Enkel der stolzen Hellenen zwar ein in manchem noch geistig sehr bewegtes, aber im ganzen geschichtsloses Dasein.

Waren dies die negativen Seiten der griechischen Staatskunst und mithin ihrer Diplomatie, so wäre es doch allzu einseitig, nicht auch die positiven darzustellen. Sie waren immerhin die Erfinder supranationaler Zusammenschlüsse, wie es der Achäische Bund war, der durch eigne Gesandte sich vertreten ließ und fremde Gesandte empfing. Hinsichtlich der heiligen Stätten in Delphi und in Olympia gab es multilaterale Abmachungen, die den Besuchern und den Wettkämpfern freien Zugang auch durch feindliche Gebiete sicherten und während der olympischen Festspiele eine Art Gottesfrieden, dem wir erst im Mittelalter wieder begegnen, festlegten.

Die Verträge, die zwischen den griechischen Staaten geschlossen wurden, nehmen es inhaltlich in jeder Beziehung mit modernen Verträgen auf. Es gab zwar keinen Haager Schiedsgerichtshof, aber Schiedsgerichtsverfahren wurden häufig vereinbart, um kriegerische Auseinandersetzungen zu vermeiden.

Der Peloponnesische Krieg, der Griechenland in zwei Teile zerriß, kann in seiner Bedeutung mit dem Vietnamkrieg verglichen werden, nur daß die Einwirkung der Großmächte, damals Makedonien und das Perserreich, unbedeutend war. Die Erbitterung auf beiden Seiten und das gegenseitige Mißtrauen waren gleich groß. Immerhin gelang es, nach zehn Kriegsjahren zu einem Waffenstillstand und dann zu einem Friedensschluß zu kommen. Der Krieg war auf beiden Seiten mit wechselnden Erfolgen geführt worden, das Land weitgehend verwüstet. Die Spartaner legten besonderen Wert darauf, ihre Gefangenen zurückzubekommen, den Athenern war aus wirtschaftlichen Gründen an dem Frieden gelegen. Die Spartaner arbeiteten einen Vorschlag für den Waffenstillstand aus. Aufgrund des Status quo sollte eine Demarkationslinie festgelegt werden. Einen Breitengrad wie in Korea und Vietnam konnte man nicht festlegen, aber man hielt sich an den Verlauf der großen Straßen und an die Brücken, die nicht überschritten werden sollten. Für das offene Meer wurden Sperrgebiete vorgesehen, die nicht mit Kriegsschiffen oder anderen schnellen Schiffen, die zu leicht getarnte Hilfskreuzer hätten sein können, befahren werden durften. Dagegen wurde der freie Verkehr für Herolde, Gesandtschaften zu Wasser und zu Lande ausdrücklich garantiert. Streitigkeiten über den Vertrag sollten nicht mit den Waffen, sondern durch Schiedssprüche entschieden werden. Im übrigen sollte im Anschluß an den Waffenstillstand durch bevollmächtigte Gesandte über den endgültigen Friedensschluß verhandelt werden.

Der Vorschlag der Spartaner wurde in Athen der Volksversammlung vorgelegt. Das Protokoll ist uns überliefert. Es lautet, wenn wir die Amtsbezeichnungen in freier Übersetzung unserem Sprachgebrauch anpassen, wie folgt:

»Beschluß des Volkes.

Vorsitzender des Ministerrats: Akamantis
Präsident der Volksversammlung: Nikiades
Schriftführer: Phainippos

Das Mitglied der Volksversammlung Laches hat beantragt, den Waffenstillstand aufgrund der von den Lakedaimoniern und ihren Bundesgenossen vorgeschlagenen Bedingungen abzuschließen, den Athenern zum Heil.
Das Volk genehmigte den Abschluß des Waffenstillstandes auf ein Jahr, zu beginnen vom heutigen Tag, dem 14. des Monats Elaphebolion, mit der Maßgabe, daß in dieser Zeit Gesandte und Herolde beider Teile zu Friedensverhandlungen zusammentreten, daß ferner die militärischen Oberbefehlshaber und die Regierungsmitglieder eine Versammlung einberufen, um zunächst einen Beschluß der Athener über die den Gesandten zu erteilenden Instruktionen herbeizuführen. Die anwesenden Gesandten sollen alsbald vor dem Volke feierlich den Eid leisten, daß der Waffenstillstand ein Jahr lang unverbrüchlich gehalten werde.«

Bemerkt muß werden, daß der Eid der dazu bestellten Bürger den Vertrag rechtskräftig werden ließ.

Die Verhandlungen gingen erfolgreich aus, nachdem verschiedene Zwistigkeiten zwischen den Bundesgenossen bereinigt waren. Das Heiligtum und der Tempel des Apollon in Delphi und ganz Delphi sollten unabhängig sein mit dem Recht der Selbstbesteuerung und eigener Gerichtsbarkeit über Land und Leute wie seit alters her. Diese Anerkennung eines selbständigen »Kirchenstaates« war wesentlich. Delphi verfügte über großen Reichtum, und seine Stellung allen Griechen gegenüber kann im politischen Sinne mit der Rolle des Papsttums im Mittelalter verglichen werden. Der freie Besuch anderer Heiligtümer wurde ebenfalls vertraglich garantiert. Der Vertrag sollte Stadt für Stadt mit dem ortsüblich höchsten Eid gegenseitig beschworen werden.

Säulen mit dem Inhalt des Vertrages sollten in Olympia, Sparta, Athen und an einigen weiteren Orten aufgestellt werden. Eine Änderung des Vertrages war vorgesehen, und geplant war auch, nach den Eiden vergessene Einzelheiten in Ergänzungsverträgen zu regeln. Der Vertrag sollte 50 Jahre gelten und jährlich neu beschworen werden. Darüber hinaus kam es sogar zu einem Bündnisvertrag zwischen Athen und Sparta, wonach die Gefangenen ausgetauscht wurden.

Es war ein großer Erfolg. Aber die inneren Spannungen, die in einen kalten Krieg übergingen, bestanden weiter. Und nach sechs Jahren und zehn Monaten entwickelte sich aus den Zwistigkeiten der Verbündeten ein neuer Krieg. In der Kriegsschuldfrage waren sich aber – wie es heute noch zu sein pflegt – Athen und Sparta völlig einig, daß jeweils der andere den Vertrag gebrochen habe. Die Athener beschlossen, den Vertragsbruch auf der Säule zu vermerken, die die Tafel mit dem Inhalt des Vertrages trug. Der Krieg endete mit der bedingungslosen Kapitulation Athens. Aber der Niedergang dieser Stadt war nur der Anfang für den Untergang der griechischen Staatsgebilde.

7.
Die Zeit der Römer

Summum jus,
summa injuria.

Römisches Sprichwort

Die Römer waren im Gegensatz zu den Griechen ein Volk, das sehr praktisch und rational dachte und handelte, aber im Rahmen äußerst formaler religiöser und rechtlicher Vorschriften. Vor allem im Verkehr mit den Göttern mußte man streng auf die Form sehen, eine alte Weisheit aus archaischen Tagen. Und diese Götter – vieles von ihnen stammt aus etruskischer Anschauung – befaßten sich weitgehend mit allerlei praktischen Gegenständen: Die Stadtmauer war heilig. Als Remus aus Hohn die erste Stadtmauer Roms übersprang, beleidigte er die Gottheit. Nachdem ihn daraufhin sein Bruder Romulus erschlagen hatte, sühnte er den Frevel, handelte fromm und war gleichzeitig den Nebenbuhler los. Die Tore in der Stadtmauer waren profan, man durfte sie, ohne den Zorn der Götter zu reizen, passieren. Aber die Grenzen, sei es des eigenen Grundstückes, sei es die des Staates, galten ebenfalls als heilig. Wer einen Grenzstein versetzte, war des Todes. Diesen religiösen Vorstellungen begegnete man auf Schritt und Tritt im alltäglichen Leben. Die Römer entwickelten eine besondere Technik, den Göttern in der Form recht zu geben, in der Sache aber mehr das eigene praktische Ziel zu verfolgen. So mußte man, wenn die Grenzen des Staates überschritten wurden, den Willen der Götter berücksichtigen. Man beleidigte sie nicht, wenn man in einem gerechten Krieg über die Landesgrenzen hinaus in Feindesland zog. Das Urteil über gerecht und ungerecht stand keiner profanen Instanz zu. Dafür gab es ein eigenes Priesterkollegium, die Fetialen. Vor jedem Kriege mußten sie klären, ob er gerecht war. Diese Form wurde beibehalten selbst bis in Zeiten hinein, die wir als recht aufgeklärt bezeichnen würden. Und das Verfahren bewährte sich. Die Götter waren zufrieden, ein Jahrtausend lang führte man gerechte Kriege und hatte am Ende den damaligen Erdkreis fest in der Hand.

Auch die Gesandten waren heilig. Sie mußten dem Feind den Krieg formell erklären, im anderen Falle wäre er als ein Raubzug abgestempelt.

Die Römer beherrschten die Fertigkeit, sich in ihrer Sprache kurz und bündig auszudrücken. Sie faßten das ganze Verfahren in vier Teilsätzen zusammen:

»Senatus censet, populus iubet, res repetuntur, bellum indicitur.«

»Urteil des Senates, Befehl des Volkes, Überprüfung (durch die Fetialen), Kriegserklärung.«

Daran haben sie sich gehalten. In einem Falle jedoch formulierten sie eine bedingte Kriegserklärung, wonach sie dem Gegner die Wahl ließen. Man stand am Vorabend des 2. Punischen Krieges. Fünf senatorische Gesandte verhandelten in Karthago. Nach fruchtloser Debatte bauschte der römische Delegationsführer seine Toga zu einer tiefen Falte und rief: »Hier trage ich für euch Krieg und Frieden. Nehmt, was euch gefällt!« Da die Karthager den Krieg wählten, war dies die römische Kriegserklärung. Es ist nicht überliefert, aber man kann vermuten, daß in Rom alsbald der Dienst tuende Fetiale am Tempel der Bellona die rituell vorgeschriebene Ersatzhandlung vornahm.

Da man formal immer im Recht sein mußte, wurde die Unverletzlichkeit der Gesandten nirgendwo so geachtet wie in Rom. Den griechischen Unterschied zwischen Herold und Gesandten kannte man nicht. Gesandte waren auch ohne besonderes Übereinkommen sakrosankt. Wenn in einem anderen Staate römische Gesandte beleidigt oder gar getötet wurden, so war das kein Grund, sich an den Gesandten dieses Staates zu rächen. Scipio entließ die karthagischen Gesandten, obwohl man sich in Karthago an den römischen vergriffen hatte, mit der Begründung: »daß sein Vaterland die Unverletzlichkeit der Gesandten immer auf das sorgfältigste achtete«. Aber ein Grund zum Kriege, zu einem gerechten Kriege, war damit gegeben, und Rom nahm furchtbare Rache.

Die Veneter, ein gallischer Stamm, hatten römische Gesandte eingesperrt. Cäsar zog zu Felde und ließ alle Magistratspersonen der Veneter hinrichten, alle übrigen Einwohner als Sklaven verkaufen, »damit in Zukunft auch von den Barbaren das Gesandtenrecht eingehalten werde«. In anderen Fällen haben es die Römer abgelehnt, die Auslieferung von Gesandtenmördern anzunehmen, um hinsichtlich ihrer Gegenmaßnahmen völlig frei zu sein. Und diese Gegenmaßnahmen entsprachen dann auch denen, die Cäsar ergriffen hatte. Die Methode wirkte. Römische Gesandte konnten überall frei und offen ihre Meinung sagen und sich dabei unverletzlich fühlen.

Schickte man niedere Ränge als Gesandte, so wurde das von den anderen Staaten als Mißachtung empfunden. Die Römer entsandten deshalb auch sehr angesehene Leute; so brauchten sie nicht zu befürchten, sie würden als Geisel zurückbehalten. Die Rhodier haben sich einmal beim Senat beklagt, daß der römische Feldherr, der gerade in ihrer Gegend einen »Gerechten Krieg« führte, ihnen einen Gesandten geschickt hatte, der von Beruf Bademeister war. Der Verfasser vermutet, daß es der für die Sauberkeit der Legionäre zuständige Sanitätsoffizier war, der außerdem Griechisch konnte und am ehesten zu entbehren war.

Eine das alte Rom kennzeichnende Sitte soll noch erwähnt werden. Man lebte in der Frühzeit der Republik sehr sittenstreng und karg. Zu diesen strengen römischen Sitten gehörte es, daß niemand goldenen Schmuck oder Ringe tragen durfte. Ausgenommen waren nur die Goldteile der Zahnprothesen, deren Anfertigung man von den Etruskern gelernt und beibehalten hatte. Da aber ein Gesandter im Ausland – heute wie ehedem – bei allzu ärmlichem Auftreten keinen tieferen Eindruck zu machen pflegt, war es den römischen Gesandten gestattet, auf Dienstreisen ins Ausland goldene Ringe zu tragen. In Rom aber mußten sie wieder abgelegt werden. Da gab es nur eiserne Ringe. Auch Fräulein Braut bekam nur einen eisernen Ring, und ohne Schmuckstein, versteht sich.

Wenn nun aber fremde Gesandte nach Rom kamen und eingeladen werden mußten, wollte man sich auch nicht zu ärmlich zeigen. Den Frackverleih gab es noch nicht, aber die reichen Karthager spotteten, bei allen Senatsmitgliedern, bei denen sie zum Diner eingeladen waren, habe stets das gleiche Silbergeschirr auf dem Tisch gestanden. Eines genügte für Rom, und es wurde eilends von Familie zu Familie gebracht, wenn es aus repräsentativen Gründen benötigt wurde. Später änderten sich die Sitten, wie man weiß.

Der Feldherr, fern von Rom, war berechtigt, eigene Gesandte zu schicken. Im allgemeinen behielt es sich der Senat vor, der auch die fremden Gesandten empfing, Botschafter zu ernennen und auszusenden, besonders in den griechischen und asiatischen Angelegenheiten wurde im allgemeinen eine Delegation von 10 Gesandten zusammengestellt. An ihrer Spitze aber stand ein Delegationsführer, der zugleich der Wortführer war, um eine einheitliche Gesprächsführung sicherzustellen. Nach ihrer Rückkehr hatten die Gesandten dem Senat Bericht zu erstatten.

Gesandte fremder Staaten und Völker wurden in Rom korrekt und freundlich empfangen. Die Vertreter der bundesgenössischen und befreundeten Staaten wurden jedoch bevorzugt behandelt. Nur sie durften ohne vorangegangene Formalitäten nach Rom kommen und erhielten im Stadtgebiet freies Quartier und freie Bewirtung. Sie konnten frei in der Stadt verkehren, selbst glanzvolles Auftreten war ihnen gestattet. Die Mitglieder einer athenischen Delegation hielten sogar philosophische Vorträge. Die Gesandten brachten nach der Sitte der Zeit Geschenke mit, hatten aber auch selbst Anspruch auf Gegengeschenke, die selbst bei den damals noch sparsamen Römern reichlich bemessen wurden.

Die Gesandten anderer Staaten durften das Stadtgebiet Roms nicht ohne weiteres betreten. Befand man sich im Kriegszustand, mußte die Genehmigung des römischen Feldherrn vorliegen. Die Gesandten wurden jenseits des Tibers, in dem heutigen Stadtteil Trastevere, untergebracht. Dort mußten sie warten, bis man sie zur Verhandlung abholte. Im allgemeinen wurden sie auch nicht im Senat selbst empfangen, sondern man verhandelte mit ihnen im

Tempel der Bellona. Die Gesandtschaften kamen aus allen Teilen der Welt.

Ein besonderes Interesse löste eine Gesandtschaft von Ceylon aus. Sie bestand aus vier mit äußerster Pracht gekleideten hohen Würdenträgern des dortigen Fürsten. Plinius, Admiral und naturwissenschaftlich sehr engagierter Gelehrter und Schriftsteller, erzählt davon, wie ein römischer Kapitän – anscheinend im Zollfahndungsdienst Roms im Indischen Ozean stationiert – mit seinem Schiff durch einen Zyklon nach Ceylon verschlagen worden sei. Man brachte diesen fremdartigen Seefahrer zum Fürsten, der ihn, wie man sich vorstellen kann, mit Neugierde empfing. Der Fürst geriet in größte Verwunderung, als er hörte, daß alle Goldstücke – Denare, die der Kapitän als Zollfahnder wohl den verschiedensten Handelsherren gegen Protoköllchen abgenommen hatte – trotz unterschiedlicher Prägung das gleiche Gewicht aufwiesen. Um Näheres von diesem fremden Land zu erfahren, schickte der Fürst sofort vier hochgestellte Persönlichkeiten seines Hofes zusammen mit dem Zollfahnder nach Rom. Was dort verhandelt worden ist, wissen wir nicht. Plinius interessierte sich weniger für Denare als für die Tatsache, daß die Gesandten den nördlichen Sternenhimmel nicht kannten und daß sich die Gesandten über alle Maßen verwunderten, in Rom die Sonne im Süden stehen zu sehen, statt, wie sie es gewohnt waren, im Norden.

Dieser Unterschied im Stand der Sonne ist auch heute noch nicht international bekannt. Die Amerikaner bauten für eine Kupfermine in Chile ein sehr modernes und beachtliches Krankenhaus. Da sie Plinius nicht gelesen hatten, war die Südseite besonders wärmeisoliert, dafür schmorten die Kranken hinter den hellen Nordfenstern, auf die die Sonne ihre unbarmherzigen Strahlen entsandte. Aber auch unsere Bundesbaudirektion hatte für die Residenz unserer Botschafter in der Hauptstadt Canberra einen wirklich sehr reizvollen Entwurf übernommen, der den gleichen Fehler aufwies. Ihr Bauleiter an Ort und Stelle bemerkte aber den Irrtum, drehte den Plan um 180°, und der Schaden war behoben. Dies nur nebenbei, es ließe sich noch manches über wohlgemeinte

Entwürfe für fremde Länder sagen, die mit Sonnenstand, Klima und Windrichtungen manchmal recht auf dem Kriegsfuße stehen.

Zurück zum römischen Senat. Der Andrang der Gesandten bei ihm war oft so groß, daß es erhebliche Wartezeiten gab. Der Zeitpunkt der Audienz wurde den Gesandten aber genau angegeben. Die Reihenfolge wurde vom Senat festgelegt. Gesandte befreundeter Staaten hatten den Vortritt, und es galt ein genau vorgeschriebenes Protokoll. Die Konsuln, oder bei ihrer Abwesenheit die Prätoren, führten die Gesandten in den Senat hinein. Sie leiteten die Verhandlung. Wenn die Gesandten ihr Anliegen vorgetragen hatten und es diskutiert worden war, verließen sie die Kurie. Hatte der Senat seine Beratung abgeschlossen, so wurden sie wieder hereingerufen. Auf dem Forum gab es einen eigenen Warteplatz für diese Fälle. Wenn der Sachverhalt nicht klar genug erschien, bestimmte der Senat eine Gegengesandtschaft aus den eigenen Reihen, die an Ort und Stelle sich informieren und auch die Antwort erteilen sollte.

Wenn während der Verhandlung ein Krieg ausbrach, hatten die gegnerischen Gesandten mit ihren Landsleuten Rom und Italien innerhalb einer bestimmten Frist zu verlassen.

Die Verhandlung vor dem Senat selbst muß ein sehr eindrucksvolles Spektakulum gewesen sein. Polybios, der griechische Historiker, berichtet, daß der Senat auf seine Landsleute wie eine Versammlung von Königen gewirkt habe. Das ist nicht verwunderlich, wenn man an die griechischen Ratsversammlungen denkt, in denen, um mit Aristophanes, dem alten Spötter, zu reden, Kleon, der Gerber, das große Wort führte und von innerer Disziplin wenig zu merken war. Im Senat saßen die früheren Minister mit Feldherrenrang und Staatssekretäre, alle mit den Geschäften der Republik vertraut und mit der durch die merkwürdige Verfassung erzwungenen Rücksichtnahme auf die Meinung der Amtskollegen. Dabei gab der Senat nicht einmal Befehle, sondern nur Ratschläge, diese aber mit einer Autorität, daß sie wie Gesetze wirkten. So beruhte auf ihm die Kontinuität der Politik, die bei dem jährlichen Wechsel in der Spitze der Exekutive sonst immer mehr gefährdet gewesen wäre. Die Zensoren entfernten ungeeignete Mitglieder zugunsten der Geschlossenheit des Senates. In manchem wird man, bei allen Unterschieden im einzelnen, in der Funktion und Zusammensetzung an das Zentralkomitee der KP in Moskau erinnert.

Obwohl der Senat Gesandte schickte und empfing, war es nicht seine Aufgabe, die Verträge abzuschließen, die aufgrund der Verhandlungen formuliert worden waren. Das gehörte zum Aufgabengebiet der Konsuln, die mit Zustimmung des Volkes die höchste Regierungsgewalt innehatten. Der Senat gab natürlich seine Empfehlung dazu.

Im Krieg konnte auch der Feldherr, unabhängig ob er Konsul war oder nicht, Verträge abschließen. Diese Abmachungen mußten jedoch in Rom bestätigt werden. Es war üblich, daß die Gegenseite ihre Gesandten mit Zustimmung des Feldherrn nach Rom schickte, um den Vertrag – modern ausgedrückt – »ratifizieren« zu lassen. Auch der Feldherr ließ sich bei der Senatsverhandlung vertreten, damit auch von seiner Seite die Richtigkeit des Vertragsentwurfes bestätigt wurde und die Gesamtverhältnisse, die zu dem Vertrag geführt hatten, klargestellt wurden. Waren diese Verhandlungen beendet, mußte der Vertrag der Volksversammlung vorgelegt werden, was in der späteren Zeit zu einer reinen Formsache wurde. Manchmal benutzte man diese Frist aber, um noch vorhandene Unklarheiten zu beseitigen und den Vertrag zu modifizieren. Man gewann diese Zeit, da die Volksversammlung nicht in Permanenz tagte und bestimmte Fristen für die Einberufung eingehalten werden mußten. Obwohl die Verträge schriftlich abgefaßt wurden, erhielten sie ihre Gültigkeit nicht durch Unterschriften, sondern durch Eidschwüre. In diesem Moment wurden wieder die Fetialen eingeschaltet. Allerdings opferte man aus diesem Anlaß in späterer Zeit niemanden mehr den Göttern. Aber der religiöse Ritus blieb in abgewandelter Form erhalten: Auf römischer Seite nimmt der Fetiale einen Stein in die Hand und beschwört den Vertrag im Namen des römischen Volkes. Dann ruft er die Strafe der Götter auf sich herab, sollte er Hinterhältiges im Sinne haben, und wirft den Stein hinter sich. Symbolisch bedeutet das, er wolle bei Bruch des Vertrages von den Göttern ebenso verworfen sein wie der Stein von ihm.

Die Formel der fehlenden Hinterlist hatte ihre Bedeutung. Sie sollte verhindern, daß durch sinnwidrige Auslegung der Vertrag verletzt werde. Ein Beispiel für ein solches Verhalten hatte der spartanische König Kleomenes gegeben, der trotz eines abgeschlossenen Waffenstillstandes die Argiver eines Nachts angegriffen hatte. Als Begründung auf den Vorwurf des Vertragsbruches gab er an, der Waffenstillstandsvertrag sei auf Tage, aber nicht auf Nächte abgeschlossen.

Wurde der Vertrag außerhalb Roms abgeschlossen – die Fetialen durften anscheinend Rom und Italien nur in äußerst seltenen Fällen verlassen oder man wollte Zeit und Reisekosten sparen –, konnte auch der Feldherr oder eine Senatsgesandtschaft den Eid leisten, mit dem der Vertrag bindend abgeschlossen war. In Rom wurde der Inhalt des Vertrages auf eiserne Tafeln graviert, die im Tempel des Jupiter auf dem Kapitol aufbewahrt wurden. Der Tempel diente auf diese Weise als Staatsarchiv. Die Einbeziehung des Tempels ist noch ein Rest der Auffassung, daß diese Verträge durch die Anrufung der Gottheit und den Eid über die rein juristische Bedeutung noch zur Sphäre des Religiösen gehören. Jupiter war der oberste Staatsgott, sein Tempel war nach Alter, Ansehen, Größe und Lage der geeignetste Aufbewahrungsort.

8.
Tausend Jahre Byzanz

Du Sonne, Riese, Kaiser, Lichtstern im ersten Glanze,
Du Aug' der ganzen Christenheit, Du Leuchte der Rhomaier …

Aus einer byz. Kaiserhymne

Aus der Urgeschichte unserer Erde kennen wir das Schicksal der Dinosaurier, jener riesenhaften Geschöpfe, deren Knochengerüst, sorgsam zusammengesetzt, man im Senckenbergmuseum in Frankfurt/Main mit Staunen und stillem Grauen betrachten kann. Sie waren zu groß geworden, diese merkwürdigen Geschöpfe, sie konnten sich veränderten Bedingungen nicht mehr anpassen und gingen zugrunde.

Das Römische Reich teilte ihr Schicksal. Es war zu groß geworden. Es hatte die damalige Welt erobert, mehr mit dem Schwert als mit der Kunst der Diplomatie. All die Schwierigkeiten, die Völker untereinander auszutragen haben, mußte es in sich auszugleichen versuchen. Das aber kostete soviel Kraft, daß die Stärke nach außen hin im gleichen Verhältnis nachließ. Ein Bürgermeister von New York hat vor nicht allzulanger Zeit einmal erklärt, daß diese Riesenstadt nicht mehr verwaltbar wäre. Die römischen Kaiser waren zu der gleichen Erkenntnis gekommen. Sie hielten zwar an der Idee dieses einheitlichen Weltreiches noch lange Zeit fest, in der Praxis aber teilten sie dieses Reich in zwei Hälften, in das West- und das Oströmische Reich.

Byzanz, die alte griechische Handelsstadt, wurde von Kaiser Konstantin dem Großen zur Hauptstadt des östlichen Teiles erhoben. Um diese Tat für alle Zeiten mit seinem Namen zu verknüpfen, gab er ihr den Namen Konstantinsstadt, auf griechisch Konstantinopel. Es wurde nach Pracht, Reichtum und Lage die Stadt aller Städte in der Alten Welt. Es war London und Paris zur gleichen Zeit, die Stadt der Eleganz, der feinen Künste, der Wissenschaft und die Stadt des Welthandels. Waren aus China und Indien wurden hier ebenso gehandelt wie Bernstein von der Ostsee und kostbare Felle aus dem höchsten Norden. Über 1000 Jahre war es die Hauptstadt eines Weltreiches, wenn wir die Trennung vom Weströmischen Reich im Jahre 395 n. Chr. als Anfang und die Eroberung der Stadt durch die Türken im Jahre 1493 als Endpunkt setzen. Dieses Byzantinische Reich ist lange nur als dekadente Spätzeit des Römischen Reiches angesehen worden. Aber mit Dekadenz allein übersteht kein Reich 1000 Jahre Geschichte, wenn ringsumher ein Hexenkessel politischer Stürme tobt und Angriffswelle auf Angriffswelle abzuwehren ist. Dieses angeblich so dekadente Schattenreich einer kraftlosen Spätzeit widerstand der Flut der germanischen Völkerwanderung, den Angriffen mongolischer Steppenvölker, es überlebte den Ansturm der Araber und war die Flankensicherung Europas gegenüber den Eroberungsfeldzügen der Türken bis zum Fall seiner Hauptstadt. Dann mußte Wien an seine Stelle treten, vor dessen Toren und Mauern der Angriff der Türken endgültig zerbrach.

Die Staatsbürger des Byzantinischen Reiches wurden zwar Rhomaier genannt (griechisches Wort für Römer), aber sie waren keine Römer, sondern Griechen und Angehörige der vielen Völker des hellenisierten Vorderen Orients. Der Geist Roms war ihnen fremd. Sie hatten durch die Hellenisierung und die Herrschaft Roms ihre eigene politische Struktur verloren, zerrieben im Sturm der Geschichte. Das allumfassende Band bildete das Christentum, wenn auch hier in seiner östlichen Prägung. Ein äußeres Zeichen der Trennung beider Reiche und Kirchen: Die römisch-lateinische Staatssprache wurde in Byzanz durch die griechische ersetzt, die griechische Kirchensprache des frühen Christentums in Rom aber durch die lateinische.

War dieses östliche Christentum die geistige Grundlage des Byzantinischen Reiches, so stellte die mehr und mehr uneingeschränkte Macht des Kaisertums den politischen Pfeiler des bunt zusammengesetzten Staates dar. Was in Rom zur Zeit der größten Machtentfaltung seiner Kaiser nie praktiziert wurde, was die Griechen früherer Jahrhunderte als barbarische Unmöglichkeit abgelehnt hatten, das wurde nun im Oströmischen Reich Sitte: sich vor dem Kaiser auf den Boden zu werfen wie im alten Assyrien, den Boden vor seinen Füßen zu küssen. Die Person des Kaisers war für seine Untertanen – Bürger des Staates konnte man sie nicht mehr nennen wie einst in Athen und Rom – weit vom Alltag entrückt. Gleichzeitig bekleidete der Kaiser das höchste Kirchenamt. Er ernannte Patriarchen und Bischöfe, setzte sie ab und ließ sie gelegentlich hinrichten. Nur wenn er vom rechten Glauben abwich, mußte er mit Aufstand und Tod rechnen. Der Kaiser legte bei seinem Regierungsantritt nicht nur einen Eid auf die Verfassung ab, sondern auch auf die Innehaltung des rechten Glaubens. Die Frage aber, was nun der rechte Glaube war, führte zu den härtesten Auseinandersetzungen, die den Bestand des Reiches von innen her bedrohten. Die Fragen des Glaubens waren in Konstantinopel nicht eine Angelegenheit der Bischöfe und Theologen, sie bewegten zutiefst auch die breiten Schichten des Volkes. Man muß schon an die Gegensätze zwischen Kommunisten und Nationalsozialisten in der Weimarer Republik denken, um sich in etwa ein Bild machen zu können. Die Beschlüsse der Konzilien wurden leidenschaftlich diskutiert, und die Fischfrauen von Konstantinopel schlugen sich die Fische um den Kopf, ob Christus gottähnlich oder gottgleich sei. Aus dem Jahre 382 ist ein Brief des Bischofs Gregor von Nyssa erhalten, der ein Bild dieser uns kaum verständlichen Atmosphäre gibt. Er schreibt:

> »Die Stadt ist voll von Leuten, die unbegreifliche und unverständliche Dinge reden auf allen Straßen, Markthallen, Plätzen und Kreuzungen. Gehe ich in einen Laden und frage, wieviel ich zu bezahlen habe, dann bekomme ich einen philosophischen Vortrag zur Antwort über den gezeugten oder nicht gezeugten Sohn des Vaters. Erkundige ich mich in einer Bäckerei nach dem Brotpreis, so antwortet mir der Bäcker: Der Vater ist unzweifelhaft größer als der Sohn. Und frage ich in den Thermen, ob ich ein Bad bekommen kann, dann versucht mir der Bademeister zu beweisen, daß der Sohn ohne Zweifel aus dem Nichts hervorgegangen sei.«

Nur aus solchen Grundeinstellungen ist die byzantinische Staatsauffassung zu begreifen.

Das byzantinische Hofzeremoniell war mehr als nur die persönliche Verherrlichung des jeweiligen Kaisers. Es war unlöslich mit dem orthodoxen Glauben verbunden und hatte in vielen Fällen den Charakter einer kirchlichen Liturgie. In der Aschermittwochsprozession schritt der Kaiser zu Fuß mit, in der Hand eine goldene Büchse mit Staub. Nach je zwei Schritten, die er getan hatte, rief ihm ein Würdenträger zu: »Gedenke des Todes!« Dann hielt der Kaiser an, küßte den Staub und weinte. Und so ging es fort, bis er die Kirche erreichte. Das entspricht in gewisser Weise der Papstzeremonie bei der Krönungsmesse, dreimal haltzumachen, bevor er den Altar über dem Grabe des Heiligen Petrus erreicht. Und bei jedem dieser Halte tritt ein Zeremonier mit einem Büschel Werg auf ihn zu, verbrennt es und singt: »Sancte Pater, sic transit gloria mundi.« (Heiliger Vater, so vergeht aller weltlicher Ruhm.)

In ebenfalls gottesdienst-ähnlicher Form hat der Kaiser am Gründonnerstag die Fußwaschung zu vollziehen und sich am Karfreitagskirchgang zu beteiligen. Er zelebriert eine Weintraubenweihe und in ebenfalls zeremoniell festgelegten Formen besucht er die Krankenhäuser, die für die Armen in der Stadt eingerichtet sind. Es gibt jährlich eine auch nur sakral zu deutende Badezeremonie des Herrscherpaares. Einen Höhepunkt kaiserlich weltlichen und religiösen Zusammenklanges bildete die Weihnachtsfeier in der Hagia Sophia: Kaiserhymnen und geistliche Weihnachtslieder wechseln einander ab und gehen ineinander über in dem Lied: »Christus ist geboren, der Dich, Kaiser, gekrönt hat.«

Die Gesandten des deutschen Kaisers Heinrichs VI. nahmen an einer solchen Weihnachtszeremonie teil und wandten sich voll Unwillen ab, weil sie den Vorgang für eine unangemessene Überhöhung eines sündigen Menschen hielten. Wir können aber annehmen, daß die Bevölkerung Konstantinopels der Schaustellung ihres Kaisers in dieser Form mit innerer Anteilnahme beiwohnte. Der Kaiser war in ihrem Bewußtsein der in eine göttliche Sphäre entrückte Höchste auf Erden, und bei der Feier offenbarte sich ihnen die Höhe des Herrschertums als Auftrag Gottes; ähnlich empfanden die deutschen Ritter beim päpstlichen Zeremoniell in Rom in der Peterskirche, nur daß eben hier geistliche und weltliche Gewalt getrennt in Kaiser und Papst symbolisiert waren, eine sakrale Erhöhung dem Kaiser nicht zustand.

Werfen wir einen Blick auf die Reichsversammlung Karls des Großen im Jahre 799 in Paderborn. Kein Franke, kein Sachse kam auf den Gedanken, sich vor Karl niederzuwerfen. Aber als Papst Leo III., Ehrengast auf dieser Versammlung, eintraf, warf sich das aus vielen Völkern zusammengesetzte Heer dreimal zu Boden, um dann betend niederzuknien, bis der Papst »die Front abgeschritten« hatte, würden wir heute sagen.

In der byzantinischen Herrschergestalt wurde uralte orientalische Vorstellung wieder lebendig, wonach der Kaiser die Verbindung zum Staatsgott darstellt, die diesem zustehenden Opfer zu bringen hat, damit es dem Volke wohlergehe, wie auch dem chinesischen Kaiser als Sohn des Himmels das Staatsopfer oblag. Darüber hinaus kann man allgemeiner sagen, daß dem mittelalterlichen Menschen das Zeremoniell mehr als eine äußerliche Form war. Es bezog sich nicht auf die jeweilige Person, so wie unser Drama sich nicht auf den Schauspieler bezieht, sondern war ein Schauspiel als Ausdruck der Wirklichkeit auf einer höheren Ebene mit tief symbolischem Sinngehalt, wie wir es nur noch im klassischen Drama nachvollziehen können. Eine höhere Wirklichkeit wird sinnfällig gemacht und von den Beteiligten erfaßt. Durch die künstlerische Gestaltung wird die Idee zu einem Besitz der Menschen und zu einem Eindruck von innerlich bewegender erzieherischer Kraft, wie man durch schulmäßig rationale Darstellung der Funktionen, wie man heute deutlich sieht, nicht erreichen kann. Daneben steht – wie sollte es anders sein – auch ein gewisses Zweckdenken, das die Zeremonie an propagandistische Wirkungen heranführt. Diese Wirkung würde aber niemals das tragende Element sein können, wird es vorherrschend, verliert die Zeremonie ihren Sinn und damit die wirkende Kraft. Sie ist nur noch leere Form.

Die byzantinischen Kaiser selbst standen unter dem quasi magischen Eindruck der Zeremonie und unterwarfen sich ihr, was manchen von ihnen, die aus den den rauhen Feldlagern der Soldaten kamen, gar nicht so leicht gefallen sein wird, Auf dieser Basis entstand im Byzantinischen Reich ein neues Selbstverständnis, wobei alles, was vom Kaiser ausging, in irgendeiner Weise als geheiligt galt. Wie der Priester das Evangelium, so küßte der Beamte den Erlaß des Kaisers, ehe er ihn las, und was es an Ähnlichkeiten noch weiter gab. Geheiligt – wie er auch zur Macht gekommen sein mochte – war der Kaiser der Autokrat, der Selbstherrscher, wie sich nach ihm noch die russischen Zaren nannten, die neben dem Titel viele Formen des Byzantinischen Reiches übernommen haben. Dem Westen blieb dieser Ausgangspunkt verschlossen. Die Stellung des Fürsten war trotz allen Gottesgnadentums auf die weltliche Sphäre beschränkt und hat keine kultischen Formen angenommen. Auch der Versuch des Papsttums, eine aus dem Geistlichen stammende weltliche Oberhoheit zu erringen, ist gescheitert. Aber die Formulierung über die angestrebte Stellung des Papstes durch Innocenz III. faßt im Grunde in wenigen Worten die Stellung des byzantinischen wie auch des chinesischen Kaisers zusammen: »Inter Deum et hominem medius constitutus, citra Deum, sed ultra hominem, minor Deo, sed maior homine, qui de omnibus judicat et a nemine judicatur.« (Zwischen Gott und den Menschen als Mittler eingesetzt, diesseits von Gott, aber jenseits des Menschen, kleiner als Gott, aber größer als der Mensch, der über alle richtet und selbst von keinem gerichtet wird.) Aber kehren wir zum weltlichen Teil des Byzantinischen Reiches zurück.

Keine Autokratie duldet selbständige Untergliederungen. Es entstand daher auch im Byzantinischen Reich eine streng zentralistische Verwaltung mit betont hierarchischem Aufbau. Es gab keine Herzöge und Fürsten wie im Westen, sondern Beamte mit festgelegten Zuständigkeiten, Titeln und Gehältern. Es stand kein Aufgebot von Rittern und Knappen zur Verfügung, sondern Offiziere verschiedener Rangstufen und Berufssoldaten. Und so gab es auch Beamte, die den Staat nach außen zu vertreten hatten: Diplomaten. Und erstmalig können wir diese Bezeichnung in unserem heutigen Sinne verwenden, ohne das Wort wenigstens im Geist in Anführungszeichen zu setzen.

Dieser von allen Seiten gefährdete Staat hat sich nicht nur seiner Armeen bedienen müssen, sondern in gleichem Umfang einer bis aufs äußerste anpassungsfähigen Diplomatie. Diese Diplomaten des Kaisers mußten sich auf Gegenspieler der verschiedensten Art einstellen, nicht nur auf ihre weströmischen Kollegen, sondern auch auf Hunnen und Awaren, Araber und Slawen, Perser und Türken, Goten, Langobarden und Franken, später auf das Reich Karls des Großen und der deutschen Kaiser. Sie unterhielten Beziehungen zu Indien und China, zu England und Frankreich. Sie unterzogen sich Reisestrapazen jeder Art, bei ständiger Gefährdung ihres Lebens, arbeiteten mit glatter Zunge, Geschenken und Gold, aber auch mit List und Täuschung. Sie mußten der Arroganz eines Attila mit Haltung entgegentreten, die Saufgelage germanischer Kriegsfürsten durchstehen und barbarischen Stämmen schmeicheln.

In der Hauptstadt Konstantinopel aber war alles darauf eingerichtet, fremden Gesandten, die dorthin kamen, zu imponieren. Schon die Hauptstraße, die auf den Hippodrom führte, der 150 000 Zuschauer faßte, entsprach diesem Wunsch. Das Forum hatte in der damaligen Welt nicht seinesgleichen. Arkaden in zwei Stockwerken umrahmten es. Waren aus aller Welt, die berühmten Stoffe der eigenen Manufakturen, die nie wieder übertroffen worden sind, lagen in den Hallen der Kaufhäuser. Mosaiken von einmaliger Pracht schmückten die Wände. Die Hagia Sophia, die Kirche der Heiligen Weisheit, hat die Zeiten überdauert. Sie ist bis heute nicht übertroffen. Ihr entsprach der Kaiserpalast.

Das Zeremoniell war mit äußerster Genauigkeit ausgearbeitet. Dieser Kaiserpalast war eine Anhäufung von Empfangssälen, Kirchen, Thermen, Pavillons, Gärten, Säulengängen und Höfen. Die ältesten Teile stammten noch von Konstantin dem Großen. Dann hatten die Kaiser, je nach ihrem Geschmack, weitere Bauten errichten lassen. So wuchs der Palast durch die Jahrhunderte, bis er wegen seiner gefährdeten Lage von den Kaisern selbst aufgegeben wurde und noch vor der Eroberung durch die Türken verfiel.

Die in den verschiedenen Zeiten benutzten Zeremoniensäle übertrafen natürlich alles an Pracht. Wir wissen von einem, daß er einen Mosaikfußboden hatte, der den Eindruck einer blühenden Wiese erweckte. Im Audienzsaal des Magnaura-Palastes, der noch von Konstantin dem Großen stammte, überdeckte eine goldene Platane die Estrade des Thrones. Auf ihren Zweigen saßen goldene Vögel. Zwei goldene Greife standen zur Seite des Thrones und vor ihnen zwei goldene Löwen. Es waren erlauchte Vorfahren des Wappentieres der Löwenbrauerei in München und konnten – wie diese auf dem Oktoberfest – brüllen und taten es zum Empfang der Gesandten.

Gegenüber dem Thron war der Saal durch drei große seidene Vorhänge abgetrennt. In diesen Vorraum, das Antekonsistorium, wird jeder Gesandte zuerst geführt. Aber das ist nur ein Glied in einer langen Kette von zeremoniellen Vorgängen.

Der »Protovestiarius« (»Herr der Gewänder«, wörtlich übersetzt) war der Chef des Protokolls. Mit seinem silbernen Stabe leitete er die öffentlichen und privaten Audienzen des Kaisers. Ihm unterstanden zahlreiche Protokollbeamte, die Einführer und Dolmetscher der fremden Gesandten und Botschafter. Er kannte die genau festgelegte Rangordnung der Gesandten und die darauf abgestellte Art der Empfänge und Staatsdiners. Aus der jahrhundertealten Übung ist das Zeremonienbuch des Kaisers Konstantin VII. Porphyrogenetos entstanden, dessen Inhalt das Reich überlebte und dessen Auswirkungen bei genauerem Hinschauen heute noch zu erkennen sind. Die türkischen Sultane haben die Regeln übernommen, die Großfürsten von Kiew und Moskau hielten sich an diese Beispiele, Teile gingen in die Formen der päpstlichen Hierarchie über, und als zu Beginn des 18. Jahrhunderts Mitglieder vornehmer griechischer Familien, also Nachkommen der alten Byzantiner, vom Sultan als Statthalter in der Moldau und der Walachei eingesetzt wurden, umgaben sie sich mit einem Hofstaat, der so aufgebaut war, daß man das ganze Jahrhundert hindurch in Bukarest und Jassy eine Art kleines Byzanz vor sich zu haben glauben konnte. Und noch im Jahre 1763 entstand ein Zeremonialkodex byzantinischer Art, auf den rumänischen Hof abgestimmt.

Jeder Gesandte war vom Augenblick des Grenzübertritts Gast

des Kaisers, der Verpflegung und Unterbringung stellte. Nach langer Reise hatte der Gesandte am Goldenen Horn haltzumachen. Er wurde von Protokollbeamten in Empfang genommen und in den für ihn vorgesehenen Palast geführt. Dieser war inzwischen hergerichtet worden. Die Dienstanweisung sah die Ausstattung mit Betten, Decken, Öfen, Kochherden, Tischen, Vorrichtungen zum Wassertransport vor. Das Bad mußte hergerichtet sein, damit der Gesandte, wenn er es wünsche, ein Bad nehmen konnte. Im Palast war eine Ehrengarde stationiert, deren eigentliche Aufgabe aber darin bestand, die Gesandtschaft zu überwachen, jeden Ausgang zu verhindern und jede Verbindung zu Landsleuten, Einheimischen oder Fremden zu unterbinden. Der Gesandte war ein hochgeehrter Gefangener. Ihm wurden alsbald die Grüße des höchsten Würdenträgers, wir würden sagen des Kanzlers, überbracht. Der Gesandte erwiderte die Grüße und machte einen Antrittsbesuch, wobei Geschenke überreicht wurden. Der Kanzler wendete sich dann mit folgenden Worten an den Gesandten: »Wir haben von unserem erlauchten Herrscher den Befehl erhalten, alles zu eurer Bequemlichkeit zu tun. Sollte etwas versehen sein, so trifft uns die Schuld, und wir bitten dich, weder darüber verstimmt zu sein, noch es zu verschweigen, sondern es offen auszusprechen, damit Abhilfe geschaffen werden kann.« Dann geht es zum Gastpalast zurück, und man wartet auf die Audienz beim Kaiser.

Nach einigen Tagen meldet der Kanzler: »Der Herrscher läßt dir befehlen, vor ihm zu erscheinen.« Und vom Kaiser kommt unmittelbar die Mitteilung: »Morgen werden wir dich empfangen, und so erscheine denn!«

Am Tage der Audienz wurde der Gesandte feierlich abgeholt und zum Kaiserpalast geleitet. Die mitgebrachten Geschenke wurden in den durch die Vorhänge abgegrenzten Teil des Audienzsaales gebracht, in das Antekonsistorium also. Dort stehen auch bereits hochgestellte Reichsbeamte, in schwarzseidene Gewänder gekleidet. Die obersten Würdenträger allerdings umstehen den Kaiserthron in dem Saalteil hinter dem Vorhang. Dann wird der Vorhang zurückgeschlagen, und der Gesandte wirft sich an einer durch eine rote Marmorplatte gekennzeichneten Stelle zum ersten Mal nieder, er durchschreitet den Portikus, wirft sich nochmals nieder und dann in der Mitte des Saales zum dritten und letzten Mal. Zur gleichen Zeit aber beginnen die Orgeln im Saal zu spielen, die Greifen erheben sich, die goldenen Vögel zwitschern und die Löwen brüllen.

Wir haben einen Gewährsmann. Der deutsche Kaiser Otto der Große schickte Liutprand, Bischof von Cremona, als Gesandten nach Konstantinopel. Er war über vieles zutiefst indigniert und fand die gesamte Behandlung als eines freien Mannes unwürdig. Der englische Historiker Edward Gibbon stellt ihm das Zeugnis aus, daß er die Würde seines Herren und die eines Franken behauptet habe. Den Byzantinern muß er wie ein Bär im Kaviar vorgekommen sein. Aber lesen wir seine recht anschauliche Schilderung: »Am Thron standen Löwen von ungeheuerer Größe, ich weiß nicht, ob aus Holz oder Metall, aber mit Gold überzogen, sie standen wie Wächter des Thrones und schlugen mit dem Schweif auf den Boden und brüllten mit offenen Rachen und mit beweglicher Zunge. In diesen Saal wurde ich, unterstützt von zwei Verschnittenen, vor das Antlitz des Kaisers geführt. Als ich eintrat, brüllten die Löwen, und die Vögel zwitscherten je nach ihrer Weise. Mich ergriff weder Furcht noch Staunen, da ich mich vorher genau erkundigt hatte. Dann zwangen mich die Eunuchen, niederzufallen und dreimal den Boden vor dem Kaiser mit der Stirn zu berühren. – Nur sonntags entfiel diese Art des Grußes, da an diesem Tage ein anderer der alleinige Herr war. Dafür fanden aber auch sonntags keine offiziellen Empfänge statt –.« Als Liutprand sich nun wieder aufrichtete, war der Thron des Kaisers plötzlich in größerer Höhe – »nahe der Decke« – und der Kaiser selbst mit noch prächtigeren Gewändern angetan. Der Kaiser sagte kein Wort. Im allgemeinen überreichte der Gesandte jedoch nunmehr seine Briefe an einen Würdenträger und richtet die Grüße seines Königs aus. Es folgt ein kurzes rein zeremonielles Gespräch. Der Kaiser fragt: »Wie befindet sich unser Bruder mit Gottes Hilfe? Wir freuen uns, wenn es ihm gut geht.« Der Gesandte antwortet: »Dein Bruder hat dir Geschenke übersandt, und ich bitte, sie in Empfang zu nehmen.« Der Kaiser stimmt zu. Der Gesandte geht wieder in das Antekonsistorium und kehrt mit seiner Begleitung und den Geschenken zurück. Diese sind inzwischen in eine Liste aufgenommen und nach ihrem Wert geschätzt, was wegen der Gegengeschenke wesentlich ist.

Nach der Überreichung der Geschenke spricht der Kaiser: »Erhole dich denn einige Tage, und wenn wir etwas zu besprechen haben, wollen wir es tun und dich in Ehren zu unserem Bruder entlassen.« Auch wir verlassen den Audienzsaal und erinnern uns, daß es auch schon bei dem großen Kalifen Harun al-Raschid brüllende Löwen aus Gold und singende künstliche Vögel gab. Sie begegnen uns in den Märchen von Tausendundeiner Nacht. Und da Harun al-Raschid nicht nur Gesandte mit einem Elefanten an Karl den Großen sandte, sondern sich auch am Hofe des chinesischen Kaisers vertreten ließ, und seine Kaufleute mit dem Himmlischen Reich einen äußerst lebhaften Handelsverkehr unterhielten, nehmen wir an, daß die singenden künstlichen Vögel auch zum Sohn des Himmels gekommen sind. Und damit haben wir den realen Hintergrund für die Geschichte aus Andersens Märchen von der Nachtigall und wie sie ihre künstliche Artgenossin aus dem Felde schlug.

Doch zurück zu dem oströmischen, dem byzantinischen Kaiserpalast.

An die Audienz schloß sich ein kaiserliches Staatsbankett an. Vorher aber gab man dem Gesandten Gelegenheit, sich anzusehen, wie eine größere Einheit Soldaten ihren Sold empfing. Es wurden auch Vorbeimärsche von Truppen, wir würden sagen, Paraden, vorgeführt. Die Front brauchte der Gesandte nicht abzuschreiten. Man ließ die Truppen vielmehr im Kreise durch die Straßen ziehen, so daß die Einheiten mehrfach defilieren konnten und auf den Nichteingeweihten den Eindruck einer bedeutend größeren Streitmacht machten. Rufe erschollen, daß der Kaiser lange leben und viele Siege haben möge. Die byzantinischen Kaiser befehligten, wie viel später Frankreich, bereits eine Fremdenlegion als Eliteeinheit, nach Völkerschaften säuberlich geordnet. Deren Zurufe erklangen nun in lateinischer, gotischer, persischer und selbst in englischer Sprache. Dieses alles, einschließlich

Volksjubel, war jeweils genau vorgeplant. Man erinnert sich: Hitler, Empfang eines fremden Staatsoberhaupts in der Reichskanzlei, Balkonszene und unten auf dem Platz, je nach der Bedeutung des Gastes, mittlerer bis großer NS-Jubel. Es soll auch heute noch derartiges geben, Volksjubel und Volksempörung genau nach der Uhrzeit. In einer europäischen Hauptstadt, nomina sunt odiosa, marschierten – es ist nun einige Jahre her – die dafür besonders geeigneten und glaubwürdig erscheinenden Studenten spontan zu einer Botschaft, um ihrer Empörung verbalen und tätlichen Ausdruck zu geben. Die Polizei reagierte ebenso spontan und war rechtzeitig zur Stelle, um die Botschaft zu schützen. Der besorgte Außenminister rief den Botschafter an, um sich zu entschuldigen und zu fragen, ob er weitere Polizei schicken solle, worauf der Botschafter mit dem ganzen hintergründigen Humor, dessen ein Engländer fähig ist, erwiderte, es schienen ihm Polizisten genug zu sein, aber vielleicht dürfe er den Vorschlag machen, weniger Studenten zu schicken.

Doch zurück zum Gesandtenempfang im alten Byzanz. Von allen Vorführungen beeindruckt, wurde der Gesandte nunmehr zur Tafel geleitet. Es waren die Großen des Hofes zugegen und von den fremden, in Konstantinopel gerade anwesenden Gesandten diejenigen, die nach ihrem Rang für würdig befunden wurden. Der Kaiser saß an eigener Tafel. Als Zeichen besonderer Gunst sandte er Schüsseln, von denen er gekostet hatte, einzelnen Gästen zu. Zum Abschluß wurden als Ehrengabe Prachtgewänder überreicht.

Das alles war reine Zeremonie, mit einem heutigen Arbeitsessen nicht vergleichbar. Die eigentlichen Verhandlungen folgten später mit den zuständigen Ministern, den Logotheten der verschiedenen Bereiche. Der wichtigste war der Sekelarios, der den Staatssäckel verwaltete, wie wir aus dem Namen unschwer erkennen. Die griechische Sprache hat wie die deutsche die besondere Fähigkeit, Worte zusammenzusetzen, also Komposita zu bilden. Man kann beide Sprachen als titulogen bezeichnen. Dem römischen »Augustus« entsprach der griechische »Sebastos«. Aber was wurde am byzantinischen Hof daraus: ein Sebastokrator, ein

Hypersebastos, ein Panhypersebastos und ein Protosebastos. Man sollte auf diese Titel zurückgreifen und den leitenden Ministerialräten z. B. im Finanzministerium bei kommenden neuen Amtsbezeichnungen zur Verschleierung einer Gehaltserhöhung Titel wie Staatsobersäckellär geben. Es liegt an unserem beklagenswerten Bildungsnotstand, daß es im Rahmen der Sozialwissenschaften noch an keiner Universität die Fachrichtung Titulogie gibt. Aber es tröstet, daß die Pragmatiker auch ohne Wissenschaftler nicht ganz hilflos sind. In einer Zeitung war dieser Tage zu lesen, was uns Hoffnung wegen indirekter Gehaltserhöhung und entsprechender Titulatur geben kann:

»Die Berufsbezeichnung nach bestandener Prüfung der Fachschule für Hauswirtschaft wird lauten:
›Staatlich geprüfte Oecotrophologin‹.«

Wenn wir mit unseren Titeln immerhin konkurrieren können, so waren uns die Byzantiner in anderen damit zusammenhängenden Dingen doch weit voraus. Zu den besseren Titeln gehörten besondere Gewänder und selbst Halbschuhe von bestimmter Farbe. Es ist jedoch nicht ratsam, diesem Beispiel zu folgen; denn diese Einrichtung hatte schlimme Folgen. Als Konstantinopel von den Türken längst erobert war, hatten die Eindringlinge daran Gefallen gefunden, den Status besserer Herren ebenfalls durch die Farbe der Schuhe weiterhin auszudrücken. Aber eines Tages stellten sie fest, daß sich Einheimische anmaßten, gelbe Pantoffeln zu tragen, die ihnen nach ihrer Meinung nicht zustanden. Die neuen Machthaber griffen hart durch: Die Träger der gelben Pantoffeln wurden umgebracht.

Aber zurück zu Byzanz: Zu erwähnen bleibt uns noch, daß nach dem Dinner die mit prächtigen Ehrenkleidern angetanen Gesandten wieder in ihren Palast zurückgeführt wurden und in sicherem Gewahrsam blieben, bis sie die Erlaubnis bekamen, in ihre Heimat zurückzureisen.

Die Verteilung der Ehrenkleider hatte für die Byzantiner, für die solche Äußerlichkeiten Symbol war, eine hintersinnige Bedeutung. Das Staatskleid zeigte den Rang an, und der Rang forderte das Staatskleid. Mit dem Staatskleid bekundete der Empfänger mittelbar die Annahme des durch das Kleid ausgedrückten Ranges in der byzantinischen Hierarchie und damit seine dem Kaiser nachgeordnete eigene Stellung, dabei verstand sich der Kaiser nicht nur als Herr seines eigenen Reiches, sondern der gesamten Welt. Noch andere »Geschenke« unterstrichen diesen Nimbus symbolisch. Das Kaiserbild wurde noch im 8. Jahrhundert an den Hof fränkischer und anderer germanischer Fürsten gesandt, »die durch die Annahme des Bildes jenen Grad von Entgegenkommen bezeugten, der zur Erhaltung des Scheines der Untergebenheit genügte, zur Fiktion des einen großen römischen Reiches und des christlichen Weltkaisertums«; denn das Kaiserbild als Vertreter des Dargestellten hatte noch in römischer Zeit eine nicht unerhebliche, auch formell wirksame Rolle gespielt. Auch hiervon ist etwas auf uns heute gekommen: In den Dienstzimmern der Beamten in aller Welt pflegen den Besucher die Köpfe der jeweils amtierenden Präsidenten und Souveräne aus dem Wechselrahmen ernst anzuschauen. Zur Fiktion des Weltherrschers gehört es auch, daß er im Grunde auch keine Verträge abzuschließen braucht; denn von Rechts wegen steht er ja über allem und hat als letzte Instanz über alles zu bestimmen. Im Sinne der Hofkanzlei sind daher alle Verträge mit fremden Staaten Privilegien, die der Kaiser erteilt und zwar in einer dekorativen und eindrucksvollen Form.

Aber außerhalb des Reiches herrschte die rauhe Wirklichkeit, das merkten die byzantischen Gesandten wenn sie mit den Barbarenherrschern verhandelten.

Nun hieß es, spätestens, wenn der Gesandte das Schiff verließ, das ihn bis auf die andere Seite des Schwarzen Meeres bringen konnte, wie in Rilkes Cornett: »Reiten, reiten, reiten, durch den Tag, durch die Nacht, durch den Tag. Reiten, reiten, reiten.« Dabei befanden sich die Straßen in einem schlechten Zustand, und ungewiß war es, wie die Aufnahme bei den Barbaren verlaufen würde und eine ungeschorene Rückkehr gesichert sei. Ausdauer, Mut, Gewandtheit und ein Übermaß an Geduld mußten den Gesandten auszeichnen. Einige der frühen Gesandtenberichte sind erhalten geblieben.

Wir schreiben das Jahr 448 n. Chr. Attila ist der unumschränkte Herrscher der Hunnen. Er hat gerade die Donau überschritten und ist in die Balkanteile des Imperiums eingedrungen. Seine Horden werden bis nach Frankreich kommen, bis in die Champagne. Dort wird ihm allerdings der weströmische Feldherr Aetius im Bunde mit Westgoten und Franken auf den Katalaunischen Feldern eine furchtbare Niederlage beibringen. Aber vorerst geht sein Stoß nach Süden, die Halbinsel Gallipoli ist bereits in seiner Hand. Es sah schlimm aus für die Hauptstadt. Die Lage war kaum zu meistern. Die Armeen waren gebunden. Im Osten hatten die Perser zum Krieg gerüstet, die Vandalen machten die Küsten unsicher, die Sarazenen waren in Syrien eingefallen, und selbst in Äthiopien gärte es. Man mußte mit Attila verhandeln und einen harten Frieden schließen. Alle Überläufer waren auszuliefern, 6000 Pfund Gold sofort abzuliefern, dazu 2100 Pfund jährlich an Gold zu zahlen. Das überstieg das Finanzvermögen des Landes. Es wurde aus der Bevölkerung herausgepreßt. Der Steuerdruck war ungeheuerlich, die Not im Lande übergroß. Der Chronist berichtet, daß viele verhungerten und viele ihrem Leben mit dem Strick ein Ende machten. Attila aber schickte ununterbrochen Gesandtschaften in die Hauptstadt mit Klagen und Beanstandungen. Seine wirkliche Absicht war jedoch, seinen Verwandten und Getreuen solche »Dienstreisen« zukommen zu lassen, damit sie die Pracht Konstantinopels sehen und die reichen Geschenke entgegennehmen konnten, die der Kaiser ihnen zukommen ließ. Die politische Lage erforderte es, diese einflußreichen Männer des Hunnen bei guter Laune zu halten.

Die letzte dieser Gesandtschaften ist durch ihre Zusammensetzung interessant und zeigt das weiträumige Spiel der Kräfte von damals. Sie kam von Attila, dem Hunnenkönig, und bestand aus dem Vater jenes Odoakers, der später die Herrschaft über Italien gewinnen sollte. Der Gesandtschaft hatte sich ferner ein Weströmer, Orestes, angeschlossen, dessen Sohn Romulus Augustulus einmal der letzte weströmische Kaiser sein sollte, bis ihn jener Odoaker vom Thron verstieß. In Konstantinopel aber wuchs als Geisel der ostgotische Fürstensohn Theoderich heran, der in der

Rabenschlacht, von der Geschichte und Sage berichtet, Odoaker schlug, der Reich und Leben verwirkte, während Theoderich als einer der Großen in die Geschichte einging. Als Dietrich von Bern lebt er in der Sage fort. Das alles aber hing mit dem diplomatischen Spiel in Konstantinopel zusammen, mit dem Zwang, wegen fehlender militärischer Macht die Völker gegeneinander auszuspielen, die Fürsten mit Gold und Titeln an sich zu ziehen und die wogenden Fluten der Völkerwanderung nach Norden und Westen abzulenken. Sowohl Odoaker wie Theoderich waren nominell Statthalter des oströmischen Kaisers in Italien, Ravenna, die Hauptstadt Theoderichs, gehörte formaljuristisch noch immer zu Ostrom, wenn auch Odoaker und Theoderich praktisch völlig selbständig handelnde Fürsten waren. Aber aus der eigenen Interessenlage waren sie auch wieder Verbündete des Kaisers gegenüber anderen nachrückenden Völkern. Und so verhandelten die Gesandten des byzantinischen Kaisers mit Langobarden, West- und Ostgoten, mit Franken, Alanen, Awaren, kurz mit dem ganzen Schwarm in unaufhaltsame Bewegung gekommener Völker, mit Slawen, Türken, Persern bis in das ferne China hin. Die Gesandten verhandelten mit Überredung, Bestechung, Geldgeschenken, mit üblen Listen und gelegentlich mit Gift und Dolch. Ein türkischer Fürst charakterisierte sie einmal als Leute, die in 10 Sprachen redeten, aber nur eins sinnen könnten, Lug und Trug. Er steckte den ihn besuchenden Gesandten gegenüber alle 10 Finger in den Mund und erklärte das mit den Worten: »Wie ich jetzt alle 10 Finger in den Mund stecke, so bedient ihr Rhomäer euch vieler verschiedener Sprachen, mit denen ihr bald mich, bald meine von mir unterworfenen Völker betrügt. Alle Völker lullt ihr mit euren wohlklingenden Reden und eurer Verschlagenheit ein. Hinterher laßt ihr sie dann, wenn sie zu Schaden gekommen sind, im Stich. Ich werde euch auf der Stelle und ohne Zögern töten lassen …« Der Gesandte reagierte mit ungeheuerer Unerschrockenheit und Gewandtheit, indem er selbst den Tod für sich verlangte, wenn sein Auftrag nicht ehrlich gemeint sei. Er erreichte zwar politisch nichts, aber wurde, wenn auch mit Schmähungen, wieder in die Heimat entlassen.

Die oben erwähnte Gesandtschaft Attilas kehrte zurück, und es schloß sich ihr die Gegengesandtschaft des Kaisers an. Das bedeutete eine starke Absicherung auf dem Zuge nach dem Aufenthaltsort Attilas, der ständig wechselte. 13 Tage ritt man unentwegt durch Schluchten, Wälder und Berge auf schlechten Straßen, bis man Sofia erreichte. Hier legten die Gesandtschaften einige Ruhetage ein, um sich von den Anstrengungen zu erholen. Der Byzantiner nutzte die Gelegenheit, seinen hunnischen Kollegen zu einer Abendmahlzeit einzuladen. Die Einheimischen lieferten ihm Rinder und Schafe, und es erhob sich ein gewaltiges Schmausen. Wahrscheinlich trank man auch entsprechend. Und so kam es, daß ein Mitglied der oströmischen Gesandtschaft – später stellte sich heraus, daß er im Dienst des byzantinischen Nachrichtendienstes stand mit einem Sonderauftrag eigener Art – kurz, daß dieser sonst wohl sehr intelligente Mann, der schon mit Erfolg am Hofe Attilas verhandelt hatte, die Bemerkung machte, schließlich sei Attila ja nur ein Mensch, der Kaiser aber ein Gott. Diese Beurteilung nahmen die Hunnen übel, aber der Gesandte griff ausgleichend ein, um das aufziehende Gewitter zu zerstreuen, es gelang ihm, und die hunnischen Gesandten erhielten zum Abschied noch seidene Gewänder und indische Edelsteine als Geschenk.

Dann ging die Reise weiter durch unwegsame Gegenden, über ein Schlachtfeld bei Nisch, das übersät war mit den bleichenden Knochen der Gefallenen, bis man die Donau erreichte. Fährleute, die an sich gedungen waren, hunnische Heeresteile überzusetzen, brachten sie an das andere Ufer auf selbstgefertigten Einbäumen, mit denen sie den Fluß überquerten. Es ging weiter durch sumpfige Gelände und weitere Flüsse, bis man sich endlich dem Zeltlager Attilas näherte. Der Empfang war ausgesprochen unfreundlich, und Attila wollte sie auf der Stelle zurückschicken. Er wußte von dem Sonderauftrag des Geheimagenten, der mit einem Hunnen über einen Mord an Attila in Fühlung bleiben sollte. Der Gesandte wußte von nichts, so daß er sich auch das Verhalten der Hunnen nicht erklären konnte. Schließlich durften sie aber doch ihre Zelte aufschlagen und erhielten von Attila sogar einen Ochsen und Flußfische zum Nachtmahl. Nach einigen Mühen wurden sie sogar zur Audienz zugelassen, aber Attila schrie den ihm von früher bekannten Agenten nur an, er sei ein unverschämtes Biest, er würde ihn als Fraß für die Geier kreuzigen lassen, wenn ihm das Gesandtschaftsrecht dieses nicht verböte. Die anderen Mitglieder der Gesandtschaft vermuteten, daß Attila vielleicht von der Auseinandersetzung in Sofia gehört hätte. Daß der hunnische Verbindungsmann nur zum Schein auf den Mordplan eingegangen war und nun alles seinem Herrn brühwarm erzählt hatte, konnten sie nicht ahnen. Man beschloß, unverrichteter Dinge umzukehren. Doch Attila befahl dem Gesandten, zu bleiben und ihm und seinem Heerestroß zu folgen, der in eines der Hauptlager der Horde aufbrach. Man erhielt hunnische Führer, und der Ritt durch endlose Ebenen begann. Die Verpflegung wurde schwieriger. Es gab nicht mehr den gewohnten Weizen, sondern nur noch Gerste. Und anstelle des Weines gab es Bier, »Camum« genannt. Jeder echte Römer schüttelte sich schon beim Gedanken an dieses Getränk. Unsere Gesandtschaft trank also Bier in den Dörfern und zog weiter. Eines Tages, sie waren schon weit in das Skythenland vorgedrungen, schlugen sie ihre Zelte an einem kleinen Teich auf. Hier überraschte sie mitten in der Nacht ein Gewittersturm mit wolkenbruchähnlichem Regen. Die Zelte flogen davon, was sonst noch fliegen konnte, flog mit, vorzugsweise in den Teich. Der Lärm der überraschten Gesandtschaftsmitglieder weckte die Bewohner eines benachbarten Dorfes, die mit Fackeln herbeieilten. Von den hunnischen Begleitmannschaften aufgeklärt, luden sie die bis auf die Haut Durchnäßten in ihr Dorf ein und nahmen sie gastfreundlich auf. Die Herrin des Dorfes war aber eine der Frauen des Hunnenkönigs Beda. Sie schickte Proviant und nach netter hunnischer Sitte hübsche junge Mädchen gleich mit. Die Gesandtschaft dankte für die Nahrungsmittel, legte sich aber in den Hütten schlafen und verzichtete auf die Gesellschaft der jungen Hübschen, wie der amtliche Bericht ausdrücklich vermerkt. Anderntags ging man auf die Suche nach den verstreuten Sachen, fischt sie aus dem Teich und begann ein großes Trocknen, denn die Sonne schien wieder hell und warm am klaren Himmel.

Wohlerzogen, wie sie waren, machten die Gesandten der Königin einen Dankesbesuch und überreichten ihr Geschenke. Der Bericht zählt sie genau auf. Ob das vielleicht die Unterlage für eine anschließende Abrechnung außergewöhnlicher Aufwendungen war? Wir wissen es nicht, jedenfalls ist uns auf diese Weise bekannt geblieben, daß es sich um drei silberne Schalen, rotgefärbtes Leder, indischen Pfeffer, Datteln aus Phönizien und verschiedene bei Damen besonders beliebte Süßigkeiten handelte.

Nach diesem Zwischenfall zog man wieder sieben Tage weiter. Dann ließen die hunnischen Führer in einem Dorf plötzlich haltmachen. Attila selbst, der mit seinem Gefolge einen kleinen Umweg geritten war, um eine weitere Frau zu heiraten, zog jetzt ebenfalls auf dieser Straße weiter. Es gehörte sich nicht, vor ihm herzuziehen, man habe sich dem Heerzug anzuschließen. Man wartete also. Zunächst aber trafen weströmische Gesandte ein, die ebenfalls zu Attila wollten. Man wartete nun gemeinsam, bis Attila vorübergezogen war und man ihm ohne Protokollverletzung nachfolgen konnte. Man kam zu einem der Hauptsitze Attilas. In einer Gegend, in der es weder Steine noch Holz gab, war die Residenz des Hunnenkönigs aufgebaut. Sein Haus hier wurde als das Schönste bezeichnet, was er habe. Es war aus Balken gefügt und innen getäfelt. Um das Haus herum, als Schmuck gedacht, nicht als Schutz, lief ein Zaun mit einzelnen Türmen. Auch ein Bad hatte man eingerichtet. Der Erbauer war ein Kriegsgefangener aus Sirmium. Er hatte gehofft, zum Lohn für sein Werk freigelassen zu werden. Doch weit gefehlt, man hatte ihn zum Bademeister gemacht.

Die Gesandtschaften wurden anständig untergebracht. Die Gesandten tauschten ihre Erfahrungen aus und waren sich darüber einig, daß Glück und Erfolg Attila so hochmütig gemacht habe, daß mit ihm nicht mehr vernünftig zu reden sei. Ähnliche Gespräche haben Diplomaten in Paris hinsichtlich Napoleons geführt und in Berlin über Hitler. Das wiederholt sich immer wieder, nur daß Attila rechtzeitig starb und den großen Zusammenbruch seinen zerstrittenen Nachfolgern überließ. Das war das letzte, was ihm sein Glück gewähren konnte.

Eines Tages wurde unser Gesandter von einem Hunnen mit einem freundlichen »Chaire« begrüßt, dem griechischen »Guten Tag«. Es stellte sich heraus, daß dieser Hunne ein früherer Landsmann war, von den Hunnen als Sklave mitgeschleppt, den man seiner Verdienste und Tapferkeit wegen freigelassen hatte, und dem es nun bei den Hunnen besser gefiel als in der alten Heimat. Der Gesandte hat diese Unterredung auch sehr ausführlich in seinen Bericht aufgenommen. Man kann sich des Eindrucks nicht erwehren, daß er auf diese Weise durch den Mund dieses Hunnen dem Kaiser vortragen wollte, daß doch allerlei faul sei im Staate Dänemark. Er kannte zwar noch nicht Hamlets Ausspruch, aber der Grundgedanke war ihm nicht unbekannt, wenn er auch eilends weiterberichtet, wie er diesen früheren Landsmann widerlegt habe. Er war nicht umsonst Diplomat.

Attila weigerte sich, die Gesandtschaft zu empfangen, da der Leiter keinen senatorischen Rang habe. Aber er lud den Gesandten und seinen Stellvertreter zum Gastmahl ein. Die beiden stellten sich zusammen mit ihren weströmischen Kollegen zur angegebenen Zeit ein. Und hier die Schilderung:

Den byzantinischen Gesandten wurde, als sie die Schwelle des Saales übertraten, nach Landessitte ein Pokal gereicht, den sie zur Begrüßung zu leeren hatten. Dann wurden ihnen ihre Plätze angewiesen. Attila selbst saß auf einem Ruhebett auf der Seite gegenüber der Tür. Zur Rechten die höchsten, zur Linken die nächsthohen Ehrenplätze. Die Gesandten wurden zur Linken plaziert. Der älteste Sohn Attilas saß neben seinem Vater auf dem Ruhebett, wir würden es wohl als Sofa oder Couch bezeichnen, aber in respektvoller Entfernung am äußersten Ende der Sitzfläche.

Das Festmahl begann. Ein Mundschenk reichte Attila einen gefüllten Becher, und der Fürst trank seinem nächsten Sitznachbarn zu. Dieser mußte sich erheben, ebenfalls aus dem Becher trinken oder ihn leeren und dann dem Mundschenk zurückgeben. Dann durfte er sich wieder setzen. Dann tranken alle anderen Gäste dem König zu und wünschten ihm Heil. Attila trank auch den Gesandten zu, jedem einzeln nach der Rang- und Sitzordnung. Dann zogen sich die Mundschenken zurück. Es wurden Tische für die Gäste aufgestellt, je einer für vier Gäste, so daß jeder von den Schüsseln nehmen konnte, ohne seinen Tischnachbarn zu stören. Das Essen wurde auf Silbertellern und -schüsseln serviert. Nur Attila erhielt einen schlichten Holzteller mit Fleisch. Auch trank er aus einem hölzernen Becher, während den Gästen silberne und goldene vorgesetzt wurden. Ebenso fiel den Gesandten die überaus schlichte Gewandung Attilas auf, die jedoch, wie sie feststellten, von einer makellosen Sauberkeit war.

Nach dem ersten Gang erhoben sich die Gäste und leerten, einer nach dem anderen, einen vollen Becher auf das Wohl Attilas. Dann nahm alles wieder Platz, und der nächste Gang wurde aufgetragen. Nach dessen Verzehr wiederholte sich die Zeremonie des Aufstehens und Trinkens, und so fort.

Nach dem Essen wurden Fackeln entzündet. Sänger trugen alte Heldenlieder von gewonnenen Schlachten vor. Ein Narr erregte allgemeine Heiterkeit. Man verständigte sich mit einem Kauderwelsch aus Latein, Hunnisch und Gotisch. Man hat auch den Eindruck, daß die Trinksitten auf den Einfluß der Goten zurückgehen, die eine große Rolle am Hofe und in den Kriegszügen Attilas spielten. Attila ist ein gotischer Name und heißt Väterchen. Auch das Nibelungenlied versetzt Dietrich von Bern, den großen Ostgotenkönig, an den Hof Attilas.

Die Gesandten West- und Ostroms werden manches beobachtet und sich über vieles ihre Gedanken gemacht haben. Denn aus reiner Freude am Essen und Trinken nimmt man bei solchen Verhandlungen nicht an den Gastmählern teil. Das Festessen zog sich nicht zu ihrer Freude bis tief in die Nacht hinein. Unseren Gesandten schien es ratsam, mit dem Trinken aufzuhören und, sobald sich die Gelegenheit bot, aufzubrechen.

Mit diesen rauhen Trinksitten hatten die gepflegten Gesandten des byzantinischen Kaisers häufig zu tun, wenn sie mit den germanischen Fürsten verhandelten. Zwischen den Zeilen ihrer Berichte kann man es noch erkennen, wie ungern sie sich diesem Teil ihres Dienstes unterzogen. »Eils, drincan!« war der gotische Trinkspruch. In einem lateinischen Hexameter ist er uns überliefert. Ein Römer klagt:

»Bei dem gotischen ›Eils! Scapia matzia ia drincan!‹*
Bringt kein Mensch es zustand, anständige Verse zu machen.«

Auch das Bier behagte den weingewohnten Südländern wenig. Selbst ein Kaiser hat seinen Schauder in Verse gebracht. Julianus Apostata dichtete das Bier an:

»Du willst Dionysos sein? Wahrhaftig beim wirklichen Bacchus
Fremd bist Du mir, ich weiß einzig vom Sohne des Zeus,
Der aber duftet nach Nektar, und Du nach dem Bock. Bei den Kelten
Wo es an Trauben gebricht, hat man aus Korn Dich gebraut.«

Wir haben keine Statistiken, aber wir wissen, der Siegeszug des Bieres ließ sich nicht aufhalten. Kaiser Diokletian, bei dem Versuch, die damalige Inflation durch Höchstpreise abzustoppen, nahm das Bier in die Liste der betroffenen Grundlebensmittel auf.

So schluckten denn des Kaisers Gesandte tapfer die verschiedenen Getränke, mochte auch der Magen sich wehren und für den anderen Tag der saure Hering noch nicht erfunden sein. Es ist auch heute für einen Ehrengast kein reines Vergnügen, wenn der Gastgeber dem gebratenen Hammel ein Auge ausreißt und dieses als besonderen Leckerbissen dem Gast in den Mund stopft. Man muß auch in guter Haltung den Ehrentrunk entgegennehmen, wenn der Dorfälteste zur Begrüßung Wasser aus dem Dorfbrunnen reicht, das nach den Worten besonders ausgezeichnet ist, wenn auch von bräunlicher Farbe und wahrscheinlich mit Bakterien aller Art angereichert. Auch für Diplomaten unserer Zeit besteht die Welt nicht nur aus Whisky und Steaks. Man muß bei Gelegenheit auch eine gebratene Schlange in Kauf nehmen.

Das Reich Attilas zerfiel. Andere Stämme nahmen diesen Raum ein. Die Hunnen, von allen Seiten bedrängt, suchten in der letzten Phase sogar die Freundschaft Ostroms. Die Gesandten des Kaisers spielten weiter ihr altes Spiel. Das Mittelmeer blieb das Zentrum, aber für sie war die Peripherie wesentlicher geworden. Man verhandelte mit Karl dem Großen im fernen Paderborn und ließ sich herab, ihn als Mitkaiser anzuerkennen, worauf er wohl

* Prost, schaffe Essen und Trinken!

seiner Stellung in Italien wegen Wert legte. Er erkannte sie dafür als Herren Venedigs an, was den Oströmern wichtiger war. Am größten wurden die Probleme in Mittelasien, von dort wanderten die Stämme nach Westen, miteinander verfeindet. Byzanz suchte die Verbindung zu ihnen und nutzte geschickt die Feindseligkeiten zum eigenen Vorteil. Für die kaiserlichen Gesandten ergaben sich jedoch äußerst schwierige Aufgaben, immer weitere Räume mußten in die politischen Überlegungen einbezogen werden.

Im 6. Jahrhundert n. Chr. hatten die Türkenkagane in Mittelasien ein Großreich errichtet. Sie wollten es den Hunnen nachmachen, die Welt zu erobern. »Ich, der ich dem Himmel ähnlich und vom Himmel eingesetzt bin ...« ließ einer der Herrscher auf ein Denkmal setzen. Bei ihrem Vorstoß nach Westen stießen die Türken im Norden auf die Alanen, im Süden auf die Perser. Ihr Kagan Istämi, der bei den Griechen Sizabul hieß, schickte nach Konstantinopel Gesandte, da er von der langjährigen Feindschaft zwischen Byzanz und den Persern wußte. Es war die gleiche Taktik, die sich im Osten seines Reiches bewährt hatte, als er mit dem chinesischen Kaiser verhandelte, der mit den weißen Hunnen im Streit lag, die auch die Feinde der Türken waren. Es kam zu einem Vertrag, zu dessen Befestigung sein ältester Sohn eine chinesische Prinzessin heiratete. Die chinesischen Annalen geben genaue Auskunft, nur daß unser Sizabul dort als Khan T'ung Che-ha erscheint. Die Identität ist jedoch trotz der drei verschiedenen Namen nachgewiesen. So liefen bereits politische Fäden vom fernen Osten bis nach Westeuropa in der Hand des Kagan zusammen.

Auch dem byzantinischen Kaiser lag an einer Verbindung mit einem so mächtigen Fürsten. Ausgangspunkt war die gemeinsame Feindschaft gegen Persien. Er entsandte den Zemarchos, Magister militum per orientem, d. h. seinen Oberbefehlshaber Ost. Während die Gesandten der Türken als Hauptanliegen einen Wirtschaftsvertrag über den Seidenimport abgeschlossen hatten, ging es hier, wie aus der Person des Gesandten zu sehen, um militärische Dinge. Als Zemarchos nach einer langen Reise in dem Land der Sogdaiten, einem von den Türken unterworfenen Volk im heutigen Afghanistan, angekommen war, begegneten ihm merkwürdige Dinge. Die Türken waren damals noch keine Mohammedaner, sondern huldigten einer im wesentlichen animistischen Religion, deren Priester die Schamanen waren, Geisterbanner, Medizinmänner und Beschwörer.

Solche Schamanen waren dem Gesandten entgegengeschickt und näherten sich der Gesandtschaft, als diese von ihren Pferden abstieg. Sie legten ihre Bündel ab, entzündeten Weihrauch und murmelten Zaubersprüche. Dann trugen sie in einem Becken in prasselnder Flamme brennende Weihrauchblätter im Kreise um die Gesandtschaft, in einem rasenden Tanz mit Schaum vor dem Munde in höchster Ekstase vertrieben sie böse Geister, um drohendes Unheil abzuwenden. Zum Schluß führten sie den Gesandten selbst durch die Flamme, ein uralter Reinigungsritus. Nach diesen Riten konnte durch die Gesandtschaft das Land nicht verunreinigt werden. Sie erhielt Führer und sie ritten weiter zur Residenz des Istämis. Dieser führte als Oberherr des westlichen Türkenreiches den Ehrentitel Syr-Yabgusu, mit dem er angeredet wurde. Die Byzantiner hielten das für seinen Namen, den sie allerdings in Sizabulos entstellten.

Der Gesandte wurde sogleich zum Kagan geführt. Er saß in seinem Zelt auf einem goldenen Thronsessel. Aber dieser Sessel war fahrbar, hatte zwei Räder und konnte von Pferden gezogen werden. Die Begrüßung war herzlich, man begab sich alsbald zum Gastmahl, das den Rest des Tages ausfüllte. Auch ein Wein wurde kredenzt, aber er war nicht aus Trauben gewonnen. Vielleicht war es der chinesische Reiswein oder ein ähnliches Getränk. Jedenfalls voll dieses verwunderlichen Gebräus, das der Chronist »mostähnlich« nennt, kehrte die Gesandtschaft in ihre Zelte zurück. Drei Tage lang währten diese Gelage. Aber jedesmal war die Ausrüstung der Zelte prunkvoller. Der Byzantiner mußte feststellen, daß der silberne Hausrat, die Schüsseln, die vielen silbernen Tierfiguren es an Geschmack und Feinheit mit den heimatlichen Schmuckstücken durchaus aufnehmen konnten.

Die Verhandlungen führten zu einem beide Teile befriedigenden Vertrage. Der Rückritt führte zum Kaspischen Meer. Dann ging es 12 Tage durch Sumpf und Sand, man überquerte die Wolga. Für den Ritt durch die Wüstenstrecken erhielten sie Schläuche mit Wasser. Sie ritten durch das Land der Alanen und erreichten das Schwarze Meer. Der Gesandte schiffte sich nach Trapezunt ein. Von dort gelangte er auf Pferden der Kaiserlichen Post wieder nach Konstantinopel.

Der nächsten Gesandtschaft ging es schlecht. Die Türken waren gegen die Krim gezogen, die zum byzantinischen Interessenbereich gehörte. Sie hatten es als Verrat aufgefaßt, daß Byzanz mit den Awaren Frieden geschlossen hatte. Der neue Kaiser schickte aus seinem Gefolge den Valentinos, der schon verschiedentlich mit den Türken verhandelt hatte. Er segelte an der Krim vorbei und zog dann zu Pferde weiter. Sie erreichten nach langem beschwerlichem Ritt das Heerlager eines der Stammesfürsten. Sein Name wird mit Turxanthos angegeben. Auch das war nicht sein Name, sondern eine verballhornte Rangbezeichnung, abgeleitet aus Türk – sad, d. h. Sad der Türken, und Sad ist die Bezeichnung eines dem Kagan nachgeordneten Häuptlings. Er war ein Sohn des Sizabul. Valentinos wollte ihm, wie sich das unter Verbündeten gehörte, die Grüße des zur Cäsarwürde aufgestiegenen Tiberios melden und ihn auf die gemeinsame Feindschaft gegen die Perser ansprechen, mit denen Byzanz gerade wieder im Krieg lag. Aber Turxanthos unterbrach ihn in heftigem Zorn.

Was uns hier interessiert, ist etwas ganz anderes als der Lauf der Verhandlungen. Valentinos stieß hier auf eine chinesische Gesandtschaft. 500 Mann war sie stark und hatte Spezereien, Gold, Silber und Sandelholz mitgebracht. Nun war gerade der alte Kagan Siziboulos gestorben. Die Chinesen folgten dem türkischen Brauch, schoren sich die Haare und schnitten sich in die Ohren und Wangen. Die Byzantiner, sowieso unter schwerstem Druck und heftigsten Drohungen, machten es den Chinesen eilends nach und zerschnitten sich Wangen und Ohren, wie es Turxanthos verlangte, der nun zum Kagan aufgerückt war. Das besänftigte seinen Zorn. Die Totenfeier fand statt, und man opferte 4 gefangene Hunnen sowie Pferde des Verstorbenen an dessen Grabe. Das waren alles sehr heidnische Bräuche, die den Chinesen geläufiger waren als den Byzantinern. Einer ihrer Gesandtschaften war es bei den Mongolen begegnet, daß sie zur Begrüßung von den Schamanen mit Pökellauge und Rinderjauche bespritzt wurden.

Valentinos kehrte nach diesen Abenteuern unverrichteter Sache nach Konstantinopel zurück. Die Byzantiner mußten den Krieg allein gegen die Perser führen, erlitten furchtbare Niederlagen, schlugen dann aber das Heer des Perserschahs so vernichtend, daß dieser zu Friedensverhandlungen bereit war. Zwischen diesen Ländern herrschte allen Feindseligkeiten zum Trotz ein vornehmer diplomatischer Stil. Der Vertrag wurde abgeschlossen und die Urkunden ausgetauscht. Die in persischer Sprache abgefaßte Präambel des Vertrages aber lautete trotz der Niederlage des persischen Königs wie folgt:

> »Wir, Chosrau, der Göttliche, Gute, Friedfertige, Allerhöchste, König der Könige, der Glückliche, der Fromme, Wohltätige, dem die Götter großes Glück und ein großes Reich geschenkt haben, der Riese unter den Riesen, der Göttergleiche, an Kaiser Justinian, unsern Bruder …«

Dann folgt der Text, daß die Abmachungen der Unterhändler für gültig und bindend erklärt werden. Es war eine regelrechte Ratifikationsurkunde. Der byzantinische Kaiser schickte eine entsprechende Urkunde in griechischer Sprache, jedoch ohne die bombastische Einleitung des Perserkönigs. Die byzantinischen und persischen diplomatischen Methoden, die sich gegenseitig stark beeinflußt haben, wirkten noch Jahrhunderte nach, die byzantinischen auf Europa, die persischen auf den indischen Subkontinent und weiter nach Osten, über den Hof der Kalifen in Bagdad auf die Reiche des Islam.

9.
Von frühen fernöstlichen Beziehungen und dem Bereich der Araber

Orient und Okzident sind nicht mehr zu trennen

Goethe, West-östlicher Divan

Bei einem türkischen Kagan hatten sich chinesische und byzantinische Gesandte getroffen. Beide, der Konfuzianer wie der Christ, betrachteten den Ritus der Türken sicherlich als Gebaren eines Barbarenvolkes. Beide waren gebildete Weltleute und vertraten Kaiser, die sich für berufene Weltherrscher hielten. Beide hatten Sinn für gesellschaftliche und staatliche Formen und beide hielten alle anderen Völker für Barbaren. Ob sie sich gegenseitig aus dieser Beurteilung ausgenommen haben? Man weiß es nicht. Sicherlich hat es sprachliche Schwierigkeiten gegeben und, da der Byzantiner beim Kagan in Ungnade gefallen war, wird es für den Chinesen nicht ratsam gewesen sein, sich in nähere Unterhaltungen einzulassen.

Man kann aber davon ausgehen, daß beide, obwohl ihre Länder so weit voneinander entfernt waren, mehr voneinander wußten, als wir heute mühsam rekonstruieren können. Die chinesischen Quellen ergeben eindeutig, daß bereits im 2. Jahrhundert v. Chr. eine chinesische Gesandtschaft, die des Chang Ch'ien, bis in die Gegend des heutigen Afghanistan vorgedrungen und dort mit der griechisch-römischen Kultur in Berührung gekommen ist. Sie hatten den Eindruck gewonnen, daß außerhalb Chinas eine kulturell hochstehende Zivilisation existierte. Ihr Reisebericht war ein außerordentlich interessantes Dokument und wurde deshalb dem chinesischen Kaiser vorgelegt. Er soll den Monarchen tief beeindruckt haben, wenn auch das alte Weltbild der Chinesen dadurch nicht erschüttert wurde, daß China das Zentrum und die alleinige Quelle aller höheren Kultur sei.

Immerhin blieb seit Aussenden dieser Gesandtschaft eine Verbindung zu Zentral- und Westasien bestehen. Man wird deshalb auch das eine oder andere von dem fernen Westen gehört haben, ohne daß es deshalb in die Geschichtsannalen einging. In denen findet sich lediglich erheblich später eine Notiz, daß sich im Jahre 120 n. Chr. Gesandte vom Westmeer einfanden, die der König An-tun geschickt habe. Diese Gesandten aus dem mächtigen und reichen Lande Ta-tsin hätten aber nur kümmerliche Geschenke mitgebracht, vor allem keine Edelsteine. Man könne daraus schließen, daß sie die wertvolleren Geschenke für sich behielten. Die Forschung hat inzwischen König An-tun als den bekannten Marc Aurel identifiziert, der den Beinamen Antonius trug. Man nimmt an, daß diese Männer, die beim Sohn des Himmels vorsprachen, in Wirklichkeit keine Gesandten waren, sondern römische Kaufleute, die sich als Gesandte ausgaben, um Beziehungen zum Hofe anzuknüpfen. Die römischen Quellen enthalten keinerlei Hinweis. Es ist allerdings sicher, daß ziemlich lebhafte Handelsbeziehungen bestanden, römische Münzfunde in China belegen das, und es gilt auch als sicher, daß römische Kaufleute bis China vorgedrungen sind.

Die chinesischen Annalen registrierten sehr genau die Gesandtschaften und die mitgebrachten Geschenke, schwiegen sich jedoch zu unserem Bedauern über den Zweck der Gesandtschaft meist völlig aus. Sehr mittelbar kann man ihnen aber dann doch etwas entnehmen. So erfahren wir, daß eine mittelasiatische Gesandtschaft einst dem Sohn des Himmels u. a. zwei kleine Hunde mitgebracht hätte. Es seien, wie die Gesandten mitteilten, Hunde aus dem Römischen Reich. Wir hätten ja lieber das Bild eines römischen Gesandten, aber dafür haben wir wenigstens eine genaue Schilderung dieses Hundepaares. Sie seien 6 Zoll hoch und einen Fuß lang gewesen. Sehr klug hätten sie ein Pferd am Zaume ziehen und eine (wohl brennende) Kerze tragen können. Es sei das erste Mal gewesen, daß Hunde aus diesem Westreich nach China gekommen wären. Sie müssen einen tiefen Eindruck hinterlassen haben, daß ihnen die Ehre zuteil wurde, in die kaiserlichen Annalen aufgenommen zu werden. Wenn wir unsere Phantasie spielen lassen, können wir die beiden Hunde als Stammeltern aller Pekinesen ansehen, da sie – wie die Annalen ausdrücklich vermerken – verschiedenen Geschlechts gewesen seien.

Noch in einer anderen Notiz taucht Rom, in diesem Fall Ostrom auf. Der chinesische Kaiser hatte sich einen Regen-Palast bauen lassen. Dieser Palast hatte seinen Namen daher, daß aus den 4 Enden der Dachtraufen nach allen Seiten hin Wasser sprühte, um die Hitze zu mildern. Dieses Patent sei aus Ostrom, ebenso wie ein wassergetriebenes Windrad, das im Palast gleichmäßig Kühlung zufächele.

Im Jahre 97 n. Chr. kam ein Gesandter des chinesischen Kaisers bis an den Persischen Golf. Die offizielle Geschichte aus jenen Tagen berichtet von diesem Gesandten:

»Er gelangte nach T'iao-chih und kam durch An-hsi an das Gestade des westlichen Meeres, von wo aus man nach Ta-tsin hinübersehen konnte.«

Die griechischen und römischen Geographen berichten ohne nähere Angaben von dem fernen Reich der Serer, d. h. der Seidenleute. Von dort bezog Rom die vielbegehrte Seide. Eine eingehendere Schilderung stammt erst aus dem Jahre 630 n. Chr. Der byzantinische Chronist Theophylaktos von Simocatta berichtet von einem Land Taugast und dessen Herrscher. Dort gäbe es gerechte Gesetze, man sei von einer gelassenen Einsicht. Er berichtet von höfischen Sitten und einem Krieg, der durch chinesische Quellen verifiziert wird.

Man kannte sich also, besonders durch den Handel, und so nimmt es nicht wunder, daß byzantinische Gesandte mehrfach am chinesischen Hof erschienen. Einzelheiten sind nicht bekannt. Man kann sie jedoch für die Zeit von 643–719 n. Chr. nachweisen. Diese Zeitangabe läßt aber den politischen Hintergrund erkennen. Der Vorstoß der Araber unter der grünen Fahne des Propheten war über Indien hinaus nach Turkestan und an die chinesische Grenze gelangt. Der arabische Feldherr Kutaiba – er ist uns aus den persischen und chinesischen Quellen bekannt – hatte auch dem Reich der T'ang, der mächtigen chinesischen Dynastie, die den Jahrhunderten dieser Zeit dort den Namen gab, die Unterwerfung zugeschworen. Beide Kaiserreiche waren gleichermaßen bedroht. Es lag nahe, in politische Verbindung zu treten.

Schemenhaft geht aus den östlichen Quellen hervor, daß die Chinesen von dem arabischen Angriff auf Ostrom wußten. In Wirklichkeit werden sie ziemlich genau unterrichtet gewesen sein, da sie mit den Persern in laufender Verbindung standen. Die byzantinischen Gesandten hatten sicher wegen der gemeinsamen Gefahr den Auftrag, gemeinsame Maßnahmen anzuregen. Es scheint, daß die chinesische Regierung wegen der weiten Entfernung nicht interessiert war. Hinzu mag kommen, daß die Welle des arabischen Ansturms allmählich nachließ und verebbte. In der Herrscherfamilie der Omajaden war ein blutiger Streit ausgebrochen. Karl Martell, der Frankenkönig, hatte den europäischen Vormarsch der Araber durch seinen Sieg bei Tours und Poitiers zum Stehen gebracht. Die fränkischen Gegenangriffe begannen. Aus dieser weltweiten veränderten Lage im Bereich des Arabertums blieb den Chinesen deren Invasion erspart, der sie bei der damaligen Größe ihres Reiches kaum gewachsen gewesen wären. Die Verbindungen zu Byzanz verloren sich.

Näher standen die Perser der chinesischen Regierung. Der Grund lag in der gemeinsamen Gefahr, die viele Jahrzehnte lang von den mittelasiatischen Nomaden ausging, die versuchten, in die benachbarten Kulturlande einzubrechen. Später traten die Angriffe der Araber an deren Stelle. Als die Araber Persien unterwarfen, fand der letzte der Sassaniden, des berühmten persischen Herrscherhauses, seine Zuflucht am Hof der chinesischen T'ang-Kaiser. Dort ist er 708 n. Chr. gestorben.

Aber auch die Araber suchten den Kontakt mit China. Die erste Gesandtschaft eines Kalifen ist dort im Jahre 651 n. Chr. registriert.

Der arabische Feldher Kutaiba, der Schrecken Asiens, der zertrat, was er an fremder Kunst und Religion auf seinem Vormarsch antraf, der jeden Widerstand in Strömen von Blut zerbrach, hat einige Jahrzehnte später, im Jahre 713 n. Chr., ebenfalls eine Gesandtschaft an den chinesischen Kaiserhof geschickt. Davon berichten der persische Geschichtsschreiber Tabari, ebenso aber auch – unter einem sehr typisch anderen Gesichtswinkel – die chinesischen Annalen. Diese finden es höchst merkwürdig, daß die Gesandten Kutaibas sich weigerten, vor dem Kaiser zum Kotau niederzufallen. »Sie blieben aufrecht stehen und warfen sich nicht nieder«, heißt es wörtlich. Aber Tschang Yüe, Leiter eines Gelehrtenkollegiums und Generalsekretär der konfuzianschen Akademie, griff ein, als die Protokollbeamten des Kaisers die Gesandten zurechtweisen wollten, und erklärte, daß das Land der Araber andere Sitten habe, die Gesandten seien aus ihrer Liebe zum Rechten von weither gekommen, man dürfe sie nicht für schuldig halten. Der Kaiser schloß sich dieser Auffassung an. Nach Tabari aber waren die Chinesen durch den Angriff der Mohammedaner in einen ungeheuren Schrecken versetzt worden, zumal Kutaiba geschworen hatte, »den Boden des Reichs unter seine Füße treten zu wollen«, daß man gute Miene zum bösen Spiel machte, um die Gesandten nicht zu reizen. Man mußte und wollte vorsichtig sein. Etwas später – die politische Lage hatte sich geändert – konnten die Annalen beruhigt konstatieren, die nächsten arabischen Gesandten, die mit Geschenken an den Hof kamen, folgten dem chinesischen Protokoll und warfen sich auf die vorgeschriebene Art nieder, obwohl sie vorher erklärt hatten, man werfe sich in ihrer Heimat nur vor Gott nieder und nicht einmal den eigenen Fürsten gegenüber.

Die Verbindung der Chinesen zu den Arabern und zum Reich der Perser, das später islamisch wurde, blieb im Gegensatz zu dem Kontakt mit Byzanz bestehen. Verstreute Einzelnotizen in der erhaltenen Literatur beweisen, daß im Zusammenhang mit dem Vorstoß des Islam chinesische Sklaven bis Mesopotamien kamen und dort als Handwerker die chinesischen Künste der Seidenweberei und der Bemalung von Keramik ausübten und bekanntmachten. Auf der anderen Seite gelangten Negersklaven bis China. Als ein Kuriosum wurden sie in den Häusern reicher Handelsherren gehalten und als teufelsartig und schwarz wie Tusche geschildert.

So wirkte das Arabertum in alle Welt, aber die Welt auch auf das Arabertum. In der Familie des Propheten Mohammed, die traditionsgemäß den Kalifen stellte, entbrannten nach dem Tode des Stammvaters heftige Auseinandersetzungen um die jeweilige Nachfolge. Als Sieger ging die Dynastie der Abbasiden hervor, die von einem Onkel des Propheten abstammte. Ihren Erfolg und ihre Machtstellung verdankte sie aber in erster Linie den Chorasaniern, Bewohnern des Ostens im alten Persien. Dieses Land, auch weiterhin die Stütze der Dynastie, stellte ebenfalls die Großwürdenträger, wie auch ein iranischer Freigelassener die religiöse Bewegung zugunsten der Abbasiden organisiert hatte. Man gründete eine neue Hauptstadt möglichst nahe der alten persischen Grenze: Bagdad. Sie war dem Kalifen und seiner Regierung vorbehalten, befestigt, Sitz des Hofes, des Harems, der Garde und der obersten Reichsbehörden ... »des geweihten Hauses Pracht, dem die Kaiser Griechenlands und Chinas Huldigung gebracht«, wie der große persische Dichter Saadi sang, eine verbotene Stadt wie später Peking. Dem normalen Landesbewohner, der nur in den Vorstädten wohnen durfte, blieb sie verschlossen. Das lag nicht in der Tradition der ersten Kalifen. Hier machte sich schon in der Anlage das persische Beispiel bemerkbar. Denn den persischen Gebräuchen entsprechend – ebenso wie den byzantinischen – herrschte am Sitz des Kalifen jede Art Luxus, selbst die künstlichen Vögel aus dem Kaiserpalast von Konstantinopel zwitscherten bei der Audienz. Das Protokoll machte den Zugang zum Fürsten fast unmöglich. Nur bei feierlichen Gelegenheiten, insbesondere religiösen Festen, zeigte sich der Kalif in vollem Staate mit größter Freigebigkeit. Sein Amt hatte auch religiöse Bedeutung, wenn auch nicht in so ausgeprägter Form wie in Byzanz.

Das arabische Feudalsystem wurde abgelöst durch einen Apparat, in dem die Beamten im Auftrage des Kalifen die Herrschaftsaufgaben erfüllten. Auch der auswärtige Dienst hatte seinen Teil daran. Es gab alsbald auch so etwas wie ein Auswärtiges Amt. Die Lasten der Regierung trug weitgehend der Wesir, dessen Vorbild ebenfalls in Persien zu suchen ist. Es bildete sich eine eigene Verwaltungssprache, eine Diplomatik für das Urkundenwesen und ein engmaschiges Steuersystem. Das Vorbild ist ebenfalls unverkennbar, und die Sachverständigen, die es aufbauten und steuerten, waren auch nur in den Kreisen der nicht arabischen Bevölkerung zu finden. Die Gesamthaftung der Dörfer für das Steueraufkommen wurde erneuert, eine vom Staat aus gesehen überaus praktische Erfindung der oströmischen Kaiser. Sie hat später im Reich der Zaren eine große und für die Entwicklung des Landes maßgebende, wenn auch verheerende Rolle gespielt. Hier wurde sie mit den grundlegenden Vorschriften des Islam in etwa in Einklang gebracht, soweit nicht der Islam und seine Regeln dem neuen Staatswesen angepaßt wurden. Die Vergangenheit blieb also in dieser neuen Form auf den verschiedensten Gebieten durchaus lebendig. Das galt auch vom Gesandtschaftswesen.

Fünfzig Jahre lang stellte Persien die Wesire. Nicht ein arabischer Scheich regierte mehr, sondern ein Kalif, der die Traditionen der persischen Großkönige übernommen hatte. Das persische Hofzeremoniell wurde übernommen. Rang und Würde vererbte sich nicht mehr, beides wurde vom Kalifen verliehen. Das äußere Abzeichen war das Ehrenkleid, das uns noch in anderen Kulturkreisen begegnen wird. Die uralte orientalische Monarchie erstand neu aus den unruhigen Zwischenstufen, und der Henker, was den arabischen Fürsten fremd war, stand nahe dem Throne.

Die Truppen setzten sich teilweise aus Türken zusammen. Eine andere Stütze für den Thron gab es nicht. Selbst ein Kalif kann seinen Untertanen nicht befehlen, tapfere Soldaten und uneigennützige Beamte zu sein. Für den Augenblick brachten die fremden Söldner eine Lösung aus dem politischen und militärischen Druck. Daß der Keim des Unterganges damit gelegt war, ergab sich erst später.

Als der größte und weiseste dieser Kalifen ist Harun al-Raschid in die Geschichte eingegangen. Dazu haben vor allem die Erzählungen aus Tausendundeiner Nacht beigetragen. Seine diplomatischen Beziehungen reichten in alle Welt. Er schickte Gesandte zu Karl dem Großen nach Paderborn und Aachen. Wohl sind die mitgebrachten Geschenke der Nachwelt überliefert, aber nicht der Zweck der Gesandtschaft, den man nur aus den allgemeinen politischen Verhältnissen ableiten kann. Im Jahre 798 n. Chr. sandte Harun eine Gesandtschaft an den chinesischen Kaiserhof. In den

Annalen dort erscheint er, da der chinesischen Sprache das »r« fehlt, mit dem Namen »Holun«. Den Zweck dieser Reise erwähnen die Annalen nicht, wohl aber, daß der Kotau vor dem Kaiser vollzogen wurde. Damit war die Weltherrscherstellung des Sohnes des Himmels anerkannt, darüber zu schreiben, war für die Annalen wesentlicher als der politische Hintergrund. Man schließt aus der Gesamtlage in Asien, daß die Gesandtschaft zum Ziele hatte, sich auf ein einheitlich abgestimmtes Verhalten gegenüber den Stämmen in Tibet zu einigen. Man erkennt, wie weit der Bogen der arabischen Politik zwischen West und Ost gespannt war. Die politischen Kontakte reichten also auch bis weit nach Afrika hinein und bis in den hohen Norden.

Eine Gesandtschaft des Kalifen besucht Bulgar, die große Handelsstadt an der Wolga, unmittelbar beim Einfluß der Kama. Der Gesandtschaftssekretär Ibn Fadhlan berichtet merkwürdige Dinge von Hundeschlitten, von einer Art Skiläufern, die mit Hilfe von 2 Stöcken und Gleitflächen aus Knochen unter den Füßen auf der Oberfläche des Schnees dahineilen, von Gegenden, in denen es im Sommer keine Nacht, im Winter keinen Tag gibt, und anderes. Ebenfalls wird von den Nordlichtern berichtet. Die Astronomen und Geographen nahmen solche Schilderungen interessiert zur Kenntnis und schenkten ihnen Glauben. Von den Kaufleuten, die oft bis in den hohen Norden fuhren, um Pelze einzuhandeln, die gerade in Bagdad in Mode waren, hatte man ja schon Verwunderlicheres gehört.

Ibrahim Ibn Jaqub, Kaufmann und Dolmetscher einer Gesandtschaft, die zu Otto dem Großen auf den Weg geschickt wurde, berichtete vom Handel in Mainz und beschrieb die Wegeverhältnisse zwischen Magdeburg, Naumburg und Prag und Krakau. Sein Chef, der Gesandte Tartâschi, staunte über die Auerhühner und die Stare, ihn interessierten aber auch das Torfstechen und die Einrichtung einer Sauna. Kurzum, allerlei Wissenswertes gelangte durch diese Gesandtschaften nach Bagdad.

Die engsten Beziehungen aber bestanden zu Indien und China in wissenschaftlicher, politischer und ökonomischer Beziehung. Man übernahm das indische Zahlensystem, das bereits die Null kannte, und gab es an Europa weiter (arabische Zahlen). Bei den Chinesen lernte man das Papier und die Armbrust kennen. Der Handel mit Seide, Gewürzen und Hölzern blühte. In den Hafenstädten Indiens und Chinas lenkten große arabische Faktoreien den Schiffsverkehr. Als die Mongolen über China herrschten, zogen sie vorzugsweise arabische Experten für ihr Finanz- und Steuerwesen heran. Rund um den Indischen Ozean konnte man sich damals mit der arabischen Sprache so gut verständigen wie mit Englisch heute.

In Tanger lebte im 13. Jahrhundert ein Jurastudent namens Abu Abdallah Mohammed, Ibn Abdullah, Ibn Mohammed, Ibn Ibrahim. Da er einen reichen Vater hatte, schloß er sein Studium niemals ab. Zu seiner Läuterung, so nehmen wir an, wurde er deshalb von der Familie als Pilger nach Mekka geschickt. In der weiten Welt gefiel es ihm und er vergaß die Heimkehr. Als Kaufmann, als Kadi, als Verwaltungsbeamter und zum Schluß auch als Diplomat zog er durch die Länder. Als er schließlich nach Tanger heimkehrte, befahl ihm der marokkanische König, seine Erlebnisse niederzuschreiben. So wurde er unter dem Namen Ibn Batuta neben Marco Polo der berühmteste Reiseschriftsteller. Aber ihm ging es wie diesem, das meiste glaubte man ihm nicht. Heute wissen wir, daß er trotz allen Fabulierens die Wahrheit geschrieben hat.

Ibn Batuta hielt sich gerade in dem arabisch beherrschten Teil Indiens auf, als der Sultan von Delhi eine Gesandtschaft des Kaisers von China mit kostbaren Geschenken, Sklaven und Seide, viele schöne Seide, empfing. Diese mußte erwidert werden, und Ibn Batuta bekam den Auftrag, nach China zu reisen. Batutas Bericht liest sich im weiteren wie eine Schilderung heutiger Verhältnisse. Er nahm das Angebot des Kalifen an und begab sich in die Hafenstadt Calicut; dort bestellte er sich bei der Vertretung einer großen Schiffahrtslinie eine Kabine mit Nebenräumen, Bad und WC nach China. Der Leiter der Agentur, Herr Suleiman aus der Gegend von Accra in Palästina, ist in Verlegenheit. Er muß unendlich bedauern, alle guten Deckkabinen sind ausgebucht. Die reichen chinesischen Kaufleute haben sie sich für Hin- und Rückfahrt reservieren lassen. Er könne vorerst nur eine einfache Kabine freimachen, die für seinen Schwager vorgesehen gewesen sei. Aber er habe die Hoffnung, durch einen Tausch dem Herrn Botschafter das Gewünschte zu vermitteln. Ibn Batuta ist ungehalten:

»Ich will eine Kabine, die niemand mit mir teilt – wegen der Sklavinnen; ich bin es nun einmal gewohnt, nur in ihrer Begleitung zu reisen ... Es gibt Kabinen mit Waschzimmer und Toilette. Es gibt Schlüssel für sie, mit denen der Passagier sie absperren kann. Man nimmt seine Sklavinnen und Frauen mit ...«

Er fuhr immerhin zum Kaiser von China. Wir können annehmen, daß er gegen ein entsprechendes Trinkgeld die Schiffsleitung dazu veranlaßt hat, einen der mitreisenden Chinesen zum Tausch zu überreden.

Kabine I. Klasse mit WC! Das hat es gegeben. Navigia, quae navigant in Cathay, sunt permaxima (Die Schiffe, die nach Kanton fahren, sind übergroß), heißt es in dem Bericht eines Bischofs. Übergroß sind die China-Schiffe. Er schreibt von über 100 Kajüten auf dem Oberdeck und 10 Segeln bei gutem Wind. Riesige Ruder wurden durch je 11 bis 12 Sklaven bedient, die sie mit Tauen bewegten. Ibn Batuta erreichte China und erledigte seinen Auftrag. Auch hier traf er auf Araber und lernte den berühmten arabischen Juristen Kiwa ed-Dim es Sabli kennen, der aus Ceuta stammte. 25 Jahre später, als er gerade auf dem Wege nach Timbuktu die Sahara durchquert hatte, traf er dessen Bruder. »Welche Entfernung zwischen den Brüdern!« notiert er. Wir erkennen daran die weltweite Streuung des Islam.

Nur wenige solcher Reiseberichte sind uns überliefert. Ein weiterer beschreibt eine Expedition in den hohen Norden. Das Geschehen spielte sich einige Jahrhunderte vor Ibn Batutas Reise ab; der Bericht selbst stammt von einem anerkannten und viel gepriesenen Dichter. Dichtung und Wahrheit mag in seiner Erzählung hin und wieder etwas gemischt sein, aber es kommt der Lesbarkeit zugute.

Normannen waren im Jahre 844 in Sevilla eingefallen, das damals unter arabischer Herrschaft stand. Dort muß es ihnen besonders gut gefallen haben; denn entgegen ihren sonstigen Gewohnheiten wollten sie die Stadt nicht ausplündern, um alsbald wieder weiterzuziehen, vielmehr hatten sie den Wunsch, sich dort niederzulassen. Sie schickten deshalb Gesandte zu Abdurhaman, der in Granada residierte und als König bis dahin für Sevilla zuständig war; die Normannen wollten auf diese Weise eine friedliche Lösung ihrer Siedlungswünsche erreichen. Auch Abdurhaman war für den Frieden, doch er wollte sichergehen und schickte deshalb auch einen Gesandten zum fernen König im hohen Norden. Seine Wahl fiel auf einen sehr liebenswürdigen und gewandten Mann, den Dichter al-Gasal. Dieser reiste alsbald nach Selves, wo er ein arabisches Schiff bestieg, das ein normannisches Kriegsfahrzeug in Richtung Norden leiten sollte. Die gefährliche Biskaya mußte durchquert werden. Kein Gott gab dem Dichter zu sagen, was er litt. Er deutet es nur zart an. Auch die Nordsee war nicht so freundlich, wie es sich für den Besuch eines so seltenen Gastes gehört hätte. Aber eines Tages lief man einen Hafen an. Unsere Gelehrten haben mit einiger Mühe festgestellt, daß man entweder in Jütland oder auf Seeland angekommen war. Dort lag der Königssitz, und man vermutet, daß der dazugehörige König Eric der Erste von Dänemark war. Der Empfang entsprach weltmännischem Zeremoniell. Abgesandte des Königs kamen zur Landungsstelle, um den Gast zu empfangen und in eine schöne Herberge zu bringen. Im Hafen sprach es sich herum, daß merkwürdige Leute angekommen seien. Es gab ein allgemeines Gedränge, um die Fremdlinge in ihren so anders gearteten Trachten und einer sehr verschiedenen Hautfarbe in Augenschein zu nehmen. Zwei Tage durfte sich die Gesandtschaft erholen, dann wurden sie zur Audienz geladen. Al-Gasal hatte aber anscheinend von den Sitten am Kaiserhof in Konstantinopel und in China gehört, den Kotau machen zu müssen. Er stellte zunächst die Bedingung, nicht vor dem Fürsten niederfallen zu müssen. Der König bewilligte es. Das fiel ihm sicher nicht schwer, denn diese Art der Begrüßung war den germanischen Stämmen ebenso fremd wie den Arabern. Es wäre ihnen als Verletzung der Würde eines freien Mannes vorgekommen. Der König hatte wahrscheinlich sehr viel mehr Sinn für Humor als für Fragen der Etikette. Zum Empfang des Gastes ließ er den Türrahmen niedriger machen, so daß man nur tief gebeugt in die Empfangshalle gelangen konnte. Al-Gasal bemerkte den Streich, den der König ihm spielen wollte. Als Dichter war er aber gewohnt, seine Phantasie walten zu lassen. Er setzte sich und fuhr auf seinem Achtersteven in die Halle, um sich dort wieder in die Senkrechte zu bringen. Dann begrüßte er den König mit der Sure 28 Vers 88 des Koran: »Friede sei über Dir, o König, und über die, welche Dein Thronsaal vereint.« Der Dolmetscher übersetzte. Der König war über Rede und Eintrittsart erfreut. Wir nehmen an, daß er zwischen unterdrücktem Lachen und dem erforderlichen königlichen Ernst das antwortete, was al-Gasal überliefert hat:

»Wir wollten ihn demütigen, aber er kehrte unseren Gesichtern seine Fußsohlen zu. Und wäre er nicht Gesandter, so hätten wir fürwahr dies nicht ungerügt durchgehen lassen.« Der Dolmetscher übersetzte. Der Gesandte übergab das Schreiben seines Königs und übergab die Geschenke, prächtige Kleider und Gefäße aus Gold und Silber. Dann wurde er wieder in seine Unterkunft gebracht und erhielt, wie er ausdrücklich bemerkte, für sich und seine Begleitung reichlich Verpflegung. Wir schließen daraus, daß man damals schon in Dänemark gut und reichlich zu essen verstand. Auch al-Gasal muß das aufgefallen sein, denn sonst hätte er es nicht erwähnt. Die Verhandlungen zogen sich hin. Die Ereignisse bei dem Empfang sprachen sich herum, und Frau Königin plagte die Neugierde, den Fremdling näher kennenzulernen. Da die Sitten dort oben freier waren, lud sie unseren al-Gasal mehrfach zu Tisch. Beide müssen daran viel Spaß gefunden haben, was sich auch in vielen Gedichten al-Gasals niederschlug, die der Dolmetscher übersetzen mußte. Die Art der Gedichte war für die dortige Gegend neuartig. Feine Schmeichelei lag nicht in der Art der Landesbewohner, und so hörte die Königin mit Freude Verse wie diese:

»Ich bin verliebt in eine Normannin,
Die der Sonne der Schönheit nicht unterzugehn gestattet.«

Nach Spanien zurückgekehrt, verlas al-Gasal seine Gedichte und wurde befragt, ob die Königin wirklich so schön gewesen sei.

Er meinte, ganz so nicht wie in den Gedichten geschildert, aber doch sei sie gut anzusehen, und seine Verskunst habe seine Stellung im Königshaus doch erhöht.

So bildete das Arabertum eine Brücke zwischen Normannen und Chinesen. Auf Sizilien kam es zur engsten Berührung mit den Normannen und dem Römischen Reich Deutscher Nation. Kaiser Friedrich II. von Hohenstaufen, gleichzeitig König des Normannenreiches in Sizilien und Unteritalien, herrschte auch über einen arabischen Bevölkerungsteil. Kunst und Wissenschaften blühten an seinem Hofe, und er machte keinerlei Unterschied zwischen Christen und Moslems. Zwei Kulturkreise konnten an seinem Hofe ihr Wissen und ihre Lehrmeinungen austauschen. Es wundert daher nicht, daß einer der berühmtesten Geographen der arabischen Welt, Edrisi, am Hofe in Palermo bereits unter König Roger eine riesige, in Silber getriebene Weltkarte herausbrachte, die auf dem Wissen der Normannen und der Araber aufgebaut war und von den Britischen Inseln bis nach Ostasien reichte, einschließlich Japan. Es sei aber gleichzeitig bemerkt, was weniger bekannt ist, daß 100 Jahre später unter den Mongolenkaisern ein chinesischer Geograph eine sehr viel bessere Weltkarte zeichnete, die von Japan bis zu den Azoren reichte, Afrika sehr viel richtiger wiedergab und an der Nordwestecke Europas ein Land darstellte, das A-lu-mang-ni-a zum Namen hatte, worin wir unschwer Deutschland erkennen. Die Karte stammt aus dem Jahre 1330. Sie ist verlorengegangen, aber eine koreanische Kopie aus dem Jahre 1402 ist erhalten geblieben.

An den geographischen Erkenntnissen waren die Gesandten der verschiedensten Nationen nicht unbeteiligt. Eine Anzahl der Fürstenhöfe bildeten Stätten des Wissensaustausches. Und so sei hier zum Abschluß auf den norwegischen Königsspiegel aus dem Jahre 1230 n. Chr. verwiesen, der zur Unterrichtung des Thronfolgers geschrieben ist, und in dem 200 Jahre vor Kolumbus steht:

»Wisse, daß der Erdkreis kugelförmig ist ...!«

Und es steht weiter darin zu lesen, daß auf der Südhalbkugel Winter, wenn im Norden Sommer ist, und umgekehrt, und daß es im Süden nicht immer heißer wird, sondern zum anderen Pol hin das Klima wie im Norden ist. Die heiße Zone lege sich wie ein Ring um die Erde.

Praktische Folgerungen aus diesem Wissen hat man allerdings erst viel später gezogen. Als man es aber unternahm, waren die politischen Folgen unabsehbar, und die Weltgeschichte schlug eine neue Richtung ein.

10.
Vom Reich der Mitte

Wie um den Polarstern der Himmel, so dreht sich um den Kaiser der Erdkreis.

Alter chinesischer Spruch

Schon im vorangegangenen Kapitel war von den Randgebieten Chinas als östlichem Pfeiler der bekannten Welt die Rede. Der Gang durch die Geschichte soll uns nun direkt nach China führen, wo ebenfalls Religiöses und Weltliches miteinander verwoben war.

Der chinesische Kaiser galt als Sohn des Himmels. Er hatte in feierlicher Zeremonie die Opfer an Himmel und Erde zu bringen. Unterblieben die Opfer, so mußte schweres Unheil befürchtet werden. Neben diese religiös-mystische und uralte Grundüberzeugung traten rationalistische Gedanken des Konfuzius und seiner Schüler. Daraus entstand eine kanonisierte Lehre, die Konfuzius selbst wohl verschiedentlich in Erstaunen setzen würde, hätte er erlebt, was sich aus seinen Ansichten entwickelte und in den kanonischen Büchern festgehalten wurde.

Danach stellte der Kaiser die oberste weltliche Gewalt auf der Erde dar, die ihm von Rechts wegen untertan war. Das war der widerrufliche Auftrag des Himmels an ihn und seine Nachfahren. Denn der Kaiser hatte die Tugenden eines Herrschers richtig auszuüben. Tat er es nicht, so zeigte dies der Himmel warnend an durch ungewöhnliche Sternkonstellationen oder merkwürdige Vorkommnisse am Himmel und auf der Erde. Diese Lehre schuf ein weites Feld für Sterndeuter und Magier und war der Ausgangspunkt für Empörungen und Bürgerkriege.

Der jeweils neue Kaiser – wie er auch immer zur Macht gekommen sein mochte – teilte im Ahnentempel feierlich mit, daß er die Kaiserwürde übernommen habe. Der Leiter des Ahnenkultes hielt dabei den »Würdestab« – uraltes Symbol der Macht –, die

Schrifttafel und das Reichssiegel als Abzeichen kaiserlicher Würde und übergibt sie mit dem Thron. Mit seinem Machtantritt begann eine neue Jahresbezeichnung, und dem neuen Kaiser wird vorgehalten: »Des Himmels Auftrag ist nicht dauernd, er fällt an den, der die Tugend besitzt, des Himmels Bestimmung ruht in deiner Person, halte in Treue die wahre Mitte, sonst kommt des Himmels Geschenk für immer zu Ende.«

Was nun die wahre Tugend war, darüber ließen sich die konfuzianischen Gelehrten in mannigfacher Weise aus und kamen zu Ergebnissen, die uns als sehr merkwürdig erscheinen. Auch das reihenweise Umbringen rivalisierender Verwandter konnte unter die Tugenden gerechnet werden, gleich als ob die würdigen Professoren den Macchiavelli mit zustimmendem Kopfnicken gelesen hätten. Aber außerdem gab es die kanonischen Schriften. Jeder Beamte des Kaisers mußte sie studiert haben und kennen. Die Feudalherren wichen dem Beamtenstaat, einer Hierarchie gelernter Konfuzianer, deren Fähigkeiten nach dem Abschluß schwieriger akademischer Prüfungen beurteilt wurden. Das konfuzianische Literatentum war eine durch die Jahrhunderte wirkende mächtige Instanz. Ein literarisches Studium stand im Vordergrund der Ausbildung, unabhängig davon, was die Kandidaten später praktisch auszuführen und zu verantworten hatten. Wichtiger war es, ein wohlgeformtes Gedicht nach strengen Regeln vorlegen zu können, als technisches Wissen nachzuweisen. Denn nur die konfuzianische Bildung erzog zur höchsten Form menschlicher Kultur und war damit die einzige gegebene Voraussetzung auch für alle politische und sonstige Tätigkeit, sei sie verwaltungsmäßiger oder selbst militärischer Art. Der Kaiser als Beauftragter des Himmels, umgeben von den Vertretern höchster Menschheitsbildung, das ergab für China den Nimbus, das Reich der Mitte zu sein, die höchste Entfaltung der Menschheit, außerhalb dessen Grenzen es nur Barbaren geben konnte. Aber auch über diese herrschte der chinesische Kaiser kraft seiner Berufung durch den Himmel und kraft seiner »Tugend«. Aber die Barbaren konnten der kaiserlichen Gnade und der chinesischen Kultur teilhaftig werden. Sie konnten Gesandte an den kaiserlichen Hof schicken, um sich zu bilden. Sie brachten Geschenke mit, um dem Sohn des Himmels zu huldigen. Die Gegengeschenke aber waren der Ausdruck herablassender Großzügigkeit. Alle Gesandtschaften waren daher Tributgesandtschaften, und ihre Geschenke wurden sehr genau in Tributlisten verzeichnet.

Da es keine gleichberechtigten Staaten gibt, kann der Gesandte nicht die Rolle spielen, die ihm das Abendland und die übrigen asiatischen Länder von eh und je zugeteilt haben als der unverletzliche Mittler. Dennoch waren auch in China die Gesandten geschützt; denn wenn sie dem Kaiser huldigen wollten, so war jeder Angriff auf sie ein Angriff auf die kaiserliche Hoheit. Für den Kaiser selbst aber wäre es eine Verletzung seiner eigenen kaiserlichen Würde gewesen, Gewalt gegen einen Gesandten auszuüben. Auf diesem gedanklichen Umwege erreichte man die Unverletzlichkeit der Gesandten, ohne die jegliche Verhandlung bis zur Unmöglichkeit hin erschwert worden wäre.

Die Lehre der Chinesen von ihrer moralischen und politischen Suprematie stieß nun in der Wirklichkeit nicht auf die ihr gebührende Rücksicht. Es ist schade, daß die Wirklichkeit auf keine noch so schöne Ideologie hört, sondern stets ihre eigenen Wege geht. Und so mußten sich die chinesischen Kaiser und ihre Gesandten jahrhundertelang mit dieser Kalamität, dem Widerstreit von Idee und Realität, auseinandersetzen. Aber sie taten es mit einer geradezu bewundernswerten Konsequenz und Einseitigkeit. Noch im vorigen Jahrhundert, als Großbritannien in Peking eine ständige Gesandtschaft einrichten wollte, antwortete der chinesische Kaiser völlig im Stile der konfuzianischen Lehre und schrieb König Georg III. folgenden Brief:

»Was Eure Bitte betrifft, einen Eurer Staatsbürger zu entsenden, der an meinem himmlischen Hofe beglaubigt werden und den Handel Euren Landes mit meinem Reich der Mitte überwachen soll, so steht dieses Ersuchen im Widerspruch zu allen Gepflogenheiten meiner Dynastie und kann keineswegs in Erwägung gezogen werden. ... Unsere Umgangsformen und unser Gesetzbuch unterscheiden sich so vollständig von Euren, daß Ihr, selbst wenn Euer Abgesandter die Anfangsgründe unserer Kultur anzunehmen vermöchte, doch niemals unsere Sitten und Gewohnheiten auf Euren fremden Boden verpflanzen könnte ... Indem ich über die weite Welt gebiete, habe ich nur ein Ziel im Auge, nämlich eine vollkommene Regierung zu führen und die Staatspflichten zu erfüllen ... Ich lege keinen Wert auf seltsame oder sinnreich erfundene Gegenstände und habe keinen Bedarf für die Erzeugnisse Eures Landes ...«

Ein Kaiser der Han- oder Mingdynastie, 500 oder 2000 Jahre früher, hätte kaum anders geantwortet. Von diesem Standpunkt aus konnte es eben nur Tributgesandtschaften geben, und so war es auch logisch, daß in früheren Zeiten die Fürsten, die Gesandte geschickt hatten, mit hohen chinesischen Titeln belohnt wurden, mit denen ihre tatsächliche Herrschaft sozusagen vom Kaiser aus ihre rechtliche Anerkennung fand, aber im Rahmen einer Vasallität zum Sohn des Himmels.

Byzanz handelte ähnlich, wenn es den germanischen Heerkönigen römische Titel gab, um die Oberhoheit Roms zu dokumentieren. Und noch eine weitere Parallele gibt es. Das Reich der Mitte war wie Byzanz durch die Jahrhunderte von mehr oder minder barbarischen Stämmen umgeben, denen man durch den Luxus und die überhöhten Formen des Hofes auf das tiefste imponieren konnte. Ein ausgeklügeltes, eindrucksvolles Zeremoniell verfehlte selten seine Wirkung auf die Gesandten fremder Völker. Der Höhepunkt für jede Gesandtschaft war deshalb die feierliche Audienz beim Kaiser mit dem Kotau, dem dreimaligen Niederknien mit neunmaligem Niederbeugen des Hauptes auf die Erde. Es schloß sich die Übergabe der Tributgeschenke an, womit nach der chinesischen Staatsauffassung die Oberhoheit des Kaisers anerkannt war.

Wie aber diese Oberhoheit ausgeübt wurde, war sehr verschieden. Bei den entfernter wohnenden Völkern war sie reine Theorie. Und bei näherliegenden und benachbarten Ländern wurde die sonst auch faktisch ausgeübte Oberhoheit zum Problem, wenn jeweils die Kraft des Reiches und ihrer Herrscher nachließ, oder der Ansturm von außen überstark wurde. Denn dieses kulturell und technologisch ungemein fortgeschrittene Reich war jahrhundertelang von den Nomadenvölkern gefährdet. Auf Beutezügen trachteten sie nach dem Reichtum der chinesischen Lande, ohne ihre eigene Lebensweise aufgeben zu wollen. Es war die gleiche Lage, der sich das Reich Sumer und dann Babylon gegenübersah, wenn die semitischen Nomaden in die wohlbestellten Felder und in die Städte einbrachen. Die Vorstöße waren – wie auch in der byzantinischen Geschichte – unregelmäßig, unvorhersehbar und erfolgten aus den verschiedensten Himmelsrichtungen. Diese Beweglichkeit erschwerte die militärische Abwehr, da die eigenen Truppenverbände jeweils nicht so schnell herangeführt werden konnten und eine militärische Bereitschaft nach allen Seiten hin trotz Limes und chinesischer Mauer die Kraft des Staates überstieg.

Also mußte man verhandeln. Gesandtschaften wurden ausgetauscht, und in allen Fällen bot man die gleichen Lösungen an: die Nomaden bzw. die wandernden Völker im eigenen Raum anzusiedeln und sie als eigene Grenzwacht einzusetzen. Das war die eine Methode, Frieden zu schaffen. Dabei stellte sich heraus, daß diese Völkerschaften oft gar nicht so barbarisch waren, wie es nach der reinen Lehre zu fordern war. Man suchte deshalb mit formalen Abgrenzungen den Unterschied zu wahren. Als ein Gesandter eines Turkvolkes, das seit längerer Zeit in das Reich der Mitte eingegliedert worden war, den Wunsch vorbrachte, man möge ihnen, da sie wie alle des Kaisers Untertanen seien, gestatten, chinesische Tracht zu tragen, vor allem dies auch ihren Beamten zu gestatten, lehnte das der Kaiser – allerdings gegen den Rat seiner Beamten und seiner Minister – mit folgender Begründung ab:

> »Als die Herrscher der Vorzeit den Staat schufen, hatten Barbaren und Chinesen verschiedene Sitten, und als die Erhabenen (= Urkaiser) das Volk belehrten, wünschten sie keine Änderung der Gebräuche. Ungleichheit der Kleidung heißt: Scheiden zwischen Gebiet der Gesetzesgebung und dem Gebiet der Wüste nach der Ordnung. Sondern der Arten heißt, das Verhältnis von Himmel und Erde völlig erkennen.«

Und wieder eine Parallele zu Byzanz. Der Gesandte Ottos des Großen, Bischof Liudbrand von Cremona, hatte nach Abschluß seiner Gesandtschaft Gewänder eingekauft, darunter einige purpurne. Vor seiner Abreise erhielt er den Befehl – der Geheimdienst hatte ihn gut überwacht –, alle eingekauften Kleider vorzulegen und »diejenigen, die sich für Euch schicken, sollen dann mit einem Bleisiegel bezeichnet und Euch belassen werden, die übrigen aber, die allen Völkern außer uns zu tragen verboten sind, werden gegen Erstattung des Preises Euch wieder abgenommen; denn da wir uns durch Reichtum und Bildung vor allen Völkern auszeichnen, müssen wir es auch in der Kleidung tun, auf daß diejenigen, die besonders reich an Vorzügen sind, auch besonders in ihrem Äußeren erscheinen.«

Beide Erklärungen waren zwar nicht diplomatisch, aber sehr eindeutig. Die Berufung auf die Vorvergangenheit ist dabei kennzeichnend für die chinesische Grundhaltung. Dabei widersprach das Schreiben des Sohnes des Himmels völlig der Lehre des Konfuzius, in der es hieß: »Wo Bildung herrscht, gibt es keine Rassen.«

Da aber die Schüler zu allen Zeiten klüger sind als ihre Lehrer, war es den Chinesen eine Quelle ständiger Heiterkeit, daß die Barbaren ihre Kleider von links knöpften und nicht von rechts, wie sie es selber taten. Man kann also auch an den Knöpfen abzählen, wo die höhere Kultur waltet.

Gleichwohl kam es unaufhaltsam zu Assimilierungen und zur völligen Sinisierung verschiedener Grenzvölker.

Ließen sich die an den Grenzen lebenden Stämme nicht in das Reich eingliedern, hatten die Gesandten den Auftrag, die Völker gegeneinander aufzuwiegeln oder innerhalb der Stämme Unruhe zu schaffen. In den Annalen heißt es einmal:

> »Seitdem säte man Jahre hindurch Zwietracht bei den Tu-fan zwischen Fürst und Untertan, so daß sie einander beargwöhnten und sich entzweiten …«

Diese Taktik entsprach der Lehre des Sun Tsu, der etwa 500 v. Chr. lehrte. Dieser frühe Politologe stellte folgende Lehre auf:

Die höchste Kunst besteht darin, den Widerstand des Feindes ohne Kampf auf dem Schlachtfeld zu brechen. Nur auf dem Schlachtfeld ist die direkte Methode des Krieges notwendig, aber nur die indirekte kann einen wirklichen Sieg herbeiführen und festigen.
Zersetzt alles, was im Lande des Gegners gut ist. Verwickelt die Vertreter der regierenden Gruppen in Straftaten, unterhöhlt auch sonst ihre Stellung und ihr Ansehen. Gebt sie vor den Augen ihrer Mitbürger öffentlich der Schande preis. Nutzt die Arbeit niedriger Kreaturen und abscheulicher Menschen.
Stört mit allen Mitteln die Tätigkeit der Regierungen. Verbreitet Uneinigkeit und Streit unter den Bürgern des gegnerischen Landes. Fördert die Jungen gegen die Alten. Zerstört mit allen Mitteln die Ausrüstung, die Versorgung und die innere Ordnung der feindlichen Streitmacht.
Entwertet die alten Überlieferungen und Götter. Seid großzügig mit Angeboten und Geschenken, um Nachrichten und Komplizen zu kaufen. Bringt überall Spione unter. Spart überhaupt weder mit Geld noch mit Versprechungen; denn sie bringen hohe Zinsen.

Nach diesen Prinzipien wird auch heute noch auf der Welt mit Erfolg Politik betrieben, nur sind sie nicht mehr in Lehrbüchern zu finden. Nicht immer führen sie zum Erfolg, deshalb entwickelte man im alten China auch noch andere politische Schachzüge, die helfen sollten, die Grenzen zu sichern: Man bemühte sich um Freundschaftspakte. Hier wie in Byzanz wurden dann kaiserliche Prinzessinnen mit Barbarenfürsten verheiratet, so daß Einheimisches und Barbarisches miteinander verschmolz und die spätere Assimilierung einleitete. Freilich, den Prinzessinnen war weniger wohl dabei. Ein altes Lied lautete:

»Im Han-Schloß war ein schönes Mädchen;
Man sandte sie in weite Ferne
In wilder Hunnen Reich als Braut.
...
Im Scheiden fielen der Prinzessin Tränen

Wohl auf die Blumen an des Weges Rand.
Ein Wind erhebt sich um die Abendkühle
Wo weht er wohl die Tränenperlen hin?
Die Schönheit muß auf Erden vieles leiden,
Schilt nicht den Wind, und lerne Dich bescheiden.«

Wie eine Fortsetzung dieses Gedichtes lautet das der Prinzessin Hsi-Djün, die mit einem Barbarenfürsten verheiratet worden war:

»Dorthin, wo der Himmel endet,
Haben mich meine Leute geschickt,
Gaben mich in der Fremde dem König
Der Wu-sun zum Weibe.
Ein Zeltdach ist meine Wohnung,
Aus Filz sind die Wände.
Rohes Fleisch muß ich essen,
Stutenmilch ist mein Getränk.
Nie verläßt mich der Gedanke an die Heimat.
Das Herz blutet mir.
Ein gelber Kranich wünscht ich zu werden
Und nach Hause zu fliegen.«

Ein Gesandter ihrer Heimat mag das Gedicht mitgenommen haben aus der Jurte des Hunnenfürsten an den kaiserlichen Hof. Und so ist es in die Anthologien des chinesischen Reiches gekommen.

Mit einer Prinzessin allein war es oft nicht getan, die Freundschaft feindseliger Stämme zu gewinnen. Man überbrachte Geschenke, man vereinbarte Geschenke, die verhüllten Tributen entsprachen, aber sie waren billiger als ein Krieg oder eine entsprechende Aufrüstung.

Diese verschiedenen Taktiken führten lange Jahrhunderte zu annehmbaren Lösungen und Erfolgen. Aber trotz aller Künste der Gesandten fielen eines Tages die Kitan, ein mongolischer Grenzstamm, in das damals innerlich zerrissene chinesische Staatsgebiet ein und annektierten 16 Präfekturen. Ein eigener Staat entstand. Bei dem Versuch der Rückeroberung erlitt der Kaiser aus der

Sung-Dynastie eine schwere Niederlage. Um Schlimmeres zu verhüten, begab man sich auf den Weg der Verhandlungen und schickte einen Gesandten. Berufsbeamte gab es bei den Sung schon lange, aber keine Berufsdiplomaten, denn diese wurden nur zu bestimmten Zwecken entsandt. Gesandtschaften waren auch in China keine Dauereinrichtung. Der Kaiser wählte den stellvertretenden Zeremonienmeister Tsao Ling-yung aus, mit den Kitan zu verhandeln und um Frieden zu bitten. Der Gesandte brachte zunächst einmal besonders reiche Geschenke für den Herrscher der Kitan mit. Damit errang er den ersten Erfolg. Die Kitan waren nicht abgeneigt, sich das Errungene rechtlich absichern zu lassen und darüber hinaus noch einige materielle Vorteile zu gewinnen. Sie schickten einen Gegengesandten, natürlich auch mit Geschenken; denn sie wußten, was sich gehörte, und wollten auch zeigen, was sie darstellten. Dann ging unser Tsao Li-yung noch einmal als Gesandter zu den Kitan. Dann schickten diese nunmehr ihren »Großgeneral der Torwache« als Gegengesandten an den Kaiserhof. Nunmehr einigte man sich und schloß einen Friedensvertrag, der durch die Übersendung zweier inhaltlich übereinstimmender Schwurbriefe bestätigt werden sollte.

Der chinesische Gesandte, der den Schwurbrief seines Kaisers überbrachte, berichtete über seine Eindrücke im Land der Kitan mit dem ganzen Hochmut eines überzeugten Konfuzianers:

> »Die Sitte der Gastbewirtung üben sie in reichlichem und üppigem Maße; wenn sie sich bei den Festbanketten auch rührende Mühe gaben, chinesisches Zeremoniell zu befolgen, so ging es doch meist kunterbunt mit Barbarenbräuchen durcheinander. Diese Art von ›Linksknöpfern‹ sind Leute, die es in ihrem Benehmen gegenüber den Oberen an Ehrfurcht fehlen lassen. Wenn sie sich auch bemühen, dies abzulegen, so ist es ihnen doch unmöglich, ihre Bräuche zu ändern.«

In dem Friedensvertrage, der am 19. 1. 1005 n. Chr. in Shan-Yüan abgeschlossen wurde, mußte der Herrscher der Kitan als Kaiser anerkannt werden. Das fiel den Chinesen schwer, denn das durfte es im Grunde nicht geben. Außerdem mußten Tribute gezahlt werden. Auch diese standen nach der Lehre nur dem Sohn des Himmels zu. Um der alten Form zu genügen und das Gesicht nicht zu verlieren, behalf man sich mit Umschreibungen, die das Prinzip nicht unmittelbar in Frage stellten. Der Kaiser sprach von sich nur als einem Kaiser der Sung-Dynastie. Das war im chinesischen Sinne eine wesentliche Einschränkung. Die Tributleistung aber wird umformuliert in eine Unterstützung zum Aufbau des Heeres der Kitan. Die Kriegsentschädigung wurde in eine Entwicklungshilfe umgewandelt. Sie bestand in jährlich 100 000 Unzen Silber und 200 000 Rollen Seide. Im übrigen hieß es, was die äußere Form anbelangt:

> »Seine Majestät, der Kaiser der großen Sung, übersendet hiermit hochachtungsvoll den Schwurbrief an seine Majestät den Kaiser der Kitan, um in Ehrfurcht und Ergebenheit Zeugnis dafür abzulegen, daß wir den beglückenden Vertrag aufrichtig erfüllen wollen ... Wir verpfänden uns gegenüber den Göttern des Himmels und der Erde und melden es den Göttern des Erdbodens und der Feldfrucht im kaiserlichen Ahnentempel, daß unsere Nachkommen dies ehrfürchtig befolgen und alle Zeiten fortführen werden. Wer diesen Vertrag bricht, ist nicht fähig, für das Wohl des Landes zu sorgen, den Auftrag des Himmels zufriedenstellend zu erfüllen, und soll nach den Präzedenzurteilen des leuchtend erhabenen Himmels mit dem gerechten Tode bestraft werden. Die Urteile des leuchtenden Himmels oben sind es, die das Böse nicht hingehen lassen.«

Der Kitan-Herrscher aber machte noch folgenden Zusatz:

> »Wenn ich auch nicht würdig bin, so wage ich doch, diesen Vertrag zu befolgen, und möchte vor Himmel und Erde feierlich geloben und für meine Nachkommen beschwören: Wer diesen Vertrag bricht, den sollen die Götter dafür mit dem gerechten Tode bestrafen.«

Anscheinend war dieser Zusatz nötig, da der neue Kitan-Kaiser keinen unmittelbaren Auftrag des Himmels hatte und deshalb seine Götter mit ins Spiel bringen mußte.

Der Vertrag wurde in allen Kreis- und Militärpräfekturen der betroffenen Provinzen veröffentlicht.

Außerdem wurden die Geschenke der Kitan, die deren Gesandte mitbrachten, von nun an nicht mehr in die Tributlisten aufgenommen. Man führte ein besonderes Verzeichnis, in dem jeder Hinweis auf einen Tribut fehlte. Das war bitter. Nur in gewissen protokollarischen Formalitäten konnte man es noch zum Ausdruck bringen, daß das Reich der Mitte mehr sei als das der Kitan. Wenn in der Folgezeit beide Kaiser als Brüder bezeichnet wurden, galt der Sohn des Himmels als der ältere. Nach chinesischer Familienauffassung gab ihm das einen eindeutigen Vorrang.

Dieser Vertrag von Shan-Yüan wurde als Präzedenzfall auch für ein Abkommen mit den Tungusen benutzt, das unter ähnlichen Umständen abgeschlossen werden mußte. Aber hier wurde der Herrscher der Tungusen vom chinesischen Kaiser adoptiert, womit dem Gesichtspunkt der chinesischen Universalmonarchie formal voll Rechnung getragen wurde, wenn es sich in der herben Wirklichkeit um zwei unabhängige selbständige Staaten handelte. Aber die Theorie blieb gewahrt, und an ihr hielt man durch die Jahrhunderte fest. Ein Beispiel aus dem Jahre 1839. Eine englische Dienststelle hatte in einem Brief an den chinesischen Generalgouverneur von Kanton von China und Großbritannien als »von den beiden Ländern« gesprochen. Sie wurde vom Generalgouverneur wie folgt belehrt:

> »... was die Ausdrucksweise der Zuschrift anlangt, so ist vieles daran unverständlich. So verstehe ich z. B. nicht die Bedeutung der Worte ›von den beiden Ländern‹. Solange unsere vom Himmel eingesetzte Dynastie die ganze Welt in demütiger Unterwürfigkeit hält und die himmlische Güte des großen Kaisers alle überschattet, haben die genannte Nation (d. h. England) und die Amerikaner durch ihren Handel in Kanton viele Jahre lang von allen Untertanen sich des größten Maßes an Gunsterweisungen erfreut. Und so nehme ich an, es müssen England und Amerika sein, die zusammen die ›beiden Länder‹ genannt werden. Aber die Bedeutung der Worte läßt an Klarheit sehr zu wünschen übrig ...«

Es war dem chinesischen Generalgouverneur unmöglich, den Gedanken nachzuvollziehen, daß man das Reich der Mitte mit irgendeinem Staat gleichsetzen und sie in dem Ausdruck »beide Länder« zusammenfassen könnte. Wenn man es tat, und er hatte den Sinn bestimmt richtig verstanden, dann mußte es in irgendeiner Form zurückgewiesen werden. Dabei kann und darf man diese chinesische Ideologie, wofür das Wort »Kulturalismus« geprägt wurde, nicht dem europäischen Nationalismus gleichsetzen, das hieße, die Grundeinstellung völlig zu verkennen. Man kann sich vorstellen, wie schwer es dem chinesischen Volk geworden ist, sich von dieser Auffassung zu lösen. Es scheint, als ob die Lehren des großen Mao jetzt an ihre Stelle getreten sind, die dem Chinesentum bewußt oder unbewußt auch wieder eine einmalige Sonderstellung in der Welt zuweisen.

Vor 900 Jahren beschränkte man sich, durch Feinheiten des Protokolls den Kitan gegenüber die eigene Auffassung zum Ausdruck zu bringen. Je höher z. B. der Rang eines Gesandten war, um so größer die Achtung, die man einem anderen Staat gegenüber damit zum Ausdruck brachte. Die Gesandten der Kitan, die an den kaiserlichen Hof kamen, hatten nach unseren Maßstäben Staatssekretärsrang. Also legte der Hof der Sung Wert darauf, daß seine eigenen Gesandten eine Rangstufe tiefer lagen. Die Kitan bemerkten das wohl und beschwerten sich, wie sich einst Attila den oströmischen Kaisern gegenüber beschwert hatte. Aber die Chinesen beriefen sich auf die vorangegangenen Präzedenzfälle und blieben bei ihrer Übung. Den Annalen entnehmen wir den Ablauf einer solchen Gesandtschaft.

Es ist heute vielfach üblich, die eigenen Beamten zur Diplomatenliste des Gastlandes mit einem höheren Rang anzumelden, als es ihrer innerdienstlichen Stellung entspricht. Auch dieser Feinheit bediente man sich. Der Gesandte bekam einen höheren Titel als es seiner Amtsfunktion entsprach.

»Am Tag Kuei-mao wurde Sun Chin, Präfekturrichter, Untersekretär im linken Kronprinzensekretariat und Bibliothekardirektor zum Gesandten für die Überbringung der Glückwünsche zum Geburtstag der Kitan-Landesmutter bestimmt. Der Aufseher der verbotenen Palasttore zur Rechten (ein militärischer Rang) K'ung Tsang-yüan wurde sein Stellvertreter. Die früheren Akten wurden von der Staatskanzlei angefordert, sie bekamen auch alle und benutzten sie als Vorlage.«

Es scheint, daß es auch damals schon Registraturschwierigkeiten gab, sonst stünde wohl der doch ein gewisses Erstaunen ausdrückende Satz nicht in den Annalen. Dann heißt es weiter:

»Sobald nun dieser Gesandte die Grenze zu den Kitan überschritten hatte – der Ort war genau festgelegt –, wurde der Beamte von allen Präfekten, durch deren Bezirk er reiste, willkommen geheißen. Die Ältesten der Ortschaften, durch die man ritt, reichten dem Gesandten einen Becher Wein auf's Pferd. Es wurde von der Bevölkerung ›scheffelweise‹ Weihrauch abgebrannt und es wurden Wassertröge mit Schöpfkellen auf die Straße gestellt. Zum Essen wurde jeweils eingeladen, und die Mahlzeiten wurden nach dem Geschmack der Chinesen und der Barbaren bereitet.«

Der Bevölkerung aber war es verboten, Lebensmittel gegen Geld zu verkaufen. Zuwiderhandelnde wurden mitsamt der Familie geköpft. Strenge Bräuche fürwahr. Dem Verbot an die Bevölkerung, Lebensmittel zu verkaufen, begegnete ein halbes Jahrtausend später dann der kaiserliche Gesandte von Herberstein bei seiner abenteuerlichen Reise nach Moskau. Allerdings kostete dieses Vergehen bei den Russen nicht den Kopf, es setzte nur Prügel. Herberstein war in einer schwierigeren Lage als Sun Chin, da bei ihm echte Verpflegungsschwierigkeiten auftraten, da die Gesandtschaft nicht regelmäßig eingeladen wurde und die Zuteilungen ausblieben.

Am Hofe der Kitan wurde die Gesandtschaft herzlich empfangen und ins Gästehaus geleitet. Von dort ging es einen Tag später zur Audienz. Aber erst erschien ein Schamane zu Pferd mit einer bunt bemalten Trommel. Er stellte eine Stange auf, die über zwei Meter lang war. An der Spitze dieser Stange wurden Kopf, Bauch und Füße eines Schafes befestigt. Sodann wurde ein Hund geschlachtet und zuoberst auf die Stange gesteckt. Nunmehr stimmte der Schamane bannende Opfergesänge an, um zum Schluß die Gesandtschaft mit einer Mischung aus Pökellauge und Rinderjauche zu besprengen. Das hielt anscheinend selbst die bösesten Geister ab. Was die Gesandten dabei für ein Gesicht machten, ist nicht überliefert. Nachdem sie so geistlich desinfiziert waren, konnten sie die Quarantäne des Gästehauses verlassen und sich zur Audienz begeben, um die Geschenke zu überreichen. Einige Tage später wurden sie wieder höflich entlassen und erhielten als Gegengeschenk Gefäße, Kleider und 500 Pferde. Man ließ sich nicht lumpen.

So wurden die Gesandtschaften in beide Richtungen ausgetauscht. Wenn sich ein Kitan-Gesandter der chinesischen Grenze näherte, empfing ihn ein Protokollbeamter. Man unterschied sehr genau

den Gesandtschaftsbegleiter für die Herreise,
den Gesandtschaftsbetreuer für die Unterkunft,
den Gesandtschaftsbegleiter für die Rückreise.

Alle diese Beamten hatten ihren Stellvertreter. Dann brachte man den Kitan-Gesandten in das »Hauptstädtische Kurierhaus«. Dort standen ihm goldgeblümtes Silbergeschirr zur Verfügung, seidene bestickte Bettdecken, Kissen und andere Luxusgegenstände, um einen angemessenen und das heißt hier auch Eindruck machenden Rahmen zu schaffen. Der Gesandtschaftsbetreuer für die Unterkunft hatte das erforderliche Personal und war für alles verantwortlich.

Das Wichtigste waren dann die beiden Audienzen beim Kaiser; zum Antritt zwei Tage nach der Ankunft, zum Abschied zwei Tage vor dem Rückritt. Beide Male erhielten die Gesandten Geschenke, auch lebendige Schafe für Opferzwecke. Mit Rindslauge wurden sie nicht besprengt. Es ging vielmehr alles sehr würdig zu. Neben dem Kaiser standen die Würdenträger des Reiches, genau nach Rang plaziert, durch Protokollbeamte wurden der Gesandte und sein Vertreter in die Audienzhalle geführt. Es folgte der Kotau des Gesandten. Er kniete nieder und beugte neunmal den Kopf tief hinunter. Dann wurden die mitgeführten Schreiben überreicht und Begrüßungsformeln gewechselt. Der Gesandte kniete vor dem Thron und fragte im Namen seines Herrn nach dem Wohlbefinden des Kaisers. Dieser ließ durch seinen Kanzler das gleiche zurückfragen. Dann wurden die Geschenke überreicht, Glückwünsche und Dankesformeln gewechselt.

Wurde eine Todesnachricht überbracht, so trug der Kaiser weiße Kleider, und neben ihm standen aus diesem Anlaß die beiden höchsten Würdenträger, die für die kaiserlichen Opfer zuständig waren. Fünfmal erhoben sie in Richtung auf das trauernde Land ihren Klageruf. Für 7 Tage wurde Hoftrauer angeordnet, es gab keine Feste, weder Musik noch Tanz. Auch für die Grenzbezirke wurde Trauer angeordnet.

Der Umfang der Geschenke war beträchtlich. Der Kitanherrscher erhielt z. B. zu seinem ersten Geburtstag nach dem Friedensschluß folgende Präsente, die sicherlich seinem Wunsch entsprachen:

37 goldene Wein-, Essens- und Trinkgefäße
5 Kleidergarnituren
2 goldene Jadegürtel
2 Paar weiße und schwarze Lederstiefel
Kastagnetten, Mundorgeln, Flöten und Hörner sowie hölzerne Klapperinstrumente
2 gesattelte und gezäumte Pferde mit Halstroddeln und Peitsche
30 goldgeblümte Silbergefäße
30 reine Silbergefäße
2000 Rollen Seidengaze und Seidendamast
2000 Rollen handgemusterte Seide
30 Krüge Wein
10 Pfund Tija Tee, 5 Pfund Yueh lu Tee,
30 Krüge mit eingelegten Feigen
30 Körbe mit getrockneten Früchten

Der Tija Tee war aus besonders breiten Blättern gewonnen und wurde sehr viel höher bewertet als der gewöhnliche Tee. Nehmen wir an, das eine war Pekoe Orange und das andere Broken.

Um das alles zu transportieren, brauchte man große Gesandtschaften. Bis zu 100 Personen schwollen sie an.

Sehr chinesisch war es wiederum, Fehler in den Umgangsformen genau zu registrieren. Mit den Audienzen war regelmäßig ein Festbankett verbunden. Als Protokollfehler wurde beanstandet, daß die Kitan-Gesandten nicht in der rechten Weise die Hände zum Gruß zusammengelegt hätten. Ein Kitan-Gesandter wurde nicht zur Audienz zugelassen, weil er ein linksgeknöpftes Gewand trug. Der Protokollchef bestand auf Kleiderwechsel, zumal der Gesandte chinesische Gewänder als Geschenk erhalten habe. Diesem Vorgang mag allerdings auch der Gedanke zugrundegelegen haben, daß das Tragen des geschenkten chinesischen Gewandes fiktiv die Zugehörigkeit zum Reich der Mitte und damit eine Untertanenstellung symbolisieren sollte.

Der Vertrag mit den Kitan hat die Beziehungen der beiden Staaten über ein Jahrhundert geregelt. Dann kamen neue Nomadenscharen, die das fernöstliche Weltbild veränderten. Es begannen neue Verhandlungen, und wieder zogen die Gesandten hinaus zu den Turkvölkern, ins Tarimbecken, nach Zentralasien. Aber, was wohl bei keinem anderen Volke der Erde der Fall gewesen ist, die Gesandten gingen sogar in die Literatur ein und wurden eines Gedichtes für würdig befunden. Das folgende stammt aus der Sung-Zeit, also aus der hier dargestellten Periode der chinesischen Geschichte, ist aber, allgemeinem Brauch folgend, in die Zeit vor Christi Geburt in die Han-Zeit verlegt.

»An einen Gesandten, der nach Norden* ging.

Von Han gesandt bist Du nach Yu und Yän gegangen,
Die Länder windverweht und dunstverhangen.
Durch die Gebirge, über Flüsse trugest Du
Das Zeichen Deines Auftrags fernen Zielen zu,
Im Grenzzelt müßig weilend vor dem Übertritt,
Schalmeienklang beschleunigte den Ritt.

* Name für die südwestl. Mandschurei

Zum Monde zielen die geschnitzten Bogen,
Im Frostwind wird der Fächer vors Gesicht gezogen.
Der Gastfreund löst, wo Du geweilt zur Rast,
Das Schwert vom Ring und schenkt es seinem Gast.
Du hörst der Trommeln und der Hörner Schall
Den Wolken nahe auf dem Festungswall.
Dicht unterm ewigen Schnee grast Schaf und Rind,
Um hohe Zelte pfeift des Nordens Wind.
Im Becher ist der Reiswein kalt wie Eis,
Doch macht er Deine Wangen rot und heiß.
Erst wenn im Felsgeröll sprießt dünnes Gras,
Das Frühlingsgrün der Ulmen füllt den Paß,
Erst wenn die Wildgans sich nach Norden wandte,
Kehrt endlich heim nach Süden der Gesandte.«

11.
Das Reich der aufgehenden Sonne

Der Himmelssohn vom Aufgang der Sonne sendet dem Himmelssohn vom Niedergang der Sonne dieses Schreiben und wünscht ihm Heil.

Aus einem Brief des Kaisers von Japan an den Kaiser von China

Zu diesem Briefanfang bemerken die chinesischen Annalen: »Als der Kaiser dieses las, war er nicht erfreut und sagte zu dem Präsidenten des Amtes für Tributleistungen: ›Dieses Schreiben enthält ordnungswidrige Stellen, er soll nicht wieder berichten‹.«

Die Japaner waren kein barbarisches Nomadenvolk, in deren Kategorie die Chinesen sie bedenkenlos einordneten. Sie hatten zwar am Anfang ihrer Geschichte die Suprematie des chinesischen Kaisers anerkannt und aus der zivilisatorischen Überlegenheit der Chinesen Nutzen gezogen. So übergab ein Kaiser der Han-Dynastie im Jahre 57 n. Chr. einem japanischen Gesandten – es ist die erste japanische Gesandtschaft, die in den Annalen nachgewiesen ist – ein Investitur-Siegel, als Zeichen, daß der Kaiser den japanischen Herrscher in sein Amt einsetze und anerkenne. Im Jahre 1784 fand ein japanischer Bauer, als er seinen Bewässerungsgraben im Bereich der alten Hauptstadt aushob, ein goldenes Siegel mit der Inschrift: »König der No von Japan, Vasall der Han.« Vielleicht war es dieses Investitursiegel, das der Sohn des Himmels damals der japanischen Gesandtschaft übergab. Ähnlich wird es auf alle Fälle gelautet haben.

Einige Jahrhunderte später, 478 n. Chr., in dem ältesten Brief eines japanischen Fürsten an den chinesischen Kaiser, der uns erhalten ist, bezeichnet sich jener noch als Untertan, sein Land als Lehnsstaat und den chinesischen Kaiser als Fürsten des Himmels. Auch in dieser Zeit erhielten die japanischen Fürsten auf solche von ihren Gesandten überbrachten Schreiben hohe chinesische

Titel wie »der den Osten befriedende große Feldherr« oder »König von Wa«. Etwas später findet sich auch der Zusatz »Generalgouverneur, beauftragt mit der Leitung der militärischen Angelegenheiten der 6 Staaten Wo, Sinlo etc.« In der Reihe der aufgezählten Staaten erscheint auch Korea. Man kann daraus schließen, daß Japan bereits damals eine führende Stellung gegenüber Korea angestrebt hatte.

Die japanische Einstellung zum Sohn des Himmels änderte sich jedoch, als sich aus den japanischen Stammesgemeinschaften ein echter Staat ausgebildet hatte, der nach dem Vorbild der mächtigen chinesischen Dynastie der T'ang aufgebaut war. Es gab eine Rangordnung der Beamten nach chinesischem Vorbild, und für den Tenno, den japanischen Herrscher, wurde das chinesische Zeremoniell übernommen. Das Selbstbewußtsein wuchs, und trotz allen noch fortbestehenden kulturellen Einflusses vom chinesischen Festland her war man nicht mehr bereit, sich den Vasallenstaaten gleichzustellen. Im Jahre 600 n. Chr. erklärte ein japanischer Gesandter, sein Herrscher habe den Himmel zum älteren und das Sonnengestirn zum jüngeren Bruder. Das war in chinesischen Ohren eine Blasphemie und völkerrechtlich gesehen eine unangemessene Anmaßung. Das läßt sich einem aufschlußreichen Wortgeplänkel entnehmen.

Die Chinesen pflegten fremde Länderbezeichnungen phonetisch in ihre Sprache silbenmäßig zu übernehmen. Jede Silbe hatte aber in ihrer Sprache auch eine eigene Wortbedeutung. So gab es z. B. ein Nomadenvolk der Jou-juan. Der Name wurde in die chinesischen Silben Juan-juan übertragen und hatte nun, chinesisch gelesen, den Sinn: »sich ringelnde (würmende) Würmer«. Japan aber, dessen Herrscher den Titel des Königs von Wo trug, wurde mit »Wo-un« bezeichnet. Chinesisch aufgefaßt, gab es den Sinn »gleisnerische Sklaven«. Als im Jahre 670 n. Chr. japanische Gesandte dem Kaiser eine Glückwunsch-Botschaft zu einem militärischen Erfolg überbrachten, hatten sie bereits eine genügende Kenntnis der chinesischen Sprache, um den Doppelsinn zu erkennen. Sie beanstandeten die Bezeichnung. Ihr Land läge in der Nähe der Gegend, in der die Sonne aufgehe, daher heiße es »Ji-pan« und nicht »Wo«. Aus diesem »Ji-pan« ist dann unser Japan geworden. Die chinesischen Hofannalisten aber ärgerten sich. Sie bemerkten: »Die Leute, die von Wo kamen, pflegten hochfahrende Reden zu führen ...« So standen sich dann der Sohn des Himmels und der Tenno, von der Sonnengöttin abstammend, gegenüber. Es gab erhebliche zeremonielle Schwierigkeiten, als der chinesische Kaiser einen seiner Provinzgouverneure mit einer Botschaft an den japanischen Hof schickte. Aber den damaligen chinesischen Kaiser T'ai-tsung, der zu den großen Herrschern der chinesischen Geschichte gehörte, störte es nicht. Er zeigte den japanischen Gesandtschaften auch weiterhin sein Wohlwollen, und von Stund an ging man der Prinzipfrage aus dem Wege.

Wie stark aber das Zeremonielle auch in Japan herrschte, zeigt uns der Bericht des Mönchs Ennin, der 838 n. Chr. eine japanische Gesandtschaft nach China begleitete. Er ist als »Mönch« in die Literatur eingegangen, obwohl er nach unserem Sprachgebrauch eher als Fürstabt zu bezeichnen wäre, ein führender Buddhist und religiöser Reformator. Die offiziellen japanischen Annalen ergänzen den Bericht. Aus welchem Grunde die Gesandtschaft geschickt wurde, ist nicht mehr zu rekonstruieren. Sie wurde jedenfalls mit Sorgfalt ausgesucht und belief sich mit Dienerschaft und Schiffsbesatzungen auf rund 500 Köpfe. Und wie die Griechen, als sie nach Troja zogen, ihren Teiresias als Seher mitgenommen hatten, so war hier auch der Gesandtschaft ein Wahrsager zugeteilt worden.

Bei den führenden Mitgliedern war zunächst die Rangfrage zu klären. Dazu waren einige Überlegungen notwendig. Denn in dem Japan von damals gab es 9 höhere Ränge. Jede dieser Rangstufen war wiederum zweigeteilt in die »wirklichen« und die »nachfolgenden« Stufen. Bei diesen aber unterschied man wieder die I. Klasse und die II. Klasse. Der für China ausgesuchte Großbotschafter besaß bei seiner Ernennung den »Folgenden 4. Rang II. Klasse«. Er wurde aufgrund seines neuen Auftrages in den »Wirklichen 4. Rang II. Klasse« überführt. Gleichzeitig avancierte er in seiner Beamtenlaufbahn vom »Inspektor zur Rechten« zum »Inspektor zur Linken«; im fernen Osten hat links den Vorrang vor rechts. Außerdem aber erhielt er für die Zeit seines Aufenthalts in China – um ihm protokollarisch ein größeres Ansehen zu geben, den »Wirklichen II. Rang«, das allerdings nur mündlich, um keine Ansprüche entstehen zu lassen, wie man annehmen kann. Seiner Mutter aber, die keinen Rang hatte, wurde der »Folgende 5. Rang II. Klasse« verliehen, womit sie hoffähig war.

Aber man mußte noch weiter denken. Der Goldene Gott von Yamizo hatte auf die inständigen Bitten der Beamten eine besonders reiche Goldausbeute in den Minen gewährt, so daß die Kosten der Gesandtschaft dadurch gedeckt werden konnten. Auch er erhielt einen höheren Rang am Götterhimmel. Auch noch andere Götter, die der Gesandtschaft auf ihrer gefahrvollen Fahrt ihre besondere Hilfe angedeihen lassen sollten, erhielten Hofrang-Beförderungen. Dem Gebet des Kaisers wurde ein Satz angefügt: »und geruhe ferner mit Wohlwollen und Erbarmen herabzublikken auf den Großbotschafter nach China, den Inspektor vom Wirklichen 4. Rang II. Klasse, Fujiwara no Ason Tsunetsugu, damit er bei seiner Reise ohne widrige Winde und Wogen sei, und gewähre ihm eine glückliche Heimkehr!«

Mit den Ernennungen der Gesandtschaftsmitglieder war erst ein Teil und keineswegs der schwierigste gelöst. Die 4 Schiffe für die Fahrt zum Kontinent mußten gebaut werden, und die Ausrüstung war anzufertigen. Zuerst wurden also ein höherer Beamter und sein Stellvertreter zu Schiffsbau-Beamten ernannt. Der Stellvertreter wurde gleichzeitig Zimmermannsobermeister. Zwei weitere höhere Beamte wurden zu Bekleidungsdezernenten befördert. Andere Büros hatten die Aufgabe, die Tributgaben, wenn man sie so nennen will, und andere Waren für China zusammenzustellen. Die Chroniken wissen zu berichten, daß im Haushalt der Königin Seidenstoffe für diesen Zweck gewebt wurden.

Nach diesen technischen Vorarbeiten begannen die Abschiedszeremonien. Die Gesandtschaft erhielt einen Empfang beim Kaiser. Sie fand in der Haupthalle des Palastes statt. Geschenke, natürlich nach Rang abgestuft, wurden übergeben. Für den Großbotschafter waren 100 Ballen gemusterte Seide bereitgestellt und 20 Längen eines leinwandähnlichen Stoffes.

Diesem Empfang folgte ein Abschiedsbankett, das der Kaiser persönlich gab. Alle Teilnehmer, vom 5. Rang aufwärts, hatten darüber ein Gedicht abzufassen. Selbst der Kaiser hatte eins verfaßt. Er überreichte es dem Großbotschafter. Dieser steckte es in sein Gewand und kehrte mit den vorgeschriebenen Tanzschritten an seinen Platz zurück. Darauf erwiderte er die Gabe mit einem Hoch auf den Kaiser, was einer besonderen Genehmigung bedurft hatte. Man begleitete dieses Hoch mit einem Austausch der Weingläser. Tsunetsuga kniete nieder, um sein Glas zu leeren, und ging im zeremoniellen Tanzschritt auf seinen Platz zurück.

Sein Vertreter und dessen Vertreter, sozusagen Gesandter und I. Botschaftsrat, erhielten eine Gewändergarnitur, der Großbotschafter zusätzlich 2 weiße Seidenmäntel und 100 Unzen Goldstaub.

Dann ging das Fest weiter, der alte Bericht schließt mit dem Vermerk, daß alle Teilnehmer das Bankett »vollständig betrunken« verließen. Es muß also ein schönes Fest gewesen sein.

Fünf Tage später erhielt der Großbotschafter das »Mandatsschwert«. Damit war ihm die volle Gerichtsbarkeit über alle Gesandtschaftsmitglieder übertragen.

Die Überfahrt war äußerst schwierig, die Schiffe wurden zurückgetrieben und mußten noch einmal auslaufen. Aber schließlich gelang die Überfahrt, was nicht selbstverständlich war. Zwei Schiffe erlitten im Schlamm der Yangtse-Mündung Schiffbruch. Eines der ersten Anliegen des Großbotschafters war es daher, neue Schiffe bauen zu dürfen. Er erhielt die Erlaubnis »sehr schnell«, baute aber keine neuen Schiffe, sondern kaufte neun kleinere koreanische Dschunken und heuerte koreanische Mannschaften an, die offenbar mit den Navigationsverhältnissen und der Schiffahrt vertrauter waren als die Japaner.

Im chinesischen Hafen wurden sie in dem offiziellen Gästehaus der Regierung untergebracht. Sie warteten nun als Gäste des Kaisers auf die Erlaubnis, zum Kaiserhof zu kommen. Sie brauchten dann 59 Tage, um zur Hauptstadt zu gelangen. Es handelte sich immerhin um 270 Personen. Zwei Meilen vor der Hauptstadt wurde die Gesandtschaft von einem Protokollbeamten des Kaisers abgeholt und in den Ausländer-Gäste-Hof gebracht. Dort durften sie über einen Monat auf die Audienz warten. Am 13. Tage des ersten Monats des Jahres 839 wurden der Großbotschafter und ein Vertreter zur Audienz zugelassen. Die Japaner stellten mit Mißmut fest, daß der Kaiser an diesem Tage 5 ausländische Gesandtschaften empfing und sie selbst erst nach der Gesandtschaft des Thai-Staates Nan-chao. Daß sie vor drei anderen Gesandtschaften den Vortritt hatten, tröstete sie wenig; denn diese »Fürsten aus anderen Ländern trugen keine Kopfbedeckungen, waren dem Aussehen nach krumm und häßlich und mit Fellen und Decken bekleidet.«

Der Großbotschafter wurde bei der Audienz zum »Wolkenbanner-General« von China ernannt und zum stellvertretenden Präsidenten des Amtes für kaiserliche Opfer, außerdem erhielt er den Titel eines Generals der Kaiserlichen Palastwachen zur Linken. Ob dem japanischen Herrscher auch ein Titel verliehen wurde, um das Vasallenverhältnis anzudeuten, darüber schweigen die Annalen, und auch Ennin berichtet nichts.

Drei Jahre später, nach Schiffskatastrophen und anderem Unbill, selbst der Wahrsager starb, nachdem er prophezeit hatte, daß sie sich keine Sorgen machen sollten, kehrte der Großbotschafter – ein Schiff blieb überfällig – nach Japan zurück, gab das Mandatsschwert ab und überreichte einen Brief des Kaisers von China dem Tenno in der Haupthalle dessen Palastes. Er wurde vom Kaiser persönlich gelobt. Der Großbotschafter stieß als Antwort das zeremonielle »Aye« aus und führte einen protokollarisch vorgeschriebenen Tanz aus. Dann gab es Wein, und der Großbotschafter berichtete. Er erhielt wieder Gewänder, und ein Staatsminister mußte ihm noch einmal ein Lob aussprechen. Wieder antwortete er mit »Aye« und einem zeremoniellen Tanz.

Nach einiger Zeit folgte ein Weinfest. Der Wissenschaftler der Gesandtschaft, der gleichzeitig ein Schachmeister war, mußte mit einem weiteren erfahrenen Schachspieler der Gesandtschaft 5 Spiele in der neuen in China gelernten Technik dem Kaiser vorspielen. Dann schlug der stellvertretende Verwaltungsbeamte Fujiwara no Sadatashi, der gleichzeitig ein großer Musiker war, die Laute, alle betranken sich und erhielten die ihrem Rang entsprechenden Gaben. Dann folgten die Beförderungen. Der Großbotschafter wurde vom »Wirklichen Vierten Rang II. Klasse« in den »Folgenden Dritten Rang« befördert, ein in China verstorbener Gesandtschaftsrat wurde posthum vom »Wirklichen Sechsten Rang 1. Klasse« in den »Folgenden Fünften Rang I. Klasse« erhoben. Und so ging es fort. Im Jahre 840, und zwar am 26. Tage des neunten Monats, endete die Beförderungswelle, von der 391 Personen erfaßt worden waren. Nur 5 Mitglieder der Gesandtschaft, die sich schwerer Vergehen schuldig gemacht hatten, wurden nicht befördert.

Aber ein Schiff aus der Flotte der Gesandtschaft war noch immer überfällig. Es war durch einen Sturm abgetrieben worden und auf eine Insel südlich Formosa, die von Wilden bewohnt war, verschlagen. In einer wüsten Schlacht mit den Eingeborenen blieben die Japaner Sieger. Der Sieg war auf die Gebete des Schiffsmeisters und Arztes Sugawara zurückzuführen, der die Buddhas und die Shinto-Götter angerufen hatte. Man baute kleine Boote aus dem Holz des Schiffswracks und segelte wieder nordwärts. Beide Schiffe erreichten die japanische Küste, wenn auch im Zwischenabstand von 2 Monaten.

Als der Hof von dieser Heimkehr erfuhr, ließ er an die Überlebenden Seide verteilen, damit sie sich einkleiden könnten. Und als man von dem wunderbaren Sieg hörte und einige Daten verglich, wurde es klar, daß das Verdienst an dem Sieg einem Gott in einer der Nordprovinzen zukam. Und es wurde folgendes Protokoll gegeben:

»Wir empfinden ehrfürchtige Scheu und Dankbarkeit dafür, daß der Große Gott seine majestätische Kraft in die Ferne wirken ließ. Daher bekunden wir, daß wir ihm ehrfurchtsvoll den ›Folgenden Vierten Rang‹ übertragen und ihm 2 Familien als Lehen geben.«

Einige Jahrhunderte später versuchte der Enkel des Dschingis Khan, Kublai Khan, der Kaiser von China geworden war, Japan zu erobern, um eine echte Herrschaft über dieses Land auszuüben. Aber die Götter Japans kamen ihrem Lande zu Hilfe, die Flotte Kublai Khans zerschellte. Von einem Vasallenverhältnis war fortan, zumindest bei den Japanern, keine Rede mehr.

12.
Die Neuordnung Europas

Heil'ge Ordnung ...
Die herein von den Gefilden
Rief den ungesell'gen Wilden

Schiller

Das chinesische Reich und Byzanz waren hochzivilisierte Staaten, die es fertigbrachten, die wüsten Wogen der Völkerwanderung von ihren Kerngebieten abzuhalten und Teile der Fremdvölker in sich einzugliedern. Ein anderes Schicksal erlitt das Weströmische Reich: Es wurde von den germanischen Völkerschaften überflutet und zerfiel. Nur die Provinzverwaltungen blieben noch einige Zeit bestehen, und die neuen Herren verstanden es, sich ihrer zu bedienen. Einzelne Versuche großer germanischer Fürsten, diesen westlichen Teil des Reiches wieder zu einer Einheit zusammenzufassen, mißlangen. Es fehlte die tragende und allumfassende Staatsidee; die religiöse Trennung in Arianer und Athanasianer trug das Ihre dazu bei, die Uneinheitlichkeiten und Gegensätze zu verschärfen. Die jungen Völker hatten ein völlig anderes Verhältnis zu staatlichen Formen. Die Bindungen, die sie anerkannten, waren sehr persönlich auf den Heerfürsten oder König ausgerichtet, umfaßten nicht die Bereiche eines abstrakten Staatslebens. Das hatte sowohl nach innen als auch nach außen häufig auftretende Zwistigkeiten zur Folge. Damit aber ergab sich naturgemäß die Notwendigkeit, sich mit den Feinden seiner Feinde zu verbünden, Verträge verschiedenster Art abzuschließen und sich um Friedensverhandlungen zu bemühen, wenn auf beiden Seiten ein Erschöpfungszustand eintrat oder eine völlige Niederlage des einen Lagers zu erwarten war. Die alten Geschichtsschreiber wie der Byzantiner Prokopios und der Langobarde Paulus Diakonus, aus denen wir die Kenntnis dieser Zeit schöpfen, melden mehr von Mord und Kriegen, aber zwischendurch vermerken sie doch, daß Gesandtschaften geschickt wurden, um zu verhandeln. Zwischen

Ostgoten und Franken, Langobarden und Awaren, und wiederum zwischen den verschiedensten Stammesstaaten und zwischen Arabern und Byzanz begann ein reger Austausch von Botschaften. Die »Interdependenz«, wie man heute sagen würde, zwischen der Politik dieser Stammesfürsten war nicht gering und umfaßte immer noch erhebliche Teile des alten römischen Imperiums, dessen Formen als Vorbild erhalten bleiben und dessen Weiterleben, zumindest der Idee nach, zu den politischen Grundauffassungen gehört. Theoderich der Große führte einen ihm von Byzanz verliehenen Staatstitel, den man dem Sinne nach mit »Reichsstatthalter« wiedergeben könnte. Selbst der wüste Frankenkönig Chlodwig, der nicht wie Theoderich im Bannkreis der byzantinischen Kultur aufgewachsen war, legte Wert darauf, den Titel eines Konsuls zu erhalten. Wie im großen, so blieb auch im kleinen das römische Vorbild lebendig, vorzugsweise in der Form, die es in Konstantinopel erhalten hatte. Das gilt auch für das diplomatische Verhalten.

Diesem beugte sich selbst Karl der Große, der persönlich für das Zeremoniell wenig oder gar nichts übrig hatte. Meistens trug er – auch bei Empfängen – das langärmelige fränkische Leinenhemd mit dem Wams aus Leder darüber, gewickelte Hosen und derbe Schuhe. Vor seiner Erhebung zum Kaiser nahm er noch weniger Rücksicht auf äußere Formen.

Ein byzantinischer Gesandter überbrachte ihm während eines seiner Sachsenfeldzüge die Botschaft des Kaisers aus Konstantinopel; dieser – natürlich als Herrscher der Welt – schenkte Karl das Land und Volk der Sachsen, damit er endlich Ruhe habe; Karl erwiderte nur: »Er hätte Dir lieber ein Paar ordentliche Hosen für die lange Reise schenken sollen!« (Offenbar war der Gesandte im langen Kleid der byzantinischen Beamten angekommen, etwas zerknittert und durchgeritten, da diese Tracht für lange Ritte wenig geeignet war. Die Hose war eine Erfindung der Reitervölker.)

Später, als Kaiser, drückte sich Karl nicht mehr so unmittelbar aus; er paßte sich dem internationalen Stil an und legte Wert auf Repräsentation. Das hatte seine Gründe; denn wenn er auf eines seiner Bündnisangebote an Byzanz die Antwort erhielt, daß ihr

Herr gern ein treuer Freund der Franken sein und dem König wie einem Sohn in seiner Armut zu Hilfe kommen würde, wenn nur die Entfernung zwischen Konstantinopel und Aachen nicht so übergroß wäre, so mußte man diesen Gesandten wohl zeigen, daß man zu repräsentieren verstehe und keineswegs arm sei. Zur Kaiserkrönung in Rom, die genau nach byzantinischem Zeremoniell vor sich ging, trug er die Tracht eines römischen Patricius als Oberherr der Stadt Rom. Wenn er aber Gesandte in seiner Pfalz in Aachen oder Paderborn empfing, kleidete er sich in kostbare Zeremonialkleider. Die Erbeutung des Awarenschatzes hat es ihm ermöglicht, eine bis dahin unerhörte Pracht zu entfalten. Er saß beim Empfang der Gesandten im Kreise seiner goldbehängten Würdenträger, selbst ganz Würde und Form. Seine eigenen Stammesgenossen und die Vertreter der unterworfenen Völker beeindruckte er damit sehr. Die Mitglieder einer Gesandtschaft Harun al-Raschids bemerkten allerdings: »Bislang haben wir nur Menschen aus Erde gesehen, aber bei Euch gibt es goldene!« Die feine Ironie hörten die Franken nicht aus diesen Worten. Sie faßten es als reine Bewunderung auf und vermerkten den Satz voller Stolz in ihren Annalen. Auch in den Legenden aus dieser Zeit wird dieser Aufwand an zuviel Gold nicht als Übertreibung aufgefaßt, sondern als angemessener Ausdruck kaiserlicher Macht. Man ist stolz darauf.

Das zeigt auch die folgende Erzählung: Im Jahre 812 kamen ranghohe byzantinische Gesandte nach Aachen, um dort die Anerkennung ihres Kaisers als Imperator und Basileus (König der Römer) zu überbringen. Nach der Legende mußten sie vier Räume durchschreiten. In jedem dieser Räume empfing sie ein hoher Staatsbeamter – wie wir annehmen dürfen, reichlich mit Gold angetan – es war zuerst der Marschalk, dann der Pfalzgraf, es folgten der Truchseß und der Kämmerer. Jedesmal warfen sich die Gesandten nach byzantinischer Sitte zu Boden, weil sie den Kaiser vor sich zu haben glaubten; viermal wurden sie lächelnd belehrt, nur einem Beamten des Kaisers gegenüberzustehen. Dann erst im fünften Saal traten sie vor das Antlitz des glorreichen und großen Kaisers, der sie empfing »strahlend wie die Sonne beim Aufgang«.

Nun fielen die Gesandten erneut nieder und blieben, wenn wir dem Bericht trauen dürfen, stumm und ratlos in dieser Stellung, bis der »gütige Kaiser« sie höchstpersönlich und eigenhändig aufrichtete.

Aus dieser Episode kann man tiefe psychologische Schlüsse ziehen. Man will es am Hofe Karls des Großen dem byzantinischen Zeremoniell zumindest gleichtun, ja es sogar übertreffen; und weil man es nicht so recht beherrscht, wird in Details um so mehr übertrieben.

Die Bauten in Aachen mußten den Byzantinern als primitiv erscheinen, immerhin sind es bereits Steinbauten gewesen. Im allgemeinen nämlich war außerhalb Aachens Holz das einzige Baumaterial.

Der Empfang des Papstes auf der großen Reichsversammlung in Paderborn und das anschließende Festmahl fanden in einer hölzernen Halle statt. Für die Römer war das ein Barackenstil, auch wenn die Wände mit kostbaren Bildteppichen behangen waren und die Sessel Bezüge hatten, mit Gold und Purpur durchwirkt. Alles braucht seine Zeit. Aus der übertriebenen Nachahmung erwuchs schließlich eine eigene, schlichtere, aber echte Ausdrucksform. Man betrachte nur den in Goslar aufbewahrten Königsstuhl. Er kann sich mit den Goldthronen, wie sie noch heute in dem Serail von Istanbul zu sehen sind, in keiner Weise messen, aber er hat seinen eigenen sehr ausdrucksvollen Stil und zeigt mehr als jene edelsteingeschmückten Diwane Ernst, Kraft und Würde.

Berühmt ist die erste Gesandtschaft des Kalifen Harun al-Raschids, der aus dem fernen Bagdad dem fernen Herrscher der Franken durch seinen Gesandten einen Elefanten zum Geschenk überbringen ließ. Abbul Abbas, das war der Name des Elefanten, wurde noch lange in Aachen als Sehenswürdigkeit ersten Ranges allen Besuchern und Touristen gezeigt. Sein Tod im Jahre 810 galt als böses Omen und wurde auch von Karl selbst so aufgefaßt. Einige Enttäuschung soll es gegeben haben, als sich herausstellte, daß die Knochen dieses Tiers nicht aus Elfenbein waren, wie man hoffnungsvoll angenommen hatte.

Die Durchführung und Erwiderung solcher Gesandtschaften

war eine schwierige Angelegenheit. Am leichtesten kam man noch über die Sprachbarrieren hinweg. Es war gut, daß der Handel, der über alle Ländergrenzen hinwegging, Männer hervorbrachte, die der verschiedensten Sprachen mächtig waren. Vor allem jüdische Kaufleute konnte man als Dolmetscher heranziehen; sie kannten nicht nur die Sprache, sondern auch Land und Leute. Als Karl die Gegengesandtschaft zusammenstellte, fand sich auch ein solcher Kaufmann mit Namen Isaak. Mit ihm konnte die Gesandtschaft auf die weite Reise gehen. Vier Jahre später kamen Gesandte Harun al-Raschids wieder nach Aachen, um zu vermelden, daß leider bis auf den Dolmetscher Isaak alle Gesandten verstorben wären. Isaak selbst war wieder dabei und verdolmetschte die traurige Nachricht, und was sonst noch zu sagen war. Dieser Gesandten- und Gedankenaustausch war nämlich keine reine Höflichkeit zwischen den beiden mächtigsten Fürsten der damaligen Welt, sondern hatte handfeste politische Hintergründe. Der Feind meines Feindes ist mein Freund. Harun al-Raschid war der Todfeind der byzantinischen Kaiser. Karl aber war über sie schwer verstimmt, weil sie seine Kaiserwürde nicht anerkennen wollten. Er hatte deshalb kurzerhand einmal das zum byzantinischen Reich gehörige Venedig als Faustpfand erobert. Harun al-Raschid sah deshalb in ihm einen natürlichen Verbündeten. Und auch Karl sah die aus Bagdad Gesandten gern, um Konstantinopel zu zeigen, welche starken politischen Druckmittel man anwenden könnte. Er freute sich, eine neue Gesandtschaft des Kalifen empfangen zu können und aller Welt zu zeigen, welche prächtigen Geschenke er neuerdings erhalten habe: Seidenstoffe von einzigartiger Pracht, Wohlgerüche, Leuchter aus getriebenem Messing, eine Wasseruhr und ein Kaiserzelt, so groß, daß man glaubte, in einem Palast zu wandeln, und so hoch, daß man keinen Pfeil über das Zelt hinüberschießen konnte. Damit Byzanz aber nun auch ganz deutlich merkte, um was es sich handelte, waren einige Mönche aus Jerusalem mitgekommen, um vor den Ohren der Gesandten des Kalifen dem Kaiser zu verkünden, daß das Heilige Grab nun dem neuen römischen Kaiser gehöre. Der rechtliche Grund aber sei, daß in Konstantinopel eine Frau regiere, die ihren Sohn habe blenden und ins Kloster stecken lassen, damit er nicht den ihm zustehenden Thron einnehmen könne. Auch dieses hörte Karl gern. Er stand nur vor der Schwierigkeit, ein passendes Gegengeschenk zu finden. So schickte er denn eine Koppel seiner wilden Jagdhunde, die stark genug waren, einen Löwen zu zerreißen, flämische Wolle, rheinische Schwerter und belgische Pferde. Freilich ganz gleichwertig war dies nicht.

In Konstantinopel hatte sich inzwischen einiges ereignet. Der kriegsgewaltige Kaiser Nikophoros, der die unrechtmäßige Kaiserin abgesetzt hatte und der seinerseits Karl nicht anerkennen wollte, war ermordet worden. Sein Nachfolger, Michael, hatte Schwierigkeiten, der inneren Lage Herr zu werden. Er beschloß, Karl anzuerkennen, um das reiche Venedig zurückzugewinnen und ein Freundschaftsbündnis mit dem mächtigsten Herrscher in Europa abzuschließen. Erneut erschienen byzantinische Gesandte, um über einen Vertrag zu verhandeln. Man einigte sich. Für den Abschluß des Vertrages sah man eine besonders feierliche Form vor. Das Münster in Aachen wurde für eine öffentliche Staatssitzung hergerichtet. Karl betrat es an dem festgelegten Tag mit der Cäsarenkrone auf dem weißen Haar und nahm auf dem marmornen Kaiserstuhl Platz, der heute noch wie damals auf der Empore steht. Als Karl sich gesetzt hatte, erschienen die byzantinischen Gesandten. Der Vertrag wurde Wort für Wort verlesen, anschließend wurde die Urkunde der Gesandtschaft übergeben. Karl hielt über die Bedeutung dieses Vertrages eine kurze Ansprache an die Teilnehmer der Veranstaltung, die die Kirche bis auf den letzten Platz füllten. Nun knieten die byzantinischen Gesandten nieder und beglückwünschten den Kaiser genau in dem in Konstantinopel üblichen Zeremoniell und begrüßten ihn mit den Kaiserbezeichnungen »Imperator« und »Basileus«. Das weströmische Kaiserreich war damit anerkannt und neu entstanden. Es fehlte nur noch die schriftliche Bestätigung aus Konstantinopel. Neue Gesandte gingen vom Bosperus ab, um diese Bestätigung zu überbringen, zugleich aber auch die dem nun anerkannten Kaiser zustehenden Zeremonialgewänder. Doch als sie in Aachen ankamen, war der Kaiser bereits verstorben. Ein Rest des kostbaren

Stoffes, den man dem Kaiser mit ins Grab gegeben hat, ist erhalten. Das Hauptmotiv zeigt frontal einen mit vier Pferden bespannten Wagen mit einer herrscherlichen Gestalt auf der Quadriga. Ferner sind zwei Knaben dargestellt, die aus Säcken Geld streuen. Es ist das Symbol des Triumphators oder eines neuen Herrschers, der nach der Amtsübernahme durch die Stadt fährt und Goldstücke unter das Volk werfen läßt, wie heute noch im Faschingszug der Prinz die Karamellen. Mit Goldstücken wirft man heute im staatlichen Bereich nicht mehr um sich, man gibt vorzugsweise vor der Wahl Versprechungen ab, die sich nach der Wahl für die Betroffenen in klingende Münze umsetzen sollen. Zahlen tun nach wie vor andere. Es gibt ohne alles Zutun eine Kontinuität, die den Untergang von Völkern übersteht, und die alle Reformen überlebt.

Ähnlich wie am Hofe Karls des Großen war auch 100 Jahre später in den Pfalzen Ottos des Großen ein ständiges Kommen und Gehen von Gesandten aus allen Weltgegenden. Wir erwähnten schon Tartâschi, dessen sprach- und schreibgewandter Begleiter, Ibrahim ibn Jaqub, so interessante Schilderungen seiner Eindrücke hinterlassen hatte. Als Otto der Große am 23. 3. 973 einen Hoftag in Quedlinburg am Harz abhielt, erschienen Gesandte aus Dänemark, Polen, Ungarn, Bulgarien, Rußland, Byzanz, Rom und Benevent. Etwas später traf noch eine Gesandtschaft der arabischen Fatimiden-Dynastie ein, die erbitterte Gegnerin der Kalifen von Córdoba. Zu bemerken ist bei dieser Liste, inwieweit Länder, die bislang vorzugsweise nur Beziehungen zum Kaiserhof in Konstantinopel hatten, sich jetzt auch bei dem Römischen Kaiser Deutscher Nation vertreten ließen. Es ist ein frühes Zeichen für die kommende Entwicklung, daß die Mittelmeerwelt ihre Ausschließlichkeit verlor, vor allem auch durch die Beziehungen östlicher Länder nach Norden hin, nachdem schon Italien in enge Verbindungen zu diesem Reich getreten war.

Ein Beispiel sei herausgezogen, um zu zeigen, wie schwer es schon damals war, sich zu verständigen, wenn es nicht allein um die vordergründigen politischen Fragen ging, sondern solche der Weltanschauung, der Religion, in der heutigen Sprache, der Ideologien, in die sachliche Auseinandersetzungen hineinspielten. Es ist ein Beispiel dafür, sich nicht in die inneren Verhältnisse eines Staates einzumischen, im Gefühl der besseren, allein seligmachenden Ideologie und aus der Überzeugung moralischer Überlegenheit heraus. Das muß man im zwischenstaatlichen Verkehr jedem Volke selbst überlassen. Der Hochmut, der auch heute wieder weithin in naivstem Maße festzustellen ist, führt nur zu Kontroversen, die vermeidbar sind und bestenfalls zu nichts führen.

Hier zeigt ein arabischer Kalif seine Weisheit, einen Gesandtenmord, den das Gesetz ihm befahl und der zu einem Krieg hätte führen müssen, der von beiden Seiten nicht gewollt war, zu verhindern und eine völlig verfahrene Lage zu meistern und die Verhandlungen zu einem guten Ende zu führen.

Abderrahman war Kalif von Córdoba, ein aufgeklärter Fürst, milde und duldsam. Nur mit den Kalifen von Bagdad lebte er in ständigen kriegerischen Auseinandersetzungen. Er legte deshalb Wert darauf, mit den Byzantinern als Gegnern von Bagdad ins Gespräch zu kommen, aber auch mit dem deutschen Kaiser, dessen Einfluß bis in das Mittelmeergebiet reichte. Eine Gesandtschaft dieses Kalifen erschien also an Ottos Hofe mit den kostbarsten Ehrengeschenken. Aber es wurde auch ein Brief übergeben, und in dessen Ausdrücken sah Otto verletzende Angriffe auf den christlichen Glauben. So wurden die Gesandten nicht eben freundlich behandelt, obwohl an ihrer Spitze ein christlicher Bischof stand, der unter der Herrschaft des Kalifen lebte und dort aufgrund dessen Duldsamkeit auch in religiösen Dingen ungestört seines geistlichen Amtes walten konnte. Man hielt die Gesandtschaft drei Jahre in Deutschland zurück, bis man ihnen die Heimreise gestattete. Doch glaubte Otto, die Gesandtschaft nicht unerwidert lassen zu dürfen, schon um die Ausfälle gegen das Christentum, die er aus dem Brief herausgelesen hatte, entsprechend zu erwidern. Außerdem gab es im westlichen Alpengebiet, nahe dem heutigen Grenoble, eine Kolonie von Arabern aus früherer Zeit, die die Hoheit Abderrahmans anerkannten, und über deren Umsiedlung man vielleicht verhandeln konnte. Aber zunächst fand sich niemand, der sich dieser beschwerlichen Reise und der heiklen Aufträge unterziehen wollte. Endlich erbot sich aus Görze in Lothringen ein frommer Mönch namens Johann, der des Glaubens wegen jede Gefahr auf sich nehmen wollte. Ein des Arabischen kundiger Kaufmann aus Verdun wurde ihm beigegeben. Jener Bischof, den der Kalif als Botschafter geschickt hatte, war inzwischen verstorben, aber sein Begleiter, ein spanischer Priester, schloß sich der Gesandtschaft an. Geschenke an den Kalifen wurden übergeben und ein Schreiben mit mancherlei Angriffen auf den Islam. Auf der Fahrt die Rhône hinab wurden sie von Räubern überfallen, mit Mühe retteten sie ihr Leben und einen Teil der Habe. Dann kamen sie nach Barcelona; sie schickten einen Boten nach Tortosa, der ersten arabischen Stadt auf ihrem Wege, um sich bei dem dortigen Befehlshaber des Kalifen anzumelden. Dieser hieß sie willkommen und nahm sie ehrenvoll auf. Er schickte nun seinerseits Boten an den Kalifen, um dessen Befehle abzuwarten. Nach einem Monat liefen diese ein. Johann setzte seine Reise mit den Gefährten unbehindert fort. Überall wurden sie ehrenvoll empfangen. So kamen sie in die Nähe von Córdoba. Dort wies man ihnen etwa eine halbe Meile vor der Stadt eine Wohnung im Palaste des Kalifensohnes an. Es fehlte ihnen an nichts, nur den erwünschten Zutritt zum Kalifen erhielten sie nicht. Vom Bedienungspersonal aber erfuhren sie, daß sie dreimal drei Jahre warten sollten, weil Otto die Gesandten des Kalifen drei Jahre aufgehalten hatte. Das war aber nur eine vorgeschobene Begründung. Das unüberwindliche Hindernis war der zu übergebende Brief. Jener spanische Priester, der sich der Gesandtschaft angeschlossen hatte, kannte den Inhalt des Briefes. Er war nach Córdoba zurückgekehrt und hatte von dem Inhalt des Briefes erzählt. Darüber entstand große Aufregung in der Stadt; denn nach einem unverbrüchlichen Gesetz durfte bei Todesstrafe niemand ein Wort gegen die Lehren und Gebote des Koran verlauten lassen.

Und wenn der Kalif solche Äußerungen vernahm, ohne schon am nächsten Tage das Gesetz zu vollstrecken, so war auch sein Haupt dem Tode verfallen. Angesehene Männer der Stadt teilten dem Kalifen schriftlich mit, daß das Volk unruhig sei, und der Kalif antwortete, es sei eine Gesandtschaft in freundlicher Absicht vom König Otto an ihn geschickt, doch habe er sie noch nicht empfangen und wisse daher nichts weiteres. Dem Kalifen war der Inhalt des Schreibens auch bekannt, aber er wollte durch die Annahme des Briefes weder die Gesandten noch sich selbst gefährden. Deshalb verschob er es, Johann zu empfangen, und schickte einen jüdischen Mann, den Rabbi Chisdai, der in großem Ansehen bei ihm stand, an den deutschen Mönch ab. Es war ein sehr verständiger Mann, der zunächst das Vertrauen Johanns zu erwerben trachtete und ihn mit den Sitten und Gebräuchen der Araber vertraut machte. Schließlich befragte er Johann über seinen Auftrag. Der Mönch erzählte ihm alles offen, auch von dem Schreiben, das er mit sich führe. »Ein gefahrvoll Ding«, sagte Chisdai, »ist es, mit diesem Brief zum Kalifen zu gehen. Du kennst sicherlich die Strenge des Gesetzes –, man muß sehen, wie man es umgeht. Sei sehr vorsichtig in Deinen Reden, wenn der Kalif zu Dir sendet!« Damit verließ Chisdai den Mönch. Einige Monate später erschien ein spanischer Bischof bei Johann und erklärte ihm im Auftrag des Kalifen, er solle empfangen werden, wenn er lediglich die Geschenke übergebe, den Brief aber unterdrücke. Der Mönch weigerte sich. Er habe einen Auftrag zu erfüllen. Alle anderen Versuche des Kalifen, ihn auf gütliche Weise umzustimmen, scheiterten. Der Kalif ging zu Drohungen über. Wenn er nicht nachgebe, so solle nicht er allein, sondern alle Christen in Spanien hingerichtet werden. Der Kalif werde keinen schonen. »Bedenke«, hieß es am Schluß, »wie die Seelen der Ermordeten Dich vor Gott anklagen werden. Denn Durch Deine Hartnäckigkeit werden sie umkommen, die durch Dich so leicht Frieden und Glück erlangt hätten. Denn, wärest Du nicht so töricht, hättest Du alles von mir für sie erwirken können!« Johanns Seele war voll Unruhe. Er fürchtete sich nicht vor dem Tode, aber der Untergang so vieler Mitchristen erfüllte sein Herz mit schwerem Kummer. Da fiel ihm, wie berichtet wird, der Spruch ein: »Wirf Deine Sorgen auf den Herrn!« und er wurde ruhig. Er diktierte seinem Dolmetscher ein langes Schreiben an den Kalifen, voll Mut und Vertrauen. »Er sei als Gesandter seines Königs gekommen und werde dessen Auftrag ausrichten, selbst Folter und Todesqualen könnten ihn davon nicht abbringen, auch wenn der Kalif ihm Tag für Tag eines seiner Glieder abreißen ließe. Wenn aber seiner Pflichttreue wegen die Christenheit in Spanien vertilgt werden solle, so habe er nicht die Verantwortung dieses Blutes vor dem jüngsten Gericht zu tragen, sondern dieses Blut werde den Kalifen anklagen, während er und die des Glaubens wegen Hingeschlachteten das ewige Leben erwerben würden. Sei es jedoch Gottes Wille, eine solche Freveltat nicht zuzulassen, so könne der Allmächtige durch ein Wunder ihn und die Gläubigen aus der Hand des Kalifen retten.«

Der Brief fand eine bessere Aufnahme, als Johann erwartet hätte. Man wußte, daß Otto eine Beleidigung seines Gesandten nicht ungestraft hinnehmen würde und konnte. Man müsse einen Ausweg finden, und einer aus der Umgebung des Kalifen riet ihm, den Mönch selbst zu befragen.

Und so geschah es. Johann erklärte, daß er nur den Weg sehe, eine Gesandtschaft zu Otto zu schicken, dessen Verhaltensbefehle werde er befolgen.

Jetzt war es Sache des Kalifen, der den Rat gern annahm, einen passenden Gesandten zu finden. Aufgrund einer allgemeinen Bekanntmachung meldete sich Recemung, ein Christ, er sei bereit und der lateinischen und arabischen Sprache in gleicher Weise mächtig. Nach einer Unterhaltung mit Johann nahm er das Wagnis auf sich, erbat aber für sich den eben freigewordenen Bischofsstuhl von Elvira. Da er noch Laie war, erhielt er eilends die geistlichen Weihen, wurde als Bischof eingesetzt und machte sich auf den Weg. Schon in zehn Wochen kam er zu Johanns Kloster, erfreute die Brüder mit Nachrichten von Johann, besuchte dann den Bischof von Metz und begab sich an den Königshof. Im Februar 965 wurde er Otto in Frankfurt/Main vorgestellt. Otto nahm ihn gütig auf. Johann erhielt andere Befehle. Er solle den früheren Brief unterdrücken, die Geschenke überreichen und ein Freundschaftsbündnis mit dem Kalifen schließen. Zugleich schickte Otto einen neuen Gesandten ab, der neue Geschenke mit sich nahm und ein neues Schreiben Ottos an den Kalifen, in dem alle Angriffe auf die Lehre des Propheten vermieden waren. Ende März machten sie sich auf die Reise, und in den ersten Tagen des Juni waren sie in Córdoba.

Dort wollte man die neuen Gesandten sofort zum Kalifen führen. Der aber wehrte ab und sagte: »Erst sollen die Gesandten, die solange gewartet haben, mit ihren Geschenken vor mir erscheinen, dann erst will ich die neuen sehen; auch sollen mir diese nicht eher vor Augen kommen, als sie jenen trotzigen Mönch mit Nachrichten aus der Heimat von seinen Lieben und seinem König erfreut haben.« Johann hatte nunmehr vor dem Kalifen zu erscheinen, und man hieß ihn, zu diesem feierlichen Empfang das Haar scheren, ein Bad nehmen und höfische Kleider anlegen. Er weigerte sich aber, etwas in seiner Tracht zu ändern. Da man dieses dem Kalifen meldete und meinte, es fehle dem Mönch wohl an Geld, um sich bessere Kleider zu beschaffen, schickte der Kalif ihm zehn Pfund Silber zum Ankauf des Nötigen. Johann aber nahm das Geld nur, um es den Armen zu geben, und fügte hinzu: »Andere Kleider kann ich nicht anlegen, denn es ist wider die Regel meines Ordens!« Als der Kalif das hörte, sprach er: »Daran erkenne ich den unbeugsamen Sinn des Mannes. Doch ich will ihn sehen, sollte er auch in einen Sack gehüllt sein, er wird mir nur um so besser gefallen!« Am Tage der Audienz entfaltete der Kalif den vollen Pomp seines Hofes. Von dem Palast vor den Toren der Stadt, in dem Johann wohnte, bis zum Palast des Kalifen stand das Fußvolk. Die Reiterei tummelte kunstgerecht die Pferde und vollführte kriegerische Übungen, daß den Gesandten angst und bange wurde. Aber an der Schwelle des Palastes wurden sie feierlich in Empfang genommen, durch den Vorhof und durch prächtige Gemächer zum Kalifen geführt. Am reichsten war das Gemach geschmückt, in dem der Kalif die Gesandten empfing. Einsam thronte er hier wie ein Gott in seiner Herrlichkeit, und nur wenigen war es vergönnt, ihm zu nahen. Abderrahman reichte dem Mönch die innere Seite der Hand zum Kusse, eine ganz besondere Ehrung, und ließ ihn auf einem bereitstehenden Sessel Platz nehmen. Nach einer langen, feierlichen Pause begann er: »Ich weiß, daß Du mir zürntest, weil ich so lange den Zutritt zu mir versagte, aber es wird Dir nicht unbekannt sein, daß ich die Hindernisse, die Deinem Empfang entgegenstanden, nicht beseitigen konnte, und daß ich am wenigsten aus Abneigung gegen Dich so und nicht anders handelte. Deinen Mut und Deine Umsicht habe ich kennengelernt, und ich empfange Dich daher nicht nur gern, sondern werde Dir auch, was Du von mir verlangst, bereitwilligst gewähren.« Johann unterdrückte darauf alle harten Worte; alle Bitterkeit sei aus seinem Herzen geschwunden, er empfinde nur Dankbarkeit gegen den Kalifen, der ihm eine so glänzende Aufnahme bereitet habe. Er pries einen Fürsten glücklich, der mit solcher Festigkeit des Willens so weise Mäßigung verbinde. Diese Antwort gefiel dem Kalifen wohl. Johann aber erbat sich nur, alsbald wieder zurückreisen zu dürfen. Der Kalif verwunderte sich. »Warum«, sagte er, »Willst Du so schnell von mir scheiden? So lange hofften wir darauf, uns zu sehen. Kaum haben wir uns nun erblickt, so sollen wir uns schon wieder trennen? Bei dieser ersten Zusammenkunft hat das Herz dem Herzen sich nur wenig erschließen können, bei einer zweiten werden wir uns besser begreifen, sehen wir uns zum dritten Mal, so werden wir uns völlig verstehen und innig Freundschaft schließen, dann erst will ich Dich Deinem Herrn zurücksenden und zwar mit solchen Ehren, wie es seiner und Deiner würdig ist.« Der Mönch blieb und wurde zu einem weiteren vertrauten Gespräch gebeten. Sie kamen in dieser Unterredung auch auf Fragen der allgemeinen Politik. Und bei aller Anerkennung fand der Kalif hier, daß Otto einen grundlegenden Fehler begehe. Er behalte nicht die ganze Gewalt in seinen Händen, sondern gebe seinen Fürsten zu große Selbstständigkeit. Anscheinend glaube er, sie durch diese Großzügigkeit in größerer Treue und Folgsamkeit zu erhalten. Das sei aber ein Irrtum. So befördere man nur Widerspenstigkeit und Übermut und könne nicht verhindern, daß die so Begünstigten sich sogar mit ausländischen Mächten gegen ihr Oberhaupt verbündeten, um den eigenen Machtkreis zu erweitern. Otto entwickele in diesem Punkte wenig Klugheit.

Was weiter geschah, wissen wir nicht; denn der Bericht ist nur bis zu diesem Punkte erhalten und bricht plötzlich ab. Fest steht nur, daß die Niederlassungen der Araber in den Westalpen nicht geräumt wurden. Erst im Jahre 960 wurden die Araber, die meist von Räuberei lebten, vom Sankt Bernhard vertrieben und fünf Jahre später aus der Umgebung von Grenoble. Da war aber der Kalif schon gestorben.

Es ist noch ein Beispiel ähnlicher Art überliefert. Einige hundert Jahre später, das Heer der Kreuzfahrer war in Ägypten gelandet und stand dem Heer des Sultans gegenüber. Ein Bettelmönch erhielt die Erlaubnis, sich mit der Friedensfahne durch die Schlachtreihen zum Sultan zu begeben. Er hatte den Vorsatz, den Sultan zum Christentum zu bekehren. Er wurde zugelassen, und der Sultan hörte sich mit wachsendem Erstaunen die Ausführungen des Mönchs an, um dann zu dem Schluß zu kommen, daß dieser völlig verrückt sei. Geistesgestörte aber fielen damals noch unter das hergebrachte Tabu. Der Sultan befahl, den Mönch unbehelligt zur christlichen Seite zurückkehren zu lassen.

Es war Franz von Assisi. Seine Rettung wurde später zum Wunder erklärt. Engel hätten ihn sicher durch die Reihen der Ungläubigen geleitet. Im übertragenen Sinne war das so falsch nicht, nur daß ein ungläubiger Sultan die Rolle des Schutzengels übernommen hatte.

Einen Höhepunkt mittelalterlicher Diplomatie, aber bereits im Übergang zu dem rein weltlichen Gedankengut der Renaissancezeit, findet man – wiederum einige Jahrhunderte später – am Hofe Kaiser Friedrichs II. von Hohenstaufen, der zugleich als Erbe der Normannenherrscher König von Sizilien und Süditalien war. Er residierte vorzugsweise in Palermo und war nicht nur Herr über Deutsche, Italiener und Normannen, sondern auch über eine – wie wir heute sagen würden – arabische Minderheit. Er ließ den deutschen Fürsten jenseits der Alpen alle Freiheiten, die später zum Untergang des Reiches führten, um freie Hand im Raum des Mittelmeeres zu haben, seine große Politik durchführen zu können, gegen den Papst, gegen die lombardischen Städte und die Auflehnung in den eigenen Reihen. Zum Entsetzen frommer Christen stand er mit arabischen Fürsten in bestem Einvernehmen; seine Gesandten gingen nach Bagdad, Jerusalem, Tunis. Als im Jahre

1232 das Osterfest der Sarazenen vor der Tür stand, lud der Kaiser die Gesandten des Sultans von Bagdad und die des Hassan Sabbah, des Alten vom Berg, Haupt einer islamischen Sekte, zu einem festlichen Gastmahl ein, an dem auch – man denke! – viele Bischöfe und, wie es in der Kölner Königs-Chronik steht, viele edle Deutsche teilnehmen mußten. Aufgrund seiner guten Beziehungen hatte er bereits 1231 mit dem Sarazenenfürsten von Afrika, Abu Ishak, einen Vertrag über die gegenseitige Auslieferung von Gefangenen abgeschlossen und eine Vereinbarung über den freien Handel zwischen Sizilien und Afrika.

In diesen Jahren überbrachten Gesandte des Sultans von Damaskus dem Kaiser ein Planetarium, damals Astrolabium geheißen, ein Zelt, in dem die Bilder der Sonne und des Mondes, auf kunstvolle Weise in Bewegung gesetzt, ihren Lauf in richtigen Zeiträumen durchführten, und die Stunden des Tages wie der Nacht untrüglich angezeigt waren. Als Gegengabe überbrachten die Gesandten des Kaisers dem Sultan einen weißen Bären, d. h. also einen Eisbären, und einen weißen Pfau. Diese Tiere versetzten die arabischen Chronisten ebensosehr in Erstaunen, wie ihre westlichen Zeitgenossen beeindruckt waren von den wundersamen Tieren, die der Kaiser aus Afrika erhalten hatte. Diesen seinen zoologischen Garten führte er gern auf seinen Reisen mit sich, ob es nun zu einem Reichstag ging oder ob es sich um andere politische Zusammenkünfte handelte. Zum Reichstag von Ravenna 1231 erschien er mit Elefanten, Dromedaren, Kamelen, Panthern, Löwen, Leoparden, bärtigen Eulen und anderem Getier.

Die Reichsklöster waren verpflichtet, die Kaiser bei ihren Reisen mit Gefolge aufzunehmen. Der Abt des Klosters St. Zeno wird nicht gerade nur erfreut gewesen sein, als Friedrich II. eines Tages mit einem Elefanten, 24 Dromedaren und 5 Leoparden vor dem Klostertor erschien, wie der Veroneser Chronist berichtet. Es war natürlich für den Kaiser auch eine Art Propaganda und Zeichen seiner weltumspannenden Macht, diese seltenen Tiere zur Schau zu stellen. Den Elefanten nahm der Kaiser nicht über die Alpen nach Deutschland mit. Aber die Jahrbücher von Kolmar berichten von einer Menge Kamelen; und der große Gelehrte Albertus Magnus, eine Leuchte seiner Zeit, beschreibt den Anblick einer Giraffe, wohl der ersten, die das Abendland zu sehen bekam.

Das alles zeigt die engen Beziehungen zu den islamischen Ländern jenseits des Mittelmeeres. Selbst während eines Kreuzzuges unterhielt der Kaiser seine diplomatischen Beziehungen zu den Sarazenenfürsten. Am 9. 10. 1239 schreibt er an seinen leitenden Beamten in Messina:

»Unsere Hoheit erfuhr, daß Gesandte des Sultans von Babylon, die zu Uns gesandt sind, in Kürze in die dortige Gegend kommen werden. Da Wir wünschen, daß diese Gesandten mit Rücksicht auf die Absicht ihres Auftraggebers bei ihrer Ankunft gebührend geehrt werden, befehlen Wir Deiner Treue, diesen Boten, wenn sie bei ihrer Ankunft im Bereich Deines Amtsbezirkes erscheinen sollten, mit allen Ehren zu empfangen, wie Du es Unserer und der Absender Ehre entsprechend findest, und ihnen aus den Mitteln Unseres Hofes Pferde und andere Erfordernisse bis nach Apulien, wo sie auf Unseren Befehl von dem Justitiar dieser Gegend empfangen werden, durch die Hand irgendeines Unserer Getreuen zu übermitteln, den Du dazu bestimmen sollst; ferner sollst Du sofort, wenn jene bei Dir gelandet sind, zwei Eilboten, einen zu Wasser und einen anderen zu Lande, vorausschicken und Uns durch diese alle Einzelheiten in einem besonderen an Unsere Majestät gerichteten Schreiben melden, durch das Du die Art und Anzahl der Abgesandten und der Unserer Majestät zugedachten Geschenke ohne Wissen der genannten Abgesandten der Reihe nach und genau zu bezeichnen sorgen sollst.«

Auch mit dem König von Tunis stand er in Verbindung. Ein Erlaß vom 25. 12. 1239 enthält die Weisung, seinen Gesandten von Tunis abzuholen:

»Da unser getreuer Philosoph Magister Theodor mit Unserer Erlaubnis in das Königreich zurückkehrt, befehlen Wir Deiner Treue, die gedeckte Fregatte ›Isola‹ Unseres Hofes, die kürzlich mit den Galeeren einlief und vor Pisa liegt, diesem sofort für seine Rückfahrt wohlgerüstet und bewahrt zur Verfügung zu stellen.«

Mit einem Erlaß vom 6. 2. 1240 bestimmt er in dem gleichen etwas umständlichen Kanzleistil einen seiner Beamten, nach Tunis zu fahren und mit dem dortigen König zu verhandeln.

»Wir befehlen Deiner Treue, Dich zusammen mit unserem getreuen Notar Johann von Palermo oder, wenn dieser wegen seiner Erkrankung nicht dazu imstande sein sollte, mit einem anderen, den Roger von Amicis, der Justitiar diesseits des Flusses Salso, gemäß Unserem schriftlichen Befehle bestimmen soll, zum König von Tunis zu begeben mit einem Schreiben von Uns, das Wir Ihm senden wollen. Mit diesem Notar oder dem anderen Begleiter, den der Justitiar auswählt, sollst Du in der Sache, die Wir Dir und Ihm auftragen, verhandeln gemäß den Anweisungen, die Dir unser getreuer Albertus von Pontetremulo, der Überbringer gegenwärtigen Schreibens, der die Angelegenheit kennt, Unsererseits mündlich geben und Dir folglich genau auseinandersetzen wird.«

Was den Kreuzrittern nicht geglückt war, die Eroberung der Heiligen Stätten der Christenheit in Palästina, erreicht er mit Hilfe seiner diplomatischen Verhandlungen. Die »Franken« erhielten Jerusalem, Bethlehem, Nazareth und ein größeres Landgebiet. Doch auch die Mohammedaner behielten ihre Heiligtümer in Jerusalem.

Friedrich II. und seine Beamten kannten die arabischen Verhältnisse gut, wie der Kaiser ja auch außer deutsch, lateinisch, italienisch, griechisch auch arabisch sprach. Aber den auch aus dem Norden kommenden Rittern verschlug es den Atem, wenn sie die orientalische Pracht sahen. Eine dieser Gesandtschaften berichtet:

»Wir kamen durch Galerien von Marmorsäulen, die alle mit Gold getäfelt waren, und an Marmorbecken mit fließendem Wasser vorbei. Wir hörten das Zwitschern der fremden Vögel mit wunderbar buntem Gefieder. Viele Gänge durchschritten wir, bis wir in das eigentliche Schloß gelangten. Ein aus Gold gewirkter Vorhang, schwer von kostbaren Steinen, glitt zurück. Auf seinem goldenen Thron erschien so der Kalif, gekleidet in Gewänder von unerhörter Kostbarkeit.«

Auch mit dem Kaiserhof in Konstantinopel unterhielt Friedrich diplomatische Beziehungen. Die politische Zusammenarbeit wurde durch die Heirat seiner Tochter Konstanze mit dem byzantinischen Kaiser Johannes III., Dukas Vatatzes von Nicäa, befestigt. Als Otto der Große eine byzantinische Kaisertochter für seinen Sohn gewinnen wollte, erhielt sein Gesandter die Antwort: »Es ist unerhört, daß die in Purpur geborene Tochter eines in Purpur geborenen Vaters einem Fremden gegeben wird«, und man ließ ihn deutlich spüren, daß man ihn und seine Landsleute für reine Barbaren hielt. Später führte Otto II. aber doch eine byzantinische Prinzessin heim, die später so berühmte Kaiserin Theophano. Jetzt kam keiner mehr in Konstantinopel auf den Gedanken, im deutschen Kaiser einen Barbaren zu sehen. Die Verlobung und Krönung der jungen Fürstin wurde als großes Fest gefeiert mit allem Gepränge, dessen der Hof fähig war. Der Festgesang des Nikolaos Irenikos zu dieser Feier ist erhalten. Leicht gleiten die Verse dahin:

»Um der Zypresse schlanken Stamm rankt lieblich sich der Efeu.
Zypresse ist die Kaiserin, der Kaiser ist der Efeu.
Die ersten Ranken schlägt er heut um seinen Baum noch zagend,
Doch morgen zeigt er offen schon entfaltet seine Anmut,
Umarmen wird er sie als Braut, in holde Fessel legen,
Ihr nehmen aus dem Haar den Kranz, die schönen Flechten lösend.
Um der Zypresse schlanken Stamm rankt lieblich sich der Efeu.
Rhömäer, pflücket Efeu Euch, den Ruhmeszweig des Kaisers,
Bekränzet Euch die Häupter froh, bekränzet Euch mit Efeu,
Frohlocket mit dem Efeuzweig, mit Efeu sollt Ihr tanzen,
Und stimmet an das Hochzeitslied dem Kaiserpaar zu Ehren.

Um der Zypresse schlanken Stamm rankt lieblich sich der Efeu,
Zypresse ist die Kaiserin, der Kaiser ist der Efeu!«

Und der Gegenchor sang, auf die Einigung der Kaiser anspielend:

»Wie Eisen den Magneten liebt, so liebt die Braut der Freier,
Der Mächtige das edle Weib, das Fürstenkind der Dukas,
Wem ist so hart und rauh der Sinn, wer ist so kalten Herzens,
Daß er nicht fröhlich mit uns lacht, nicht mit uns freudig tanze,
Daß er es nicht voll Staunen sieht, wie sich die Herrscher einen
Zu weltumfassendem Verein, zu einem Bunde aller?
Wie Eisen den Magneten liebt, so liebt die Braut der Freier,
Der Mächtige das edle Weib, das Fürstenkind der Dukas.«

So umschloß mit seinen diplomatischen Verhandlungen Friedrich II. den Mittelmeerraum. Mit seinem Tode zerriß das kunstvolle Gewebe der nach allen Seiten ausstrahlenden Beziehungen. Friedrichs Gesichtszüge, dem Leben nachgeformt, sind am Sarkophag Karls des Großen im Münster zu Aachen festgehalten. Es ist ein schweres und noch schwerer zu deutendes Gesicht. Es hätte einen guten Platz bei den Königsgestalten der Shakespeare'schen Dramen. An jenem silbergetriebenen Sarkophag, der die Gebeine Karls des Großen aufzunehmen bestimmt war, ist er der letzte der dargestellten Kaiser. Und er selbst schloß auch mit dem letzten Nagel diesen Sarkophag, er, der letzte der großen mittelalterlichen Kaiser.

In der Sage lebte er noch lange weiter, er – nicht Barbarossa – im Kyffhäuser verzaubert. »Vivit, non vivit«, hieß es.

Er lebt und lebt nicht.

13.
Frühes Konsularwesen

Buten und binnen, Wagen und Winnen.

Bremer Kaufmannsspruch

In der Zeit der Kreuzzüge strebte der Handel zwischen Abendland und Orient einem neuen Höhepunkt zu. Jeder Fernhandel bedarf fester Stützpunkte und einer gesicherten Rechtsstellung in den jeweiligen Handelsländern, um sich entwickeln zu können. Die Formen, die damals ausgebildet wurden, führten im Laufe der Jahrhunderte zu unserem heutigen weltweiten Konsularwesen. Da dieses heute im Gegensatz zu damals weitgehend ein Teil des allgemeinen diplomatischen Dienstes geworden ist, müssen wir jene Frühformen in den Kreis unserer Betrachtungen einbeziehen, auch schon um ein Bild internationaler Zusammenarbeit zu gewinnen, die sich jenseits des eigentlichen politischen Verkehrs abspielte. Die Wurzeln der damals sich ausbildenden Institutionen reichten weit in vergangene Zeiten zurück.

In der Urzeit, so können wir annehmen, war der wagemutige Händler aus der Fremde durch ein Tabu geschützt. Näheres wissen wir nicht, nur die Tatsache eines bereits über das Meer gehenden Handels können wir nachweisen. Der scharfkantige Obsidian spielte in der Steinzeit die Rolle der Messerklinge. Obsidian wurde in Europa nur an wenigen Stellen gewonnen, und doch findet der Archäologe Obsidanwerkzeuge im ganzen Mittelmeerraum, wenn er frühzeitliche Siedlungen ausgräbt: Also Export und Import, das eine kann nicht ohne das andere bestehen, schon in der Vorzeit.

Es ist daher nicht verwunderlich, daß bereits in der frühesten geschichtlichen Zeit feste Handelsströme und -verbindungen bestanden haben und sicher bezeugt sind. Zu ihrem Schutz fand man die notwendigen rechtlichen Formen, die – wie sollte es anders sein – bei alten Tabu-Vorstellungen ihren Ausgangspunkt hatten. Selbst die griechischen Handelsstädte der Antike griffen auf ein solches Vorbild zurück. Nicht der Fremde, wohl aber der Gastfreund war geschützt, und so ernannte man einen angesehenen Bürger der Stadt zum Gastfreund der fremden Kaufleute. Er wurde von Amts wegen Gastfreund und hatte nunmehr, wie es sich aus den alten Anschauungen von selbst ergab, die Pflicht, sich für den fremden Kaufmann einzusetzen, ihm Schutz und Hilfe zu leihen und den einheimischen Behörden gegenüber den Vermittler zu spielen, wenn es Schwierigkeiten gab. Es war der »Proxenos«, der für den Fremden tätig wurde und Aufgaben erfüllte, die heute dem Konsul zustehen, nur war er Bürger der von diesen besuchten Städte, nicht des Landes, aus dem der Kaufmann kam.

Im alten Orient entwickelte sich eine andere Form. Keilschriftfunde lehren, daß schon im 3. Jahrtausend vor Christus den assyrischen Kaufleuten in der hethitischen Stadt Kanes ein besonderes Quartier am äußersten Mauerring der Stadt zugewiesen war, das Karum. Dieses unterstand zwar dem Fürsten von Kanes, an den Zölle und Abgaben zu entrichten waren, aber im übrigen bestand eine Selbstverwaltung, an deren Spitze ein Beauftragter des assyrischen Königs stand, der auch Gerichtsherr für die Streitigkeiten der assyrischen Kaufleute war. Wahrscheinlich stand ihm auch eine gewisse Strafbefugnis innerhalb dieses halb-exterritorialen Raumes zu, und wir können sicher sein, daß in Karum auch die assyrischen Götter verehrt werden durften, ohne daß der Stadtgott deshalb eifersüchtig zu werden brauchte, da es sich um ein abgetrenntes Gebiet handelte. Stadt und Stadtgott wurden damals vielfach identifiziert, so daß sich auch insoweit durch die Quasi-Exterritorialität eine Lösung für die theologischen Schwierigkeiten ergab; denn auch der jeweilige Stadtgott wollte keine anderen Götter neben sich haben, außer sie gehörten zu seiner Familie und seinem Hofstaat.

In diesem Karum, das auch noch Außenstellen hatte, wickelten die assyrischen Kaufleute ihre Geschäfte ab und verzeichneten sie auf den bekannten Tontafeln. Da es aber noch keine Leitz-Ordner gab, sie für Tontafeln auch nicht recht geeignet gewesen wären, archivierte man die Unterlagen in Tontöpfen, in denen unsere Archäologen sie nach 5000 Jahren wieder auffanden und nachlesen konnten.

Auch die Babylonier hatten ähnliche Einrichtungen, wahrscheinlich auch noch eine Reihe anderer Staaten.

Von den Römern ist nicht allzuviel zu sagen. Sie beherrschten die damalige Welt politisch so umfassend, daß sie keine eigene Konsularorganisation brauchten. Für die Streitfragen im internationalen Handelsverkehr, der keinesweg gering war, gab es den Praetor peregrinus, einen hohen Gerichtsbeamten, der, wie wir heute sagen würden, für das internationale Privatrecht, insbesondere das Handelsrecht zuständig war. Er hat ein geschlossenes Rechtssystem für die Rechtsstreitigkeiten der Fremden entwikkelt.

Die Lösung, eine eigene richterliche Instanz für den Fernhandel zu schaffen, ist noch lange Zeit ein Vorbild gewesen. Die Westgoten in Spanien schufen eine ähnliche Institution. Friedrich II., Deutscher Kaiser und König der Normannen, hatte ein Abkommen mit dem maßgeblichen mohammedanischen Staat getroffen, daß in bestimmten Handelsbeziehungen nur Richter tätig werden sollten, die eine ausreichende Kenntnis des islamischen Rechtes besaßen. Das betraf vor allem den Handel mit Sardinien.

Unabhängig von der richterlichen Organisation für den internationalen Handel hatten die Römer, wie immer auf präzise juristische Formulierungen bedacht, Handelsverträge oft und gern abgeschlossen. Erwähnenswert ist die Vereinbarung mit Rhodos, die eine – es gibt wenig Neues auf der Welt – klassische Meistbegünstigungsklausel für die Kaufleute der beiden vertragschließenden Staaten enthielt. Die Übung, Handelsverträge abzuschließen, überdauerte auch die Wirren der Völkerwanderung. Von erheblicher Bedeutung war der im Jahre 992 n. Chr. abgeschlossene Vertrag zwischen Byzanz und Venedig, der den gesamten Komplex des gegenseitigen Handels umfaßte.

Aber jenseits aller Handelsverträge bedarf das laufende Geschäft einer besonderen Aufmerksamkeit von seiten der Staaten, wenn deren Interessen berührt werden. Rom war insoweit eine

Ausnahme. Nun wurde in der letzten Zeit der Antike der Fernhandel nicht mehr von Rom, sondern von Byzanz beherrscht. Es wäre verwunderlich gewesen, wenn ein so gut durchorganisiertes Zentralreich mit staatlichem Handelsmonopol keine Regelung getroffen hätte. Diese byzantinische Handelsordnung erfaßte sowohl die wirtschaftliche Seite des Fernhandels ebenso wie die Fragen der Verzollung.

Man hielt sich an alte orientalische Beispiele mit genauen bürokratischen Ordnungen. Jedes Direktgeschäft zwischen Auslandskaufmann und Einheimischen war verboten. Man schuf ein Zollfreilager, das gleichzeitig der vorgeschriebene Gasthof für die Fremden war. Diese Kombination aus Warenlager und Quartier der Importeure hieß Mitaton. Für alle handeltreibenden Nationen von Bedeutung wurde eine solche Handelsstätte errichtet. So gab es ein solches Mitaton für die ägyptischen, die persischen und die jüdischen Kaufleute, aber auch für die sogdianischen Händler, die im heutigen Afghanistan beheimatet waren. Dieser Wohn- und Lagerbezirk war gegen die übrige Stadt abgeschlossen und stand unter der Verwaltung der betreffenden Kaufmannschaft. In diesem Quartier war den Einwohnern gestattet, ihre eigene Religion auszuüben. Die ägyptischen Kaufleute hatten also ihre Moschee, die Juden aus der Krim ihre Synagoge. Es herrschte also der Grundsatz der religiösen Exterritorialität und einer begrenzten weltlichen Autonomie. Es ist unverkennbar, daß die deutschen Kaiser des Mittelalters in dieser Institution das Vorbild für ihre Schutzbriefe für die abgegrenzten jüdischen Siedlungen in den Städten des Reiches gefunden hatten und es nachahmten.

Volkswirtschaftlich interessiert war man in Byzanz an der Art der Einfuhren. Die importierten Waren kamen in das Mitaton. Von hier aus mußte alsbald eine Liste dem Stadtpräfekten eingereicht werden, unter dessen Kontrolle der Wohn- und Lagerbezirk stand. Dieser fragte bei Hofe an, welche Waren an den Kaiser oder seinen Beauftragten zu verkaufen seien. War diese Frage gelöst und lagen keine wirtschaftspolitischen Bedenken vor, die von anderen Behörden geprüft wurden, so gab der Präfekt die Güter zum allgemeinen Verkauf frei. Man achtete darauf, daß es sich bei den

Einfuhren möglichst um Rohstoffe handelte, die von der byzantinischen Industrie weiterverarbeitet werden konnten. Fertigwaren wurden zugelassen, wenn sie in Byzanz selbst nicht hergestellt wurden. Verließen die Waren das »Zollfreilager«, so wurden die Abgaben und der Zoll fällig. In den Provinzen verfuhr man ähnlich.

Als nun die Araber weite Gebiete des byzantinischen Reiches besetzten, übernahmen sie diese praktische Einrichtung, wie vieles andere an byzantinischer Verwaltung auch.

Der griechische Name für ein Lagerhaus war »pandokeion«. Es wurde als »funduq« in die arabische Sprache übernommen und gelangte als »fondaco« in die italienische Sprache, als die Kaufleute der berühmten italienischen Handelsstädte begannen, ihren Handel quer durch das Mittelmeer in großem Stile zu betreiben. Das Wort hatte nunmehr die Bedeutung eines abgeschlossenen Warenlagers mit Gasträumen für die Kaufleute. Das Wort kehrte als »fondaco« wieder in diesem Sinne ins Arabische zurück, während funduq bis ins heutige Arabisch »Gasthof« bedeutet.

Wie in Byzanz hatten die handeltreibenden Städte und Nationen im islamischen Bereich ihre Fondachi. Der Ehrgeiz der italienischen Handelsstädte richtete sich nicht – oder nur ausnahmsweise – darauf, Eroberungen zu machen. Sie strebten gewinnbringende und dauerhafte Handelsverbindungen zu fernen Wirtschaftszentren an. Diese ließen sich am besten anknüpfen und unterhalten, wenn möglichst geschlossene Siedlungen ihrer Kaufmannschaft in Übersee entstanden. Zu ihrer Gründung boten die Kreuzzüge eine hochwillkommene Gelegenheit. Die Bürger der italienischen Stadtrepubliken dachten nicht daran, sich den Kreuzfahrerheeren anzuschließen. Sie waren keine kriegslustigen Ritter. Der Glaubenseifer trat hinter dem Gewinnstreben zurück. Sie hatten starke Flotten. Diese setzten sie ein, die Kreuzfahrerheere zu transportieren, oder, soweit diese den Landweg benutzten, sie zu verproviantieren. Ohne diese Hilfeleistungen wären die Kreuzzüge von vorneherein gescheitert. Als unersetzliche Heereslieferanten konnten sie ihre Bedingungen stellen. Sie versorgten auch weiterhin im Heiligen Land die Kreuzritter und erhielten als Gegenleistung in den neu entstandenen christlichen Staaten, die immerhin fast 200 Jahre bestanden, das Recht, in den Hafenstädten ihre Niederlassungen zu gründen, die weitgehend von der Verwaltung und Gerichtsbarkeit der neuen Landesherren befreit waren.

Nicht lange dauerte es, und die Franzosen und Spanier sicherten sich an vielen Orten ähnliche Vorrechte. Barcelona bekam das Vorrecht, das ganze Königreich Aragonien konsularisch zu betreuen. So entstanden inmitten der orientalischen Städte rasch wachsende Kolonien ausländischer Kaufleute, wobei die byzantinisch-arabische Organisationsform das Vorbild lieferte. Das mindeste, was diese Kolonien besaßen, war ein Fondaco, ein festungsartig aus seiner Umgebung aufragendes mehrstöckiges Gebäude. Ein einziges Tor gewährte den Zugang. Es führte in einen der Höfe. Um diese herum gruppierten sich die Läden und Warenlager. In den oberen Stockwerken wohnte als Leiter des Ganzen ein von der Heimatstadt ernannter hoher Beamter, eben der Konsul oder welchen Titel er auch führen mochte. Ferner waren dort sein Stab und ortsansässige Kaufleute der eigenen Nation untergebracht. Auch gab es Räume für Durchreisende, besonders auch für Pilger. War die Kolonie sehr groß, so konnte sie mehrere Fondachi, ja ganze Stadtviertel besitzen. Das Hauptbeispiel sind die Quartiere der Genueser und Venezianer in Pera, der Vorstadt Konstantinopels jenseits des Goldenen Horns, die auch den Einbruch der Türken überstanden.

Die Trennung von der Bevölkerung des Gastlandes wurde in keiner Weise als diskriminierend empfunden. Sie war ein Schutz gegen eine oft unberechenbare und gelegentlich sehr fremdenfeindliche Umgebung. Man war unter sich und konnte, was damals wesentlich war, den Vorschriften der eigenen Religion ungefährdet nachkommen. Welche Bedeutung dieser Punkt hatte, zeigt noch eine Abmachung im Handelsvertrag zwischen Österreich und Algerien aus dem Jahre 1748, die wie folgt lautet:

»Österreichische Untertanen, die sich als Sklaven in Algier befinden, gleichgültig, ob sie im öffentlichen oder privaten Eigentum stehen, dürfen nicht gehindert werden, ihr Konsulat aufzusuchen, um am Gottesdienst ihres Bekenntnisses teilzunehmen.«

Der Untergang der Kreuzfahrerstaaten und ihre Eroberung durch den Islam änderte an der Einrichtung geschlossener Kolonien nichts. Die Organisation entsprach ja auch den allgemeinen arabischen Einrichtungen, und die Araber selbst standen jedem Handel freundlich gegenüber, da sie ihn als Quelle des Reichtums eines Landes ansahen, auch der Prophet ihn durchaus gebilligt hatte. Die Kolonien gewannen im Gegenteil sogar an Bedeutung, da ihr Hinterland nunmehr die ganze arabische Welt umfaßte.

Innerhalb weniger Generationen, vom Jahre 1100 n. Chr. an gerechnet, war der östliche Mittelmeerraum von einem dichten Netz ausländischer Niederlassungen überspannt, sei es in mohammedanischen oder in christlichen Ländern; denn auch diese übernahmen zum Teil die praktische Einrichtung. Eine der berühmtesten Handelsstätten war der Fondaco dei Tedeschi in Venedig. Die großen Augsburger Firmen wie die Fugger und Welser hatten hier ständig Kammern gemietet. Als der Fondaco abbrannte, ließ ihn der Rat der Stadt Venedig auf eigene Kosten wieder aufbauen, um die deutschen Kaufleute in der Stadt zu halten. Im Erdgeschoß waren die großen Lagerhallen, über ihnen erhoben sich drei Stockwerke mit Säulenumgängen, um die Kaufleute und Kontore aufzunehmen.

Besonders früh taten sich die Bürger von Pisa hervor, die schon seit dem Ende des 10. Jahrhunderts reich und gefürchtet waren. Pisa lag damals noch am Meer. Sie schlossen mit dem byzantinischen Kaiser Alexios einen Vertrag, der ihnen das Recht auf freie und unbelästigte Seefahrt im Bereich des byzantinischen Reiches einräumte sowie auf Gründung von Niederlassungen unter Leitung eines Konsuls. Auch dieser Titel, der sich später allgemein durchgesetzt hat, geht auf Pisa zurück.

Diese Konsuln oder welche Titel sie auch führen mochten, am berühmtesten war der venezianische »Bailo« in Konstantinopel, wurden im allgemeinen von dem Rat ihrer Heimatstadt ernannt, manchmal auch von den Kaufmannsgilden oder Reedereiverbänden gewählt, wobei die Wahl durch den Rat bestätigt werden mußte. Er war dann der oberste Verwaltungsbeamte seines Bereichs. Häufig trieb er selbst kaufmännische Geschäfte und war auch der Bankier seiner Landsleute. In Schiffahrts- und Seemannssachen war er im Ausland die oberste Instanz. Außerdem besaß er weitreichende notarielle Befugnisse. Nachlässe verstorbener Landsleute hatte er zu sichern und für die Abwicklung der Erbschaft zu sorgen. Außerdem hatte er für die Ordnung in seinem Viertel oder Fondaco zu sorgen und die Einwohner und durchreisenden Gäste zu betreuen. Nur in bezug auf die Strafgerichtsbarkeit gab es erhebliche Einschränkungen. Schwere Verbrechen, insbesondere wenn für sie die Todesstrafe vorgesehen war, fielen nicht in seine richterliche Zuständigkeit.

Der Konsul bedurfte zahlreicher Hilfskräfte, um allen seinen Aufgaben nachzukommen. Außer seinem Vertreter, dem Vizekonsul, gab es einen Kanzler, als obersten Chef für die laufenden Verwaltungsaufgaben, einen Konsulatsgeistlichen, Dolmetscher, einen Schatzmeister, der die Gebühren einzog, mit denen der Fondaco unterhalten wurde. Die Größe ihres Stabes, einschließlich des Haus- und Stallpersonals einschließlich der Zahl der Pferde war den Konsuln vielfach genau vorgeschrieben. Die Konsulwürde wurde nicht selten abgelehnt, da die finanzielle Belastung oft sehr hoch war und nicht immer durch die Gebühren voll abgegolten wurde. Andererseits gab es auch Fälle, daß die Konsuln ihre Schlüsselstellung ausnutzten, um Riesengewinne, sei es durch Wucher oder andere Manipulationen, zu erzielen.

Die Unverletzlichkeit, die die Konsuln im allgemeinen genossen, bewahrte sie nicht immer davor, wegen irgendwelcher Handlungen oder des Verhaltens von Landsleuten von den örtlichen Machthabern zur Rechenschaft gezogen zu werden. Im Jahre 1302 war die Beschlagnahme eines für Alexandria bestimmten Sklaventransportes durch die venezianischen Behörden auf Kreta ein Anlaß für den Emir von Alexandria, den venezianischen Konsul ins Gefängnis zu werfen. 1409 wurde der katalanische Konsul bis aufs Blut ausgepeitscht, weil er seinen Landsleuten geraten hatte, wegen einer zu erwartenden riesigen Geldbuße, das Land schleunigst zu verlassen. Der Bey von Algier machte seinem Unwillen gegenüber den Franzosen eines Tages dadurch Luft, daß er deren Konsul vor die Mündung einer Kanone binden ließ.

Neben Konstantinopel war im Mittelalter Alexandria ein Mittelpunkt des Handels. Die arabischen Quellen geben ein anschauliches Bild. Der östliche Hafen, der Portus Magnus der Antike, war für die Schiffe der Christen bestimmt, der westliche, einst von den Ptolemäern angelegt, war den Moslem vorbehalten. In der Stadt reihte sich Fondaco an Fondaco. Die Venezianer, Genuesen, Pisaner, Florentiner, Neapolitaner, Marseiller, Katalanen, aber auch die Orden der Templer und Johanniter u. a. hatten hier ihre Niederlassungen. Der Nahe und Ferne Osten war ebenso zahlreich vertreten. Ibn Batuta, uns schon von China her bekannt, besuchte 1326 die Stadt und schrieb, daß er im gesamten Raum des Mittelmeeres nichts Vergleichbares gesehen habe, und ein Franzose, Guillaume de Marchant, nannte 1367 Alexandria die Königin des Mittelmeeres.

Sehr genau wurde die Handelskontrolle durchgeführt. Auf Bürokratie verstanden sich die Ägypter bereits seit der Pharaonenzeit. Der Handel war für den Sultan die Haupteinnahmequelle. Die Schiffe mußten mit eingezogenen Rudern und gerafften Segeln in den Hafen einlaufen. Nachts wurde die Hafeneinfahrt durch eine Kette gesperrt. Kein Schiff konnte, ohne Zoll und Gebühren zu bezahlen, den Hafen verlassen.

Jeder Ankömmling hatte zunächst ein Goldstück als Landegebühr zu bezahlen, außerdem hatte er ein Empfehlungsschreiben vorzuweisen, das von einem der Ägyptischen Agenten ausgefertigt war, die in zahlreichen europäischen Häfen bestellt waren, um die ägyptischen Interessen zu vertreten. Sie waren eine Art Ägyptisches Konsularkorps.

Die Listen mit den Namen der Ankömmlinge und die Warenverzeichnisse wurden durch Brieftauben der Zentralverwaltung des Sultans in Kairo übermittelt. Die Entscheidungen gingen auf dem gleichen Luftpostweg zurück.

Das Landesinnere war, vor allem der Zugang zum Roten Meer, für alle Christen gesperrt. Hier war die Domäne des Handels den

Moslems vorbehalten. Die Händlergemeinschaft der Karamiten hatte hier eins ihrer Hauptbetätigungsfelder gefunden. Sie waren eine ausschließlich mohammedanische Vereinigung, von der auch die im Orient ansässigen Juden ausgeschlossen wurden, die in einer anderen Gemeinschaft, der der Radamiten, seit Jahrhunderten bereits einen ebenfalls weltweiten Fernhandel betrieben. Gegenstand dieses Handels waren überwiegend Luxusgegenstände, während die Karamiten es vorzogen, mit Pfeffer, Gewürzen, Salz, Zucker und anderen Naturprodukten sowie mit Fertigwaren des täglichen Gebrauchs zu handeln. Beide Vereinigungen aber befaßten sich intensiv mit dem äußerst einträglichen Sklavenhandel.

Die Karamiten hatten eigene Kriegsschiffe im Roten Meer. Sie sollten die Handelsflotten schützen, die ihren Weg nach Indien und Ceylon, aber auch an die ostafrikanischen Küsten nahmen. Karawanen der Karamiten überwanden die Weiten des Sudans, der Sahara und Nordafrikas. Die Gesellschaft unterhielt Fondacos in Kairo, Alexandrien, Kus (Oberägypten), in Aden und Mekka und an beiden Ufern des Roten Meeres. Das Risiko war erheblich, die Gewinne entsprechend hoch. Ein Gewinn von 1000 % sei keine Ausnahme gewesen, und es wird von den arabischen Chronisten berichtet, daß ein karamitischer Kaufmann aus dem Ertrage eines einzigen Tages eine Schule habe erbauen lassen. Alexandrien und Ägypten florierten.

Die Höhe der Einnahmen reizte die Mamelucken-Sultane. Die Abgaben reichten ihnen nicht mehr, sie wollten den gesamten Gewinn. Eines Tages ließen sie die gesamten Pfefferbestände der Radamiten beschlagnahmen und für eigene Rechnung verkaufen. Sie errichteten ein staatliches Handelsmonopol. Die Kaufleute verwandelten sich in Beamte. Binnen eines Menschenalters war es aus mit dem lukrativen Handel. Kein Staatsfunktionär kann ein kaufmännisches Risiko übernehmen, denn man würde ihn für den Verlust verantwortlich machen müssen. Der Gewinn kann den Beamten nicht reizen, der geht an die Staatskasse. Ließe man den Funktionären freie Hand, dann würde das Geld in Kürze in ihre Taschen fließen. Also hält man sie mit Recht unter Aufsicht. Leider wurden hierbei die Umsätze immer kleiner. Um den Einnahmeausfall auszugleichen, erhöhte der Staatsbetrieb die Preise, bis die Produkte – es war hier insbesondere der Pfeffer – so überteuert waren, daß der europäische Markt, der Hauptabnehmer bisher, sie nicht mehr abnahm, sie schlechthin nicht mehr abzusetzen waren.

Da aber Europa den Pfeffer nicht entbehren wollte, suchte man neue Wege zu den Rohstoffquellen. Die Portugiesen fanden den Seeweg nach Indien. Ägypten war aus dem Handel ausgeschaltet. Das Mittelmeer mußte seine verbindende Rolle an den Atlantik abtreten. Der Welthandel ging an die Portugiesen über, dann an die Holländer, die man deshalb gern als Pfeffersäcke bezeichnete, und zum Schluß an die Engländer. Amsterdam und London lösten Konstantinopel und Alexandrien ab. 1455 war kein Radamit mehr auf ägyptischem Boden tätig. Ägypten verarmte.

Inzwischen aber hatte sich das Konsulatswesen auch über das westliche Mittelmeer und bis ins europäische Binnenland verbreitet. Barcelona unterhielt im 14. Jahrhundert nicht weniger als 55 Konsulate. Zurückhaltend waren die Engländer. Sie nahmen jahrhundertelang keine Konsuln bei sich auf. Erst 1485 bestellt Richard III. zum ersten Mal einen Konsul im Ausland. Es war ein Italiener, Lorenzo Strozzi, der den englischen Hafen in Pisa betreuen sollte. Die ersten russischen Konsuln gab es erst unter Peter dem Großen, und zwar in Amsterdam und in Bordeaux.

Die Entwicklung in Deutschland hatte einen anderen Weg genommen. Der Fernhandel war in ganz wesentlichen Teilen auf den Norden und Osten ausgerichtet. Träger dieses Handels waren die in der Hanse zusammengefaßten deutschen Städte. Ihre »Höfe« hatten Aufgaben, die denen der Fondachi in vielfacher Beziehung entsprachen. Diese Höfe bestanden in Riga und anderen Ostseehäfen, aber auch im norwegischen Bergen, der als Tyske Brügge in Teilen bis heute erhalten ist, bis zum fernen Rußland in Nowgorod. Vorort der Hanse war Lübeck. Im 15. Jahrhundert erließ der Senat dieser Stadt ein eingehendes Reglement über den Rußlandhandel in Nowgorod.

Die Kaufmannskolonie war nach außen streng abgeschirmt. An ihrer Spitze stand ein von der Lübecker Behörde für den Außenhandel entsandter Ältester, praktisch ein Konsul. Gleichzeitig mit ihm pflegten zu seiner Unterstützung zwei Beisitzer und ein Sekretär nach Rußland auszureisen. In Nowgorod angekommen hatte der Konsul einen Handelsbeirat sowie Funktionäre für Rechtsprechung und Verwaltung zu ernennen. Die Leitung des »Hofes« hatte nach der Reformation sorgfältig auf die Pflege des evangelischen Kultus für alle Insassen zu achten, vor allem durch tägliche Bibellesungen, für die eine Dauer von einer Stunde vorgeschrieben war. Der Älteste hatte die Befugnis, nach seinem Ermessen Befehle und Verbote auszusprechen. Wer ihm den Gehorsam verweigerte, verlor sein Recht als Kaufmann, sowohl in Nowgorod wie auch in allen anderen Hansestädten.

Schwere Verbrechen wie Mord und Diebstahl kamen vor den Lübecker Senat. Für leichtere Delikte, die mit Geldstrafen geahndet wurden, war die Konsulargerichtsbarkeit zuständig. Der Appell an ein russisches Gericht war verboten. Wer betrog, wurde aus der Gemeinschaft ausgestoßen. Die deutschen Kaufleute hatten im »Hof« zu wohnen und zu essen. Für die Mahlzeiten gab es drei Tische: einen für den Ältesten und seine Assessoren, einen für die Handelsherren und einen dritten für das Personal. Alle hatten anständig, bescheiden und ohne Luxus gekleidet zu sein. Für Trunkenheit, Glücksspiel und Ausschweifungen aller Art, Mangel an Sauberkeit in den Zimmern und Unvorsichtigkeit im Umgang mit Feuer und Licht waren Ordnungsstrafen vorgesehen. Wer aus der Niederlassung abreisen wollte, bedurfte der vorherigen Genehmigung des Ältesten. Nicht-hanseatische Fremde wurden nicht in die Gemeinschaft aufgenommen. Jeder Kaufmann hatte sich bei seiner Ankunft eidlich zur Einhaltung der Bestimmungen des Reglements zu verpflichten.

Die Entwicklung in China wies ähnliche Züge auf. Hier blühten seit dem 8. Jahrhundert in den größeren Hafenstädten insbesondere die arabischen Handelsniederlassungen mit ihren Faktoreien. Kanton war der bedeutendste Hafen jener Zeit und geradezu durch diese Handelsniederlassungen geprägt. Neben den Arabern waren vor allem Perser und Juden vertreten. Diese werden 879 zum ersten Mal in den chinesischen Unterlagen genannt. Die verschiedenen Kaufmannschaften waren in der Regel in besonderen

Quartieren untergebracht, die ihnen die chinesischen Behörden zuwiesen. Es kam aber auch durchaus vor, daß sie sich in chinesische Wohnviertel einmieteten. Sie waren, wie bereits das Gesetzbuch der T'ang für alle Fremden vorsah, ihrer eigenen Gerichtsbarkeit unterstellt. Das geschah in der Form, daß die chinesischen Behörden aus den Kreisen der in Betracht kommenden Kaufmannschaft einen Mann bestimmten, der alle sich ergebenden Streitigkeiten und sonstige Fragen unter den Fremden, aber auch zwischen diesen und den Chinesen zu regeln hatte. Er war der chinesischen Behörde gegenüber verantwortlich. Die Ehe mit Chinesinnen war erlaubt und häufig. In einem Edikt aus dem Jahre 628 wurde allerdings verboten, daß Angehörige eines fremden Volkes ihre chinesischen Konkubinen in ihre Heimat mitnehmen durften.

Bei den Kaufleuten handelte es sich meist um sehr reiche Leute. In der chinesischen Sprache der damaligen Zeit galt der Ausdruck »armer Perser« als ein Widerspruch in sich selbst.

Auch die ersten Europäer, d. h. zunächst die Portugiesen, unterlagen diesen Formen und paßten sich ihnen an. Allerdings kam es hier, besonders im Anfang, zu verschiedenen Schwierigkeiten, da Sitten und Gebräuche zu unterschiedlich waren. Das fing damit an, daß die Chinesen z. B. das erste freundlich gemeinte Salutschießen der Portugiesen gröblich mißverstanden. Später kannte man sich besser.

Der Umfang des Handels war allerdings stark zurückgegangen. Das betraf vor allem die arabischen Kaufleute. Später wurde den Portugiesen der Vorrang von den Holländern, diesen von den Engländern abgelaufen. 1760 konzentrierte die chinesische Regierung den gesamten Seehandel auf Kanton. Das entsprach der eigenen verwaltungsmäßigen Konzentration. Denn nach aller Tradition war der Fernhandel nicht frei in der Hand von Privatleuten, sondern ein Staatsmonopol. Da man den Handel nach den alten konfuzianischen Anschauungen nicht zu Gewinnzwecken betrieb – es war ein Gnadenakt des Kaisers, den Barbaren ein Stück chinesischer Kultur zu übereignen –, unterhielten die Chinesen selbst (von einer kurzen Zwischenperiode abgesehen) keine Außenhandelsniederlassungen. Der gesamte Güteraustausch ging deshalb über ihre eigenen Häfen und wurde durch Kaufleute als Beauftragte des Außenhandelsmonopols abgewickelt. Diese Monopolverwaltung wurde nun ebenfalls in Kanton konzentriert. Das führte zu einer einheitlichen Behandlung aller Importe, von welchem Lande sie auch ausgingen. Diese Art der Verwaltungsführung bewährte sich auch gegenüber der ungezügelten Konkurrenz der verschiedenen handeltreibenden Länder Europas und einzelner Handelsfirmen.

Diese europäischen Faktoreien erhielten in einem begrenzten Bezirk außerhalb der Mauern Kantons ihre Quartiere und Lagerräume zugewiesen. Die Europäer durften die Stadt Kanton nicht betreten. Den Verkehr mit den Ausländern hielten chinesische Kaufleute aufrecht, die nicht für ihre Firma, sondern für die Monopolverwaltung arbeiteten. Sie waren sogar bis zu einem gewissen Grade für das Wohlverhalten der ausländischen Kaufleute verantwortlich.

Man sieht, daß ähnliche Verhältnisse zu ähnlichen Lösungen führen. Die Parallelen zu Byzanz und Alexandria sind unverkennbar.

14.
Das Reich der Mongolen

Wer den Sohn Gottes und Herrn der Welt, den Großkhan, anerkennt und sich unterwirft, wird gerettet werden, wer die Unterwerfung verweigert, wird ausgerottet werden.

Brief des Großkhans an den Papst

Während das Abendland mit dem Islam um die heiligen Stätten in Jerusalem stritt, erhob sich im Fernen Osten die gewaltige Gestalt des Dschingis Khan. 56 Jahre war er bereits alt, als er Großkhan wurde, Khagan, der Oberherr über alle mongolischen Horden. Die ihm noch verbleibende Lebenszeit aber genügte, das größte Weltreich zu errichten, das je auf diesem Erdball bestanden hat.

Wie die Wellen eines Seebebens brandeten die Scharen seiner Steppenvölker gegen die Randgebiete der seßhaften und zivilisierten Welt. China leistete mit Teilerfolgen einen verzweifelten Widerstand. Aber nach Westen ergoß sich der Strom ungehindert durch ganz Mittelasien bis tief nach Europa und in den Vorderen Orient. Persien wurde überrannt, dann das Zweistromland, erst an den Grenzen Ägyptens wurde der Vorstoß durch die militärische Tüchtigkeit der Mamelucken aufgefangen. Das deutsch-polnische Heer, das sich bei Liegnitz den Horden entgegenwarf, wurde vernichtet. Wenig nützt ein Schwert gegen Bienenschwärme. Die Horden erreichten Thüringen, drangen in Ungarn ein, erreichten die Adria, um dann ebenso blitzschnell, wie sie gekommen waren, wieder zu verschwinden.

Dschingis Khan war gestorben. Die inneren Zwistigkeiten um die Nachfolge ließen es dem Khan der Goldenen Horden Batu geraten erscheinen, sich aus den westlichen Teilen Europas zurückzuziehen und sich an der Wolga festzusetzen, um dem Mittelpunkt der mongolischen Macht, Karakorum, näher zu sein.

Der Vorstoß der Mongolen führte zu einer diplomatischen Intervention des Papstes Innozenz IV. Er schickte eine Gesandtschaft an den Hof des Großkhans. Leiter war der Franziskanermönch Giovanni de Piano Carpini. Es war einer der merkwürdigsten diplomatischen Aufträge, die je im Abendland vergeben wurden. Carpini sollte dem Großkhan einen Brief überbringen, der die Mahnung erhielt, von dem christlichen Europa abzulassen und selbst Christ zu werden.

Im Hintergrund dieses Verlangens stand eine alte Überlieferung, daß im Fernen Osten Christen herrschten. Es war der Mythos vom Priester Johannes und der Glaube, daß es möglich sein müsse, mit diesen Christen in Verbindung zu treten, sogar politisch, um gemeinsam den Islam zu bekämpfen. Vielleicht wußte man sogar mehr, als uns die alten Quellen überliefern, nämlich daß tatsächlich einige Mongolenführer Christen waren. Die Sekte der christlichen Nestorianer war weit nach Osten vorgedrungen und hatte ihren Glauben verbreitet. Es ist durchaus möglich, daß man dies in Rom wußte; denn kaufmännische Verbindungen bestanden seit alters her und waren nie ganz abgerissen, sei es über die berühmte Seidenstraße, die durch den ganzen Kontinent lief und China mit dem Schwarzen Meer verband, sei es auf dem Seewege, der von China über Indien bis zum Roten Meer führte. Man hielt jedenfalls die Gesandtschaft für zweckmäßig und durchführbar, so muß man annehmen.

Am Ostersonntag 1245 bricht Carpini auf. Er ist kein junger Mann mehr, sondern hat die Sechzig überschritten. Er ist weit in Europa umhergekommen und hat seinen Orden in Böhmen und Ungarn, aber auch in Norwegen und Spanien vertreten. Offensichtlich kennt er den Weg, den er einschlagen muß, um nach Karakorum zu gelangen. Über Böhmen und Polen schlägt er den Weg nach Kiew ein, und dann über Don und Wolga auf das heutige Saratow zu. Hier ist er bereits mitten im Herrschaftsgebiet der Goldenen Horde. Er erhält die Bestätigung, daß sich der Großkhan zur Zeit in Karakorum aufhält. Es ist Güyük, der Enkel des Dschingis Khan, der in Kürze die Oberherrschaft über alle Mongolen formell übernehmen soll. Im Abendland würde man es seine Krönung nennen. Zu diesem Ereignis kommen Gesandte aus aller Welt. Und ganz zwanglos sieht man auch Carpini als einen solchen

Abgesandten an, der die Glückwünsche seines Herrn dem neuen Herrscher der Welt überbringt. Aber die Zeit drängt, wenn er noch rechtzeitig eintreffen soll. So vertraut man also Carpini und seine Begleiter in Saratow der mongolischen Reichsstafettenpost an. Sie ist die schnellste Verbindung. Sie reicht von Kiew bis zu den östlichen Residenzen des Reiches. Später einmal wird Kanton ihr östlicher Endpunkt sein.

Carpini hat die ungeheuerliche Strapaze dieser Reise dargestellt. Den Aufbau dieser Reichspost kennen wir aber genauer aus den Berichten Marco Polos:

»... auf jeder der großen Heerstraßen gibt es im Abstand von 25–30 Meilen Posthäuser. Sie haben mehrere gut eingerichtete Zimmer, mit Seidentapeten, selbst Könige können angemessen auf diesen Poststationen untergebracht werden. An jeder dieser Stationen stehen an die 400 tüchtige Pferde bereit, so daß alle Gesandten und alle Boten des Großkhans dort einkehren und ihre Pferde wechseln können. Der Khan bestimmt die Leute, die in der Station zu wohnen haben und die zum Postdienst in Bereitschaft stehen ... Nicht weniger als 200 000 Pferde stehen der Post zur Verfügung, und 10 000 Posthäuser sind voll eingerichtet. ...«

Das ist die normale Postverbindung. Daneben gab es aber noch Zwischenstationen für die Eilpost.

»Zwischen den Poststationen, etwa alle drei Meilen, sind kleine Dörfer, in denen Eilboten wohnen. Sie haben an ihrem Gürtel kleine Glocken hängen, die ihr Kommen schon von weitem ankündigen. Dann macht sich der nächste Kurier fertig, um sofort den Briefsack zu übernehmen und zur nächsten Station zu bringen.«

In dieses Postsystem war die Reise Carpinis eingeschaltet. Er selbst berichtet:

»Wir ritten so schnell, als unsere Pferde im Trab laufen konnten, und wechselten fast täglich drei oder viermal die Pferde. Vom frühen Morgen bis in die Nacht hinein saßen wir im Sattel, oft sogar noch in der Nacht. Pausenlos ging es weiter. Vor Müdigkeit konnten wir uns kaum noch aufrecht halten. In der Fastenzeit vor Ostern ernährten wir uns nur von Hirse, mit Salz in Wasser gekocht. Zu trinken hatten wir nichts als Schnee ...«

Im Fortgang der Reise wurde die Schnelligkeit noch gesteigert. Man wechselte 5- bis 7mal am Tage die Pferde. Ein einziges Mal in 14 Tagen klappte es mit den Ersatzpferden nicht, und es gab einen Tag der Rast.

So ging die Reise in einem für das damalige Europa unvorstellbaren Tempo durch die Weiten Asiens, nördlich am Aralsee vorbei und dann durch die Dsungarische Pforte nach Karakorum. Nach knapp vier Monaten, Ende August 1246, wird Carpini den Feierlichkeiten der Übernahme des Großkhanats beiwohnen und den Brief des Papstes überreichen. Inzwischen macht er einige Feststellungen. Es gibt hier tatsächlich Christen. Schon in der Dsungarei war man in einem Dorf auf zahlreiche Deutsche getroffen, die nach Gold gruben und Waffen herstellten. Es war ein von den Mongolen dorthin verschlepptes siebenbürgisches Bergarbeiterdorf, dessen Fachkräfte man bei sich einsetzte, frühe Vorläufer der deutschen Atom- und Raketensachverständigen, die nach dem zweiten Weltkrieg den gleichen Weg antraten, im Unterschied zu damals aber zurückkehren konnten. Auch in Karakorum gab es Deutsche, Flamen, Engländer und Franzosen. Aber nicht nur unter diesen, auch unter den Mongolen und Chinesen lebten Christen. Diese heißen bei Carpini wie heute noch in der russischen Sprache Kitai. Er berichtet von ihnen:

»Die Kitai sind Heiden und haben eine besondere Schrift. Sie haben, wie man sagt, das Alte und das Neue Testament, haben Lebensbeschreibungen der Väter, haben Einsiedler und Gebäude, die unseren Kirchen ähnlich sind, und in denen sie zu bestimmten Zeiten beten. Sie sagen, sie hätten auch einige Heilige. Sie beten nur einen Gott an und ehren unseren Herrn Jesum Christum und glauben an ein ewiges Leben. Sie ehren und achten unsere Heilige Schrift, haben die Christen gern und tun sehr viele Werke der Barmherzigkeit ...«

Ahnenkult und Buddhismus, nestorianisches Christentum ließen aufgrund unvollständiger und nicht voll verständlicher Informationen Carpini zu diesem etwas wirren Bild kommen. Die Mongolen waren religiös tolerant. Schon Dschingis Khan hatte in seinem Grundgesetz festgelegt, daß es nur einen Gott gebe, die Art seiner Verehrung aber verschieden sei und jedem freistände. Guyuk hatte in einem Ausführungsgesetz hinsichtlich der Christen verordnet, »daß im Gesetz Gottes kein Unterschied sein solle zwischen einem Lateiner, einem Griechen, einem Armenier, einem Nestorianer, einem Jakobiten und allen anderen, die das Kreuz anbeten; denn alle sind bei uns eins!«

Daraus geht hervor, wie gut man am Hofe des Großkhans das Christentum in seinen verschiedenen Erscheinungsformen kannte. Man hatte ja auch die verschiedensten Länder, in denen ein bestimmtes Christentum gepredigt wurde, unterworfen. Einer der Generäle Guyuks war Christ, ebenso einer seiner Ärzte und Hofbeamten.

Drei Monate bleibt Carpini am Hofe des Khans. Dann erhält er ein Antwortschreiben an den Papst. Der Brief zeigt, daß der Mongolenherrscher ebenso wie der chinesische Kaiser nur Tributgesandtschaften kennt. So hatte er auch den Auftrag Carpinis angesehen – als ein Unterwerfungsschreiben, jedenfalls wird der Brief in diesem Sinne beantwortet:

> »Deshalb sollt Ihr selbst an der Spitze aller Eurer Könige kommen und Uns Eure Dienstbereitschaft und Huldigung erweisen. Und wenn Ihr dem Befehl Gottes nicht folgt, so werden wir Euch als Feinde ansehen. Wer den Sohn Gottes und Herrn der Welt, den Großkhan, anerkennt und sich unterwirft, wird gerettet werden, wer die Unterwerfung verweigert, wird ausgerottet werden …«

So hätte auch der Sohn des Himmels schreiben können, wenn er es auch milder und verblümter ausgedrückt hätte. Es wird ein Standardschreiben der Hofkanzlei des Khans gewesen sein. Jedoch die Aufforderung des Papstes an den Großkhan, dem

Christentum beizutreten, wird in einem besonderen Absatz behandelt:

»Ihr Bewohner der westlichen Welt glaubt, allein Christen zu sein, und verachtet die anderen. Woher wißt Ihr aber, wer vor dem Angesicht Gottes würdig erscheint, seiner Gnade teilhaftig zu werden? Wenn Ihr meint: Ich bin Christ, ich bete zu Gott und ich diene ihm und ich hasse die anderen, woher wißt Ihr, wen Gott für gerecht hält und wem er seine Gnade erweist?«

Es ist die alte Weisheit Asiens, in Fragen des Glaubens das aut – aut, also das entweder – oder, durch das et – et zu ersetzen, alle Religionen sind Wege.

Die diplomatische Mission Carpinis ist gescheitert. Auf dem gleichen Wege, aber diesmal im Winter, kehrt er zurück. Ein Schutzbrief des Khans sichert ihn: »In der Kraft des ewigen Himmels, Befehl vom Khan des großen Volkes der Mongolen, wenn er zu Völkern kommt, die Wir unterworfen haben, sollen sie ihm Achtung und Ehrfurcht erweisen!«

Carpini ist wieder in Rom. Er bringt Neues mit. Seine Historia Mongolorum ist in die Literatur Europas eingegangen. Carpini hat außerdem die Möglichkeit bewiesen, unter Umgehung der arabischen Länder auf dem Landweg in den Fernen Osten zu gelangen. Beides bedeutete im Endergebnis mehr als das Scheitern seiner Mission.

Einige Jahre später ging der Flame Wilhelm von Ruysbroek als Gesandter an den Hof des Großkhans. Ludwig IX. von Frankreich war sein Auftraggeber, aber auch einen Brief des Papstes hatte er zu übergeben. Er hat, wie man mit Sicherheit annehmen kann, Carpini vor seiner Abreise gesprochen, um sich zu orientieren. Aber er verfügte auch über eigene Erfahrungen. Er hatte an einigen Kreuzzügen teilgenommen, kannte den Vorderen Orient und hatte dort mancherlei über die Mongolen erfahren. So hatte man ihm mitgeteilt, daß an der Wolga ein Mongolenfürst herrsche, der Christ sei. Das veranlaßt Ruysbroek, einen anderen Reiseweg zu wählen, als Carpini ihn eingeschlagen hatte. Zu den Handelszentren an der Wolga führen seit alters her Reiserouten, die vom

I. König Salmanasser III. von Assyrien (858–824 v. Chr.) empfängt tributzahlende Abgesandte des Königs Jehu von Israel; sie wurden von Palastbeamten zum König geleitet. Relief und Inschrift des hier abgebildeten Obelisken haben Salmanasser III. diese Szene überliefert (das Original befindet sich im Britischen Museum in London).

II. Vertrag zwischen Athen und Samos, geschlossen um 403/402 v. Chr. – zu einer Zeit also, als in Athen die Demokratie gerade wiederhergestellt war und auch die Solonischen Gesetze neu aufgezeichnet wurden. Diese Inschrift endet oben mit einem Relief, auf dem die beiden Schutzgöttinnen Athena für Athen und Hera für Samos abgebildet sind.

III. Dieses Triumphalrelief am Konstantinsbogen in Rom beschreibt die Begegnung des römischen Kaisers mit einem germanischen Fürsten – beide verhandeln miteinander.

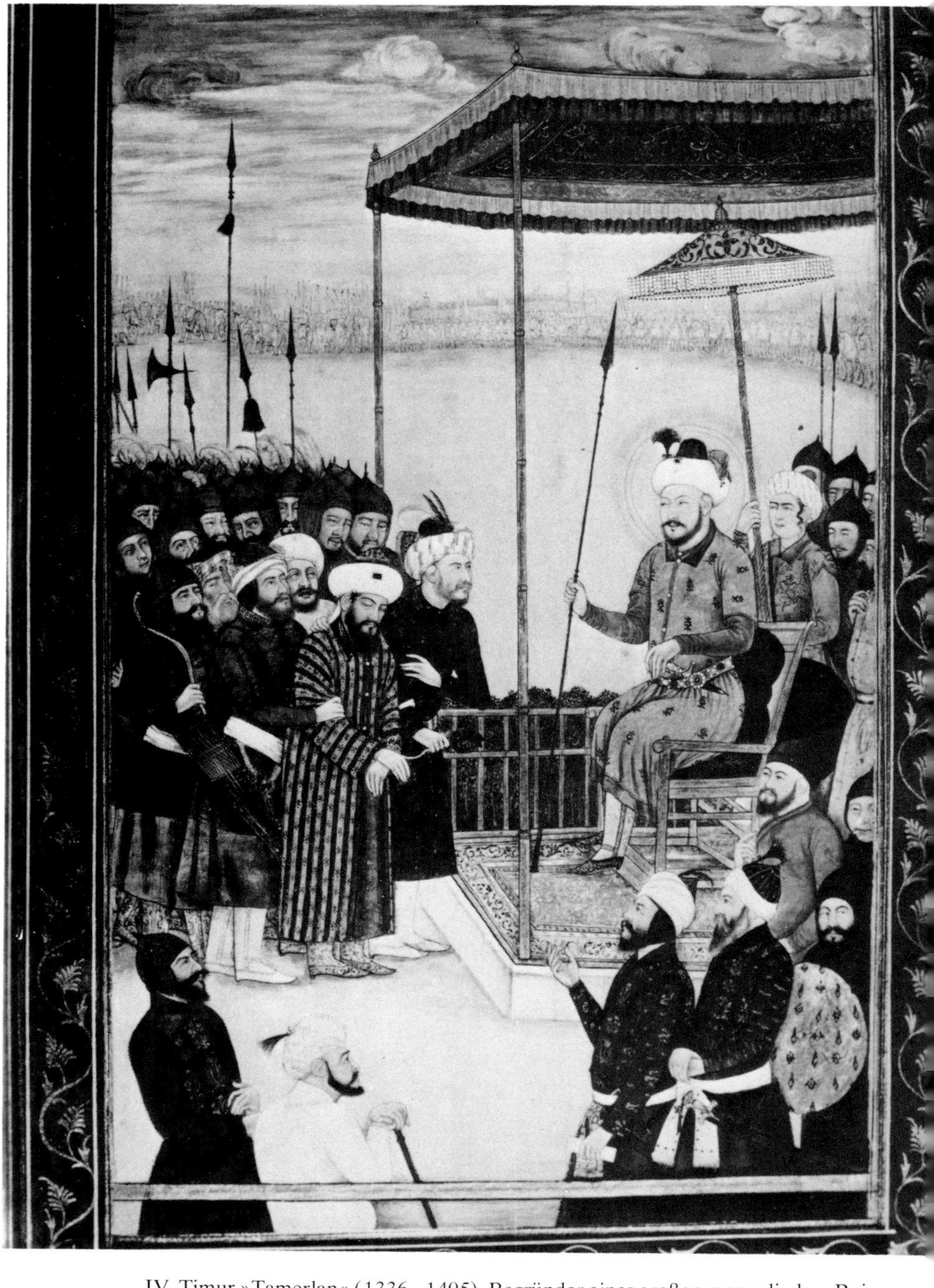

IV. Timur »Tamerlan« (1336–1405), Begründer eines großen mongolischen Reiches in Mittelasien, empfängt den gefangenen Sultan Bayasid nach der Schlacht von Angora im Jahre 1402. Die abgebildete Miniatur entstand um 1700.

V. oben: Die Mandarine empfangen den französischen Gesandten Baron Gros zur Unterzeichnung des »Vertrages von Tientsin« zwischen Frankreich und China (27. Juni 1858). Der Vertrag, der auch Großbritannien einschloß, eröffnete dem europäischen Handel den Zutritt in das innere Land Chinas und erlaubte ständige Gesandtschaften in Peking. (Zeitgenössische französische Zeichnung)
unten: Szene aus der Zeit des »Opiumkriegs« 1839–42: Der englische Kommandeur Bremer verhandelt mit dem chinesischen Gouverneur von Tschasa, Chang, auf dem englischen Schiff »Wellesley« am 4. Juli 1841. In der Mitte ist der deutsche Missionar Gützlaff abgebildet, der bei den Verhandlungen als Dolmetscher fungierte. (Stich von 1843)

VI. Beglaubigungsschreiben eines kaiserlich deutschen Gesandten in Peking, aus dem Jahre 1911.

VII. Zu Ehren des französischen Reisenden Chardin veranstaltet der persische Vizekönig in Tiflis ein Fest; es fand an einem Januartag des Jahres 1673 statt. (Aus: Chardin, Voyages en Perse, Amsterdam 1735)

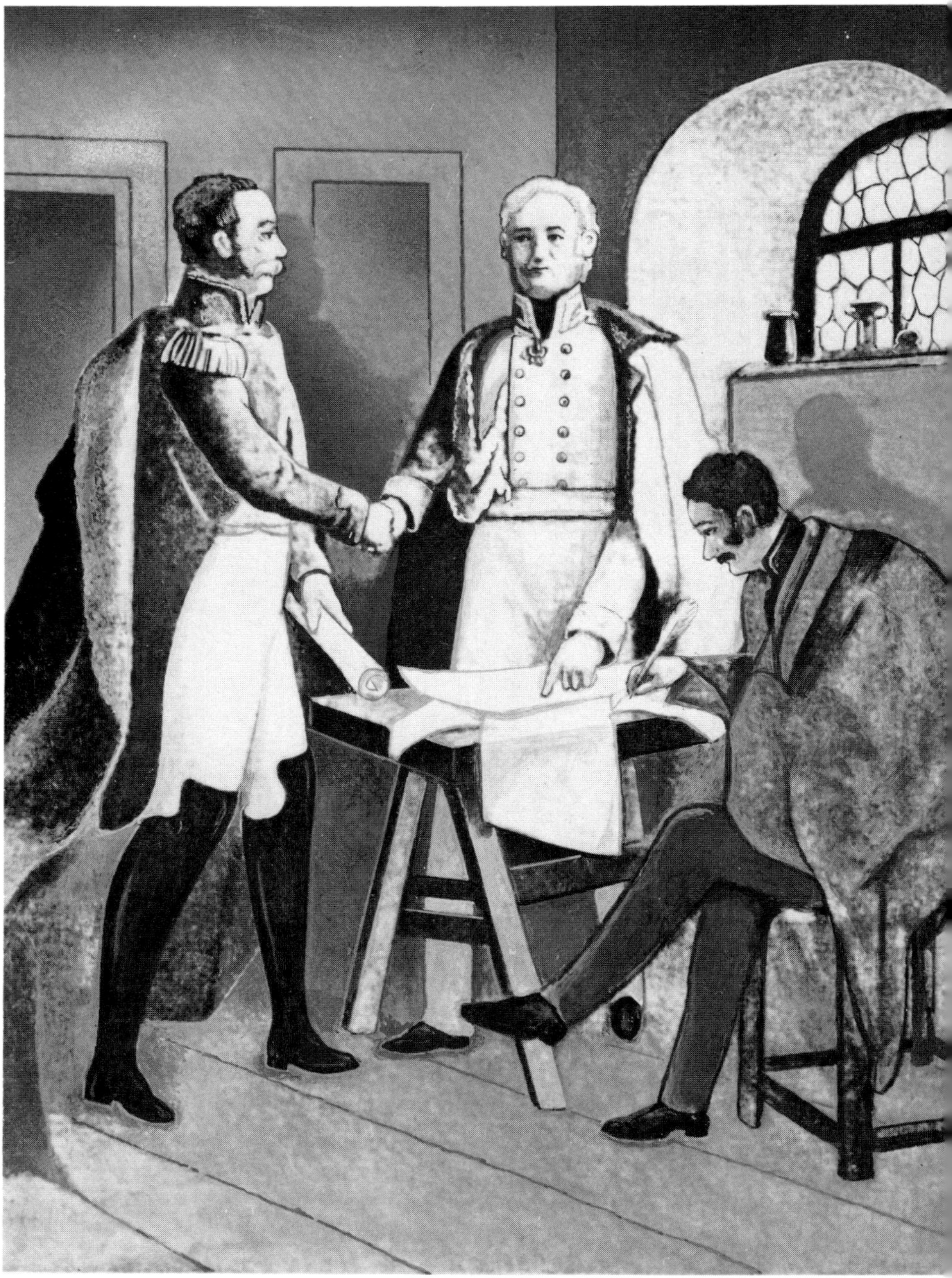

VIII. Eine der Unterredungen zwischen dem General von Yorck und dem russischen General von Diebitsch. Die Verhandlungen führten zu dem berühmten »Vertrag von Tauroggen« (30. Dezember 1812), einem Neutralitätsvertrag zwischen Preußen und Rußland. (Ölgemälde eines unbekannten Meisters, aufbewahrt im Völkerschlachtmuseum in Leipzig)

IX. oben: Begegnung des kaiserlich deutschen und türkischen Großbotschafters in Szön, 1665. (Zeitgenössischer Stich)
unten: Audienzsaal des türkischen Sultans um 1840. (Zeitgenössischer Stich)

X. Begegnung zwischen Kaiser Karl IV. und dem französischen König Karl V. zu Paris im Jahre 1378. (Stich nach einer zeitgenössischen Miniatur)

XI. Mit dem »Westfälischen Frieden« endete einer der furchtbarsten Kriege zwischen Großmächten – der »Dreißigjährige Krieg«. Das Bild zeigt die Abschlußszene im Rathaussaal zu Münster im Mai 1648, wo Kaiser und Reich mit Frankreich Frieden schlossen. (Kupferstich nach einem Gemälde von Gerald Terborch)

DIE FRIEDENSPFEIFE

XII. oben: Die Friedenspfeife. (Kupferstich aus der Reisebeschreibung des Isaac Taylor, 16. Jahrhundert)
unten: Im Jahre 1733 gründete die englische »Kolonisierungsgesellschaft« in Amerika unter General Oglethorpe den Staat Georgia. Die Abbildung zeigt den General mit einheimischen Indianerhäuptlingen beim Beginn der Vertragsverhandlungen. (Zeitgenössischer Stich)

XIII. Adolph Menzel (1815–1905) hat auf diesem Gemälde die Begegnung zwischen Friedrich dem Großen und Kaiser Joseph II. festgehalten. Diese Szene spielte sich auf der Treppe des bischöflichen Palastes in Neiße ab (am 25. August 1768). Auf der Rückseite des überdimensionalen Bildes sind alle Teilnehmer mit Rang und Namen aufgeführt.

XIV. Vertrag zwischen dem Kirchenstaat und dem Norddeutschen Bund, geschlossen 1864. Der äußere Umschlag trägt das große päpstliche Siegel.

AU NOM DE DIEU TOUT-PUISSANT.

Majesté l'Empereur d'Allemagne, Roi de Prusse, Sa Majesté l'Empereur ıtriche, Roi de Bohême, etc. et Roi Apostolique de Hongrie, le Président de République Française, Sa Majesté la Reine du Royaume-Uni de la Grande tagne et d'Irlande, Impératrice des Indes, Sa Majesté le Roi d'Italie, Sa esté l'Empereur de toutes les Russies et Sa Majesté l'Empereur des Ottomans, rant régler dans une pensée d'ordre Européen conformément aux stipulations Traité de Paris du 30 mars 1856, les questions soulevées en Orient par les ıements des dernières années et par la guerre dont le traité préliminaire San Stefano a marqué le terme, ont été unanimement d'avis que la réunion Congrès offrirait le meilleur moyen de faciliter leur entente.

Leurs dites Majestés et le Président de la République Française ont, en séquence, nommé pour leurs Plénipotentiaires savoir:

A MAJESTE L'EMPEREUR D'ALLEMAGNE, ROI DE PRUSSE:

le Sieur Othon, Prince de Bismarck, Son Président du Conseil des Ministres de Prusse, Chancelier de l'Empire,

le Sieur Bernard Ernest de Bülow, Son Ministre d'Etat et Secrétaire d'Etat au Département des Affaires Etrangères,

et

le Sieur Chlodwig Charles Victor, Prince de Hohenlohe-Schillingsfürst, Prince de Ratibor et Corvey, Son Ambassadeur Extraordinaire et Plénipotentiaire près la République Française, Grand-Chambellan de la Couronne de Bavière,

A MAJESTE L'EMPEREUR D'AUTRICHE, ROI DE BOHEME, ETC. ET ROI APOSTOLIQUE DE HONGRIE:

le Sieur Jules, Comte Andrássy de Csik Szent-Király et Kraszna-Horka, Grand d'Espagne de 1ʳᵉ classe, Conseiller Intime Actuel, Son Ministre de la Maison Impériale et des Affaires Etrangères, Feld-Maréchal-Lieutenant dans Ses armées,

XV. Einführungsseite des Abschlußvertrages zum Berliner Kongreß 1878. Es ist der letzte internationale Vertrag mit einer religiösen Formel: »Im Namen des Allmächtigen Gottes« als Überschrift. Der Vertrag trägt u. a. die Unterschriften Bismarcks, Beaconsfield's (Disraeli), Gontscharows etc.

XVI. oben: Botschaft der Bundesrepublik Deutschland in Moskau.
unten: Neues Botschaftsgebäude der Bundesrepublik Deutschland in Washington.

Schwarzen Meer ausgehen. Er begibt sich deshalb nach Konstantinopel, besteigt das Schiff, um von einem Hafen der Krim auf bekannten Handelswegen den christlichen Mongolenfürsten zu erreichen. Der Khan Sartaq empfängt ihn sehr kühl. Ruysbroek stellt fest:

»Ob Sartaq an Christum glaubt oder nicht, weiß ich nicht. Wohl aber weiß ich, daß er es nicht gern hat, Christ genannt zu werden.«

Sartaq weiß nicht recht, was er mit dem Gesandten anfangen soll. Wie es alle Untergebenen seit der Zeit der Pharaonen mit Erfolg getan haben, erklärt er sich für unzuständig und schickt Ruysbroek zur nächsthöheren Instanz, seinem Lehnsoberherrn in Saratow. Das ist sein Vater, Batu, ein Enkel des großen Dschingis Khan, ein bedeutender Herrscher, Herr der Goldenen Horde und möglicher Anwärter auf den Thron des Großkhans. Als ein so mächtiger Mann kann er es sich erlauben, freundlicher zu Ruysbroek zu sein. Sie unterhalten sich, und Ruysbroek erfährt, daß ein Sohn des Fürsten Christ ist, ein Bruder hingegen Mohammedaner, während er selbst dem alten Schamanenglauben seines Volkes anhängt. Bei den mohammedanischen Geschichtsschreibern hat Batu den Ruf königlicher Großzügigkeit. »Seine Freigebigkeit war grenzenlos und seine Großzügigkeit unermeßlich«, heißt es bei den Chronisten. Sowohl Carpini wie Ruysbroek berichten, daß er seine Regierungsgeschäfte in einem Zelt von feinem Leinen führe. Dort mußte äußerste Ruhe herrschen. Niemand durfte das Zelt ohne Erlaubnis betreten. Wer zum Khan befohlen war, kniete auf dem Boden nieder, wenn er mit dem Khan sprach. Ein Sekretär zeichnete das Gespräch auf. Batu selbst saß mit seiner Lieblingsfrau in der Mitte des Zeltes auf einem goldenen Thron, erhöht, um den Raum überschauen zu können. Seine Frauen saßen auf Bänken auf der linken, Brüder, Söhne und Gefolgsleute auf der rechten Seite. Am Eingang stand ein Tisch mit goldenen und silbernen Trinkgefäßen und Schalen für die Stutenmilch, Kumyß. Zum Zeichen der Gastfreundschaft wurde eine solche Schale mit Kumyß angeboten, was als besondere Auszeichnung galt.

Auch Batu hielt sich nicht für zuständig, über die Mission Wilhelm von Ruysbroeks zu entscheiden. So ging dessen Reise nun auch durch die Weiten Asiens auf derselben Strecke wie die Carpinis nach Karakorum, der Residenz der Mongolenherrscher. Ruysbroek blieb längere Zeit dort, aber sein politisches Anliegen scheiterte, eine Verbindung gegen den Islam war nicht zu erreichen. Warum sollten auch die Mongolen die europäischen Christen unterstützen, das Heilige Land zu erobern, wo die Mongolen selbst schon ihre Hand nach Ägypten ausgestreckt hatten. Immerhin ließ es sich der Großkhan nicht nehmen, eine lange Diskussion zwischen den verschiedenen in Karakorum vertretenen Religionen zu veranstalten. Er selbst empfing den Mönch zu einer langen privaten Unterhaltung über religiöse Dinge, ohne daß sich aus diesem Gespräch irgendwelche Folgen ergeben hätten, weder positive noch negative.

Ruysbroek durfte die Heimreise wieder antreten und brachte – das war wohl das wichtigste Ergebnis der ganzen Reise – neue Kenntnisse und Erkenntnisse über das Land im Fernen Osten mit. Sein Bericht gilt als eines der Meisterstücke geographischer Beschreibung im Mittelalter. Von nun an weiß man in Europa, daß das Kaspische Meer keine Bucht des Indischen Ozeans ist, wie man bisher angenommen hatte. Man erfuhr aber auch, daß es im Mongolischen Reich Papiergeld gebe, und daß die chinesische Schrift keine Buchstaben-, sondern eine Wortsymbolschrift sei. Ruysbroek hielt es für unnütz, weitere Gesandte zu schicken. Die Unterschiede in den Anschauungen seien zu groß. »Invenimus Tataros, inter quos, cum intravi, visum fuit mihi recte, quod ingrederer quoddam aliud saeculum.« (Zu deutsch: »Wir trafen auf die Tataren. Als ich unter sie trat, erschien es mir wirklich so, als ob ich gewissermaßen in ein anderes Jahrhundert einträte.«) Ruysbroek hatte den Eindruck, er sei in ein anderes Jahrhundert eingetreten, als er zum erstenmal auf Tataren stieß und sich unter ihnen befand. Und zum anderen äußert er, als er die Horde verließ: »Visum fuit mihi, quod evasissem de manibus daemonum.« (»Es schien mir, ich sei den Händen von Teufeln entronnen.«)

Diese Gesandtschaften an den Großkhan blieben Episoden.

Auf beiden Seiten aber hatte man sich nähere Kenntnisse angeeignet. Auf dem Gebiet der Diplomatie kam man nicht weiter, aber der Handel nahm auch ohne sie zu. Der Einfluß Venedigs und Genuas reichte bereits bis zum Schwarzen Meer. An der Krim und der Donmündung, auch an der asiatischen Seite des Meeres bestanden Handelsniederlassungen dieser Städte. Hier endeten die Handelsfernstraßen, die auf verschiedenen Wegen von Zentralasien aus bis nahe an den europäischen Bereich heranführten. Die Mongolen beherrschten die innerasiatischen Karawanenstraßen, sie waren an ihrer Sicherheit interessiert; denn aus den Straßenzöllen bezogen sie einen guten Teil ihres Einkommens. Die pax mongolica garantierte den Kaufleuten den freien Weg, ausgenommen wenn die Mongolenstämme untereinander in Streit gerieten, was von Zeit zu Zeit vorkam und schließlich zum Zerfall des Großreiches führte. Das war einer der Gründe, daß sich später der Handel auf den Seeweg über den Ozean verlagerte. Doch vorerst zogen die venezianischen Kaufleute nach Bulgar an der Wolga und in andere Städte Südrußlands, um zu kaufen und zu verkaufen. Durch eine merkwürdige Verknüpfung von Zufällen gelangten zwei dieser venezianischen Kaufleute, die Brüder Nicolo und Maffio Polo, bis nach Peking, um als Gesandte des Großkhans nach Italien zurückzukehren. Sie waren nicht die einzigen Europäer, die in jene fernen Länder kamen, aber der Sohn des einen, Marco Polo, hat eine Schilderung hinterlassen, die bis heute berühmt geblieben ist und die es erlaubt, der abenteuerlichen Fahrt etwas nachzugehen.

Beide Brüder hatten – es war im Jahre 1255, als Balduin II. Kaiser von Konstantinopel war – eine reiche Schiffsladung mit großem Gewinn abgesetzt. Sie wollten das so gewonnene Kapital noch einmal umschlagen und beschlossen, über das Schwarze Meer zu fahren und nach Südrußland einzureisen. Ihr Geld hatten sie in Edelsteinen angelegt und fuhren nach Saratow an den Hof Berkas, eines Fürsten der Westtataren. Er galt als einer der gebildetsten und großzügigsten Fürsten der Mongolen. Sie hatten richtig kalkuliert, der Fürst empfing sie freundlich und ehrenvoll. Darauf breiteten die Brüder Polo ihre Juwelen vor ihm aus und boten sie ihm als Geschenk an. Berka freute sich, wollte sich aber durch diese Freigebigkeit nicht beschämen lassen; er befahl, ihnen den doppelten Wert auszuzahlen und fügte noch weitere kostbare Geschenke hinzu. Ein Jahr lang blieben die Brüder in den Ländern Berkas. Dann wollten sie wieder heimkehren. Doch inzwischen war eine Stammesfehde mit dem Herrscher der östlichen Tataren ausgebrochen. Die Straße, auf der sie gekommen waren, schien ihnen zu unsicher. Sie wichen nach Osten aus, um über Persien wieder Konstantinopel zu erreichen. Auf ihrem Wege lernten sie in Buchara einen Gesandten der östlichen Tataren kennen, der im Auftrag seines Herrn zum Großkhan reisen sollte. Dieser fand Interesse an den beiden Brüdern, die inzwischen soviel Tatarisch gelernt hatten, daß er sich mit ihnen ohne Schwierigkeiten unterhalten konnte. Sie gefielen ihm immer besser, und er überredete sie, mit ihm zum Großkhan zu kommen, der sie ehrenvoll empfangen und reich beschenken werde. Die Brüder willigten ein und trafen nach einer Reise von einem Jahr am Hofe des Kublai Khan, des Oberherrschers aller Mongolen, ein und wurden tatsächlich äußerst freundlich aufgenommen. Es waren die ersten Italiener, die er kennenlernte. Er gab ihnen zu Ehren ein Fest. Auch hier hielt man auf Formen. Marco Polo hat sie geschildert:

Ein Thron auf einem Podest, davor die Tafel des Fürsten, zu seiner Linken die Fürstin, auf der anderen Seite, auf etwas niedrigeren Sesseln, die Söhne, Enkel und andere Mitglieder der Familie des Großkhans. Andere Prinzen und Adlige haben ihre Sitze an noch niedrigeren Plätzen. Ebenso haben die Frauen der Gäste je nach ihrem Range ihre Plätze an den für sie vorgesehenen Tischen. Die Tafeln sind so gestellt, daß der Großkhan sie von seinem erhöhten Platz aus überschauen kann. Nicht alle können an Tafeln gesetzt werden. Der größere Teil muß, auf Teppichen sitzend, das Mahl einnehmen.

In der Mitte des Raumes steht ein großer viereckiger Schrein, eine Anrichte, würden wir wohl sagen, mit Tierfiguren verziert und vergoldet. Auf ihm steht ein kostbarer Krug voll Weines, daneben kleinere Gefäße mit Stuten- und Kamelmilch und mit sonstigen gebräuchlichen Getränken. Dort stehen auch die Trinkgefäße, manche ganz aus Gold, manche so groß, daß ihr Inhalt für 8–10 Personen reichte. Die Menge und der Reichtum dieser goldenen und silbernen Gefäße ist für die Polos ein unvorstellbarer Anblick.

Ranghohe Mongolen, sozusagen die Kammerherren des Khans, haben darauf zu achten, daß alle Fremden, die die Etikette nicht kennen, angemessene Plätze bekommen und in den Gebräuchen unterwiesen werden. Überall gehen Hofmeister umher und fragen die Gäste, ob sie Wein, Milch, Fleisch oder sonst etwas wünschen. Diener bringen das Gewünschte sofort herbei.

Es ist gut, einiges vom Zeremoniell zu wissen. An jeder Eingangstür des Raumes, in dem sich der Großkhan aufhält, stehen zwei Männer von riesenhafter Gestalt mit einem Stabe in der Hand. Sie achten darauf, daß keiner der Eintretenden die Türschwelle mit den Füßen berührt, sondern über sie hinwegschreitet. Verstößt jemand gegen diese Übung, so nehmen sie ihm sein Obergewand ab, das er gegen Geld wieder einlösen kann; sonst bekommt er eine angemessene Anzahl von Schlägen. Für Fremde steht ein Kammerherr bereit, sie einzuführen und zu warnen. Das Berühren der Schwelle gilt als schlechtes Omen. Alles hält sich also an die Regel. Nur beim Hinausgehen kommt es vor, daß die Gäste so betrunken sind, daß sie ein zufälliges Berühren der Schwelle nicht vermeiden können. Das nimmt man dann aber nicht mehr so streng.

Auch sonst herrschen noch einige animistische Vorstellungen. Die Mundschenke, die dem Khan Speisen und Trank reichen, tragen vor Mund und Nase Schleier oder seidene Tücher, damit der Wein und das Essen nicht von ihrem Atem berührt wird, genau wie Hunderte von Jahren früher jeder seine Hand vor den Mund halten mußte, der mit dem Großkönig der Perser sprach.

Will der Großkhan trinken, so geht der Page, wenn er den Becher überreicht hat, drei Schritte zurück und kniet nieder. Die Herren vom Hofe und alle Anwesenden gehen ebenfalls zu Boden, die Harfenspieler und die anderen Musikanten, die in großer

Zahl zugegen sind, schlagen ihre Instrumente an und lassen sie so lange klingen, wie der Fürst trinkt. Dann nimmt alles seine Plätze wieder ein. Das Spiel wiederholt sich, sooft der Khan trinkt. Die Polos fanden die Speisen köstlich und reichlich zubereitet und bemerken, daß sie mit üppiger Pracht aufgetragen wurden.

Ist das Essen beendet, so werden die Tische hinweggeräumt. Einlaß haben nun Komödianten, Sänger, Musikanten, Gaukler und Zauberer, die zum Vergnügen aller Zuschauer ihre Künste vorführen. Sind die Darstellungen beendet, geht jeder nach Hause.

In der folgenden Zeit ließ sich Kublai Khan von den Brüdern Polo eingehend über die europäischen Verhältnisse unterrichten. Er fragte nach dem Kaiser und den anderen Fürsten, über Macht, Kriegsführung und Rechtswesen, aber er erkundigte sich auch nach dem Papst, nach den Lehren der Kirche und der Art der Gottesverehrung. Er war sehr zufrieden mit den beiden Brüdern und schickte sie, als er genug erfahren hatte, zusammen mit einem mongolischen Legaten zum Papst, um diesen um die Entsendung von 100 Gelehrten zu bitten, die in Fragen der Religion, aber auch der Wissenschaften bewandert seien. Er bat ferner, ihm etwas vom heiligen Öl aus der Lampe mitzubringen, die in Jerusalem in der Grabeskirche brenne.

Beide Polos fielen vor Kublai Khan nieder und erklärten sich bereit, alles auszuführen, was sein Wille ihnen auferlege. Der Großkhan ließ einen entsprechenden Brief an den Papst schreiben und den beiden aushändigen. Außerdem erhielten sie eine goldene Tafel mit dem Signum des Großkhans, die ihre Heimreise sicherte. Denn jeder, der eine solche Tafel bei sich führte, hatte Anspruch darauf, von den Befehlshabern aller Plätze sicher von Station zu Station geleitet, außerdem mit Lebensmittel und anderen Gebrauchsgegenständen kostenlos beliefert zu werden. Der Legat des Großkhans erkrankte unterwegs und blieb zurück, die goldene Tafel aber half den Brüdern überall; trotzdem brauchten sie drei Jahre, bis sie im Gebiet der heutigen Türkei das Mittelmeer erreichten, um von dort sich nach Venedig einzuschiffen.

Ihre Mission verzögerte sich. Der Papst war gestorben, die Wahl des neuen ließ auf sich warten. Nach dessen Inthronisierung wurden sie jedoch alsbald empfangen. Der Papst händigte ihnen einen Brief an Kublai Khan aus, zwei Mönche wurden ihnen beigegeben, die die Reise jedoch wegen der Strapazen aufgaben.

Nicolo Polo aber hatte diesmal seinen Sohn Marco mitgenommen. Nach dreieinhalb Jahren näherten sie sich der Hauptstadt Kublai Khans, der seine Residenz inzwischen nach China, allerdings noch in das Gebiet nördlich der Großen Mauer, verlegt hatte. Der Großkhan schickte ihnen vierzig Tagesreisen weit Boten entgegen, damit diese nach den vielen Strapazen für jegliche Bequemlichkeit sorgten. Kublai Khan empfing sie dann mit allen Ehren, nahm den Brief des Papstes, dessen Geschenke und das heilige Öl entgegen. Den Sohn Marco aber nahm er besonders unter seinen Schutz und ernannte ihn zum Ehrenbegleiter. So begann der Aufstieg Marco Polos. Er bewährte sich bei verschiedenen Aufträgen so, daß der Großkhan ihn in vertraulichen Missionen in alle Teile seines Reiches entsandte. So lernte Marco Polo die östliche Welt kennen, mehr als irgendein anderer seiner Zeitgenossen. 17 Jahre vergingen. Die Brüder Polo hatten inzwischen große Reichtümer an Gold und Juwelen erworben, aber nun überfiel sie doch die Sehnsucht nach der Heimat. Aber Kublai Khan wollte sie nicht ziehen lassen. Er schätzte sie hoch ein, und sie waren inzwischen in seine neue Residenz nach Peking mitgezogen, nachdem er China unterworfen hatte.

Sie wären wohl für den Rest ihres Lebens in Peking verblieben, wenn ihnen nicht wieder ein Zufall zu Hilfe gekommen wäre. In einem Lande, das man damals zu Indien rechnete, wir würden es heute zum Iran zählen, starb die Gemahlin des Königs Argon; sie war eine chinesische Prinzessin. In ihrem Testament beschwor sie den König, daß keine andere ihre Nachfolge auf dem Thron und in seiner Zuneigung einnehmen solle als eine Prinzessin aus ihrer eigenen Familie, die in China, wo der Großkhan herrschte, beheimatet war. Argon war bereit, dieser Bitte nachzukommen, und schickte drei Gesandte an den Hof Kublai Khans, mit der Bitte, ihm eine Braut aus der Familie seiner verstorbenen Frau zuzuleiten. Kublai Khan nahm die Gesandten freundlich auf und suchte persönlich ein schönes und wohlgebildetes Mädchen aus, das den Gesandten sehr gut gefiel. Sie machten sich mit der Prinzessin und deren Gefolge alsbald auf den Weg zurück. Nach achtmonatiger Reise mußten sie feststellen, daß die vorgesehene Reiseroute durch neue Kriege zwischen tatarischen Teilfürsten unpassierbar geworden war. Sie kehrten in die Residenz des Großkhans zurück. Gerade zu dieser Zeit war auch Marco Polo von diplomatischen Verhandlungen aus Indien eingetroffen. Diese Reise hatte er mit dem Schiff zurückgelegt und berichtete, daß die Seefahrt mit größter Sicherheit vor sich gegangen wäre. Als die drei Gesandten des Königs Argon dies hörten, baten sie beim Großkhan um eine Audienz im Beisein der Braut und legten Kublai Khan dar – so hatten sie es ja mit Marco Polo vorher verabredet – wie gut ihre Rückreise auf dem Seeweg durchzuführen wäre, das habe ja Marco Polo kürzlich vorgeführt. Und der Khan möge doch erlauben, daß sie von den drei Polos – als in der Schiffahrt erfahren – bis in die Länder des Königs Argon begleitet werden. Der Vorschlag mißfiel dem Großkhan, weil er sich von den Venezianern nicht trennen wollte. Aber die Wichtigkeit und Dringlichkeit des Falles überzeugte ihn, daß er zustimmte. Er ließ die drei Mitglieder der Familie Polo zu sich kommen, verhandelte in aller Freundlichkeit mit ihnen und nahm ihnen das Versprechen ab, wieder zu ihm zurückzukehren, wenn sie in Europa ihre Familie besucht hätten. Er ließ ihnen von neuem die goldene Tafel zustellen, die freies Geleit und jede Unterstützung bedeutete, und gab ihnen die Vollmacht, als seine Gesandten mit dem Papst und den Königen von Spanien und Frankreich zu verhandeln. Die Polos nahmen Abschied von Kublai Khan, der sie reich mit Rubinen und Edelsteinen beschenkte und außerdem befahl, daß die 14 Schiffe, die die Gesandtschaft aufnehmen sollten, mit Vorräten für zwei Jahre ausgerüstet werden sollten. Die Seereise dauerte allerdings drei Jahre, ehe sie den Hafen im Lande des Königs Argon erreichten. Hier erfuhren sie, daß der König inzwischen verstorben sei. Doch es fand sich eine Lösung, die Braut wurde dem Sohn des Königs Argon zugeführt. Die drei Polos konnten nun endgültig an die Heimreise denken und erhielten neue goldene Tafeln für sicheres Geleit. In unsicheren Gegenden wurden ihnen Wachmannschaften bis zu 200 Mann Stärke beigegeben. Auf dieser Reise aber erfuhren sie, daß Kublai Khan gestorben sei, womit jede Aussicht entfiel, jemals wieder die Länder des Großkhans wiederzusehen. Sie reisten weiter und erreichten Trapezunt, den Hafen am Schwarzen Meer, von dem aus sie Konstantinopel und von da aus im Jahre 1295 Venedig erreichten, »frisch und gesund und mit großen Reichtümern, und nun brachten sie Gott, der sie durch soviel Mühe und Gefahren zum Ziele gebracht hatte, ihren Dank dar«. So schließt der einleitende Bericht Marco Polos.

Marco Polo nahm bald darauf an einem Kriege seiner Vaterstadt gegen Genua teil. Er fiel als Gefangener in die Hand der Genuesen. In seiner Haftzeit diktierte er seine Erinnerungen. Als das Buch herauskam mit dem Titel: »Die Beschreibung der Welt«, hielt man es für Aufschneiderei und eine Märchenerzählung. Später erkannte man seine Richtigkeit. Kein geringerer als Christoph Kolumbus nahm das Buch auf seine große Entdeckungsfahrt mit.

Inzwischen hatten andere italienische Kaufleute ebenfalls den Weg nach dem Fernen Osten gefunden. Nicht lange nach Marco Polos Tod beschreibt ein italienisches, kaufmännisches Handbuch bereits die Karawanenwege nach Nordchina in der »Pratica della Mercatura«. Ein Katalog über die Waren, die dort zu beziehen waren, ergänzte die Reiseangaben. Ein chinesisches Regestenwerk berichtet schon für eine Zeit vor dem Eintreffen der Polos über Leute aus Fu-lang am Hofe Kublai Khans. Fu-lang bedeutet im Chinesischen »Frankenland«, die Sprache kennt kein »r« und ersetzt diesen Buchstaben stets durch ein »l«. Der Ausdruck bedeutet aber gleichzeitig ganz allgemein Europa. Sicherlich werden die chinesischen Angaben zutreffen. Die Polos jedoch waren die ersten italienischen Kaufleute, die China bereisten. Wegen seines großen Berichtes gilt Marco Polo als der erste Europäer im Mongolenreich. Aber er selbst weiß es besser und berichtet von Peking: Kublai Khan hatte dort in einem besonderen Quartier, Khan Balik geheißen, die Stadt des Khans, seinen Palast und die Regierungsgebäude errichten lassen. Dieser Stadtteil, die verbotene Stadt, war der Allgemeinheit verschlossen. Das geschah aufgrund von

Warnungen seiner Astrologen. Für die Bürger, die Kaufleute und Handwerker baute er jenseits des Flusses eine neue Stadt Taidu auf, Gasthöfe und Karawansereien wurden gebaut, und zwar jeweils für die Angehörigen der dort vertretenen Völkerschaften. Und in diesem Zusammenhang erwähnt Marco Polo die besonderen Karawansereien für Lombarden, für Deutsche und Franzosen. Da Kublai Khan viele Araber in seine Dienste – besonders im Finanzwesen – aufgenommen hatte, wofür sie die byzantinischen Erfahrungen mitbrachten, ist es immerhin denkbar, daß sie entsprechend dem Funduq ihrer Heimatländer diese Unterbringungsart dem Großkhan bei seinen Planungen nahegelegt haben. Die Zusammenfassung und Absonderung der Fremden entsprach allerdings auch den chinesischen Grundanschauungen. In diesem Zusammenhang ist es deshalb auch wesentlich, daß Kublai Khan inzwischen die Würde eines chinesischen Kaisers übernommen und seiner Dynastie den Namen »Yüan« (Uranfang) gegeben hatte. Er übernahm auch die chinesische Verwaltung nach dem alten Spruch, daß man ein Reich wohl vom Sattel des Pferdes erobern, es aber nicht regieren könne. So mag auch die Anschauung der chinesischen Beamten zu dieser Organisation des Fremdenwesens beigetragen haben, das auch weiterhin für den Handelsverkehr maßgeblich blieb. Der Bau der verschiedenen Karawansereien setzte natürlich voraus, daß es Kaufleute der erwähnten Nationen in nicht ganz geringer Zahl in China gab, nur daß sie keine Bücher über ihre Reisen geschrieben haben.

Die Mongolen und ihre Kaiser schlossen sich nicht in gleicher Weise wie die Chinesen von der übrigen Welt ab. Sie waren mit ihren Teilreichen auch zu weit nach dem Westen vorgedrungen. Die Quellen rieseln nur spärlich. Aber man kann ihnen entnehmen, daß tatarische Gesandte bis Paris, Southampton und Bordeaux gekommen sind. Auf religiösem Gebiet kam es sogar zu festeren Verbindungen. In Peking residierte längere Zeit ein römisch-katholischer Erzbischof. 1336 schickten alanische Christen, die unter der Oberhoheit der Mongolen standen, ein Schreiben an die päpstliche Kurie in Avignon. Die Gesandtschaft übermittelte auch einen Wunsch des Großkhans Temur: »Man möge uns aus dem Land des Sonnenuntergangs Pferde und anderes Wunderbare schicken.« Nun hatten die Mongolen ja eigentlich Pferde genug. Aber die vordergründig absurde Bitte weist auf einen anderen Zusammenhang hin. Schon der chinesische Kaiser Wu (141–87 v. Chr.) hatte Expeditionen nach dem Westen, nach Transoxanien, der späteren Sogdiane, geschickt, um Pferde zu holen. Denn nach einem Glauben der Zeit gab es dort die »Himmlischen Pferde des Westens«, durch die man Unsterblichkeit gewinnen konnte. Ähnliche religiöse Gründe mögen zu dem Wunsch Temurs geführt haben. Papst Benedikt XII. schickte alsbald eine Gegengesandtschaft, den Bischof Johannes von Marignoli, mit einem Antwortbrief. Der päpstliche Legat wurde von Temur empfangen und brachte als Geschenk – in den chinesischen Quellen heißt es natürlich »Tribut« – ein übergroßes Pferd, das allgemeines Aufsehen erregte. Es ging in die chinesische Literatur ein.

Zum Abschluß noch ein kleiner Auszug aus dem Bericht Marco Polos über Peking, der beschreibt, wie sich die sonst so großzügigen mongolischen Herrscher bei den Gesandten beliebt machten, ohne einen Pfennig Geld aufzuwenden.

Im Gegensatz zum heutigen puritanischen China lebten damals in der Landeshauptstadt an die 25 000 Kurtisanen. Sie waren in Hundertschaften, diese wiederum in Tausendschaften zusammengefaßt mit je einem Beamten als Aufseher, die einem Oberhauptmann unterstanden. Der Sinn dieser Organisation aber sei folgender gewesen: Wenn Gesandte in Angelegenheiten ankamen, die den Großkhan berührten, wurden sie auf seine Kosten unterhalten und in bester Art behandelt. Dazu gehörte, daß der soeben genannte Oberhauptmann allen Angehörigen dieser Gesandtschaften eine Kurtisane zu verschaffen hatte, die jede Nacht durch eine andere zu ersetzen war. Für diesen Dienst erhielten sie aber kein Entgelt, er galt als eine ihnen gemäße Tributleistung an den Großkhan.

Man kann sich vorstellen, daß mongolische Gesandte, wenn sie nach Westen reisten, Europa als recht ungastlich und zivilisatorisch rückständig empfanden, und vielleicht nicht nur deshalb.

Mit dem Sturz der Mongolenherrschaft erlahmten die Verbindungen zwischen Ost und West, und erst die Entdeckungsfahrten der Portugiesen zur See brachten neue Kontakte. Doch das gehört in ein späteres Kapitel.

15.
Indien

Für den Herrscher ist es in gleicher Weise verdienstvoll, sein Reich zu schützen oder ein fremdes Reich in seine Gewalt zu bringen.

Gesetzbuch des Yâjnavalkya

Die Inder – wenn wir es zeitlich zusammenfassend und vereinfachend darstellen – setzten ihr Land ähnlich den Chinesen zunächst dem Erdkreis gleich. Ihr Gesetz war maßgebend für die ganze Welt; denn ihr Gott Brahma hatte es Manu, dem ersten Menschen, kundgetan. Es offenbarte sich in Natur und Sitte, umfaßte Moral und Gesetz. Wie die Chinesen kannten die Inder den Begriff des Weltherrschers, des Cakravatins, des Einigers, in der Form eines Oberlehnsherrn. Einige der indischen Herrscher haben eine solche Stellung zumindest innerhalb des indischen Subkontinents angestrebt. Aber von diesen Ausnahmen abgesehen, hatten die Inder mit ihren praktischen Anschauungen andere Ausgangspunkte als die Chinesen, ihr Staat beruhte Jahrhunderte hinweg auf einer Vielfalt von Fürstentümern.

Die Spielregeln, die diese Staaten im Umgang miteinander anwandten, glichen nun kaum den allgemeinen Wohlverhaltensnormen indischer Ethik. Schon im Gesetz des Manu gilt als Grundsatz sowohl im innerstaatlichen wie internationalen Verkehr:

»Wenn sich Furcht vor der Strafe verlöre,
Alle erfüllten die Pflichten nicht mehr!«

So wird es den Fürsten eingeschärft. Und in dem gleichen Gesetz werden zwei weitere Grundsätze aufgestellt, die auch in späteren Jahrhunderten immer wieder als geltend angenommen wurden:

»Der König soll jeden Fürsten, der sein unmittelbarer Nachbar ist, als Feind betrachten und ebenso den Verbündeten dieses

> Herrschers; aber als Freund soll er den Nachbarn seines Feindes ansehen und als Neutralen den, der weder sein eigener noch des Feindes Nachbar oder Verbündeter ist.«

Der Schutz des Landes ist die Aufgabe des Fürsten. Dieser Schutz ist aber um so sicherer, wenn er die fremden Nachbargebiete erobert. Darin liegt die innere Begründung für die Anweisung im Gesetzbuch des Yâjnavalkya, die oben zitiert wurde.

Freilich soll der Fürst dann das eroberte Land nach dessen eigenem überkommenen Recht verwalten und regieren, den alten Fürsten oder dessen Sohn, allerdings in Lehnsabhängigkeit, wieder einsetzen, um einen getreuen Untertan zu haben. Das Gesetz gibt aber auch den Ratschlag, Kriege zu vermeiden und statt dessen Zwietracht unter den Nachbarn zu säen und Bündnisse zu schließen.

Nach diesen Grundsätzen haben die Fürsten Indiens wacker gehandelt. Zusammengefaßt wurde diese Kunst der Politik in dem Staatshandbuch des Kautilya, eines Kanzlers des Kaisers Candragupta (etwa 322–298 v. Chr.), eines der mächtigsten Herrscher in der Geschichte des alten Indien. Macchiavelli hätte seine reine Freude an diesem Staatslehrbuch, dem Arthashâstra, gehabt, vielleicht es aber als über seine eigenen Vorschläge zu weit hinausgehend verworfen. Es basiert auf Vorsicht und Mißtrauen. Beides wird den Fürsten dringend angeraten. Die mathematische Politologie aus dem Gesetz des Manu differenziert er noch etwas weiter: Der Fürst ist Mittelpunkt eines Kreises von anderen Fürsten, die ihm freundlich oder feindlich gegenüberstehen oder eine abwartende und neutrale Haltung einnehmen. In seinen eigenen Worten:

> Der Fürst, der erobern und siegen will, bildet »den Mittelpunkt eines Umkreises von elf anderen Reichen, und zwar sind es fünf Reiche nach vorwärts, vier Reiche nach rückwärts, ein dazwischenliegendes und ein neutrales Reich. Der Nachbar des Eroberers nach vorne ist sein Feind, dessen Nachbar ist der Freund des Eroberers, dessen Nachbar ein Freund des Feindes, dessen Nachbar ein Freund des Freundes, dessen Nachbar ein

Freund des Freundes des Feindes. Ebenso ist es mit dem Nachbarn nach rückwärts, indem immer der nächste als Feind, der übernächste als Freund zu betrachten ist ... Das Verhalten des Eroberers zu seinen Nachbarn wird durch die wechselseitigen Stärkeverhältnisse bestimmt, so soll er mit einem Stärkeren Frieden schließen, mit einem Schwächeren Krieg anfangen, gegen einen gleich Starken Neutralität beobachten, im Besitz einer starken Armee in den Kampf ziehen, bei schwachen Kräften sich unter den Schutz eines mächtigen Nachbarn stellen. Jedoch sind die Vorzüge einer friedlichen Politik nicht zu verkennen, da der Krieg Verluste, Ausgaben, Verlassen der Heimat und Begehung von Sünden im Gefolge hat. Besonders ist es ein großer Fehler, einen übermächtigen Nachbarn zu überfallen ... Dagegen soll man unbedenklich den Krieg erklären, wenn der Gegner in bedrängter Lage ist, wenn seine Untertanen unterdrückt, ihrem Herrscher abgeneigt, in Not, energielos, unter sich gespalten oder leicht zur Abtrünnigkeit zu verleiten sind, wenn Feuers-, Wassers- oder Hungersnot oder Pestilenz im fremden Lande herrschen und die Verteidigungskraft des Feindes dadurch geschwächt ist.

Auch dann ist der Eintritt in den Krieg zu empfehlen, wenn man in der Front und im Rücken mächtige Verbündete hat ...

Hat man es mit mehr als einem Feinde zu tun, so ist zuerst der stärkere Feind anzugreifen, weil nach dessen Besiegung der schwächere von selbst klein beigeben und ein Bündnis anbieten wird. Als Grundlage für die Einrichtung einer äußeren Politik dienen die Berichte der auswärtigen Gesandten, die nicht nur den Verkehr des Königs mit auswärtigen Herrschern vermitteln, sondern auch die gesamten Verhältnisse in dem fremden Reich durch Spione auskundschaften, Beziehungen anknüpfen, das Volk aufwiegeln und den Feind mit seinen Bundesgenossen entzweien sollen.«

Geordnet und gezählt sind auch die Methoden der Politik, 4 Verhalten gibt es und 6 Verfahren. Da ist das Friedenhalten, dann das Beschenken, das sowohl Tribute wie Bestechungen umfaßt, das Zwietrachtstiften und der Krieg. Bei den Verfahrensweisen wird noch genauer unterschieden: das Einnehmen einer abwartenden Haltung, doppelzüngiges Verhandeln, Schutzsuchen bei einem Stärkeren u. a.

Den Botschaftern fällt, wie man sieht, eine Fülle von sehr verschiedenen Aufgaben zu, die von der freundschaftlichen Verhandlung bis zur Sabotage reichen. Heer und Diplomaten sind die Mittel des Staates, und so heißt es:

> »Vom Feldherrn hängt das Heer ab, vom Heer die Zuchtgewalt und Ordnung, vom König Schutz und Land, und vom Gesandten der Friede und sein Gegenteil. Denn es ist der Gesandte, der Feinde wieder vereint, Verbündete trennt, er führt die Geschäfte, von welchen Trennung und Vereinigung abhängen.«

Bei uns pflegt man manchmal die Aufgaben des Botschafters zu poetisieren, die Inder stellten die Prosa des Berufes ganz eindeutig heraus, gleichwohl brachten sie es fertig, diese Prosa in Verse zu bringen, selbst in ihren Gesetzbüchern, zur besseren Erlernbarkeit. Was bei uns in Dienstanweisungen steht, wird auf diese Weise ein Teil dessen, was wir Literatur zu nennen pflegen. Was soll ein Gesandter also mitbringen:

> »Sieben Gaben muß ein Gesandter haben:
> Er sei aus edlem Geschlecht entsprossen,
> Beredt, geschickt und zur Tat entschlossen,
> Muß freundliche Worte zu reden verstehen,
> Genau berichten, was er gesehen,
> Und ein gutes Gedächtnis haben:
> Das sind die sieben Gaben!«

Was heute gilt, galt auch schon damals. Botschafter ist nicht gleich Botschafter. Drei Stufen wurden unterschieden: der Gesandte im Range eines Ministers plénipotentiaire mit allen Vollmachten, der Gesandte mit um ein Viertel eingeschränkten Vollmachten und der mit halber Vollmacht, der vorzugsweise Briefe und Vorschläge des Fürsten zu übermitteln hatte. Alle drei erhielten ihre Beglaubigungsschreiben und ihre Instruktionen. Kautilya gibt eine allgemeine Anweisung, was der ausreisende Botschafter zu beachten habe:

»Mit einer wohl besorgten Ausrüstung an Wagen, Zugtieren und Männern breche er auf. ›Den Auftrag mußt Du in dieser Weise an Deinen Kontrahenten ausrichten. So wird dessen Erwiderung sein. Das wird Deine Gegenrede sein. Und so mußt Du ihn übertölpeln.‹ ›Dies bei sich bedenkend, reise er... Er mustere die Gegenden, die für die Eigenen und die Feinde geeignet sind, das Heer zu lagern, eine Schlacht anzunehmen oder ihr auszuweichen. Er bringe die Größe der festen Orte in Erfahrung und des Landes im feindlichen Reich und ebenso, wie man dem kostbaren Eigentum, dem Lebensunterhalt und den Schutzmitteln des Feindes beikommen kann. In die Residenzstadt des Gegners zugelassen, ziehe er ein. Und seinen Auftrag richte er aus, wie ihm befohlen, auch wenn er Lebensgefahr vor sich sieht. Er schaue darauf, ob in des Feindes Rede, Gesicht und Blick sich gnädige Stimmung verrät, ob er seinen Reden Ehre erweist, ob er ihn nach Angenehmem fragt, ob er gern von seines Herrn Vorzügen redet, ob er ihn nahe bei seinem Thron sitzen läßt, ob er ihm Huld erweist, ob er an Menschen erinnert, die ihm (dem Gesandten) oder seinem Herrn lieb sind, und ob er Vertrauen faßt, wie das alles beim Zufriedenen geschieht; das Gegenteil aber beim Unzufriedenen. Er spreche zu einem solchen: Nur durch den Mund des Gesandten reden die Könige, Du und die anderen. Deshalb dürfen unter den Gesandten die, die sogar mitten unter erhobenen Waffen reden, wie ihnen gesagt ist, nicht getötet werden, selbst wenn es Candâlas (Unreine, außerhalb der Kasten stehende) sind. Wieviel weniger aber Brahmanen. Eines anderen, meines Herren Rede ist, was ich sage. Das ist Gesandtenpflicht und -recht.‹ Er wohne dort, solange er nicht entlassen ist, ohne durch Ehrenerweisung aufgeblasen oder übermütig zu werden. Die Stärke der Feinde achte er für nichts. Unliebe Rede ertrage er. Er meide Wein und Weiber. Allein schlafe er. Denn man hat es gesehen, wie durch Schlafende und Betrunkene der Sachverhalt bekannt wurde.«

Das Durchschauen der Verhältnisse, aber vor allem auch der Menschen steht im Vordergrund des Auftrages. Wie der Gesandte bei der Audienz sein Gegenüber beobachten soll, ist wieder in einem kurzen Gedicht festgelegt:

»Am Aussehen, an Gebärden und am Gange,
An den Bewegungen und an den Reden,
Am Spiel der Augen, an des Mundes Spiel
Erkennt man die Gesinnung eines jeden!«

Kenner des heutigen Indien sagen, daß auch jetzt noch die Bewohner dieses Landes, nicht nur die Diplomaten, Meister darin seien, die Grundeinstellung eines jeden, gerade auch des ihnen doch fremderen Europäers zu erkennen und ihr Verhalten darauf einzustellen. Es ist sicher, daß eine konzentrierte Beobachtung zu erstaunlichen Ergebnissen führt. Es ist bekannt, daß die chinesischen Ärzte viel früher als jeder europäische Arzt das Nahen des Todes bei den Kranken erkennen. Auch hier liegt ein spezialisiertes Beobachten vor, das durch die Rechtsbestimmungen erzwungen wurde. Die Ärzte galten im alten China als schuldig am Tod ihrer Patienten. Sie mußten also rechtzeitig wissen, wann sie die Behandlung wegen der Gefährdung ihres eigenen Lebens abzulehnen hatten, und sie lernten es. Diese jahrhundertealte Erfahrung ist bis heute nicht verlorengegangen. Und so mag es auch bei den Indern sein, die Einstellung des Gegenüber aus genauester Beobachtung heraus zu erkennen.

Der Botschafter ist, wie aus den Worten Kautilyas zu entnehmen, ein privilegierter Spion, um einen Ausdruck Friedrichs des Großen zu gebrauchen. Er hatte sich aber nach allgemeinen indischen Grundsätzen darüber hinaus der Geheimagenten zu bedienen, die er entweder selbst anwerben mußte, oder die von seinem Fürsten unmittelbar entsandt waren, allerdings auch mit dem Auftrag der Zusammenarbeit. Der Geheimagent spielt eine große Rolle im Staatslehrbuch des Kautilya.

Wen man im einzelnen für seine Zwecke gewinnen kann, wird genau dargelegt: Personen, die auf den Fürsten erzürnt sind, nach Geld Gierige und solche, die eine Rolle spielen wollen, Verängstigte, deren üble Taten ruchbar geworden sind u. a. Auch der agent provocateur ist bekannt. Er soll Dienst bei einem Politiker nehmen, und wenn er von diesem seinen Lohn ausbezahlt erhält, unter das empfangene Geld falsches mischen, um ein schweres Vergehen seines Dienstherren an die Öffentlichkeit bringen zu können, oder aber den Politiker zu erpressen. Ein anderes Beispiel: Zwei Agenten verabreden einen Wortstreit in einer Volksversammlung. Der eine klagt den Fürsten an, der andere verteidigt diesen. Die Versammlungsteilnehmer beteiligen sich an der Diskussion, und so wird offenbar, wer welche Meinung vertritt.

Unser Reisender Ibn Batuta lobt die indische Post, die gleich der mongolischen auf einem Stafettensystem aufgebaut ist. Er ist von der Schnelligkeit der Post tief beeindruckt. Aber das eine hat er nicht bemerkt, daß die Post gleichzeitig ein Hauptträger des Spionagedienstes ist. Das war schon in Byzanz so, wo der Generalpostmeister wegen seiner intimen Kenntnis aller Hintergründe gleichzeitig den Posten eines Außenministers versah, weshalb er auch an allen Empfängen auswärtiger Gesandter teilnahm. So war auch in Indien der Sahib-el-Berid, der Postmeister, berufen, alle zu bespitzeln, die Fremden und die Beamten seines Fürsten. Ibn Batuta war anscheinend ein Vertreter des Westens, dessen Reisende in typischer Harmlosigkeit für unmöglich und erlogen halten, was alles im Hintergrund möglich ist.

Freilich mußte man eine Ahnung davon haben, daß es in den indischen Ländern nicht als unfair galt, mit Spionen zu arbeiten, hatte doch schon der Gott Varuna, wie in den Veden zu lesen ist, das Tun und Treiben der Menschen durch seine Späher beobachten lassen. Und was einem Gott recht ist, ist einem König billig, wenn es auch Geld kostete. Denn für diese Geheimagenten gab es bereits eine Gehaltsordnung. Spione und Agenten, die als Mönch, Händler oder Asket verkleidet ihren Beruf ausübten, standen auf der gleichen Gehaltsstufe mit Lehrern, Gelehrten, Astrologen und Zeichendeutern. Ihre Tätigkeit in Verkleidung setzte intellektuelle Fähigkeiten und ein gewisses Fachwissen voraus. Das war bei der zweiten Gattung von Agenten nicht nötig. Daher erhielten Boten, Meuchelmörder, Giftgeber und spionierende Nonnen nur die

Hälfte dessen, was die erste Gruppe bekam. Außerdem war aber für beide eine Hinterbliebenenfürsorge vorgesehen. Söhne und Frauen der Bediensteten, die in Ausübung ihres Berufes ums Leben kamen, erhielten Nahrung und eine geldliche Unterstützung. Daß Meuchelmörder in einer Gehaltsliste zusammen mit Ministern, Oberkommandierenden und Professoren aufgeführt wurden, ist immerhin beachtenswert. Man würde heute eine solche Offenlegung vermeiden, soweit man vom Meuchelmord noch Gebrauch macht. Wir wollen es nicht ausschließen, daß es ihn noch gibt und weiter geben wird.

Welche Rolle der geheime Nachrichtendienst spielte, geht auch aus dem Gesetzbuch des Yâjnavalkya hervor. Dieses gibt auch genaue Anweisung, wie der König den Tag zu verbringen hat. Er soll, wenn er sich morgens erhoben hat, Einnahmen und Ausgaben der Staatskasse prüfen, dann die anhängigen Rechtssachen, sodann baden und nach Belieben essen. Dann folgt aber alsbald die Empfehlung, die Spione zu sehen und Kuriere abzuschicken. Dann erst kommt er mit seinen Räten zusammen. Nach gewissen religiösen Riten, die ihm als König obliegen, »höre er die geheimen Reden der Späher« und dann esse er bei Gesang und Tanz und lese die Vedas. Aber die Späher, so heißt es ausdrücklich, behandle er mit Achtung und sende sie zu seinen Beamten zu fremden Königen. So standen Freund und Feind unter ständiger Beobachtung. Natürlich wurden auch die fremden Gesandten überwacht, von denen man ja wußte, daß sie auch des Spionierens wegen sich in der Residenz aufhielten. Es war eine feststehende Regel, daß niemand ohne besondere Erlaubnis mit ihnen verkehren durfte. Den Gesandten selbst aber war es sogar verboten, sich gegenseitig einzuladen oder Gespräche zu führen. Man konnte es wegen des guten Nachrichtendienstes auch nicht riskieren. Überall waren die Späher. Auch deren Aufgaben sind in Versen zusammengefaßt:

Aufsaugend alles, was die Leute denken,
Gleichwie der Sonnenstrahl das Naß der Erde,
Vertraut mit Künsten viel und Wissenschaften,
In mancherlei Verkappung gehn die Späher.«

Da Indien für uns immer etwas von einem Märchenland war, so soll am Ende dieses Kapitels eine Tierfabel stehen, die eine gewisse Parallele zu Grimms Märchen von der Katze und der Maus aufweist, die einen gemeinsamen Wintervorrat anzulegen beschlossen hatten, was damit endet, daß die Katze die Maus frißt. Die indische Maus ist vorsichtiger: Es war einmal eine Maus, die bemerkte, wie sich eine Katze im Netz eines Fallenstellers verfangen hatte. Sie freute sich, daß ihr Feind ihr nun nicht mehr gefährlich werden konnte. Dann sah sie aber, daß zwei andere ihrer Todfeinde sich auf sie stürzen wollten, eine Eule und ein Ichneumon. In ihrer Bedrängnis und um nicht von einem der beiden aufgefressen zu werden, schlug die Maus der Katze vor, sie durch Zernagen des Netzes zu befreien, wenn die Katze sie dafür vor Ichneumon und Eule schütze. Die Katze war einverstanden, die Maus verbarg sich unter der Katze und begann, das Netz zu zernagen. Aber mit den letzten Strängen wartete sie so lange, bis der Fallensteller kam, die Katze vor ihm auf einen Baum sprang und sie selbst sich in ihr Loch verkroch. Als der Fallensteller wieder gegangen war, schlug die Katze der Maus vor, ihren freundschaftlichen Verkehr beizubehalten. Aber die Maus ging nicht auf das Anerbieten ein und verließ nicht ihr Loch; denn sie meinte, natürliche Gegner bleiben Gegner, auch wenn sie dann und wann ein Bündnis schließen, um eine gemeinsame Gefahr abzuwehren. Und für die Politik gilt die gleiche Regel:

»Die Staatskunst macht aus Freunden oftmals Feinde
Und läßt die Feinde auch zu Freunden werden ...«

Wer aber Freund oder Feind ist, das festzustellen ist die Aufgabe der Gesandten, ebenso aber hat er die Bündnispolitik seines Herren zum Erfolg zu führen; eine kleine indische Politologie in Versen, einem Kunstepos im Auszug entnommen, mag dann dies Kapitel schließen:

»Auf einen aufstrebenden Feind
Soll aufmerksam man achten.
Einer Krankheit gleich, die ständig wächst,
Die Meister ihn betrachten.

Ein Freund, den man sich neu gewann,
Ist höher zu bewerten
Als einer, den uns die Geburt
Und die Natur bescherten.

Mit einem Feind, der Nutzen bringt,
Mag sich ein Fürst verbinden,
Doch nimmermehr mit einem Freund,
An dem sich Mängel finden.

Wer einen Feind zum Zorn gereizt
Und dann nichts tut dagegen,
Darf, wenn er Feuer angefacht,
Sich still ins Gras nicht legen.

Schlecht angebrachte Freundlichkeit
Kann keinen Feind befrieden,
Ins glühend Öl gegossener Wasserstrahl
Läßt's Öl noch stärker sieden.

Durch Bund mit einem Mächtigen
Ein Schwacher den Feind überwindet,
Vereint mit einem großen Strom,
Der Bach zum Meere findet.

Zwischen Schicksalsmacht und eig'nem Tun
Der Weise klug den Ausgleich findet,
So wie ein Dichter Wort und Sinn
In hoher Kunst verbindet.«

16.
Die große Wandlung

Mein Botschafter residiere ständig an Ihrem Hofe.

Ferdinand von Aragonien

Die Welt des mittelalterlichen Europa zerfiel, und mit ihr wurden die alten grundlegenden Anschauungen zu Grabe getragen. Der religiös-mystische Nimbus, der bislang die Kronen umgab, schwand dahin, auch wenn man noch lange Zeit die alten Vokabeln weiter im Munde führte. Die religiöse Grundlage wurde durch äußeren Glanz ersetzt, der – gut poliert – noch lange anhielt und den modernen Staat in seinen Anfängen symbolisierte. Wenn man im Mittelalter vom göttlichen Recht sprach, so trat an dessen Stelle nunmehr die Lehre vom Naturrecht. Was man jeweils als göttliches oder als Naturrecht ansah, hing ab von Zeit und Raum. Es war und ist meist das, was man als im eigenen Interesse liegend ansah und ansieht.

So beruhte die Unverletzlichkeit der Gesandten nicht mehr auf den alten Tabu-Vorstellungen, sie wurde zwar noch anerkannt, aber vorwiegend aus rationalen Gründen, und man legte sie in Verträgen fest. So schloß schon 840 Kaiser Lothar mit der Republik Venedig einen Vertrag, daß auch bei Streitigkeiten der Parteien Gesandte nicht festgehalten werden dürften, und es wurde eine Geldbuße für den Fall der Zuwiderhandlung festgelegt. Die Summe solcher Verträge und die gewohnheitsrechtliche Handhabung entwickelte sich im Laufe der folgenden Jahrhunderte zu einem allgemeinen Völkerrecht rein weltlicher und juristischer Ausprägung, zunächst in Mitteleuropa, später den Erdball umfassend.

Auch auf den anderen Gebieten zwischenstaatlicher Beziehungen vertiefte sich abstrakt juristisches Gedankengut immer mehr in die Grundauffassungen und löst das ehemals religiöse Fundament ab. Statt der Anrufung der Götter, der Selbstverfluchung und an der Stelle der »heiligen« Schreiben, die noch die byzantinischen Kaiser herausgaben, lesen wir schon bei Karl dem Großen, daß er einen von seinen Gesandten abgeschlossenen Vertrag durch einen einfachen Brief, per scriptam paginam, ein »beschriebenes Blatt«, bestätigte, modern ausgedrückt, ratifizierte. Die religiöse Komponente behielt zwar noch jahrhundertelang in verschiedenen Formen eine gewisse Bedeutung. Sie sank mehr und mehr von einem wesentlichen Bestandteil zu einer zweitrangigen Förmlichkeit ab. Die Einheit von Kirche und Staat, die in Byzanz noch die Grundlage des Staates bildete, löste sich im Westen zuerst auf. In allen Förmlichkeiten staatlichen und zwischenstaatlichen Lebens herrschte von der Reichsgründung Karls des Großen an – und im einzelnen auch schon vorher – ein dualistischer Grundzug vor, der dann im Investiturstreit zwischen Kaiser und Papst unübersehbar wird. Die Symbole der Macht, das Krönungszeremoniell der deutschen Kaiser und Könige spiegeln dieses Auseinanderfallen wider. Schließlich ist die Kaiserwürde nicht mehr von der religiös verankerten Salbung durch den Papst abhängig, sondern eine rein weltliche und machtpolitische Angelegenheit. Wir stehen vor einer Weltwende. Ratio und Wille, anders als in der byzantinischen, der orientalischen und auch der fernöstlichen Welt, treten die Alleinherrschaft an, zunächst von politischen, später von ökonomischen Gesichtspunkten beherrscht. Allerdings beginnen seit dem vorigen Jahrhundert verschiedene Ideologien, moderne Dogmen hervorzubringen, die bereits wieder jenseits aller ratio zu neuartigen Steuerungsfaktoren auch im zwischenstaatlichen Bereich werden. Die Parallelen zur mittelalterlichen Universalgeschichte drängen sich mehr als einmal auf.

Ende des 15. Jahrhunderts beschreitet man in den Formen des zwischenstaatlichen Verkehrs einen neuen Weg. Es entsteht das, was wir heute im engeren Sinne als Diplomatie verstehen. Aus den einzelnen Gesandtschaften, die bestimmte Verhandlungen zu führen haben, wird eine für alle Fragen zuständige Dauereinrichtung. Zwar werden bis zu dem heutigen Tage, sogar in wachsendem Umfang, wichtige Aufgaben noch immer besonderen Beauftragten anvertraut. Man entsendet persönliche Freunde, Mitglieder der eigenen Partei oder vertraute Ratgeber. Aber neben diese Spezialemissäre sind seit dem 15. und 16. Jahrhundert die Botschafter und Gesandten getreten, die sich ständig in der Hauptstadt des fremden Landes aufhalten, um laufend für Gespräche zur Verfügung zu stehen und um ständig über die herrschenden Auffassungen und Entwicklungen in diesem Lande zu berichten. Dieses neue Verfahren gegenseitiger Verbindung mußte die Aufgaben und die Arbeitsweise der Gesandten verändern. Es wechselten auch die Ansprüche, die man an die Gesandten stellte, und sie änderten deren Bild in der Öffentlichkeit. Der Verkehr der verschiedenen Gesandten an einem Hof untereinander warf neue Probleme auf und verschärfte alte. Vom rein Technischen her wurde es wesentlicher als vorher, wie diese Botschafter und Gesandten mit ihren Auftraggebern ihre Gedanken und Beobachtungen ungehindert austauschen konnten, ohne daß die Gegenseite die wechselseitige Information unterband oder die Schriftstücke mitlas. Es hat lange gedauert, bis Formen dafür gefunden und völkerrechtlich abgesichert wurden. Dicke Folianten sind gedruckt worden, die sich mit diesen neuen Fragen beschäftigten. Manches, vor allem das Protokollarische im Verkehr der Gesandten untereinander, steigerte sich bis ins Groteske. Erst dem Wiener Kongreß und in den nachfolgenden Aachener Protokollen gelang es, einfachere und zweckentsprechendere Lösungen zu finden, auf denen die heutigen Wiener Konventionen aus den Jahren 1964 und 1969 aufbauen, die nunmehr weltweit die Grundlagen für den diplomatischen und konsularischen Dienst festgelegt haben.

Die italienischen Stadtstaaten haben damit angefangen, ständige Beauftragte zu entsenden. Ihre Politik untereinander beruhte bereits auf rein rationalistischer Grundlage. Das Werk Macchiavellis ist nicht zufällig in diesem Bereich entstanden. Die enge politische Verflechtung, mit- und gegeneinander, die Bedeutung der politischen Parteiungen in den einzelnen Städten auch für die gegenseitigen Beziehungen legten es nahe, in ständiger Verbindung zu bleiben und sich nicht damit zu begnügen, einzelne Botschaften zu übersenden. Es war auch wesentlich, einen laufenden Einblick in die Gesamtverhältnisse des anderen Staates zu gewinnen, systematisch zu erfassen, ohne nur auf einzelne unzusammenhängende Agentenberichte angewiesen zu sein. Gemeinsame anstehende Fragen aller Art, besonders dritten Staaten gegenüber, konnten mit der neuen Methode sofort und unauffällig behandelt werden ohne den Umstand besonderer Gesandtschaften. Der ständige Vertreter hatte vor allem die Möglichkeit langwährender Verbindungen zu den maßgeblichen Persönlichkeiten, die ein Außenstehender nicht besitzen konnte. Er wußte von deren Ansichten, Schwächen und Stärken, was bei Verhandlungen eine wichtige Rolle spielte.

Nach den erhalten gebliebenen Unterlagen hatte der Herzog von Mailand als erster einen ständigen Gesandten, und zwar nach Genua, geschickt. Das Mailänder Beglaubigungsschreiben aus dem Jahre 1455 ist erhalten. Das neue Verfahren ist, wenn es nicht schon frühere Gesandtschaften dieser Art in Oberitalien gab, für die uns die Urkunden fehlen, sicher zwischen den beiden Städten abgesprochen worden. Ob es sich dabei um die Lösung bestimmter praktischer Fragen handelte, die den maßgeblichen Fürsten diese Methode einfallen ließ, oder ob sie sich an anderen Vorbildern orientierten, ist natürlich schwer zu sagen. Gewisse Vorbilder gab es schon seit längerem, auf die man zurückgreifen konnte.

Auf rein kirchlichem Gebiet z. B. unterhielten die Päpste von Rom aus in Konstantinopel seit dem 5. Jahrhundert einen Apokrisiar. Dieser hatte einen ständigen Aufenthalt am Goldenen Horn, um die Auffassung des Papstes in gemeinsamen dogmatischen Fragen zu vertreten. Wenn es in diesen Fragen zu Gegensätzen kam, wurden keine Apokrisiare entsandt, die religiös-diplomatischen Beziehungen wurden sozusagen abgebrochen, bis es zu einem Friedensschluß in der strittigen Frage zwischen den beiden Kirchen kam. Mit dem Schisma, der endgültigen Trennung der beiden Kirchen im 12. Jahrhundert, hörte diese ständige Vertretung auf. Aber geblieben sind die Vertreter des Papstes, die an wichtigen abendländischen Höfen residierten. Diese hatten jedoch in dem betreffenden Lande gleichzeitig ein hohes Kirchenamt, so daß diese Institution nicht ohne weiteres mit einer Gesandtschaft verglichen werden kann. Eine gewisse Ähnlichkeit in der Aufgabenstellung ist jedoch nicht zu verkennen.

Aber es gab auch noch ein anderes überzeugenderes Beispiel auf weltlichem Gebiet. Im Rahmen der konsularischen Vertretungen hatte man den Vorteil kennengelernt, »seinen« Mann in einem fremden Lande zu haben. Der »Bailo« der Venezianer in Konstantinopel hatte seine festumrissenen Aufgaben, die sich aus seiner Stellung im Fondaco ergaben. Aber man zog ihn praktisch auch zu Dingen heran, die sich auf dem Gebiet der eigentlichen Diplomatie bewegten. Das bewährte sich aufgrund seiner Personen- und Ortskenntnisse. Er konnte außerdem die wertvollsten Informationen aller Art geben. Bei dem Leiter des genuesischen Fondaco wird es nicht anders gewesen sein. Da nun Mailand in Genua keinen Fondaco zu unterhalten brauchte, lag der Gedanke nahe, den Vorteil ständiger Verbindung vom konsularischen auf das Gesandtschaftswesen zu übertragen.

Wie dem auch gewesen sein mag, das Beispiel machte Schule. Unsere Kenntnis im einzelnen ist unvollkommen. Fest steht aber, daß 1495 die Republik Venedig bereits einen Vertreter an den deutschen Kaiserhof, zu Kaiser Maximilian, entsendet, der ausdrücklich als ständiger Gesandter bezeichnet wird. Ein Jahr später ernennt Venedig zwei seiner in London wirkenden Kaufleute zu »Subambasciatori«, zu Unterbotschaftern, um noch im gleichen Jahr einen richtigen Gesandten nach London zu beordern, der am Hofe Heinrichs VII. als »residierender Gesandter« akkreditiert wird. Aber schon vorher hatte Spanien, die damalige erste Weltmacht, den Dr. Gondesalvi de Puebla als ständigen Vertreter 1487 nach London geschickt. Die heutigen spanischen Botschafter in London können sich daher rühmen, den ältesten noch bestehenden Posten der neuen Diplomatie zu bekleiden. Allerdings entsprach dieser erste ständige Gesandte Spaniens nicht ganz den Vorstellungen, die man sich von einem Diplomaten zu machen gewöhnt ist. Er wird in seinen Sitten und Manieren als schmutzig mit lumpenhaftem Auftreten bezeichnet. Er wohnte in einem öffentlichen Hause mit den Dirnen zusammen, speiste mit ihnen an einer Tafel, wenn er anderswo keine Einladung, insbesondere des Königs, erhalten konnte. Er bat laufend den Herrscher um Essen für sich und seine Diener, und man sprach deshalb am Hofe von ihm allgemein als dem »old doctor a begging«, dem Betteldoktor. Vielleicht bekam er vom spanischen Hof kein oder nicht genug Geld, vielleicht war er auch nur geizig; dumm war er jedenfalls nicht. Er verstand es, über seine Dirnen und Zuhälter einen respektablen Nachrichtendienst aufzuziehen. Der Patron des Hauses war ihm äußerst gewogen und hatte auch allen Anlaß dazu. Denn durch seinen Untermieter erhielt sein Eroszentrum den Charakter einer Gesandtenresidenz und war infolgedessen unverletzlich und dem Eintritt der Polizei versperrt. So konnte er seinem Gewerbe ungestört nachgehen, obwohl ihn die Polizei gern gegriffen hätte, da man ihm die unangemessene Ausbeutung junger Kavaliere vorwarf, die in seinem Hause verkehrten. Der englische König bat deshalb auch nach einigen Jahren seinen königlichen Bruder in Madrid, Puebla abzuberufen, und er sprach dabei die Hoffnung aus, der nächste Gesandte möge ein Bischof, ein Graf oder Baron, zumindest aber doch eine Person von Ansehen sein.

Hinzuzufügen ist aber auch, daß der englische Gesandte in Madrid in dieser Zeit sich im Auftreten nicht allzusehr von Puebla unterschied. Dieser, Spinelly, war zweifellos ein geschickter Diplomat, aber die Spanier bezichtigten ihn des Geizes und sagten ihm nach, er suche mit viel Mühe seine Speise bald hier, bald dort, wo sie gerade am billigsten feilstünde.

Vielleicht war bei beiden Vertretern die Grundursache dafür, umsonst oder billig zu Essen zu kommen, die noch fehlende Auslandsbesoldung; denn bis zu dieser Zeit war der nur kurz anwesende Botschafter stets Gast der Regierung, mit der er gerade verhandelte. Der ortsansässige Vertreter einer fremden Regierung konnte hingegen keinen Anspruch darauf erheben, ein Dauergast zu sein. Die Quellen sagen nichts darüber aus, aber noch in den folgenden Jahrhunderten reißen die Klagen der ständigen Botschafter nicht ab, daß ihre Bezahlung nicht ausreiche. Vielfach wurde später eigener Reichtum vorausgesetzt und die Bereitwilligkeit, Teile davon dem Dienste und dem eigenen Ansehen zu opfern. Die kaiserlich-österreichische Regierung entnahm ihre Botschafter bis zum Untergang der Monarchie den reichen adligen Magnaten, die keinerlei Besoldung erhielten, sondern es als Ehre und als ihre Lehnspflicht ansahen, dem Kaiser auch mit ihrem Gelde zu dienen.

Es erscheint einleuchtend, daß am Anfang eines ständigen Gesandten- oder Botschafterwesens die Verwaltung mit dem Grundproblem einer laufenden Bezahlung noch nicht fertig wurde; denn es war in diesen Jahren keineswegs selbstverständlich, ständige Gesandte zu schicken. So berichtete unser Dr. Puebla 1498 an seine Regierung, der schottische Hof habe noch keinen ständigen Vertreter einer größeren Macht in Edinburgh und würde es sich zur Ehre anrechnen, wenn Spanien einen in Edinburgh ständig residierenden Gesandten zu ihnen abordnete.

Nicht alle Höfe teilten die schottische Einstellung. Vielerorts hatte man Bedenken gegen die ständige Anwesenheit eines ausländischen Diplomaten, da er zuviel sehen und hören könne. Heinrich VII. von England beabsichtigte aus diesem Grunde, alle ständigen Vertreter wieder an die Luft zu setzen. Er kam aber nicht mehr dazu, sein Vorhaben durchzuführen. Dabei hätte ihm die damalige Politologie wegen eines solchen Schrittes gegen die Diplomaten recht gegeben. Die Völkerrechtskompendien vertraten allgemein die Auffassung, daß es das Recht eines jeden Fürsten sei, es ablehnen zu können, einen ständigen Gesandten bei sich beglaubigen zu lassen. In den Beglaubigungsschreiben jener Zeit wird auch jedesmal ausdrücklich erwähnt, ob der Gesandte im Gastland residieren solle. Ferdinand der Katholische schreibt z. B. einem Fürsten im Jahre 1500, »que mi embaxador residays de continuo en Su corte«, daß er also ständig am Hofe residieren solle. Und noch 1536 gibt Ferdinand I., als er seinen Gesandten von Wien nach Konstantinopel schickt, diesem in seiner Instruktion die ausdrückliche Anweisung, als permanenter Vertreter bei der Hohen Pforte zu bleiben, bis er ausdrücklich abberufen werde.

Ein Jahrhundert später ist die ständige Vertretung die Regel. Allerdings war es üblich, für wichtige Einzelangelegenheiten oder wegen außergewöhnlicher Repräsentation bei besonders festlichen Anlässen einen besonderen Botschafter zu entsenden, der nach Erledigung seines Auftrages alsbald wieder zurückkehrte. Das war dann der »Außerordentliche und bevollmächtigte Botschafter«, dessen Titel ohne Rücksicht auf die fehlende Logik später auf die ständigen Botschafter übergegangen ist. Denn dieser falsche Titel galt als vornehmer, weil die »Außerordentlichen Botschafter« im allgemeinen durch einen größeren Aufwand gekennzeichnet waren.

Obwohl sich nun die Einrichtung der ständigen Gesandten durchgesetzt hatte und die Vorteile auf der Hand lagen, blieb es bei verschiedenen Vorbehalten. In das Berufsbild des Gesandten – denn erst jetzt konnte es ein Beruf werden – drängte sich viel Negatives ein, das auf das Allgemeinbild des Diplomaten, der früher ein hochgeachteter Mann war, ein schräges Licht warf, das bis heute nachwirkt. Das hatte seinen Grund in der Art der damaligen Politik, die nicht gewohnt war, sich irgendwelchen moralischen Zwängen und Gesetzen zu unterwerfen, aber auch in den freimütigen Äußerungen der Diplomaten selbst. Vielleicht malten sie ihren Beruf in allzu schwarzen Farben, um mit einer geistreichen Formel den braven Bürger zu schrecken. Sir Henry Wotton, britischer Gesandter bei der Signorie in Venedig, definierte am Anfang des 17. Jahrhunderts den Gesandten mit folgenden Worten: »An ambassador is a clever man sent abroad to lie for his country.« Dieser Ausspruch, der besagte, daß der Gesandte ein gewandter Mann sei, im Ausland für sein Vaterland zu lügen, kostete ihm allerdings die Gunst seines Königs. Er hatte diese Worte allerdings nur in das Gästebuch eines Freundes in Augsburg geschrieben. Dort scheinen es liebe Kollegen gelesen und die humorvoll gemeinte Sentenz ihrem König hinterbracht zu haben, wahrscheinlich, um selbst einen solchen lügnerischen Posten zu ergattern. Aber das Wort war nicht mehr einzufangen. Wotton stand mit seinem Ausspruch nicht allein da. Ein spanischer Vertreter beim Heiligen Stuhl erklärte sehr offen als sein Programm, daß er, von jemandem belogen, diesen Lügner zweihundertmal sooft belügen werde.

Besonders gewitzte Diplomaten täuschten ihr Gegenüber damit, daß sie die Wahrheit sagten. Der spanische Botschafter Vega, der sich dieser Taktik rühmte, schrieb, daß er auf diese Art und Weise die tollsten Lügen überboten habe. Und als moralischer Mann fügt er hinzu, es sei ein glücklicher Weg, das Ergebnis der Lüge zu erzielen, ohne sein Gewissen zu belasten.

Neben Lüge und Täuschung, die das Bild des Diplomaten schmälerten, wurde ihnen mit Recht ihre Spionagetätigkeit vorgeworfen. Dafür gab es geheime Fonds, »gastos secretos«, mit denen man Agenten gewann, um sich Zugang zu den Geheimnissen der Fürsten und Räte zu beschaffen. Treffpunkte der Agenten, V-Männer und ihrer Auftraggeber waren oft und gern die Kirchen, in denen man unauffällig zusammenkommen konnte, um sich in tiefem Gebet die Neuigkeiten zuzuflüstern, vielleicht sogar in geistlicher Verkleidung. Diese nachrichtendienstliche Tätigkeit, die heute wenigstens, theoretisch und weitgehend organisationstechnisch, vom diplomatischen Dienst getrennt ist, war so allgemein üblich, daß sie fast schon als Teil des Völkerrechts angesehen wurde.

Manche Herrscher empfanden diese Spionage als ungeheuer lästig und beriefen sich auf den alten Spruch, daß die kürzesten Gesandtschaften die besten seien. Andere wiederum sahen es als eine besondere Ehre an, möglichst viele Gesandte bei sich beglaubigt zu sehen. Was man auch davon hielt, die Einrichtung hatte sich durchgesetzt. Man mußte sehen, wie man mit den Nachteilen fertig wurde. Schon früher hatte man auch bei den kurzen Gesandtschaften versucht, ihre Mitglieder unter Kontrolle zu halten. Das mußte nun systematisch ausgebaut werden. In Venedig verbot ein jahrhundertealtes Gesetz bei Leibesstrafe (Auspeitschen, Bastonade etc.), mit einem Gesandten ohne Erlaubnis der Signorie in Verbindung zu treten. Entsprechende Regelungen gab es auch in anderen Ländern. In Frankreich wurde 1617 angeordnet, daß von nun an kein Franzose mehr mit einem auswärtigen Diplomaten verkehren dürfe, den päpstlichen Nuntius ausgenommen. Aber auch auf diesen wurde bereits 1626 die Sperre ausgedehnt. Zur Zeit Cromwells bestanden in England ähnlich strenge Bestimmungen. Kein Mitglied des Parlaments oder des Staatsrates durfte ohne besondere Genehmigung mit irgendeinem Botschafter oder Gesandten eine Unterredung führen, er verlor sonst seinen Sitz im Parlament oder Staatsrat. Der Schweizer Gesandte Stockar berichtet 1653 aus London:

> »das andere, nämlich die Audienz, nahm ich begierig an, weil nach venezianischer Sitte keiner weder vom Parlament noch vom Staatsrate mit irgendeinem fremden Gesandten, bei Verlust seiner Stelle, Gespräch und Unterredung führen darf!«

Bei der Königswahl in Polen durften ebensowenig wie bei der Kaiserwahl in Frankfurt fremde Gesandte zugegen sein. In Polen wurden z. B. nach dem Tode ihres Königs Sigismund August im Jahre 1573 die Vertreter des Papstes, des Kaisers und der des Königs von Frankreich für die Wahlzeit in drei elenden Nestern interniert. Auch während der Reichstage in Polen durften sich in der älteren Zeit keine Vertreter fremder Staaten in der Nähe der Versammlung aufhalten. Noch 1668 mußten sich sowohl der kurbrandenburgische Resident wie der kaiserliche, der russische und weitere Gesandte mit ihrem Gefolge aus Warschau entfernen. Später richteten sich die Gesandten einfach nicht mehr nach diesen Gesetzen und blieben.

Soweit die fremden Gesandten zugelassen waren, pflegte man sie zu überwachen. Der Abwehrchef Josephs I. teilte seinem Kaiser mit: »Ich habe Leute angenommen, um mir jeden Besuch, den der Nuntius empfängt, unter genauer Angabe von Tag und Stunde zu melden.« Man soll nicht hochmütig werden.

Diese Methode, unterstützt durch die Möglichkeiten der Photographie, wird noch heute in verschiedenen Ländern munter und intensiv angewandt. Sie richtet sich natürlich auch gegen die eigenen Landsleute.

In manchen Hauptstädten ging man über diese Art der Überwachung weit hinaus. Man stellte Posten oder Ehrenwachen vor die Paläste der Botschafter, die jede Verbindung mit Einheimischen zu verhindern hatten. Bei den Russen und Türken hielt man die Gesandten sogar hinter Schloß und Riegel, wie es schon Byzanz getan hatte. Die Unterhändler Ferdinands I., Lemberg und Jurischitz, berichten, als sie in ihre Istanbuler Herberge eingeritten waren, »hat man die Tür verschlossen, das niembt anders dan die so uns zugeordnet ein- und auskomen lassen.« Neun Jahre später, 1539, wurde es dem Gefolge des Botschafters Laski bei Todesstrafe verboten, aus dem Hause zu gehen oder mit irgend jemand Verkehr anzuknüpfen. Selbst den Wirt wollte man aus der Herberge hinauswerfen, »ut nemo esset in domo mecum nisi mei et custodes« (»daß keiner mit mir im Hause sei außer meinen eigenen Leuten und den Wächtern«). Und monatelang vermeldet sein Tagebuch stereotyp und lakonisch: »nemo ad me permissus est, mansi itaque solus!« (»keinem wurde erlaubt, zu mir zu kommen; ich blieb deshalb allein.«)

So weit ging man in den westlichen Ländern nicht. In einem Punkt waren sich aber alle Staaten einig, man suchte, die Post abzufangen und sie vor der Weitergabe zu lesen. Das hielt man durchaus für rechtens. Papst Paul III. nahm für sich sogar das Recht in Anspruch, alle Briefe von der Weitergabe auszuschließen, in denen sich Spuren eines gegen die Kirche gerichteten Unternehmens befänden. Die Türken hinwiederum sperrten eine Zeitlang alle Straßen und Wege, um jeden Verkehr der Botschafter mit ihren Auftraggebern auszuschließen. Und sie ließen es die Gesandten bitter entgelten, wenn sie in den Briefen Mitteilungen fanden, die ihnen nicht gefielen. Die Gesandten konnten dann unter Umständen im Staatsgefängnis der 7 Türme darüber nachdenken, wie man besser und sicherer Nachrichten abgehen ließ. Das gesamte Chiffrierwesen nahm aufgrund derartiger Maßnahmen einen lebenswichtigen Charakter an und wurde mehr und mehr ausgebaut. Dem Mißtrauen des Gastlandes einem fremden Gesandten gegenüber entsprach auf der anderen Seite oft das Mißtrauen des entsendenden Staates gegen den eigenen Beauftragten.

In Venedig herrschte der Brauch, den es auch heute noch gibt, einen Gesandten nur zwei Jahre auf einem Posten zu belassen. Die Zeitspanne wurde in späteren Jahrhunderten bis auf 4 Jahre erhöht. Eine alte Begründung geht dahin: »Man möchte fürchten, daß bei zu langer Abwesenheit des Gesandten und bei dauerndem

Aufenthalt desselben in dem nämlichen Lande sie der im System liegenden Beaufsichtigung gleichsam entwachsen würden; daß ihr Interesse für die Heimat in demselben Maße geschwächt werden dürfte, wie andere Interessen erzeugt, andere Sympathien geweckt, Verbindungen angeknüpft würden, welche den höheren Erfordernissen des Staates, dem sie angehörten, hinderlich, wenn nicht entschieden zuwider sein könnten.« Heute geht man weniger von dem Mißtrauen aus als von der einwandfrei zu beobachtenden Tatsache, daß fast jeder Verbindungsmann – auch zwischen Behörden des gleichen Landes – in relativ kurzer Zeit so in den Gedankenkreis der Stelle hineingezogen wird, zu der er abkommandiert ist, daß er, ohne es zu merken, ein Vertreter der Institution wird. Die Verhältnisse im eigenen Lande ändern sich oft so schnell, daß der Abgesandte in relativ kurzen Fristen wieder in die Heimat einberufen werden muß, um sich den neuesten Stand der Dinge und ihrer Beurteilung wieder aneignen zu können, um nicht einen veralteten Standpunkt im Ausland zu vertreten. Selbst eine gute schriftliche Information reicht nicht aus, die neuen Ansichten zu übermitteln.

Im alten Venedig lag ein weiterer Grund für einen schnellen Wechsel darin, daß die Venezianer ungern ihre Vaterstadt verließen; die Ablehnung bei kurzbemessenen Auslandsposten war weniger ausgeprägt. Außerdem sollten die jungen Signori möglichst rasch diplomatische Erfahrungen sammeln, um dann, ohne überaltert zu sein, an den Regierungsgeschäften teilnehmen zu können. Der Gesichtspunkt, vielerlei Erfahrungen auf mancherlei Posten zu sammeln, ist auch heute noch von erheblicher Bedeutung, um für die Spitzenstellungen Diplomaten mit einer bedeutenden Bandbreite allgemeiner Übersicht in mehr als nur einem Weltteil in genügender Anzahl zur Verfügung zu haben. Das stärkste Mißtrauen gegen die eigenen Gesandten bestand – und besteht – natürlich dann, wenn ein Botschafter diesen Posten nur erhalten hat, um ihn als unbequemen Gegner aus der Heimat zu entfernen. Das Mißtrauen wuchs, wenn er mit befreundeten Parteiungen des Auslands nähere Beziehungen aufnahm, was in Italien bei den engen Beziehungen der Stadtstaaten zueinander und ihrer Parteien leicht vorkommen konnte, und wenn in einer Stadt die Verbannten der anderen Stadt gegen die dortige Regierung konspirierten. Beispielgebend war wiederum Venedig. Es war streng verboten, sich um irgendwelche Gunstbezeugungen in dem fremden Staat zu bemühen – ein Gesandter wurde im 15. Jahrhundert, nur weil er in freundschaftlichen Beziehungen zu Fürsten und Großen im Ausland gestanden hatte, mit 1000 Goldgulden bestraft. Ein anderer Gesandter, der während seiner Mission in Rom ohne Erlaubnis der Signorie ein Bischofsamt angenommen hatte, wurde sogar zum Tode verurteilt. Schon eine Verordnung aus dem Jahre 1238 verbietet die Annahme jedes Geschenkes bzw. fordert die Ablieferung der Geschenke bei der Rückkehr in das Vaterland. Ein weiteres Dekret vom 23. 9. 1257 regelt sogar das Verfahren hinsichtlich mitgegebener Lebensmittel, wenn sie einen gewissen Wert übersteigen und soweit sie nicht verzehrt sind. Ähnliche Bestimmungen wurden in allen Ländern erlassen. Der Schweizer Gesandte in London berichtet 1653 seiner Regierung folgendes: »... als Geschenk und zur Belohnung meiner bei den Friedensunterhandlungen gehabten Mühen wurden mir 200 Pfund Sterling von seiten des Lordprotektors zugestellt mit der Entschuldigung, man hätte mich zwar gern mit einer goldenen Kette beschenkt; weil aber erst jüngst in England eine scharfe Verfügung erlassen worden, daß weder sie den fremden Gesandten etwas geben, noch ihre Gesandten von fremden Mächten und Fürsten etwas annehmen sollen, so habe man jenes nicht wohl tun können.« Ähnliche Regelungen gelten auch noch heute. Man verletzt, wenn man ein Geschenk nicht annimmt, man kommt in Verdacht, wenn man es annimmt; deshalb ist in den meisten Ländern eine Anzeige-, wenn nicht Ablieferungspflicht festgelegt. So hielt es auch schon Venedig. Es hing von der Beurteilung der Gesandtentätigkeit durch die Signorie ab, ob sie die Geschenke behalten durften bzw. die abgelieferten zurückerhielten. Allerdings nimmt man heutzutage wohl nirgends mehr den rückkehrenden Botschaftern eine Art Offenbarungseid ab, ob die Herren etwas an Geschenken nicht angegeben oder zurückbehalten hätten. Freilich Regel und Durchführung waren auch damals zweierlei. Ein englischer Schriftsteller lobte die venezianische Regel und noch mehr, daß sie eingehalten würde. Er schreibt von den Gesandten:

»prorsus accipiunt, ne tantulum quidem vini, quantum obbam impleverit!« (Zu deutsch: »Sie nehmen nicht einmal eine so kleine Menge Weines an, die allenfalls eine Karaffe gefüllt hätte.«)

Nicht einmal eine Karaffe Wein nehmen sie an. Nun kann man einer Kanne Wein gegenüber leicht die vorgeschriebene Korrektheit wahren und einen vorzüglichen Eindruck machen. »Auf mich kann man sich verlassen«, äußerte einmal ein berühmter Mann und fügte hinzu: »bis zu einer Million«. So wird es wohl auch bei den Venezianern gewesen sein; denn ein französischer Kenner der Verhältnisse urteilte etwas anders: »Ils observent rarement cette règle!« Sie halten sich selten an diese Vorschrift, und damit dürfte er wohl recht gehabt haben.

17.
Diplomatie der Barockzeit

Auch wenn die Kirche nur 3 Schritt entfernt liegt, muß der Gesandte nichtsdestoweniger das Pferd besteigen oder die Sänfte oder die Karosse.

Lehre eines spanischen Gesandten

Wie die erfolgreiche Tätigkeit des Dr. Puebla in London zeigt, mußten die neuen ständigen Gesandten andere Eigenschaften aufweisen als die früheren Unterhändler, die mit einem mehr oder minder festumrissenen Auftrag an einen fremden Hof reisten. Immerhin, der Idealtyp war Dr. Puebla auch nicht. Man bediente sich im Anfang dieser Entwicklung jedoch gerne studierter Leute, die man unter dem Adel nicht so häufig vorfand wie im Bürgerstande. Vor allem die Kenntnis des Römischen Rechtes, das ja für den gesamten abendländischen Bereich zusammen mit dem kanonischen Recht eine sozusagen internationale Geltung hatte, schien wesentlich. Vertrautheit mit den Kanzleien der Fürsten war ebenfalls wertvoll. Entsandte man Diplomaten aus dem Bürgerstande, so sparte der Staat, sei es nun Fürst oder Republik, außerdem bares Geld, da niemand von diesen Gesandten den Aufwand erwartete, der bei dem Auftreten eines hohen Herrn seit eh und je selbstverständlich war. Auch meinte man, daß diese unauffälligere Gattung von Gesandten leichter Verbindungen nach allen Seiten aufnehmen konnte, auch solche mehr unterirdischer Art, als Herzöge und Grafen, die stets mehr im allgemeinen Blickfeld standen. Die Stände waren ja auch durch verschiedene Kleidung geschieden. Der große Aufwand, die prächtige Repräsentation blieben den Zeremonialgesandtschaften vorbehalten, wenn sie zu Krönungen und anderen im Licht der Öffentlichkeit stehenden Ereignissen in der Hauptstadt des besuchten Landes erschienen. Ein etwas boshaft veranlagter Fachschriftsteller jener Tage, ein ehemaliger brandenburgischer Gesandter, bemerkte von diesen hohen Herren, daß sie zu solchen Prachtaufzügen in der Mehrzahl viel tauglicher seien, als zur geschickten Leitung von Unterhandlungen, »qu'ils sont plus propres à une ambassade extraordinaire qui n'est fondée que sur quelque cérémonie d'état et passagère«.

Selbst Juden findet man in dieser Zeit im diplomatischen Corps. Sie seien, so wird berichtet, von ihren Glaubensgenossen mit der Anrede »Baron« ausgezeichnet worden; wir möchten annehmen mit einem leicht ironischen Unterton.

Ludwig XI. von Frankreich, eines der beachtlichsten Schlitzohren jener Zeit, schickte 1477 sogar seinen Barbier – der Unauffälligkeit halber – als Gesandten nach Gent. Aber die Bürger der Stadt empörten sich darüber und trachteten dem seifenschaumschlagenden Diplomaten nach dem Leben. Der König erhob seinen »barbitonsorem« darauf in den Grafenstand. Trotzdem hatte er weiterhin eine schlechte Presse. Der Fall erschien in allen Fachbüchern der Zeit als Beispiel dafür, wie man es nicht machen solle.

Wenn auch nicht gerade Barbiere eines Fürsten, so wurden doch angesehene Kaufleute gern als Gesandte eingesetzt. Auf die Nationalität kam es dabei gar nicht so an. Beliebt waren insbesondere die florentinischen Handelsherren, die man in allen größeren Residenzstädten antreffen konnte, da ihre Wirtschaftsinteressen ganz Westeuropa umspannten. Auch die Posten in fernen Ländern besetzte man gern mit Kaufleuten, die Land und Leute kannten und mit den Reiseschwierigkeiten besser fertig wurden als jemand, der zum ersten Mal in ein solches Land einreiste. London und Den Haag waren bis zur Mitte des 17. Jahrhunderts in Moskau nur durch solche Kaufleute vertreten. In Wien verfuhr man entsprechend, wenn es auch einige berühmte Gesandte gab, die aber nur zur Verhandlung einzelner Gegenstände nach Moskau reisten. Offiziere wurden in dieser Zeit im allgemeinen nicht zu diplomatischen Verhandlungen eingesetzt. Eine um so größere Rolle spielten aber zunächst in den katholischen Ländern Mönche und Geistliche. Ihr Auftreten war unauffällig, und sie hatten vielfach einen überdurchschnittlichen Bildungsstand. Selbst ständige Gesandtschaften wurden ihnen anvertraut, »à cause de Ménage« (des Unterhaltes wegen), sagt unser brandenburgischer Spötter. Sie kosteten nicht viel, und die Fürsten konnten ihnen sogar höhere geistliche Stellen verschaffen, so daß ihre eigene Kasse völlig unberührt blieb. Eine Notiz aus der damaligen Zeit: »Insbesondere hat Ferdinand der Katholische sie wohl zu brauchen gewußt und u. a. mehrmals dergleichen Mönche nach Venedig zu den Nobili geschickt, damit man nicht merken solle, daß er allda negocieren ließe; das hat nach der Zeit Richelieu oft nachgemacht.«

Ihre Verwendung wurde aber frühzeitig beanstandet. Die Mönche verhielten sich, wie es für Personen von Stand und Ehre unmöglich sei. Sie machten außerdem unbekümmert Verhandlungsvorschläge, zu denen sie nicht ermächtigt seien, und desavouierten sie ebenso skrupellos. Das war die Sprache der Diplomaten, die die unlautere Konkurrenz beanstandeten. Aber auch bei den Entsendestaaten kamen Zweifel auf. Die Abhängigkeit dieser geistlichen Diplomaten von Rom war nicht zu übersehen. Und in Frankreich bemerkt der berühmte Callière, der überhaupt am gescheitesten über die Diplomatie seiner Zeit geschrieben hat, daß es nur wenig Länder gebe, in die man sie mit Anstand schicken könne, weder in die protestantischen Staaten noch in die Hauptstädte der Ungläubigen, und für Rom seien sie gänzlich ungeeignet.

In der Mitte des 18. Jahrhunderts verschwinden die Geistlichen fast ganz aus dem offiziellen diplomatischen Getriebe, die Nuntien des Heiligen Stuhles natürlich ausgenommen.

Man diskutierte auch, ob man Frauen im diplomatischen Dienst verwenden solle. Es gab Beispiele dieser Art. Weibliche Unterhändler haben zu allen Zeiten eine Rolle gespielt. Der »Damen«-Frieden von Cambrai ist dadurch berühmt geworden, ebenso die Verhandlung der Aurora von Königsmark, die in das schwedische Heerlager zu Karl XII. geschickt wurde. Die Marschallin von Guébriant begab sich 1646 an den Hof in Warschau und war dort formell als Gesandte beglaubigt, ebenso war schon in früherer Zeit die Gemahlin Heinrichs VIII. noch als Prinzessin von Wales bei ihrem Schwiegervater, also dem regierenden König von England, in aller Form als Vertreterin Ferdinands des Katholischen akkreditiert. Man kann annehmen, daß es weitere Fälle dieser Art gegeben hat. 1493 ging Beatrix von Mailand in diplomatischer Mission nach Venedig, 1467 eine Medici nach Rom.

Wie diese Aufträge formal zu beurteilen sind, mag zweifelhaft bleiben, praktisch waren es Verhandlungen von Staat zu Staat. Die damaligen Lehrbücher nahmen pro und contra Stellung. Ein Fürsprecher bemerkt von den Damen: »Sie haben Witz und Malice genug, à conduire une intrigue d'amour. Was sollte ihnen in anderen fehlen?« In diesem Streit wurde die Bibel und anderes ins Feld geführt. Am charmantesten aber nimmt ein Wiener Fachgelehrter Stellung, er macht geltend, was auch heute noch in der Praxis berücksichtigt wird, soweit Länder Botschafterinnen entsenden:

> »Man wird mich also entschuldigen, wenn ich das schöne Geschlecht zu sehr verehre, um es den Ungemächlichkeiten einer beschwerlichen Reise, dem Überdrusse eines unangenehmen Aufenthalts, dem Widerwillen bösartiger Charaktere, oder mit arglistigen Politikern zu handeln oder der Gefahr preiszugeben, in feindlichen Ländern das Leben und Wohl ganzer Länder durch mühsame Unterhandlung zu vertheidigen.«

Im Laufe des 16., besonders aber des 17. Jahrhunderts wurde es wieder mehr und mehr üblich, Adlige im diplomatischen Dienst zu verwenden. Venedig, die angesehene Republik, war nie von der Übung abgegangen, nur Adel zu verwenden. Pius II. hatte schon im 15. Jahrhundert einen Diplomaten ohne Audienz zurückgewiesen, »quod esset dignitate legationis obscurior«, d. h. als von zu geringer Herkunft. Die Höfe hielten sich fortan an dieses Monitum und schickten nur höheren Adel an die Kurie, auch wenn sie sich im Verkehr mit anderen Staaten des niedrigeren Adels oder der Bürgerlichen bedienten. Im ganzen aber lief die Tendenz dieser Zeit auf den Grundsatz zu, der 1485 zum ersten Mal formuliert wurde, der Stand des zu Schickenden habe sich nach der Wichtigkeit des Auftrags zu richten, aber auch nach dem Range des Auftraggebers. Das war nicht nur die Auffassung der Fürsten. Auch die Republik England – unter Cromwell – ließ 1653 eine Note der Schweizer Kantone unbeantwortet, weil sie durch einen geringen Kaufmann überreicht sei. In den deutschen Reichsstädten, die ja in der Praxis auch souveräne Republiken waren, wurde herbe Kritik geübt, wenn der bei ihnen akkreditierte Diplomat nicht entsprechenden Standes war.

Diese verstärkte Rückkehr zu adligen Vertretern hatte verschiedene Gründe. Sie stand unter dem Zeichen einer ungeheueren Aufwertung der äußeren Repräsentation, wie sie vor allem vom Versailler Hof gepflegt wurde, die aber auch schon vorher sich allenthalben bemerkbar machte. Der Botschafter sollte sozusagen den Fürsten selbst darstellen, sein »alter ego« sein, wie man es in der damaligen Sprache ausdrückte, ein zweites Ich des Fürsten. Zum anderen ist es in dieser Zeit auch zu einer tiefgreifenden Umstellung im Adel selbst gekommen. Die Zeiten waren nun vorüber, wo es in einem Epos hieß:

»Ein Ritter so gelehret was,
Daß er in den Büchern las ...«

Aus den kriegerischen Rauhbeinen vergangener Jahrhunderte waren Höflinge geworden und Männer mit weitreichender klassischer Bildung, die selbst die Naturwissenschaften mitumfaßte. Man hatte vielfach die Universität besucht und war aufgrund der Ausbildung in die Verwaltungsstellen und Regierungsposten eingerückt, die lange Zeit nur von Geistlichen oder bürgerlichen Sekretären besetzt wurden. Die praktischen Kenntnisse im Bereich des Staatlichen, das modernere Formen zu gewinnen angefangen hatte, ließ auch den Adel der Sache nach für die auswärtigen Angelegenheiten auf breiterer Ebene als geeignet erscheinen.

Diese moderneren Formen innerhalb des Staates, die sich von den mittelalterlichen lösten, waren eingebettet in das parallel laufende Bedürfnis nach äußerer Repräsentation. Auch diese war nicht auf die Fürsten beschränkt, wenn sie bei ihnen auch die auffälligsten Formen annahm. Wenn man im Kutschenmuseum in Lissabon im Marstall des früheren königlichen Schlosses den schlichten Wagen Philipps II. von Spanien, der doch einer der mächtigsten Herrscher Europas war, mit den goldenen Karossen der späteren Zeit vergleicht, so wird einem diese Entwicklung ins Pompöse an einem Einzelbeispiel drastisch vor Augen geführt. An diesen Prunkwagen wimmelt es nur so von vergoldeten Schnitzereien und dito allegorischen Figuren. An den Höfen in London und in Kopenhagen sieht man noch die Reste dieser alten Herrlichkeit. Jeder Botschafter, der sein Beglaubigungsschreiben überreichen will, wird noch heute in Kopenhagen in einer solchen Staatskarosse abgeholt. Entsprechende Bilder aus London bei der Vorfahrt der Königin sind durch das Fernsehen hinlänglich bekannt. Damals aber hatten die Gesandten selbst diese Prunkwagen, bei denen wir ein gewisses Gefühl des Mitleids nicht unterdrücken können, wenn man den Prunk mit der unzureichenden Abfederung vergleicht und sich den Zustand der damaligen Straßen vor Augen hält.

Was unter Repräsentation damals verstanden wurde, schildert ein spanischer Gesandter:

> »Der Gesandte muß Pferde haben und eine Karosse mit Glöckchen. Auch wenn die Kirche nur 3 Schritt weit entfernt liegt, muß er nichtsdestoweniger das Pferd besteigen oder die Sänfte oder die Karosse mit seinen Leuten. Die Zeitungen schreiben, daß ein anderer (Gesandter), der Rom verließ, um dem Papst zu folgen, abreiste mit 7 Sänften, 6 Karossen, jede mit 6 Pferden bespannt, 200 Dienern und 60 Gepäckkarren. Am ersten Tage passierte er lediglich das erste Stadttor ...«

Dieser Prachtentfaltung entsprach der Prunk der Kleidung vor allem bei der Antrittsaudienz. Moskauer Diplomaten wollten allen Ernstes lieber unverrichteter Sache in ihre ferne Heimat zurückkehren, als ohne ihre noch nicht eingetroffenen Staatsgewänder vor dem Herrscher erscheinen. Es gab aber auch Einschränkungen. Dänen und Schweden durften noch im 18. Jahrhundert weder Gold noch Silber an ihren Anzügen tragen. In der Türkei waren schwarze Stoffe verpönt. Auch sonst gab es Eigenheiten, die man berücksichtigen mußte. In manchen Ländern hielten sich die Staaten für ihre Gesandten eine Loge in der Oper, in anderen war der Besuch von Theater und Oper verpönt, selbst dort, wo wir es am wenigsten erwarteten, in Neapel. Als sich dort der spanische Vizekönig 1630 eine Loge einrichtete und die Vorstellungen sogar mit den weiblichen Angehörigen seiner Familie besuchte, fand man das als unerhört und zutiefst ungehörig. Das Theater galt als Tummelplatz unlauterer Elemente. An dem ist wohl auch etwas gewesen. Denn als ein Stück keinen rechten Zulauf hatte, ließ derselbe Vizekönig den gemessenen Befehl herausgeben, daß bei hoher Geldstrafe sämtliche Dirnen der Stadt das Schauspielhaus zu besuchen hätten. Es ist leider nicht überliefert, wie sich in diesem Falle die Herren Gesandten entschieden haben, ins Theater zu gehen dem Vizekönig zuliebe, oder daheim zu bleiben. Wahrscheinlich schickte man schon damals, wie heute in schwierigen Fällen, einige nachgeordnete jüngere Beamte hin und ließ sich berichten, wie es die anderen Gesandten gehalten hätten.

Neben der Prachtentfaltung forderte man von einem Botschafter außerdem, viel Aufwand zu treiben und vor allem eine offene Tafel zu halten. Mahnend aber heißt es in einem der Lehrbücher, der Gesandte solle sich andererseits hüten, aus seiner Essenstafel eine Kantine zu machen. Lateinisch liest sich der Text etwas vornehmer: »ex culina non popinam facere.« Ein französischer Diplomat berichtete, daß er in erfolgreichen Verhandlungen mit Vertretern der Schweiz stände, daß diese, um ihre Gunst noch besser zu beweisen, sich ohne Umstände täglich bei ihm zum Essen einlüden.

Auch sonst spielte großzügiges Gehabe natürlich eine Rolle. Aus dem Paris noch des 18. Jahrhunderts wird berichtet, »man habe den englischen Gesandten angebetet, weil er viel Geld verthut und Guineen auszuteilen hat; da hingegen der Schwede, der nur Kupfer in der Tasche zu führen scheint, wenig Aufsehen macht.«

Der Gesandte müsse eben reich sein, bemerkt ein Fachschriftsteller jener Zeit und fügt sehr listig hinzu, daß bei solchem Reichtum die in der Heimat zurückgelassene Habe dem Auftraggeber eine Garantie für die Treue seines Dieners sei. Man sieht, wie vielerlei Gesichtspunkte es gibt, die sinnigerweise zu berücksichtigen sind.

Dem Grundsatz, daß der Botschafter sozusagen der Fürst in anderer Person selbst sei, entsprach neben der übersteigerten Repräsentation die Einhaltung einer bis in die Einzelheiten gehenden

Etikette beim Verkehr untereinander. Daß der Westfälische Frieden, der den 30jährigen Krieg beendete, in zwei verschiedenen Städten, in Münster und in Osnabrück, abgeschlossen wurde, beruhte auf solchen protokollarischen Schwierigkeiten, die besonders in der oft unlöslichen Frage bestand, wer den Vortritt habe. So hatte man in diesem Falle die Lösung gefunden, daß in Münster der französische Gesandte, in Osnabrück aber der schwedische den Vortritt habe. Ein Jahr und drei Monate hat es gedauert, bis man die protokollarischen Probleme bewältigt hatte, so daß man nun mit den sachlichen Verhandlungen beginnen konnte. Es wundert einen, daß die Beteiligten, die in den Verhandlungen oft ein beachtliches Maß an Kenntnissen, an Geschick und Gewandtheit aufwiesen, an diesen Finessen einen solchen Spaß hatten, oder sie zumindest doch für notwendig hielten. Gemessen an den Auswüchsen wie der Kinderkreuzzüge oder gewisser moderner Ideologien wirkt dieses Gehabe allerdings mehr wie eine relativ unschuldige Comédia del Arte, an dem die Zuschauer mehr Vergnügen als Pein empfanden. Da das Bild des heutigen Diplomaten aber immer noch etwas von den Eindrücken der damaligen Zeit geprägt ist, lohnt es sich, auf einzelne der netten Begebenheiten einzugehen, die man damals ernst, sogar sehr ernst nahm.

Auf gewisse Äußerlichkeiten hat man seit Urzeiten gesehen, man wollte sich schon in den Formen nichts vergeben. Das gilt in gewissen Grenzen heute noch. Aber in der Barockzeit hielt man es für ebenso wesentlich wie die Sachverhandlung. Das klassische Beispiel für einen Vertragsabschluß, bei dem beide Parteien den größten Wert darauf legten, ihre Gleichwertigkeit nach außen erscheinen zu lassen, ist der Pyrenäen-Frieden, der einen der Kriege zwischen Frankreich und Spanien beendete. Kardinal Mazarin und sein spanischer Gegenspieler Don Louis de Haro trafen sich auf der Fasaneninsel im Flusse Bidossoa, der noch heute die Grenze zwischen Frankreich und Spanien bildet. Nach langwierigen Vorverhandlungen war diese Insel zwischen den beiden Ländern aufgeteilt worden. Dann wurde in der Mitte der Insel ein Pavillon errichtet. Je drei Säle und je eine Galerie lagen auf spanischem und französischem Boden. In der Mitte lag der Konferenzsaal, in den man nur durch die Galerien von beiden Seiten gelangen konnte. Von jedem Ufer führte eine Schiffsbrücke auf die Insel. Dann waren im Konferenzsaal zwei Tische einander gegenübergestellt. In bequemen Lehnstühlen saßen die beiden Verhandlungsleiter, ohne das heimatliche Territorium verlassen zu müssen, und konnten verhandeln bzw. die Urkunden unterzeichnen. Aber zuerst umarmten sich die langjährigen Gegner unter Tränen, und wie wir hoffen, genau auf der Grenzlinie. Immerhin hat die damalige Grenzziehung bis heute Bestand gehabt.

Das protokollarische Beispiel hat Schule gemacht. Wir schreiben aber – es ist kein Druckfehler – das Jahr 1953. Zwischen Nord- und Südkorea war der 38. Breitengrad als Demarkationslinie vereinbart worden. Genau auf diesem Breitengrad war eine Baracke errichtet worden. Der Breitengrad ging mitten durch den Konferenzraum. Von jeder Seite führte eine Tür in ihn und zu dem Tisch, dessen eine Mittellinie genau auf dem Breitengrad verlief. Hier kam es dann am 27. 7. 1953 zum Friedensschluß zwischen Nord- und Südkorea. Es ist allerdings nicht berichtet worden, daß sich die Verhandlungsleiter tränenden Auges in den Arm gefallen wären. Gewisse Unterschiede muß es ja auch schließlichlich geben. Wo bliebe sonst der Fortschritt.

1959: Große West-Ost-Konferenz der Außenminister der USA, Großbritanniens und Frankreichs auf der einen, der UdSSR auf der anderen Seite. Problem: das geteilte Deutschland. Die Konferenz begann mit einer langen Debatte über die Form des Verhandlungstisches. Der Westen war für eine viereckige, Rußland für eine ovale Form, um die Vertreter des östlichen Teiles Deutschlands dort mit Platz nehmen lassen zu können. Das hätte eine halbe Anerkennung als mitverhandelnder Staat bedeutet. Das mißfiel den westlichen Unterhändlern. Man fand einen Kompromiß und entschied sich für die ovale Form, aber für die deutschen Vertreter wurde auf jeder Seite ein Katzentisch aufgestellt, nachdem man sich auf eine Entfernung von sechs Bleistiftlängen geeinigt hatte. Vorsorglich wurden diese beiden Tische auf den Fußboden angenagelt, damit der Sechs-Bleistift-Abstand auf alle

Fälle eingehalten wurde und kein völkerrechtliches Präjudiz durch Tischrücken geschaffen werden konnte.

Zurück zur alten Zeit. Zum großen Bedauern der Beteiligten gab es nicht überall Grenzflüsse und Breitengrade als Demarkationslinien. Zwar war die koloniale Grenzlinie zwischen Spanien und Portugal durch einen Schiedsspruch des Papstes durch einen Längengrad festgelegt worden. Die Methode war also schon erfunden. Aber sie versagte, wenn sich verschiedene Staaten, noch dazu ohne gemeinsame Grenzen, wechselseitig in die Haare gekommen waren, und diese nun ausgekämmt werden mußten. Das größte europäische, fast ein Weltproblem war damals die grundlegende Frage, ob der Vertreter des spanischen oder des französischen Königs den Vortritt haben sollte, wenn das Unglück es wollte, daß sie zur gleichen Zeit aufeinanderstießen – oder nach dem Protokoll – stoßen mußten. Auch dort gab es eine vom Heiligen Stuhl aufgestellte Grundregel, daß das Alter der Krone maßgebend sein solle. Aber damit war der Streit nur auf diese historische Feststellung verschoben worden. Dann hatte der Papst sich dafür entschieden, daß Frankreich der Vortritt zustehen solle. Dies wurde jedoch wiederum vom deutschen Kaiser, der als formeller Nachfolger der römischen Imperatoren eine Sonderstellung im Protokoll einnahm, nicht anerkannt, noch weniger von den spanischen Königen. Die Frage trat in ein akutes Stadium, als in Nimwegen 1678 ein Friede zwischen einer Allianz von Staaten und Frankreich geschlossen werden sollte. Der britische Unterhändler trat zunächst mit dem überaus weisen Vorschlag in Aktion, daß die Parteien von der gewaltsamen Ertrotzung ihrer umstrittenen protokollarischen Ansprüche über den Vorrang absehen möchten, ohne daß damit ein Präjudiz geschaffen werden solle. Dieses Regulativ wurde angenommen, und so war zunächst verhindert, daß es zu Mord und Totschlag zwischen den spanischen und französischen Gesandtschaften kam.

Um aber das überaus zarte Ehrgefühl der beiden Parteien zu schonen, erfand der holländische Unterhändler, der eine vermittelnde Rolle übernommen hatte – Nimwegen lag ja in Holland und ihm fielen gewisse Gastgeberaufgaben zu – einen salomonischen

Ausweg. Zum Abschluß des Vertrages lud er zur gleichen Zeit die beiden Gesandten in sein Haus. Dort erhielt jeder ein eigenes Zimmer, das durch einen dritten Raum voneinander getrennt war. Und nun konnten zur gleichen Sekunde beide Gesandte in das Zwischengemach eintreten, den in der Mitte des Zimmers aufgestellten Tisch erreichen, auf dem der Vertrag in zwei Ausfertigungen zur Unterschrift bereitlag. Beide setzten sich im gleichen Augenblick nieder, unterschrieben die Urkunde, erhoben sich zur gleichen Zeit und verließen den Mittelraum. Der Ehre ihrer Souveräne war genüge getan.

Die Holländer hatten schon eine gewisse Übung in solchem protokollarischen Ausgleichen, denn schon 1659 hatte sich ein entsetzliches Ereignis abgespielt. In einer der engen Straßen der holländischen Hauptstadt Den Haag begegneten sich der französische und der spanische Gesandte in ihren Equipagen. Aneinander vorbeizukommen, war technisch ausgeschlossen, daß einer der beiden seinen Wagen zurücksetzte, noch viel unmöglicher. Pferdekopf an Pferdekopf hielten die Wagen. Die Straße, vielbefahren, verstopfte sich durch den Stau der nachfolgenden Wagen. Unmöglich nun auch, daß beide Gefährte gleichzeitig zurücksetzten. Der Ausbruch eines Krieges zwischen beiden Staaten war nicht auszuschließen. Der holländische Ministerrat trat sofort zusammen und beriet drei Stunden lang. Die Equipagen standen weiterhin Pferdekopf an Pferdekopf. Da hatte einer der »Hochmögenden« den rettenden Einfall: Eine Pioniereinheit wurde in die Straße beordert. Sie riß einen Zaun zur rechten Seite der spanischen Equipage nieder. Und nun bestand für die beiden hartnäkkigen Diplomaten die Möglichkeit, ihren Weg fortzusetzen. Beide schrieben sich den Sieg zu, der Franzose, weil er auf der Fahrbahn geblieben war, der Spanier, weil er den Platz zur Rechten behauptet hatte. Aber so einfach gingen die Dinge nicht immer aus. Einmal wäre es um Haaresbreite tatsächlich zum Kriege gekommen.

Zwei Jahre später – in London – zog der schwedische Gesandte unter dem üblichen Schaugepränge in seiner Prunkkarosse in die City ein, um das Beglaubigungsschreiben feierlich zu überreichen. Einem solchen Akt pflegte das Diplomatische Corps beizuwohnen, man fuhr mit seinen Karossen zum Schloß. Wie es das Schicksal wollte, kam aber die Kutsche des Spaniers hinter die des Franzosen. Um diesem nationalen Unglück zu begegnen, versuchte der Spanier, zu überholen und sich vor die Kutsche seines Nebenbuhlers zu setzen. Es kam zu einem blutigen Handgemenge der Begleitungen, aber des Spaniers Überholmanöver war gelungen.

Ludwig XIV., der Sonnenkönig, tobte in seinem Prunkschloß zu Versailles und fühlte sich in seiner Ehre zutiefst gekränkt: Er verlangte von seinem spanischen Kontrahenten, Philipp IV., unter Kriegsandrohung eine feierliche Abbitte. Außerdem ließ er sofort den Palast des spanischen Gesandten in Paris scharf bewachen, um zu zeigen, daß es ihm Ernst war. Der spanische König hatte zur Zeit weder Geld noch genug Soldaten, einen Krieg gegen den damals noch mächtigsten Fürsten Europas zu führen. 1662 erschien daher eine außerordentliche Gesandtschaft der Spanier, aus 30 Standespersonen bestehend, unter der Leitung eines Marquis in Versailles, um eine überaus gewundene Erklärung abzugeben. Ludwig XIV. lud das gesamte diplomatische Corps ein, um der Abgabe dieser Erklärung zuzulauschen. Der Marquis trug also das tiefe Bedauern seines Monarchen über den Zwischenfall vor und gab die Erklärung ab, daß die Vertreter Spaniens sich fortan nicht mehr an einem dritten Ort oder bei feierlichen Versammlungen einfinden würden, wenn ein französischer Gesandter vor ihnen eingetroffen sei. Das war ja nun nicht gerade eine Anerkennung des französischen Standpunktes, aber der Sonnenkönig nahm's als solche und befahl den anwesenden Gesandten aller Länder, ihren Regierungen zu berichten, daß die Spanier die »Prééminence« des französischen Königs anerkannt hätten. Er ließ den spanischen Verzicht in die Akten des Staatsrates einzeichnen und prägte eine Medaille mit der Inschrift: »Für die Franzosen das Recht des Vortritts errungen. Entschuldigung des Spaniers in Gegenwart von 30 Gesandten der Fürsten. 1662.«

Seit jenem Tag erschien kein spanischer Gesandter mehr bei irgendeiner Veranstaltung, an der sein französischer Amtskollege teilnahm. Die Höfe nahmen darauf Rücksicht. Nur der kaiserliche Hof in Wien hielt an dem Vortritt Spaniens fest und verbat sich aus

Protokollgründen, daß Frankreich einen Botschafter der höchsten Rangstufe nach Wien entsende. Und wirklich, der französische König ließ nunmehr nur noch Diplomaten niederen Ranges in Wien beglaubigen. Das war in seinen Augen eine Mißachtung der kaiserlichen Würde und fiel ihm deshalb nicht schwer. Das Wiener Protokoll aber war gerettet, Streit konnte es nicht geben, da nunmehr der spanische Botschafter als der persönlich ranghöhere unbestrittenermaßen den Vortritt hatte.

Die französischen Kronjuristen waren aber mit der Auslegung Ludwigs XIV., die dieser der spanischen Erklärung gegeben hatte, nicht ganz einverstanden. Sie suchten nach einer juristisch einwandfreien Regelung. Diese fand sich einige Jahre später. Als nämlich das Haus Habsburg in Spanien ausstarb, kam ein Bourbone auf den Thron in Madrid. Und nun wurde in einem Familienpakt des Hauses Bourbon festgelegt, daß der französischen Linie als der älteren der Vortritt gelassen werde, allerdings – man muß an alles denken – gelte dies nicht mehr, wenn in einem der beiden Reiche eine andere Dynastie den Thron bestiege. Die Welt war um eine Kuriosität ärmer. Nie wieder würde ein französischer Gesandter, sehr zum Vergnügen der Anwesenden, einen unabsichtlichen Sturz vortäuschend, hinfallen, um auf diese Weise vor seinem nach links ausweichenden spanischen Nebenbuhler den Ehrenplatz zu erlangen.

Aber bei den anderen Nationen blieb es bei ständigen Auseinandersetzungen und Reibereien, so daß es noch genügend Unterhaltung gab. Das alles, obwohl das aus der Landwirtschaft stammende deutsche Sprichwort »Wer zuerst kommt, mahlt zuerst« bereits seine Entsprechung in der vornehmen Sprache der Diplomatie gefunden hatte: »Le premier venu soit le premier ouy«, wer zuerst gekommen, wird zuerst gehört. Und so weise diese Sprichwörter auch waren, so konnten sie sich doch nur zögernd durchsetzen.

Neben Deutschland war Italien die Hauptstätte für Etikettestreitigkeiten jeder Art. So begegneten sich einst, um nur ein Beispiel zu geben, am Hofe Kaiser Rudolfs II. in Prag akkreditierte Diplomaten zweier kleinerer italienischer Staaten auf der Moldaubrücke. Es war wie bei den beiden Equipagen in Den Haag, nur ohne Pferd und Wagen. Keiner wich dem anderen aus, und so blieben sie den ganzen Tag im heißen Sonnenbrande einander gegenüber stehen. In der Dunkelheit scheint sich ein Ausweg gefunden zu haben, sonst ständen sie noch heute dort. Tatkräftiger war ein venezianischer Gesandter, der bei gleicher Gelegenheit seinen Florentiner Konkurrenten mit kräftiger Hand in den tiefen Schmutz der Straße beförderte. Es wird berichtet, daß von Stund an kein Florentiner Diplomat mehr die Praeeminenz von Venedig in Zweifel zog.

Im Jahre 1670 kam es in Rom noch einmal zu einer gewaltigen Prügelei zwischen dem zu diesem Zweck geworbenen Anhang des Gesandten von Savoyen und des aus Florenz, um den Vorrang durchzusetzen. Es wurde so schlimm, daß der Papst persönlich einschreiten mußte, um dem Ärgernis ein Ende zu setzen. Seiner Autorität gelang es, den Frieden wiederherzustellen.

In Deutschland aber hieß es von den deutschen Fürsten und Reichsstädten, sie kämen auf dem Reichstag in Regensburg nur zusammen, um sich über den ihnen zustehenden Rang zu streiten. Da dieser Reichstag so etwas für Deutschland war, wie es heute die UNO für die Welt ist, hatte man jedenfalls ein ständiges Forum, sich auszusprechen und zu verhandeln. Die Aggressionsgelüste konnten mündlich abreagiert werden, und so kam es zu keinen Prügeleien, geschweige denn zu Kriegen, wenn auch sonst die Effektivität dieses Reichstags in ernsten Fällen sich auf der Nullgrenze, wenn auch sehr langsam, bewegte. Man fand auch immer wieder protokollarische Auswege. Bei einem Fürstentag 1690 in Frankfurt/Main vermied man die Platzfrage, indem alle Beteiligten, im Saale umherwandernd, miteinander konferierten. Sollten, was die Chronisten leider nicht berichten, zu diesem Anlaß Getränke gereicht worden sein, müßte dieser Fürstentag als erste Cocktailparty in die Geschichte eingehen. Das nächste Mal traf man sich auf freiem Felde zu Pferd. Wegen des vielfach doch schlechten Wetters in Deutschland und späterhin wegen fehlender Reitkunst hat diese Verhandlungsart in der Geschichte keine Nachfolge gefunden.

Das Bild des damaligen diplomatischen Lebens und Treibens wäre aber zu einseitig, wenn wir das Kapitel mit den Absonderlichkeiten protokollarischer Übertreibungen abschlössen. Es wurden von den Gesandten der damaligen Zeit durchaus ernsthafte Aufgaben erfolgreich »traktiert«. Es waren manche auch außerhalb ihres eigentlichen Aufgabenkreises außergewöhnlich interessierte Leute unter ihnen, die erheblich dazu beitrugen, Unbekanntes bekannt zu machen und Erkenntnisse zu vermitteln, die ganz Europa zugute kamen. Es ist z. B. wenig bekannt, daß Kolumbus vor seiner berühmten Entdeckungsfahrt in England gewesen ist. Von England aus waren mehrere Versuche gemacht worden, das ferne Land jenseits des Atlantik zu erkunden, von dessen Existenz man wußte, dessen Küsten aber als überaus unwirtlich erschienen. Der Venezianer Cabot hatte es von Bristol aus erreicht, und der venezianische Gesandte schrieb von dessen Fahrt nach Hause, daß Cabot das Festland im Bereich des Großkhans erreicht habe, aus Gründen der Vorsicht aber wieder an Bord gegangen sei. Wir führen diesen Brief nur an, um zu zeigen, daß dieser Gesandte, und er war sicherlich nicht der einzige, auf der Höhe der damaligen Wissenschaft stand und bereits als selbstverständlich von der Kugelgestalt der Erde ausging.

Eine andere Entwicklung, die vom Medizinischen ausging, über allerlei Lustbarkeiten heute wieder beim Medizinischen angelangt ist, geht auf den Gesandten des französischen Königs am Hofe in Lissabon zurück. Jean Nicot, Sieur de Villemain, (1530–1600) war ein vielseitig interessierter Diplomat, der das erste Wörterbuch der französischen Sprache zusammenstellte. Es ist längst vergessen, aber etwas anderes ist bekannt geblieben. Unser Nicot litt in Portugal oft unter Kopfschmerzen. Nun hatte der Botaniker Damian de Goes herausgefunden, daß die von Kolumbus importierte Tabakpflanze, die in den Gärten Lissabons zur Zierde angepflanzt war und ein sonst ziemlich vergessenes Dasein fristete, ein beachtliches Heilmittel sei gegen Magenkrampf, Würmer, Verstopfung, Husten und Mutterbeschwerden. Mr. Nicot bekämpfte mit gekochten Tabakblättern seine Kopfschmerzen, drückte sie gegen Nase und schmerzende Stirn und empfand alsbald Linderung. Es schien ein Wunderkraut zu sein. Er schickte die Pflanze, man vermutet auf dem Kurierwege, mit gehöriger Gebrauchsanweisung an die Gräfin de Raffe. Sie war eine Schönheit am Hofe gewesen, aber nun durch einen Abszeß im Gesicht entstellt. Die Tabak-Kur schlug an, die Gräfin konnte sich wieder mit makellosem Teint bei Hofe zeigen. Nach unserem Sprachgebrauch erwies sich die Dame als äußerst erfolgreicher Multiplikator hinsichtlich des Lobes der Pflanze und des Übersenders. Der Tabak bekam den Namen: das Kraut des Gesandten. Es verwundert daher nicht, daß die Königin, Katharina von Medici, in der Geschichte nicht sehr gut beleumdet, sich wegen des Krautes an Mr. Nicot wandte, da ihr Sohn sehr unter Kopfschmerzen zu leiden hatte. Nicot übersandte stracks wieder die geforderten Blätter mit entsprechender Gebrauchsanweisung. Als Königin ist man aber nicht gehalten, sich nach den Auffassungen eines Gesandten zu richten. Die Blätter waren vielleicht auf der Reise stark angetrocknet. Kurzum, die Königin ließ sie zerstampfen, und der kranke Sohn mußte sie hinunterschlucken. Der Magen, man kann es ihm nicht übelnehmen, revoltierte, und der Patient blieb deshalb am Leben. Katharina kam daraufhin zu dem Entschluß, die Tabakbrösel dem Kronprinzen in die Nase zu stopfen. Der Erfolg war überzeugend. Der Patient mußte so niesen, daß mit diesen Eruptionen auch die Kopfschmerzen davongingen, wenigstens auf Zeit. Der Schnupftabak war erfunden. Der Tabak hieß nun Kraut der Königin, und der gesamte Hof und später ganz Europa begann, Tabak zu schnupfen. Man sieht, was ein Gesandtenbericht für Folgen haben kann, wenn man ihm nicht folgt. Ob der Umkehrschluß zulässig ist, wollen wir dahingestellt sein lassen.

Der Name des Gesandten wurde aber unsterblich, denn als es im vorigen Jahrhundert in Heidelberg gelang, den Wirkstoff des Tabaks zu isolieren, nannte man ihn nach unserem Gesandten Nicotin, nachdem die Pflanze selbst schon den botanischen Namen Nicotiana erhalten hatte.

Im übrigen kann man der Fachpresse entnehmen, daß das Tabakschnupfen heutzutage mehr und mehr wieder Anhänger findet. 6 Millionen Schnupfer soll es geben, die jährlich 16 Millionen kg Schnupftabak verkonsumieren. Wie diese späte Rehabilitierung des Tabakschnupfens den alten Nicot wohl freuen würde. Die Ärzte haben das Schnupfen noch nicht in Acht und Bann getan, der Schnupftabak wird sogar als weißes Pulver auf den Markt gebracht. Wir führen das Comeback darauf zurück, daß man sich einiger Feststellungen Molières erinnerte, daß man so den Charakter stärken könne. Hören wir auf ihn:

»Nichts kommt dem Tabak gleich, er ist die Leidenschaft der ehrenwerten Leute. Wer ohne ihn lebt, ist nicht würdig zu leben. Denn der Tabak erheitert und reinigt das Gehirn. Er spornt die Geister zu rechtschaffenem Denken an und erzieht Männer von Charakter.«

So Molière, und Molière ist ein ehrenwerter Mann, man kann ihm glauben. Wieviel pädagogische Experimente könnten sich die Kultusminister sparen, wenn sie ihm folgten, wenigstens, um genau zu sein, auf den Jungenschulen. Der Minister müßte natürlich mit gutem Beispiel vorangehen, und mit Shakespeare könnte man sagen:

»Und zwischen Daum' und Zeigefinger hielt er
Ein Bisambüchslein, das er ein ums andere
Der Nase reichte und hinweg dann zog,
Die zornig drüber, wenn's sich wieder nahte,
Ins Schnauben kam ...«

Wenn das Experiment auf dem Schulsektor als gelungen angesehen werden kann, müßte man überlegen, ob man die Methode bei den Diplomaten anwenden solle, oder gerade bei ihnen nicht, weil die Politik den Charakter, es aber auch Fälle geben soll, in denen der Charakter die Politik verdirbt.

Von anderen Gesandten sind andere Dinge in den europäischen Gemeinbrauch überführt worden, wohlriechendere, wie der Flieder, und schönere, wie die Tulpen. Doch davon wird in einem anderen Zusammenhange zu sprechen sein, im Rahmen der großen Auseinandersetzungen des österreichischen Zweiges des Hauses Habsburg mit den Türken. Und so werden wir jetzt den Blick vom Westen Europas zum Südosten hinwenden.

18.
Wien und die Hohe Pforte

Du und alle anderen Botschafter, Ihr seid von Euren Fürsten hergeschickt worden, um für Leben und Gut aller Muselmanen in fremden Ländern zu bürgen.

Ein Großwesir an einen Botschafter

Waren schon die Verhandlungen zwischen den europäischen Mächten wie große Schaustellungen, Bühnenstücke für die Beteiligten und den Kreis der staunend Zuschauenden, so überstieg die Macht- und Prachtentfaltung bei den Begegnungen mit den Türken dieses Maß noch bei weitem. Allerdings beschränkte sich in dieser Zeit der Prunk und die große Gebärde in keiner Weise auf den diplomatischen Verkehr. Das ganze öffentliche Leben stand im Zeichen glanzvoller Repräsentation selbst in den Bereichen, in denen zweckmäßiges Denken und Handeln den Vorrang hatte.

Man vergegenwärtige sich, daß der türkische Großwesir Kara Mustafa auf seinem Kriegszug gegen Wien allein für seinen Harem 100 Wagen mitnahm, und das bei den schwierigen Straßen- und Wegeverhältnissen. Außer dem Harem wurden auch Wagen mitgeführt, die mit palastähnlichen Zelten und Kostbarkeiten sowie Prunkgeräten und Bediensteten beladen waren.

Der Kaiser und seine Feldherren traten demgegenüber verhältnismäßig schlicht auf, aber die Uniformen waren leuchtend bunt. Man trug Spitzen und Schmuck, von Puder und Parfüm wurde bei den Offizieren reichlich Gebrauch gemacht. Langwallendes Haar und Federhüte vervollständigten die Aufmachung. In der Schlacht bei St. Gotthard fragte der türkische Großwesir beim Anblick anreitender Kavallerieschwadronen erstaunt, was für Mädchen das seien. Er änderte seine Annahme aber schnell, als diese angeblichen Amazonen unter mörderischem Kriegsgeschrei in die Reihen der türkischen Kerntruppen, der Janitscharen, einbrachen und sie über den Haufen ritten. Es handelte sich durchaus nicht um Blumenkinder, sondern unter Seide, Schmuck und Federn verbargen sich verwegene Haudegen.

Von Kriegsschiffen erwartet man eigentlich, daß sie schnell und unauffällig sind. Nicht so damals. Das 17. Jahrhundert zeigt auch zur See sein besonderes Gesicht. Es gab nichts Auffälligeres als das Admiralsschiff, prunkvoll geschnitzt und vergoldet sein Achterkastell. Die Wände innen und außen aus wertvollsten Hölzern, die Persenning aus Goldbrokat, die Fahnen groß wie Segel, die des Admirals von besonderer Farbe. In den Räumen des Achterkastells aß man bei Festessen von goldenem Geschirr in den Schiffen Venedigs und des Malteserordens. Im Norden, auf dem Atlantik, war man allerdings etwas schlichter. Der Wind wehte dort rauher. Aber im Mittelmeer gehörte zum Flaggschiff die Bordkapelle, die nicht nur zur Tafel aufspielte oder wenn man Feuerwerke veranstaltete, sondern auch zur Schlacht. Man legte großen Wert auf die große Kulisse, die jeder Opernbühne zur Ehre gereicht hätte. Die Oper ist ja auch die Erfindung dieser Zeit. Und so stand der Admiral, wenn es zum Zusammenstoß mit der feindlichen Flotte kam, an der gefährdetsten Stelle hoch auf dem Achterkastell, um die Schlacht zu leiten. Man hatte Festkleidung angelegt, Seide, Samt und Brokat, den feinziselierten Harnisch. Fanfaren wurden geblasen, die Trommeln gerührt, wenn die großen schweren Schiffe einschwenkten, um ihre Breitseiten abzufeuern, die in kürzester Zeit alles in Pulverdampf hüllten.

An diesem Maßstab muß man den Aufwand messen, der im diplomatischen Verkehr dieser Zeit mit der Hohen Pforte in Konstantinopel für selbstverständlich gehalten wurde. Hier handelte es sich auf höchster Ebene um die Zurschaustellung des Staates, sei es nun einer Republik Venedig oder eines Kaiser- oder Königreiches.

Der Einzug eines neuen Botschafters in der Hauptstadt war eine Festvorführung. Sie sollte Eindruck machen und gleichzeitig eine Volksbelustigung sein. Ein polnischer Botschafter ließ bei seinem Einzug in Konstantinopel die Pferde seiner Gefolgschaft nur lose mit silbernen Hufeisen beschlagen, damit sie sich lösten und ein entsprechendes Geraufe bei den Zuschauern hervorriefen. Der

Großwesir allerdings, dem man ein solches Hufeisen brachte, fällte sein Urteil recht vernichtend dahingehend, daß der Gesandte zwar Hufeisen von Silber habe, aber einen Kopf von Erz, was im Türkischen unserem Ausdruck für Holzkopf entspricht.

Wen wird es wundern, daß Ludwig XIV., der das Sonnenzeichen der byzantinischen Kaiser zum Symbol gewählt hatte, der das europäische Vorbild für zeremoniellen Aufwand war, sich zu einem Prunkempfang einmaliger Art entschloß, als der Sultan zum ersten Mal einen Abgesandten nach Paris schickte. Man wußte, was in Istanbul und Wien zum Empfang eines Botschafters aufgeboten wurde, und wollte nicht zurückstehen. Ein riesiger Federhut schmückte das Haupt des Königs. Sein langes Brokatgewand war mit den größten Edelsteinen der königlichen Schatzkammer geziert. Festlich saß der Souverain auf erhöhter Estrade. Sorbet und Kaffee waren zum Empfang bereitgestellt. Die Großen des Hofes waren prächtig angetan und standen an den Wänden des Audienzsaales. Es ließ sich alles überaus prunkvoll an.

Leider stellte sich zu Beginn der Zeremonie heraus, daß der Abgesandte des Sultans kein Großbotschafter war (wie der Sultan sie an den Kaiserhof in Wien schickte), daß der Abgesandte kein feierliches Beglaubigungsschreiben mit sich führte, sondern nur einen Brief seines Herrn übergab, der französische König möge alsbald anstelle des jetzigen Geschäftsträgers einen neuen bevollmächtigten Botschafter ernennen und nach Istanbul entsenden. Ludwig XIV. war indigniert. Er kürzte die prächtige Schaustellung auf ein Minimum ab. Der Abgesandte des Sultans aber, nach dem königlichen Festgewand befragt, meinte nur, das Pferd seines Herrn trage reicheren Schmuck, wenn der Großherr zum Freitagsgebet zur Moschee reite. Das war nach seiner Meinung eine diplomatische Antwort, die besagen sollte, daß der Sultan solchen Schmuck für seine Pferde und Frauen bereithalte, aber nicht für sich selbst.

Es ließ sich nicht verheimlichen, der ganze Aufwand war ins Lächerliche gezogen. Zum Ausgleich beauftragte Ludwig XIV. seinen Hofdichter Molière, eine Komödie zu schreiben, in der die Türken dem Spott der Zuschauer preisgegeben würden. Molière schrieb die Ballettkomödie »Der Bauer als Edelmann«. Der Anlaß ist längst vergessen, aber die Komödie hat die Zeiten überdauert. Doch der Spott Molières richtete sich nicht so sehr gegen die Türken als gegen die verunglückte königliche Zeremonialaufführung. Ludwig XIV. merkte es wohl. Der Stern Molières war in Gefahr, vor den Zornesstrahlen der königlichen Sonne zu erbleichen. Aber es blieb bei einer Teilsonnenfinsternis, und der Stern konnte weiterleuchten. Auf diese Weise entzog man sich doch am besten weiterem Spott.

Außer der Komödie hatte noch etwas anderes an diesem Empfang Dauerwirkung. Man fing in Paris an, wie schon 5 Jahre früher in Wien, Kaffee zu trinken. Und was wäre Wien und Paris ohne Kaffee! So kann sich eine recht nichtssagende Gesandtschaft über Jahrhunderte auswirken, was den großen und gehaltvollen Botschaftern und Konferenzen im allgemeinen vorenthalten bleibt.

Bevor der Kaffee seinen Siegeszug durch Europa antrat, und bevor die Türken – gegen alles Schimpfen und Wettern ihrer Religionshüter – von Europa das Rauchen übernahmen, bestanden zwischen den Kaisern aus dem Hause Habsburg und den türkischen Sultanen schon lange Beziehungen, zunächst kriegerischer, sodann auch diplomatischer Art.

Nachdem sich die Türken in Konstantinopel als ihrer neuen Hauptstadt niedergelassen hatten, war ihr nächstes Ziel, die zweite Kaiserstadt Wien, in ihrer Sprache der »Goldene Apfel«, ihrem Reich einzuverleiben. Bei ihrem Einfall in Ungarn fiel in der Schlacht von Mohacs 1526 der junge König dieses Landes, und die Türken sahen sich nun als Herren dieses Königreiches an. Das Haus Habsburg machte jedoch seine Erbansprüche geltend. Im gleichen Jahr ging deshalb eine Gesandtschaft an das Goldene Horn ab, die jedoch Istanbul nicht erreichte; eine zweite folgte, die jedoch politisch nichts erreichte. Kurze Zeit später stand Suleiman der Prächtige mit seinem Heer vor den Toren Wiens. Das Schicksal Wiens schien besiegelt zu sein; denn es war auf keine Verteidigung eingerichtet. Doch ein früher Winter, Nachschub- und Verpflegungsschwierigkeiten zwangen den Sultan, den Feldzug abzubrechen. Aufgabe der kaiserlichen Diplomatie war es nun,

Zeit zu gewinnen, Zeit für die Befestigung Wiens, Zeit für die Aufstellung größerer Truppenverbände, Zeit für Bündnisse mit den Staaten, die ebenfalls gefährdet waren. Und so gingen nun Jahr für Jahr kaiserliche Gesandte an den Sultanshof, um mit Worten, mehr noch mit Geschenken, die die Türken als Tribute ansahen und mit Anerkennung einer gewissen Oberhoheit zumindest über Ungarn, die Angriffswellen der türkischen Heere aufzuhalten, eine Abwehrfront aufzubauen. In dieser Zeit liefen dann die diplomatischen Verhandlungen mit der damals zur See noch mächtigen Republik Venedig und mit dem König von Polen, dessen südliche Landesteile in gleicher Weise der türkischen Eroberung ausgesetzt waren. Frankreich, der alte Gegner Habsburgs, verhandelte hingegen mit den Türken und auch den Polen in entgegengesetzter Richtung. Frankreichs Stellung war indessen schwierig, da es im Mittelmeer mit den Barbareskenstaaten wegen ihrer Seeräuberei in ständigem Konflikt lebte und deshalb wiederum mit Venedig eng verbunden war, das aus seiner Interessenlage nur für Habsburg und gegen den Sultan sein konnte. Frankreich fand eine juristische Lösung. In den türkisch-venezianischen Auseinandersetzungen segelte seine Flotte, um formal als korrekt zu erscheinen, unter der Flagge des Kirchenstaates, was den Türken jedoch nicht verborgen blieb. Als ein französischer Botschafter bei seiner Antrittsreise im Serail einmal die alte Freundschaft seines Landes mit den Türken pries, erwiderte der Großwesir nur kurz und bissig: »Ihr seid unsere alten Freunde, wir sehen Euch überall bei unseren Feinden!« Andererseits kamen den Türken die französischen Angriffe auf die Rheingrenze natürlich sehr gelegen, weil die Verteidigung des Reiches durch den Zweifrontenkrieg ihnen gegenüber geschwächt wurde. Auch sie spielten das doppelte Spiel mit.

In Deutschland wurde unterdessen die Türkensteuer eingeführt. Es geschah unter dem Eindruck der eigenen Gefährdung und der Schreckensnachrichten über die türkischen Eroberungspraktiken. Über 200 Jahre sollten diese Auseinandersetzungen dauern, bis die Macht der Türken soweit gebrochen war, daß sie keine unmittelbare Lebensgefahr mehr darstellte. Die allgemeine

Erleichterung, daß dieser Schrecken nun kein Schrecken mehr sei, den Jubel über die Befreiung von unmittelbarer Not kann man heute noch im Lied vom Prinzen Eugen, dem edlen Ritter, nach Text und Melodie unmittelbar nachempfinden. Das Läuten der Türkenglocke hatte allzulange Entsetzen und Tod eingeleitet. Es klang in den Ohren damals wie heute das Heulen der Sirenen bei drohendem Luftangriff.

Die Gesandtschaften des Kaisers an das Goldene Horn waren stille Heldentaten, die denen im Kriege nicht nachstanden. Das galt vor allem für die erste Zeit, als die Sultane im Vollgefühl ihrer Macht keinerlei Regeln des Völkerrechts anerkannten, nicht einmal die sonst weltweit eingehaltene Unverletzlichkeit der Gesandten. Denn nach ihrer Meinung war alles Land, auf dem der Blick des Großherrn geruht und der Huf seines Pferdes gestampft hatte, rechtmäßiges Eigentum des Sultans, die Fürsten und Einwohner seine Untertanen, die nicht berechtigt waren zu verhandeln, die nur seine Befehle entgegenzunehmen hatten. Die Gesandten und Botschafter galten ihnen darüber hinaus als Geiseln. Noch 1680 ließ der Großwesir dem englischen Botschafter mitteilen:

> »Du und alle anderen Botschafter, Ihr seid von Euren Fürsten hergeschickt worden, um für Leben und Gut aller Muselmanen in fremden Landen zu bürgen.«

Noch bis zum Jahre 1798 wurden europäische Botschafter in das Gefängnis der »Sieben Türme«, das türkische Staatsgefängnis, geworfen, wenn ein Krieg zwischen der Hohen Pforte und ihren Staaten ausbrach.

Wir schreiben den 17. 10. 1530. An diesem Tage kam der zweite Botschafter König Ferdinands von Wien aus in Konstantinopel an, Herr Niklas Jurischitz, Ritter und Erbkämmerer in Kroatien, Hauptmann zu St. Veit und Güns, mit ihm Joseph Graf von Lamberg zu Schneeberg, Ritter aus der Steiermark, mit einem Gefolge von 24 Personen, darunter als lateinischer Dolmetscher Benedict Curepeschitz von Obernburg. Von ihm stammt die folgende Beschreibung, wie sein Botschafter empfangen wurde, welche diplomatischen Schwierigkeiten es gab, kurzum ein Augenscheinsbericht, wie er anschaulicher nicht gedacht werden kann.

Eine halbe Stunde Weges außerhalb der Hauptstadt wurde die Gesandtschaft von 50 Tschauschen feierlich eingeholt und in den Han (Gasthof) der Gesandten geführt und darin eingeschlossen. Auf Befehl des Sultans wurden sie aber mit allem Nötigen versehen. Acht Tage nach ihrer Ankunft gewährte ihnen der Großwesir die erste Audienz. In ihren Verhaltensbefehlen war dem Botschafter ausdrücklich aufgetragen worden, vor dem Großwesir und dem Sultan ihren Vortrag in keiner anderen Sprache als der deutschen zu führen. Der Großwesir, der natürlich kein Wort Deutsch verstand, wollte auch von Latein nichts hören, da sein Dolmetscher nur Italienisch verstände. Zum Italienischen wollte Jurischitz sich nicht verstehen und schlug nunmehr seine Muttersprache, das Kroatische, für die Verhandlung vor. Nachdem die Türken daraufhin einen dieser Sprache kundigen Dolmetscher herbeigeschafft hatten, bat der Botschafter in dieser Sprache den Großwesir, ihnen eine Audienz beim Sultan zu vermitteln. Der Großwesir äußerte sich sehr redselig zur politischen Lage, wobei er den König immer nur Ferdinand, dessen Bruder, Kaiser Karl V., aber nur König von Spanien nannte. Dann wollte er von dem Inhalt des Auftrages und der Sendung hören. Der Botschafter aber hatte den Befehl erhalten, nur dem Sultan die Botschaft vorzutragen. Um dieser Schwierigkeit zu entgehen, entschlossen sich dann der Botschafter und sein Vertreter, den Inhalt des geplanten Vortrages beim Sultan dem Großwesir in einer zusammengefaßten lateinischen Niederschrift zu überreichen. Sie hüteten sich, zu ausführlich zu sein, aus Furcht, wenn sie dem Großwesir zu ausführlich berichteten, nicht vor den Sultan gelassen zu werden und wie ihre Vorgänger unverrichteter Sache wieder zurückkehren zu müssen. Der Großwesir beruhigte sie aber über diesen Punkt.

Acht Tage später wurde den beiden Abgesandten eine Audienz beim Sultan gewährt. Feierlich geleitet gingen sie durch den ersten Hof des Serail, in dem 2 Elefanten mit ihren Lenkern standen; im zweiten Hof tönte ihnen das Gebrüll von zehn Löwen und zwei Leoparden entgegen, die angekettet heulten. Die Leibwachen der Bogenschützen, die Hofbeamten in goldenen Mützen und 3000 Janitscharen in ihren weißen Filzhauben standen geschart vor dem Diwansaale. In ihm saßen der Großwesir und die höchsten Beamten des Reiches der Osmanen. Da ein türkisch-lateinischer Dolmetscher zugegen war, sprach Graf Lamberg deutsch. Seine Worte wurden in das Lateinische übertragen, und so beantwortete er die neugierigen und recht anzüglichen Fragen des Großwesirs, bis sie durch den Oberstmarschall vor den Sultan geführt wurden. Nachdem die Beglaubigungsschreiben überreicht worden waren, sprach Jurischitz auf Kroatisch und übergab die vorgetragenen Wünsche schriftlich in lateinischer Sprache. Er schloß dann mit der Bitte um baldige Antwort und Abfertigung. Der Sultan nickte bejahend mit dem Kopfe, sprach einige Worte, und der Großwesir verhieß ihnen in einigen Tagen die Antwort, die sie auch nach 6 Tagen bekamen. Bei der Abschiedsaudienz küßten sie dem Sultan die Hand und wurden mit dem Antwortschreiben entlassen.

Den nächsten Gesandten, Laski, der früher in polnischen Diensten gestanden hatte, hörte sich der Sultan nur ungeduldig an und überhäufte ihn wegen kriegerischer Auseinandersetzungen an der Grenze mit herben Vorwürfen. Einige der Wesire rieten dem Sultan, den Botschafter mit abgeschnittenen Ohren zurückzusenden oder ihn in den Kerker zu werfen. Laski sicherte sich durch Geschenke seine Rückkehr, wurde aber bei seiner nächsten Gesandtschaft vom Sultan angeschrien und unter dem Tosen der Schimpfworte des Großherrn aus dem Audienzsaal herausgeführt. Drei Stunden blieben die Wesire beim Sultan, dann wurde der Krieg beschlossen und sogleich öffentlich verkündet, der Botschafter aber eingesperrt. Der Pfortendolmetscher besuchte ihn und versuchte, ihn zu trösten. Er solle guten Mutes sein, weil die Falken, die er mitgebracht habe, dem Sultan so gut gefallen hätten. Ein dem Sultan sehr nahestehender Eunuch habe zwar geraten, ihm Nase und Ohren abzuschneiden, darauf sei aber der Sultan nicht eingegangen. Im Gegenteil, man machte Laski sogar den Vorschlag, in die Dienste des Sultans zu treten. Als er dies jedoch ablehnte, blieb er eingesperrt, erhielt aber Diäten und durfte sonntags in der Kirche des griechischen Patriarchats die Messe hören. Dann wurde er auf dem Feldzug mitgeschleppt und erst sehr viel später, dem Tode nahe, entlassen. Er hat dann jedoch die Strapazen überlebt und noch ein damals viel beachtetes Buch über die Diplomatie geschrieben.

Es herrschten strenge Bräuche am Hof des Sultans, die jedem Gesandten Freiheit und sogar das Leben kosten konnten. Eine kurze Notiz aus dem Jahre 1710 sei noch angeführt. Karl XII. von Schweden, bei Poltawa von den Russen geschlagen, war zu den Türken geflohen und hatte den Sultan zu einem Feldzug gegen Rußland überredet. Die Roßschweife wurden als Zeichen des Krieges an die Pforte angesteckt. Der Zar, dem dieser Angriff sehr ungelegen kam, versuchte zu verhandeln. Aber sein außerordentlicher Botschafter Laponchin, der mit reichen Geschenken gekommen war, und sein Begleiter Graf Tolstoi wurden mit zwei weiteren Geiseln in das berüchtigte »Gefängnis der 7 Türme« verbracht. Es gibt erschütternde Berichte von Gesandtschaftsangehörigen, die auf den Galeeren als Rudersklaven ein kümmerliches Leben fristeten, bis sie manchmal nach Jahren erst wieder freikamen, sofern sie so lange durchgehalten hatten.

Im Jahre 1541 schickte der Kaiser zwei weitere Gesandte, einen Grafen Salm und Herrn Sigismund von Herberstein, der später durch seine Botschaftsreisen nach Moskau berühmt wurde. Wir werden ihm in diesem Zusammenhang noch einmal begegnen. Suleiman war nach einigen Rückschlägen und anderen Schwierigkeiten diesmal entgegenkommender. Der Altmeister der osmanischen Geschichte, von Hammer Purgstall, berichtet aufgrund der offiziellen Relationen der Gesandten und auf den Lebenserinnerungen von Herberstein fußend über die Begegnung:

»Die Botschafter kamen kraft freien Geleitbriefes Suleimans, welchen Ferdinand, sobald er den Auszug des Heeres von Konstantinopel vernommen, für die neue Botschaft angesucht und mit der in solchen Schreiben damals üblichen Formel erhalten hatte: ›Die Hohe Pforte steht allen offen; keinem, der an derselben etwas zu suchen habe, sei der Zutritt verwehrt‹, eine Formel, wodurch wohl der freie Zutritt den Gesandten gestattet, aber keineswegs weder ihre völkerrechtliche Behandlung, noch ihr freier Abzug verbürgt war. Die Verhaltensbefehle an Graf Salm lauteten, sie sollten die Wesire besuchen und aus denselben herauszufischen trachten, welchen Frieden die Türken zu gewähren bereit seien ...

Ans Land gestiegen, wurden die Botschafter nicht durch den Pfortendolmetscher Junisbeg, sondern durch den zweiten, Teinz Tulman, den zu Wien geborenen Sohn eines Krämers, und den Tschauschenbaschi bewillkommnet, in der Nähe der Heerhütte Rüstempaschas anständig einquartiert und tagsdrauf zu selbem und zu den beiden anderen Wesiren ... geführt. – Die von Rüstem Pascha gebaute Moschee gehört noch heute zu den Sehenswürdigkeiten Istanbuls. – Am Tage Mariä Geburt (8. 9. 1541) ward ihnen die Audienz beim Sultan gewährt, mit den gewöhnlichen Zeremonien des Empfangs und des Gastmahls im Diwan. Im Diwangezelte, zunächst dem des Sultans aufgeschlagen, saßen die drei Wesire, hinter ihnen die Kadiaskere, auf der Erde der Kanzler; die Botschafter speisten mit ihnen aus grünen irdenen Schüsseln; ihr Geleite, junge Edelleute aus verschiedenen Nationen, 46 an der Zahl, wurden von den Sandschbegen bewirtet. Nach der Mahlzeit gingen die Wesire zum Sultan, und die Gesandten wurden zur Audienz berufen. Als Geschenke brachten sie einen großen, reich vergoldeten Becher und ein großes künstliches Uhrwerk, welches nach Kaiser Maximilians eigener Angabe nicht nur die Stunden und Monatstage, sondern auch die Bewegung der Himmelskörper anzeigte. Zwölf Männer trugen dasselbe vor Suleiman, von einem Uhrmacher begleitet, welcher die Art, das Werk aufzuziehen, lehrte und ein Buch übergab, worin die Erklärung des ganzen Kunstwerks. Suleiman selbst, in astronomischen und kosmographischen Kenntnissen nicht unerfahren, besah und prüfte das Ganze mit ebensoviel Aufmerksamkeit als Vergnügen. Er saß unter goldenem Baldachin, neben ihm auf dem Throne Schild und Keule, und Pfeil und Bogen. Auf der Seite standen die zwei Wesire Rustem und Mohammed und die zwei Einführer der Botschafter, der Oberstmarschall und Oberstkämmerer mit silberbeschlagenen Stäben. Die Botschafter küßten einer nach dem anderen die Hand und brachten dann das Begehren Ferdinands an. ›Was sagen sie, was wollen sie?‹ fragte Suleiman, ehe sie zu sprechen anfingen; dann unterbrach er die Anrede: ›Haben sie nicht meinen Pascha gesehen?‹ und als die Anrede zu Ende: ›Haben sie nichts mehr zu sagen? So laß sie gehen!‹ Zwei Tage darauf verhandelten sie lange mit Rüstempascha, welcher den Frieden nur gegen die Zurückgabe der von Ferdinand eroberten Orte und Entrichtung jährlichen Tributs für den besessenen Anteil Ungarns als letzte Bedingung antrug. Die Botschafter, über das Begehren des Tributs entrüstet, begehrten indessen Waffenstillstand und Auslösung der Gefangenen, von denen sie Balthasar Puchhaimer in Ketten vor ihnen sahen. Rüstem entgegnete, daß im Falle des Friedens die Gefangenen ohne Lösegeld zurückgegeben, im Falle des Krieges die Gelegenheiten gegenseitigen Austauschs nicht fehlen würden. Tags darauf wurden ihnen von seiten des Sultans Geschenke verehrt, jedem zwei Kaftans, 5 Stück Seidenzeug und jedem 5000 Aspern, d. h. 100 Dukaten. Dann wurden sie zur Abschiedsaudienz geführt, unter demselben vorgestern beobachteten Zeremoniell des Diwans und Gastmahls. Als Sigismund von Herberstein sich bücken wollte, dem Sultan die auf dessen Knie ruhende Hand zu küssen, ergriff ihn gewaltiger Lendenschmerz. ›Hilf mir um Gottes Willen‹, rief er auf windisch dem Rüstempascha zu, der ihn verstand, aber nicht half. Suleiman, der ihn ebenfalls verstand, hob die Hand eine Spanne hoch über das Knie, dem alten Mann das Küssen derselben zu erleichtern. Suleimans Worte waren dieselben zum Bewillkomm: ›Was sagen sie? Was wollen sie?‹ zum Abschiede: ›Laß sie gehen!‹ Nach der Audienz ließ sie Rüstempascha längs der Donau, und unter die Stadt und den Wasserturm führen, um ihnen die Donauflotte, das eroberte und mitgebrachte Geschütz, die leichten Feldstücke und das ungeheuere Belagerungsgeschütz zu zeigen. Das Lager war mit einem Graben und einer Wagenburg von Kamelen und zusammengeketteten Kanonen umgeben. Überall herrschte das größte Schweigen der Soldaten, mehr auf Zeichen und Wink, als aufs Wort zu gehorchen bereit; des Sultans Zelt erhob sich über alle anderen, mit Türmen geschmückt. ›Was hast Du gesehen?‹ fragte Rüstem den Herrn von

Herberstein auf Windisch beim Abschied. ›Die große Macht eines großmächtigen Herrn!‹ war seine dem Wesir wohlgefällige Antwort. Am folgenden Tage erhielten sie von Rüstem in Säcken auf Goldstoff die Antwort des Sultans, und die seinige gleichlautenden Inhalts ... Hiermit war die Botschaft am 7. Tage vollendet. Mit Rind- und Hammelfleisch, und Zucker und Wein versehen, von Tschauschenbaschi und Dolmetsch begleitet, schifften sie wieder nach Wien ein.«

Nicht immer ging es den Botschaftern so gut. Einen französischen Gesandten warf man sogar in das berüchtigte Staatsgefängnis, weil einer seiner Landsleute einen privaten Vertrag nicht erfüllt hatte, und man hielt ihn dort so lange fest, bis diese Summe eingelöst war.

Der Andrang zu diesen diplomatischen Posten war deshalb nicht besonders stark. Im Zeitalter des Kidnapping von Botschaftern und Konsuln wird vieles aus jener Zeit wieder verständlicher. Trotzdem fand der Kaiser immer wieder hervorragende Leute für diese riskanten Aufträge. Einer der bedeutendsten war der flämische Jungherr Busbecq. Seine Erinnerungen wurden gedruckt und gehörten zu den Bestsellern jener Zeit. Die lateinische Ausgabe seiner »Legationis Turcicae Epistolae quatro« erlebte 20 Auflagen. Das Buch wurde in alle wichtigen europäischen Sprachen übersetzt. Die erste deutsche Übersetzung erschien sieben Jahre nach der lateinischen Gesamtausgabe in Frankfurt/Main »in Verlegung Andree Wechels seligen Erben«. Aus dem kurzen lateinischen Titel wurde nach der Mode der Zeit gleich ein ganzer Waschzettel des Verlages:

> »Reysen und Bottschaften / welche auf Gnedigsten Befelch / beyder Unüberwindlichsten Allermächtigsten Keyser Ferdinandi und Maximiliani II, der ganzen Christenheit zu höchsten nutzen glücklich vollendet hat / Der Edel Ehrenvest und hochgelert Augerius Gillenius Busbeck / ihrer Maiest. Rath / und bestellter Orator / an Soleiman den Türckischen Kayser ...«

Die sehr individuelle Orthographie des Übersetzers, des weiland Frankfurter Schulmeisters Michael Schweicker, kann zur

Nachahmung all denen empfohlen werden, die an einer einheitlichen Schreibweise wegen der damit verbundenen geistigen Anstrengungen Anstoß nehmen. Vor allem die Zeichensetzung erscheint als äußerst geeignet, an allen Interpunktionsfehlern vorbeizukommen; sie verlagert allerdings die so gesparte geistige Anstrengung, sich an eine Regel zu halten, auf die des Lesens und Verstehens.

Busbecq reizte der Auftrag, und er brach alsbald von Wien aus auf, um an den Hof Suleimans des Prächtigen zu kommen. Aber der Zufall wollte es, daß der Großherr sich im unruhigen Grenzgebiet nach Persien hin aufhielt, um auf alle Fälle mit kriegerischer Macht zur Stelle zu sein, wenn der Perserschah in das türkische Gebiet einfallen sollte. Der kaiserliche Gesandte wurde daher quer durch Kleinasien zum Aufenthaltsort des Sultans geleitet. Da er ein in jeder Weise gebildeter Humanist war, der die klassischen Schriftsteller eingehend studiert hatte und die römische Geschichte Kleinasiens kannte, hielt er die Augen offen und entdeckte eines Tages in der Vorhalle eines ehemaligen römischen Tempels den Tatenbericht des Kaisers Augustus, von dessen Existenz man wußte, den man aber als verloren ansah. Er machte eine erste Abschrift. Aber sein Interesse beschränkte sich nicht auf die Antike. Kaum ein Europäer kannte irgend etwas von Anatolien. Es war unbekannt geworden. Und so entdeckte er die Tulpen, die Hyazinthen und die Kaiserkrone. Er begnügte sich aber nicht mit der Entdeckung, sondern kaufte die Zwiebeln dieser Blumen und führte sie im Reisegepäck mit. Er ahnte nicht, was er mit den Tulpen anrichtete. In Europa, vorzugsweise in Holland, brach 100 Jahre später eine regelrechte Tulpenkrankheit aus. Für die Zwiebel der Tulpensorte Semper Augustus wurden 1640 in Haarlem 13 000 holländische Gulden erzielt. Kurze Zeit später brach dann die Tulpenspekulation zusammen. Später aber brachte Busbecq noch den Flieder mit, den Hollerbusch, der alsbald die Hofgärten in Wien zieren sollte. Seinen Freunden, den Humanisten, aber brachte Busbecq in großer Menge alte griechische Schriften mit, die in Europa unbekannt waren. Eine seiner wesentlichsten Entdeckungen war die Dioskurides-Handschrift, ein byzantinisches

Handbuch der Arzneiwissenschaft. Er selbst hatte nicht das Geld, diese Kostbarkeit zu kaufen, aber er konnte Kaiser Maximilian II. dafür interessieren, der den Kauf veranlaßte. Die Handschrift gehört noch heute zu den größten Kostbarkeiten der Wiener Hofbibliothek. Trotz aller Anerkennung, auch durch die Türken, die Busbecq wohl zu schätzen wußten, wurde ihm das Leben nicht leichtgemacht. Bei seinem zweiten Aufenthalt in Konstantinopel (1555–1562) lebte er mehr oder minder unter Hausarrest. Diplomatisch führten diese Jahre zu seinem größten Erfolg. Er erreichte einen achtjährigen Waffenstillstand. Trotz dieser Abmachung brach Suleiman vier Jahre später erneut auf und ließ die Roßschweife aufpflanzen. Er erreichte aber auch diesmal den Goldenen Apfel nicht und starb vor der Festung Sziget, die dem türkischen Riesenheer widerstanden hatte. Sein Nachfolger Selim II. zog es vor, auf den von Busbecq im Frieden von Adrianopel ausgehandelten Vertrag zurückzugreifen. Das war etwa zu der Zeit, als Herzog Alba in Brüssel die Grafen Egmont und Hoorn enthaupten ließ, in Frankreich die entsetzliche Bartholomäusnacht das Blutbad unter den Hugenotten anrichtete, die Krimtataren zum letzten Mal Moskau eroberten und es niederbrannten und der natürliche Sohn Karls V., Don Juan d'Austria, mit der Flotte der Heiligen Liga die Seeschlacht bei Lepanto gegen Türken und Barbaresken gewann. Eine unruhige Zeit, in der Busbecq wieder heimkehrte: so »dürr, elend und mager von der schweren Reise, daß ihrer viele der Meinung waren, es sei mir vielleicht von den Türken Gift beigebracht worden.« Doch er könne sich eines solchen Anschlags nicht entsinnen. Das türkische Fieber sei auch nicht so keck gewesen, ihm auf christliches Gebiet zu folgen. Er fühle sich wieder gesunden. Dann fährt er fort: »Viele, die sich aus Furcht oder anderen Ursachen abschrecken ließen, mit mir nach Konstantinopel zu reisen, verlauten nun, sie wollten eine große Summe Geldes darum geben, wenn sie sich auch hineingewagt hätten. Doch sagt Paulus mit Recht: Wer einen Kern essen will, darf sich nicht verdrießen lassen, zuvor die harte Schale aufzubeißen.« Und dann schließt er, der alte Humanist, an seine Freunde in Flandern:

»Aber genug diesmal, erwartet in kurzem mich selbst ... Seid Ihr nur auf feine, ehrliche und gelehrte Leute bedacht, daß ich in anmutigem Gespräch und guter Gesellschaft alle Unlust und alles Elend, so mir aus dem langwährenden Zusammensein mit den Türken noch im Sinne liegt, vollends vergessen möge. Hiermit Gott befohlen.« 1591 starb er in Maillot bei Rouen. In seinem Todesjahr blühte in Wien zum ersten Mal »der türkische Holler«, der Flieder.

Die Weltgeschichte ging weiter. Nach verschiedenen Niederlagen mußten die Türken 1606 im Frieden von Zsitvatorek den Kaiser als solchen anerkennen. Die Diplomaten vergaßen sich selbst nicht. Es wurde in den Vertrag die Klausel aufgenommen, daß sie »humaniter«, menschlich, zu behandeln seien. An Gelegenheit dazu fehlte es nicht. Denn immer wieder brach der Krieg aus, und zwischen 1606 und 1642 wurde sechsmal der Frieden, und dies jedesmal auf zwanzig Jahre, geschlossen. Es waren Friedensschlüsse unter Gleichberechtigten. Die Zeiten des großen Suleiman waren vorüber. Damals hatte sich Ferdinand, um Frieden zu erreichen, einer Sprache bedienen müssen, die der Überlegenheit des Sultans Rechnung trug. Bei der Bitte um einen Waffenstillstand schrieb er:

> »König Ferdinand, Dein Sohn, hält all sein Hab und Gut für das Deinige, und alles das Deinige, dieweil Du sein Vater bist, für das Seinige. Er wußte nicht, daß Du das Königreich Ungarn für Dich behalten wolltest, sonst hätte er nie darum gekriegt. Da Du aber, sein Vater, es zu haben wünschest, so wünscht er Dir Glück dazu und Gesundheit, indem er nicht daran zweifelt, daß Du als sein Vater ihm zu diesem Reiche und anderen verhelfen wirst.«

Das Ergebnis damals war ein Kondominium, eine unklare Gesamtherrschaft, die immer wieder zu neuen Streitigkeiten führte. Jetzt aber waren die inneren türkischen Schwierigkeiten so groß, ihr Krieg mit dem damaligen Nationalfeind, dem Perserschah, wurde so erbittert geführt, daß sie nicht einmal die Wirren des Dreißigjährigen Krieges ausnutzen konnten, auf breiter Front den Kampf um den Goldenen Apfel zu erneuern. Als die Großwesire des Sultans erneut die Roßschweife aufrichteten, um gegen Wien zu ziehen, war es zu spät.

Inzwischen waren die Botschaften Großbotschaften geworden, die Zeremonie gab den Ton an, das prächtige Auftreten; die Großbotschafter kehrten wieder nach Hause zurück, aber die Geschäftsträger, die Internuntien, manchmal auch die Botschafter selbst mußten jahrelang in Konstantinopel ausharren. Und das war trotz der Vereinbarung, die Gesandten »humaniter« zu behandeln, immer noch eine schwere Sache, zu der man mehr als gute Nerven gebrauchte. Die Gesandten standen nach wie vor unter Hausarrest, gemildert durch die Bestechlichkeit der Tschauschen, der Wachführer. Es erstaunte die Türken nichts so sehr wie die Tatsache, daß sie sich bei ihren Gesandtschaften in Wien frei bewegen konnten. In Konstantinopel blieb man bei den Bräuchen, wie sie schon unter den oströmischen Kaisern geherrscht hatten. Man hielt die Fremden unter scharfer Bewachung. Die deutschen Gesandten hatten bis zur Mitte des 17. Jahrhunderts ihr Quartier im »Nemtschi Han«, im Deutschen Haus, inmitten von Konstantinopel, während die übrigen Botschafter vorzugsweise auf der anderen Seite des Goldenen Horns in Pera, dem Fremdenviertel Istanbuls ihren Sitz hatten. Das Deutsche Haus, man hielt es für ein ehemaliges byzantinisches Kloster, lag etwas erhöht auf einem der sieben Hügel der Stadt gegenüber der Säule Konstantins mit schönem Blick auf den Hafen und auf die asiatische Seite. Es war sehr fest aus Steinen erbaut, was sich bei den häufigen Bränden in der im übrigen aus Holz gebauten Stadt sehr bewährte. Das Tor des Hauses ging auf die Hauptstraße, die »Mese« der byzantinischen Zeit. Ein Tschausch und acht Janitscharen waren die ständige Wache. Aber in dem uralten Gebäude hatten Ratten, Mäuse, Wanzen, Flöhe und Läuse ebenfalls Quartier bezogen. Der Komplex besaß nur einen einzigen Brunnen mit wenig, nicht trinkbarem Wasser. Man wohnte in alten Zellen. Das Brennmaterial war knapp und teuer. Der Sultan hatte von Amts wegen ein tägliches Holzquantum zugestanden, was vier Pferde tragen konnten. Das war für die Größe des Gebäudes wenig, und der Winter in Konstantinopel ist kalt. Nach den Gebräuchen der damaligen Zeit hatte der Sultan die Aufwendungen zu tragen. Sie wurden »Tâyin« genannt; und es war unerläßlich, daß die Geld- und Naturalleistungen pünktlich eintrafen.

Die Schwierigkeiten, einen Haufen Männer, in ihrer Bewegungsfreiheit eingeengt, nicht immer vollbeschäftigt, zusammenzuhalten, sind jedem bekannt, der einmal sich längere Zeit in einem Lager, welcher Art auch immer, aufhalten mußte. Das war damals nicht anders als heute. Das Personal der Botschaften in Moskau wird von den meisten Außenministerien regelmäßig und in relativ kurzen Abständen ausgewechselt. Das war damals anders. Man wußte nicht, wie lange man blieb und was sich alles noch ereignen konnte. Die Aussicht, in den Sieben Türmen zu landen, war immer gegeben und recht unerfreulich. Der Kampf gegen die Langeweile mußte teilweise über Jahre geführt werden. Die Zusammensetzung der neuartigen Klosterbrüder war sehr verschieden: der Kaplan, der Apotheker oder Arzt, die Dolmetscher und das Dienstpersonal, Kutscher, Lakaien, Kammerdiener, der Friseur und der Koch.

Die größte Sorge aller bestand darin – einmal des schlechten Trinkwassers wegen, aber auch zur gemeinsamen Unterhaltung – immer eine genügend große Menge Wein vorrätig zu haben und zu beschaffen. Ein Botschafter ließ im Herbst für 1000 Taler Wein aus der Umgebung von Troja kommen. Das ging nicht immer reibungslos. Schon Busbecq hatte seine Sorgen. Der alte Sultan Suleiman wurde immer strenger in der Anwendung der Koranvorschriften, die den Weingenuß verbieten. So kam er eines Tages auf den Gedanken, eine völlige Prohibition einzuführen. Auch kein Christ und Jude sollte mehr Wein in die Hauptstadt bringen dürfen. Auf den Wein konnte man kaum verzichten, und Busbecq stand vor dem Problem, das es heute noch für Botschafter in den arabischen Ländern gibt, die streng die Regel des Propheten befolgen, wie beschafft man für die Botschaft den in dieser Umgebung ebenfalls lebenswichtigen Whisky. Die Araber begnügen sich mit Betelkauen und Kaffee, der Europäer braucht etwas mehr.

Als weiteres Problem stellte sich der übermäßige Alkoholgenuß. Man hatte deshalb zur Zerstreuung der Gesandtschaft eine Kegelbahn eingerichtet, des weiteren einen Platz, auf dem Bogenschießen geübt werden konnte; dabei mußte durch einen kleinen Mauerspalt eine Glocke getroffen werden. Ein kleiner zoologischer Garten war angelegt worden, und zahlreiche Musikgeräte boten die Möglichkeit zu musizieren. Ja, es wurde sogar die Gelegenheit geboten, Unterricht in der türkischen Sprache zu nehmen. Aber freilich, der größte Teil der Eingeschlossenen »sind über dem Spielen und Saufen gelegen«, wie es in einem der Berichte heißt. Und weiter schildert der Berichterstatter: »Aber wie sie oft gelebt, täglich toll und voll gewesen, gespielt und gesoffen, ist ihnen auch vieles widerfahren.«

Wenn der Tschausch darauf einging – Geschenke waren natürlich nützlich und erforderlich – konnte man auch Ausgang bekommen. Bis zum Ende des 17. Jahrhunderts mußte man allerdings türkische Tracht anlegen, um nicht den Unwillen der Menge zu erregen. Später wurde europäische Tracht durch die Kaufleute in Pera, Venezianer, Genuesen und später Franzosen und Engländer so bekannt und eingeführt, daß man ohne Belästigungen auf Turban und weitfallende Pluderhose verzichten konnte. Aber zu Zwischenfällen kam es leicht und oft. Gefürchtet waren die Adschemi oglan, die Zehentkinder. In den eroberten Gebieten wurde der sogenannte Blutzoll erhoben, eine festgelegte Anzahl Kinder mußte an den Sultan abgeführt werden. Die Mädchen waren für den Harem bestimmt, die Jungen aber wurden in besonderen Anstalten erzogen, wurden die schärfsten Christenhasser und stellten den Kern der Janitscharen; sie wurden aber auch je nach Begabung zu anderen Berufen erzogen, sei es für die Verwaltung oder andere Bereiche. Auch der berühmteste Architekt der Türkei, Sinan, hatte eine solche Erziehung genossen. Die höchsten Staatsstellen standen diesen nominellen Sklaven des Sultans offen.

Toynbee, der große englische Philosoph und Historiker, stellt fest, daß die von Nomaden gegründeten Staaten schnell zerfielen. Eine Ausnahme bildeten jedoch die Türken, die ja einst auch als Nomaden aus dem Innern Asiens kamen. Die größte Leistung der Nomaden habe neben der Zähmung von Rind und Schaf darin bestanden, den Hund, das Kamel und Pferd über die reine Zähmung hinaus abgerichtet zu haben. Und so hätten die osmanischen Padischah ihr Reich dadurch behauptet, daß sie Sklaven als menschliche Helfer abrichteten, damit sie ihnen beistanden, unter ihrem »Menschenvieh« Ordnung zu halten. »Jeder Sklave, der an den Sklavenhof des osmanischen Padischah kam, war sich bewußt, daß er ein potentieller Großwesir war, und daß seine Aussichten davon abhingen von der Tapferkeit, die er bei seiner Ausbildung zeigte.«

Und so sagt unser Berichterstatter aus dem Njemci Han: »Sie sind den Christen gehässiger als geborene Türken. Wir haben uns besonders, wenn wir ohne Janitscharen gingen, wohl vor ihnen vorzusehen gehabt.«

Das bestimmte viele, lieber in ihrem Han zu verbleiben. Es machte schon Eindruck genug, später sagen zu können, man sei in Konstantinopel gewesen. Unser Berichter zitiert ein altes Sprichwort: »Sind als Gänse über den Rhein geflogen, und als Gänse wieder heimgekommen.«

Am wenigsten Bewegungsfreiheit hatte natürlich der Gesandte selbst. Monatelang enthielt das Tagebuch eines der Gesandten den lapidaren Satz: »nemo ad me permissus est, mansi itaque solus.« Niemand wurde zugelassen, ich blieb deshalb allein. Einem der Botschafter wurde es einmal gestattet, sich Konstantinopel anzusehen, natürlich unter Bewachung.

Zu dem Eingesperrtsein kam die ständige Ungewißheit des eigenen Schicksals. Einmal, um ein Beispiel zu geben, trafen die zugesagten Geschenke des Kaisers beim Sultan nicht ein. Der Orator, wie der Botschafter damals im allgemeinen bezeichnet wurde, mußte vor dem Großwesir erscheinen. Der drohte, ihn in das Gefängnis der Sieben Türme zu werfen und das übrige Botschaftspersonal auf die Galeeren zu schmieden. Das waren, wie andere Beispiele gezeigt hatten, keine leeren Drohungen. Das Tor zum Nemce Han wurde verriegelt, die Fenster mit Brettern vernagelt. Unser Berichterstatter schreibt in seinen Reisememoiren, daß ihnen diese Drohung »große Betrübnis brachte und war das Lachen oft sehr teuer«. Der Botschafter sandte Kurier auf Kurier nach Wien und gab Wein in jeder Menge aus. »Und wiewohl ihm nicht wohl zumute war, so stellte er sich doch fröhlich. Wir haben auch gar manchen Abend einen Valettrunk getan.« Endlich kam die Nachricht, daß die Geschenke abgesandt seien. »Da erfreuten wir uns alle, daß wir wieder einmal sicher waren. Auch kamen etliche vornehme Türken zu uns, die sich mit uns freuten und Mitleid mit uns hatten. Ich gelobte auch Gott, dahin zu trachten, wie ich von meinem Herrn los würde und in solcher Angst forthin nicht mehr leben müßte. Denn wie manchem zumute gewesen, kann sich keiner vorstellen, der es nicht selber erlebt hat.«

»Gute Freudenräusch gesoffen«, bemerkte einer der Heimkehrer in seinen Erinnerungen. Ein anderer: »... zur Nacht auf Ungarisch Altenberg gekommen, allda sind wir zum ersten Mal wiederum auf Betten gelegen, was uns gewaltig wohlgeschmeckt.«

Im Laufe der Zeit besserte sich manches. Die Sultane hörten auf, bei der Thronbesteigung zunächst ihre Brüder umbringen zu lassen, und mit sinkender Macht mußte man es lernen, gewisse völkerrechtliche Mindestanforderungen anzuerkennen und sich bestimmten Formen zu unterwerfen.

Wenn wir der Theorie des bekannten Verhaltensforschers Professor Lorenz hinsichtlich des Gebrauchs der Friedenspfeife folgen, so haben nicht nur die Tiere, sondern auch die Menschen den Drang, die Formen ihrer Begegnung zu ritualisieren. Sie haben es nur nicht so einfach, da sie sich wegen fehlender Instinktsteuerung irgendwie einigen müssen, bis die gefundene Form zur Selbstverständlichkeit wird, um dann später wieder als lästig oder überholt abgeschafft zu werden.

Beide, Kaiser und Sultan, hatten nach dem religiösen Ausgangspunkt den Auftrag, die Welt als Schwertträger Gottes in Ordnung zu bringen und zu beherrschen. Beide sahen sich nach jahrhundertelangen Kämpfen und Auseinandersetzungen scheitern. Als Schatten blieben die sichtbar übertriebenen Formen, begleitet von Pomp und den Eigentümlichkeiten des barocken Zeitalters. Und so ließen Sultan und Kaiser ihre Begegnungen noch einmal in altem Glanz erstrahlen, wenn sie – vom Schicksal zu Gegnern bestimmt – ihre Friedensschlüsse bestätigten, um das Besondere dieses Faktums nach außen hin deutlich und weithin erkennbar zu machen. Das Europa jener Zeit hat nichts Vergleichbares. 1665 wurde der Frieden von Vasvár geschlossen. Wie der Ritus es bereits gebot, war er durch den Austausch von zwei Großbotschaftern in Wien und Konstantinopel zu bestätigen, selbst wenn noch nicht alle Einzelheiten der Friedensbedingungen festlagen. Man mußte sich nur im Grundsatz und über die Äußerlichkeiten der einzuhaltenden Formalitäten geeinigt haben. Man legte diesen Dingen eine große Bedeutung bei: Wie groß die Gesandtschaft sein sollte, ob man mit entrollter Fahne in die Hauptstadt einziehen dürfe oder nicht, ob es mit klingendem Spiel geschehen solle, ob die Musikkapelle mitgeführt oder am Ort gestellt werde. Wesentlich war auch die Einigung über die mitzubringenden Geschenke. Über Art und Wert wurde eingehend verhandelt. Man verstand es auch, Pracht und Glanz mit dem Kommerziellen zu verbinden, ja im Sinne der Zeit mußte man es sogar, um nicht als minderer Partner zu erscheinen. Jede Zahlung, die als Tribut gedeutet werden konnte, mußte vermieden werden, gerade weil früher die Präsente des Kaisers an den Sultan als solche angesehen worden waren. Die ausgehandelte Parität der Geschenke war für Wien von diplomatischer Bedeutung. Denn Ludwig XIV., der den Gedanken gehabt hatte, selbst die Kaiserwürde zu erlangen, machte dem Kaiser den ersten Rang in der Christenheit streitig und begründete dies mit dem Türkentribut. Diese Karte im diplomatischen Spiel der Zeit war ihm nunmehr genommen. Man folgte nunmehr nur noch einer orientalischen Grundeinstellung, daß es zum gesellschaftlichen Anstand gehöre, den Souverän, aber auch die hohen Würdenträger, mit denen man freundschaftlich verhandeln wollte, durch ein Geschenk, und zwar öffentlich, zu ehren. Größe und Art des Geschenkes unterstrichen dabei, wie man Ansehen und Bedeutung des Beschenkten einschätzte. Nichts zu schenken, war eine Beleidigung. Der Gedanke der Bestechung lag hier fern, da die Geschenke in aller Öffentlichkeit in feierlicher Form übergeben wurden und den Beschenkten verpflichteten, entsprechende oder sogar kostbarere Gegengeschenke zu machen. Die Gefahr einer mißbräuchlichen Ausdehnung war natürlich nicht zu verkennen.

Nach dem Friedensschluß in Vasvár einigte man sich auf einen Wert von 20 000 Gulden.

Man erwartete auf beiden Seiten, daß die Abgesandten hohe und höchste Ränge bekleideten.

Der Kaiser ernannte den Grafen Walter Leslie, Geheimen Rat und Feldmarschall seiner Majestät, zum Botschafter. Leslie war Schotte, war im Dreißigjährigen Krieg aufgestiegen, an der Ermordung Wallensteins beteiligt und danach mit hohen und höchsten Aufträgen betraut.

Der Jesuitenpater Tafferner, der den Botschafter Leslie nach Istanbul begleitete, hat Einzelheiten dieser Reise beschrieben. Er verfaßte seinen Bericht in lateinischer Sprache; leider hat er jedoch eine schlechte »Tolmätschung« erfahren. Deshalb ließ Tafferner eine deutsche, von ihm überprüfte Ausgabe 1672 in Wien erscheinen. Hier erzählt er von Leslie:

> »dieser, nachdem er von Ihrer Kayserlichen Majestät selbst erfahren hatte, daß ihm diese so hochwichtige Gesandtschaftsverrichtung allergnädigst anbefohlen worden wäre, hat sich nichts mehr angelegen sein lassen, als den gütigen Gott um glückseligen Fortgang dieses ihm aufgetragenen großen Werkes, gedeihliche Reise und ersprießliche Förderung eifrigst zu bitten. Daher er vor allem gleich im Anfang des Mai in der Kirche des Profeßhauses der Gesellschaft Jesu durch Ablegung einer herzgegründeten Beichte sich mit Gott versöhnt und durch Genuß des hochwürdigsten Sakramentes des Altares als der kräftigsten Seelenspeise und Versicherung göttlichen, zu dieser langen Reise hochnötigen Beistandes sich christlich ausgerüstet.«

Die Gesandtschaft war auf fürstlichen Aufwand abgestellt. 36 Donauschiffe brauchte man, um die 350 Personen, die Geschenke und den Wagenpark zu befördern. Der Wesir von Ofen beorderte türkische Schneider nach Wien, damit jeder in der ihm zustehenden türkischen Gewandung auftreten konnte.

Der Sultan seinerseits wählte einen bewährten Mann aus dem Kreise seiner Generaladjutanten, Kara Mechmet, als Botschafter aus. Ähnlich wie die Kaiser von China und Japan, die ihre Abgesandten auch erst befördern mußten, ehe sie zu den Kitai gingen, so auch beförderte der Sultan seinen Auserwählten. Er bekam den Rang eines Statthalters von Rumelien. Damit war er berechtigt, den Titel Pascha zu führen. Das war wichtig; denn als Pascha stand ihm das Recht zu, eine Janitscharenkapelle mit sich zu führen. Der Rang bestimmte gleichzeitig die Größe der Kapelle. Bei einem Pascha mit drei Roßschweifen durfte jedes Instrument der Kapelle siebenfach besetzt sein. Der Sultan hatte eine zwölffache, der Wesir eine neunfache Besetzung der traditionsmäßig festliegenden Instrumente. Die Kapelle war ein jederzeit erkennbares Zeichen für das Kommen eines hohen Reichswürdenträgers.

So im Range erhöht, reiste Kara Mechmet ab, um dem Kaiser in Wien das Handschreiben des Sultans auszuhändigen und die Geschenke zu überbringen.

Herr Feigius, ein Wiener Historiker, der den Einzug miterlebte, gibt eine Beschreibung dieser Geschenke:

»6 große persische aus Gold und Seide gewirkte Teppiche, jeder 6 Ellen lang und vier breit,
ein großes Zelt, inwendig ganz von Atlas unterschiedlicher Farbe, mit Gold, Silber und Seide bestickt, worauf kleine Fleckerl in Form von Rosen angeheftet. 64 Personen hatten 300 Tage daran gearbeitet.
Zwölf gold- und silbergewirkte Kaftane,
1,2 kg Ambra und Moschus,
2 edle Araberpferde und 8 Handpferde,
1 Aigrette, das Hauptprunkstück. Es war ein Schmuckstück, einen doppelten Reiherbusch zu fassen, hatte die Form einer Rose, ganz aus Gold, mit ungemein großen Diamanten und Edelsteinen besetzt. Der Wert wurde auf 20 000 RThl geschätzt.«

Das Prunkzelt wurde alsbald aufgeschlagen, um es von den Bürgern der Stadt Wien bewundern zu lassen.

Der kaiserliche Botschafter aber brachte ein Glockenspiel mit beweglichen Figuren nach Konstantinopel,Ferngläser und silbernes und vergoldetes Tafelgeschirr. 35 Zentner Silber waren darin verarbeitet.

Beide Botschafter hatten sich an der Grenze zu treffen. Sicher ist sicher; bei einem Kidnap oder dergleichen hatte man auf alle Fälle die Gegenperson in der Hand. Auf einer Anhöhe bei dem Dorf Szön standen drei Pfähle, die angeblich schon Suleiman der Prächtige errichtet hatte. Je ein Pfahl bezeichnete die türkische und die österreichische Grenze und dazwischen, in einem Stück Niemandsland genau in der Mitte, stand der 3. Pfahl, an dem sich die Botschafter zu treffen hatten. Man ahnt nicht, welche Schwierigkeiten zu überwinden waren. Die Berichte der Botschafter sind recht nüchtern. Der Türke berichtete seinem Herrn, daß der kaiserliche Botschafter etwas vor ihm den Pfahl erreicht habe, so daß also die türkische Seite sich als die überlegene erwiesen habe, was ein gutes Omen sei. Viel köstlicher ist aber die Darstellung des türkischen Reiseschriftstellers und Geschichtenerzählers Evlijâ Çelebi. Dieser wollte kein wissenschaftliches Werk schreiben, er war auch sehr erstaunt, daß die Giauren auch ihnen ungünstige Tatsachen auf ihren Bildern und in ihren Schriften darstellten. Er hatte also eine etwas freiere Stellung zu den Gegebenheiten, was seine Geschichten aber um so bunter und für seine Zuhörer um so anhörenswerter machte.

Nach seiner Schilderung machte, in der Nähe der Grenze angekommen, Kara Mechmet erst einmal gemütlich Rast. Er wollte beileibe nicht mit der Zeremonie beginnen. Das hätte ja dem Ansehen seines Herrn geschadet. Graf Leslie, wohl nicht von der unermeßlichen orientalischen Geduld und wohl auch mit einer anderen Grundeinstellung zum Wert übertriebener Formen, machte also den Anfang, worauf dann auch Kara Mechmet aufbrach. Der eigentliche negative Wettlauf fing aber erst bei den Außenpfählen an. Durch eine Bodendelle verdeckt, konnten die beiden Großbotschafter sich nicht sehen und daher auch die »Schnelligkeit« des anderen nicht erkennen. Durch Zurufe steuerte nun ihre Mannschaft den Geschwindigkeitsgrad, wobei man nun wissen muß, daß nach der damaligen türkischen Sitte der Untergebene auf den Höheren mit beschleunigtem Tempo zugeht, das sich bis zum Laufen steigern kann, der Hochrangige sich aber nur würdevoll und kaum vorwärts bewegt. Die mitgebrachten Truppenteile standen wohlgerüstet, parademäßig aufgebaut, wobei damals die Paradeordnung mit der Schlachtordnung identisch war. Es kam aber zu keinem weiteren Zwischenfall. Der Vertreter des Kaisers tat so, als küsse er dem Pascha auf die Brust, und dieser erwidert mit einem angedeuteten Kuß auf die Schulter. Komplimente werden ausgetauscht, man legitimiert sich und erklärt, daß der Friedensvertrag nun als bestätigt gelte. Es folgen wieder die angedeuteten Küsse.

Graf Leslie wird vom Pascha, dessen Gefolge sein Ehrengeleit bildet, zu den türkischen Donauschiffen geführt. Kara Mechmet zieht nun auf dem Landweg weiter mit einem Ehrengeleit von 6000 Mann aus der kaiserlichen Festung Komorn, die beim Vorbeizug des türkischen Botschafters 500 Schuß Salut abgibt. In Wien geht es nach dem feierlichen prächtigen Einzug in die Quartiere. Zum größten Erstaunen Evlijâs können sich die Mitglieder der Gesandtschaft frei in Wien bewegen und stellen nun erstaunliche Dinge fest. »Männer und Frauen schließen sich dort nicht voneinander ab. Selbst mit uns Türken saßen die Frauen bei Wein zur Unterhaltung zusammen, ohne daß ihre Männer darüber auch nur ein Wort verloren hätten. Die Frauen haben sogar überall im Giaurenland eine bevorzugte Stellung. Dieser üble Brauch stamme von den Zeiten der Mutter Maria her.« Daß selbst der Kaiser vor einer Dame den Hut abnimmt und ihr Platz macht, will ihm schier den Atem verschlagen. Aber auch sonst gibt es besondere Dinge vom drehbaren Barbierstuhl bis zu den Künsten der Zahnärzte und Chirurgen. Er beschreibt sehr genau eine Schädeloperation, kommt dann aber gewaltig ins Flunkern, was er sonst alles gesehen bei der Volksbelustigung auf dem damaligen Prater und im kaiserlichen Schloß. Der Kaiser ist nach seiner Darstellung so häßlich, daß er bei seinen Ausfahrten in einer Kutsche versteckt wird, weil sein unvermuteter Anblick Gliederzittern und Atemstockungen auslöst. Dabei sei er aber ungeheuer gescheit und vernünftig.

Für die Wiener aber wird der Einzug des türkischen Botschafters eine große Gaudi. Denn er zeigt alles, was das große Reich an Merkwürdigkeiten aufzubieten hat, Tataren und Mohren, Kamele und Affen, artistische Darbietungen und die Janitscharenmusik mit dem Schellenbaum und den daran hängenden Roßschweifen und anderen Instrumenten, die dann von den europäischen Militärkapellen übernommen wurden.

Man wird eingeladen und lädt wieder ein. Man wußte schon aus älteren Berichten, daß die Türken immer und überall eine Art »schwarzes Wasser« tränken, aber nun lernt man es selbst kennen, und damit findet das Kaffeetrinken in Wien seinen ersten Einzug. Das erste Kaffeehaus erstand allerdings erst nach der gescheiterten Belagerung Wiens durch Kara Mustafa, als ein bei der Verteidigung besonders bewährter Mann, der sich durch die türkischen Linien mehrfach durchgeschlichen und die Verbindung zu der kaiserlichen Armee außerhalb Wiens hergestellt hatte, sich als Belohnung aus dem geplünderten Lager der Türken einen größeren Kaffeevorrat erbat. Und mit dieser Kaffeebeute errichtete er das erste Kaffeehaus in Wien und damit im nichttürkischen Teil Europas. Er hatte das Vorbild der türkischen Kaffeehäuser, von denen es in einem alten Bericht heißt:

> »Auch haben die Türken noch andere Wirtshäuser, darinnen schenken die Wirte nichts anderes aus als schwarzes Wasser, und kochen ganze Kessel davon. Pflegen's den Gästen in kleinen irdenen oder porzellanenen siedend heiß zu geben. Da trinken es die Türken, wie auch die Araber, in kleinen Schlückchen, so warm sie immer können. Ist gar ein gemeiner Brauch bei ihnen, dies schwarze Wasser zu trinken, untertags wie auch morgens und abends. Etwa bei 50 oder mehr sitzen da und dort zusammen, währet oft lang, wird aber keiner von dem gedachten Wasser trunken. Vermeinen, es trockne die Flüß' auf und sei ein gar gesundes Wasser.«

Der Großbotschafter blieb einige Monate in Wien, machte seinen Bericht und stellt darin auch fest, daß er angemessene Geschenke erhalten habe, die über den in Wien üblichen Rahmen hinausgegangen seien. Es sei trotz der Größe der Gesandtschaft genügend Verpflegung gestellt worden, nämlich täglich 15 Hammel, 2 Lämmer, 70 Scheffel Gerste sowie Holz und Heu zur Genüge. Die Hammel seien allerdings nicht so groß wie in der Türkei. Er selbst habe auch zur Wahrung des großherrlichen Ansehens die vom Kaiser zu seinen Diensten bestellten Leute beschenkt nach unserem besten Vermögen, so daß niemand von uns mit leeren Händen von uns gegangen ist.

Damit verlassen wir Wien und vergegenwärtigen uns, daß der Einzug des Großbotschafters des Kaisers in Istanbul ähnlich verlaufen ist. Leider fehlt auf kaiserlicher Seite der nette Geschichtenerzähler, wie es sich im einzelnen zugetragen habe. Doch wir haben aus den verschiedenen Berichten das Zeremoniell, das im Serail eingehalten wurde, schon kennengelernt. Natürlich änderte sich einiges im Laufe der Jahrhunderte, aber die Grundelemente sind von Byzanz übernommen und gleichgeblieben mit der Tendenz, jeden Gesandten in jeder Weise in Erstaunen zu setzen, aber auch zu erschrecken und zu verunsichern.

Noch bis etwa 1830 hatte der zur Audienz befohlene Botschafter auf einer Bank im Hofe des Serail zu warten, bis es dem Großwesir beliebte, ihn bei dem Sultan als den »nackten und hungrigen Barbaren« einzuführen, »der es gewagt hatte, seine Stirn an der Hohen Pforte zu reiben«.

Diese Wartezeit wurde zu allerlei Überraschungen ausgenutzt.

So begegnete es einigen Gesandtschaften, als sie vor der Tür der Glückseligkeit, die zum Sultan führte, warteten, daß an ihnen reihenweise abgeschlagene Köpfe vorbeigetragen wurden, einer entdeckte unter ihnen zwei Bekannte; oft mußten die Botschafter auch der Löhnung der Janitscharen von ihrem Warteplatz aus beiwohnen. Das war ein zarter Hinweis auf den Reichtum des Großherrn im Gegensatz zu den Geldschwierigkeiten des Kaisers, den Sold für seine Soldaten zusammenzubringen. Er war meist arg damit im Rückstand.

Manchmal gab es schwere Unannehmlichkeiten, und der Botschafter wußte nicht immer, woran er eigentlich war. So wurde ein venezianischer Gesandter in der Zeit der Gesandtschaften Ferdinands in feierlicher Audienz empfangen, aber der Sultan sagte kein Wort und hielt nur seine Hand auf der Brust. Das war – man mußte es wissen – das Zeichen von Unwillen und Zorn.

Zum Abschluß noch ein Bild des barocken Zeitalters, das auch in der Fremde nichts von seinen – in unseren Augen – Absonderlichkeiten abließ. Bei der Audienz mußte jeder, natürlich auch jeder Botschafter und Gesandte, seine Waffen ablegen. Dazu gehörte auch der zierlichste Paradedegen. War die Waffe abgetan, wurde der Botschafter in einen türkischen Kaftan gehüllt, zwei Kapitschi-Baschi packten ihn – wie einst die Eunuchen in Konstantinopel – an den Armen und führten ihn zum Sultan. Dort zwangen sie ihn, ob er wollte oder nicht, zu tiefen wiederholten Verbeugungen. Auch für die französischen Botschafter galt dies, obwohl Frankreich seit seinem Vertrag von 1535, der gegen den gemeinsamen Feind Habsburg gerichtet war, politisch als Verbündeter galt. Allzu höflich ging man deshalb mit den französischen Gesandten nicht um. Als einer von ihnen dem Großwesir die Kunde von einem Siege seines Königs überbrachte und von der Einnahme der Stadt Arras, die damals noch zu den spanischen Niederlanden gehörte, bekam er nur die Antwort, es sei dem Großwesir wenig daran gelegen, ob das Schwein den Hund, oder der Hund das Schwein fresse. Die osmanische Diplomatie hatte einen eigenen Maßstab, den sie an die Höflichkeitsformen anlegte.

Hier aber soll von dem Antrittsbesuch des Botschafters Ferriol Marquis d'Argental die Rede sein, als er am 5. 1. 1700 zur Audienz zugelassen war. Im vollen Staate begab er sich zum Großwesir, um die mitgebrachten Geschenke zu überbringen. Das Hauptstück war ein Spiegel von 90 Zoll Länge und sechzig Breite, ferner Uhren und feine Stoffe. Alles lief auf das Beste ab bis zu dem Augenblick, wo der Botschafter, mit einem goldgeblümten Kaftan angetan, zum Sultan geführt werden sollte. Da bemerkte der Tschauschbaschi, daß der Kaftan durch den verborgen gehaltenen Degen aufspreizte. Man stellte dem Botschafter vor, daß niemand, wer es auch sei, mit einer Waffe vor dem Sultan erscheinen dürfe. Der Marquis ließ sich auf nichts ein. Der Großwesir schaltete sich ein, er könne mit dem Degen nicht zur Audienz vorgelassen werden. Der Marquis erwiderte, nur sein König könne ihm den Degen abnehmen. Der Oberst der Garde redete auf ihn ein, ohne Erfolg. Man versuchte, ihm den Degen heimlich zu entwenden. Er stieß alle zurück und schrie: »Verletzt man hier so das Völkerrecht. Sind wir Freunde oder Feinde?« »Freunde!« antwortete man ihm und fügte hinzu: »Aber mit dem Degen geht man hier nicht hinein!« »So werde ich denn nicht hineingehen«, rief der Botschafter erzürnt, warf den Kaftan ab und entschritt mit seinem Gefolge. Am folgenden Tage wurden die Geschenke zurückgesandt. 10 Jahre führte Ferriol die Geschäfte, ohne eine Audienz gehabt zu haben. Als Ferriol nach einigen Jahren wirklich den Verstand verlor, antwortete der damalige Großwesir dem Dolmetscher, übrigens einem Verwandten Voltaires, als dieser ihm die Nachricht brachte, daß Ferriol närrisch geworden, nur mit türkischem Phlegma: »Er war es schon, als er hierherkam!«

Aber auch die Türken hielten auf Formen. Nur der Kaiserliche Botschafter durfte bei seinen Unterredungen mit dem Großwesir auf gleicher Ebene mit ihm auf einem Podest sitzen. Diese »Ehre des Divan« war und blieb eine der protokollarischen Streitfragen zwischen der Pforte und den französischen Botschaftern, die das gleiche Recht für sich als die Vertretern des allerchristlichsten Königs forderten.

Abschließend ein kleines Satyrspiel: Die kostbaren Kaftane, die der Sultan auch an das Gefolge der Botschafter verteilen ließ, wurden von den Beschenkten meist an jüdische Händler verkauft und so in klingende Münze umgesetzt. Sie hatten einen festen Taxwert und wurden alsbald von den türkischen Hofbeamten zur erneuten Verwendung wieder zurückgekauft.

Die fürstliche Prachtentfaltung beschränkte sich nicht auf Europa. Sie spielte die gleiche Rolle im Verkehr der orientalischen Staaten. Zur Hohen Pforte kamen auch die Botschafter indischer und persischer Fürsten. Ein Beispiel mag genügen.

Im Jahre 1741 schickte der Schah Nadir von Persien eine große Botschaft zum Sultan. Botschafter war ein Prinz, der von zwei weiteren Fürsten begleitet war. Die Anerkennung einer vom Schah gegründeten Sekte durch den Sultan als weltliches Oberhaupt der heiligen Stätten des Islam war der Gegenstand des Auftrags.

Wie unter den christlichen Herrschern, so war auch unter denen des Islam Zwietracht eine altbekannte Erscheinung. Die Gegnerschaft zwischen Türken und Persern war bereits traditionell. Gerade jetzt hatte die drohende Haltung des Schahs die Pforte bestimmt, mit Österreich und Rußland durch Verträge zu einer Einigung zu kommen, die den Frieden gewährleistete. Um so größeren Eindruck machte natürlich in diesem Zeitpunkt das Erscheinen eines so hochgestellten persischen Botschafters. Alle türkischen Statthalterschaften, durch die er mit seinem übergroßen Gefolge reiste, geleiteten ihn mit einem Aufgebot von 4–5000 Personen. Als sich der Perser dem Bosporus näherte, wurde der vorige Reichsfeldmarschall Chalil beauftragt, dem Botschafter mit entsprechendem Gefolge über Skutari hinaus zum Empfang entgegenzureiten. Er hatte aber gleichzeitig den Befehl, sich stets an der rechten Seite des Persers zu halten, um seinen höheren Rang als Vertreter des Sultans zu wahren. Damit war aber nun die prinzliche Hoheit nicht einverstanden. Um es nicht gleich zum Streit kommen zu lassen, schlug Chalil einen anderen Weg zum Ort der vorgesehenen Mahlzeit ein. Dort wurde eine Unmenge von Schüsseln aufgetragen, aber der prinzliche Botschafter rührte nichts an außer Brot und saurer Milch. Am Bosporus angekommen, wurden Flöße bereitgestellt, um die mitgebrachten Elefanten und anderes an das europäische Ufer zu bringen. Der Botschafter mit den beiden Fürsten wurde auf einem entsprechend hergerichteten Schiffe nach Ejüb übergesetzt, in dessen Moschee das Schwert Mohammeds aufbewahrt wurde. Beim Aussteigen empfingen sie der Tschauschenbaschi mit allen Tschauschen, die Generale der Reiterei mit ihren Mustermeistern.

Die erste Audienz fand beim Großwesir statt. Der türkische Reichsgeschichtsschreiber Efendi empfing ihn am Fuße der Stiege. Als der Botschafter, wie üblich, einen Ehrenkaftan empfangen sollte, entschuldigte er sich, daß er nach seinem Range vom Wesir keinen annehmen könne. So wurden nur die beiden Begleitfürsten und der Geschichtsschreiber der Gesandtschaft mit Zobel-, Hermelinpelz und Kaftan bekleidet.

Fünf Tage später war das feierliche Gehör im Diwan und die

Audienz beim Sultan. Vom Mitteltor des Serail in der Richtung zum Divansaale standen links über 20 Handpferde des Sultans, deren Geschirr von Diamanten und Edelsteinen strahlte, mit juwelenbesetzten Schilden, mit perlengestickten Decken und Schabracken, mit goldenen Zügeln und Bügeln, sowie deren Führer in hohen walzenförmigen Staatsturbanen, neben ihnen die Leibwachen des Sultans, die Bogner und Lanzner mit goldenen Helmen und Kleidern aus Goldstoff, mit wehenden Helmbüschen. Rechts auf der anderen Seite standen 10 000 Janitscharen, ein halbes Hundert von Obersten mit federbeschwingten Mützen, die Generale der Reiterei vor dem Tore der Glückseligkeit, dem dritten innerhalb des Serailkomplexes. Daneben der Janitscharen-Aga Wesir und 50 in Zobelpelze gekleidete Kämmerer mit silbernen Stäben. Unter der Kuppel des Diwansaales stand der Großwesir mit den Großwürdenträgern und allen Herren des Diwan, aufgestellt nach den Stufen ihres Ranges.

Der Botschafter wurde vom Tschauschenbaschi in seiner Wohnung vor Sonnenaufgang abgeholt. Als der Zug in die Gegend des Hauses der Musik gekommen war, hielt er an, um das Morgengebet zu verrichten. Als er durch das mittlere Tor des Serails eintrat, wurde den Janitscharen die Morgenverpflegung gereicht. Der Botschafter blieb erstaunt stehen, wie die 10 000 Janitscharen – wie der Aar auf die Beute lauernd, heißt es in der Chronik – sich auf die im Hof aufgestellten Schüsseln mit Reis stürzten.

Der Botschafter war nach persischer Sitte in einen kurzen, nicht bis auf die Knie reichenden Zobelpelz gekleidet und hatte um seine ellenhohe Mütze einen goldgestickten grünen Bund gewunden. Bei den Zuschauern erhob sich ein unterdrücktes Kichern und lautes Lachen; den die Kopfbedeckung erschien ihnen wie eine Derwischmütze, der grüne Schal als ein Verwahrungsmittel wider den bösen Blick aus Neid über den schönen Aufzug. Der Großwesir trat aus dem sogenannten Zimmer des Tintenzeughalters in den Diwansaal ein, die Staatstschauschen riefen Gottes Huld über den Botschafter als Erwiderung seines Grußes. Da der Prinz auf den Rang eines Wesirs Anspruch erhob, wurde ihm eine entsprechende Stellung eingeräumt. Nach den Diwanformalitäten schritt man zu Tafel. Als nach dem Essen der Sultan im Audienzsaal Platz genommen hatte, die Würdenträger vor dem Thron erschienen waren und sich aufgestellt hatten, wurde der Botschafter eingeführt. Er war aber so verwirrt, daß er außer den Worten: »Mein Schah ...« nichts vorzubringen vermochte. Er übergab sein Beglaubigungsschreiben und die Liste der Geschenke.

Als er von der Audienz zurück am Tor der Glückseligkeit ankam, erwarteten seiner – nicht ganz zufällig – einige Überraschungen. Man hatte gerade die Janitscharen wegtreten lassen. Eine Stunde dauerte es, bis die 10 000 Mann abgezogen waren. Dann erst konnte er das ihm vom Sultan geschenkte Pferd besteigen, um im ersten Hof des Serail wieder warten zu müssen, bis sich das Gedränge verlaufen hatte. Das war die osmanische Antwort auf das allzu große Gefolge und das Auftreten des Botschafters. Dann wurden Feste gegeben. Erst nach dem dritten Fest fand eine Unterredung über den Gegenstand der Sendung statt. Der Botschafter erhielt eine ausweichende Antwort, eine Gegenbotschaft wurde geschickt mit dem Entscheid: »Man werde sich in allem an die Vorschriften des reinen Gesetzes halten!«

19.
Moskau, das dritte Rom

2 Rom sind zerfallen, ein drittes steht,
und ein viertes kann es nicht gegeben.

Die Geschichte Rußlands ist durch zwei Geschehnisse beeinflußt, die seine Entwicklung von der westlichen Welt Europas getrennt haben. Das eine ist religiöser Natur, daß nämlich die Christianisierung von Byzanz und nicht von Rom ausgegangen ist, das andere wichtige Ereignis ist das Erlebnis der Tatarenherrschaft. Im Zuge der Beziehungen zu Byzanz ereignete es sich, daß nach der Eroberung von Konstantinopel durch die Türken der russische Zar Iwan III. die Nichte des letzten, im Kampf mit den Türken gefallenen, byzantinischen Kaisers heiratete. Diese Ehe war zwar durch den Papst vermittelt worden, der hoffte, daß die in Rom erzogene Prinzessin ihren Einfluß im römisch-katholischen Sinne geltend machen würde; die Prinzessin stand jedoch zu den byzantinischen Traditionen, die das Zarentum nun für sich übernahm. Der byzantinische Doppeladler schmückte nun das russische Staatswappen, das Hofzeremoniell wurde dem byzantinischen angeglichen. Vor allem übernahm man auch die alte theokratische Staatsauffassung der byzantinischen Kaiser und übertrug sie auf den Großfürsten. Aus dem römischen Titel des »Caesar«, bei uns zum »Kaiser« umgeformt, wurde die Herrscherbezeichnung »Zar«, wie sich der Großfürst nun nannte. Der Metropolit von Moskau, nun Haupt der nach dem Fall Konstantinopels selbständigen russisch-orthodoxen Kirche, erklärte: »Zar Konstantin schuf das neue Rom (Konstantinopel); der Herr und Selbstherrscher von ganz Rußland, Iwan Wassiljewitsch, der neue Zar Konstantin, legte den Grund zu einem neuen Konstantinopel–Moskau.« Und der Metropolit erklärte weiter: »Der Zar ist von Natur aus einem jeden Menschen, an Macht und

Amt aber dem höchsten Gott gleich.« Ein anderer führender Geistlicher erklärte es zur Ursünde, eine eigene Meinung gegenüber dem Zar zu haben, »denn aller Leidenschaften Mutter ist die Meinung, die Meinung ist der 2. Sündenfall.« In diesem Sinne übernahmen die Zaren auch die Ideologie, das Oberhaupt der Christenheit darzustellen und den ersten Platz in der Welt einzunehmen.

Das Ende der Tatarenherrschaft und das neue Selbstverständnis, beginnende Auseinandersetzungen mit den westlichen Nachbarn, mit Türken und Polen, brachten es mit sich, daß sich politische Beziehungen zum Westen aus der Interessenlage heraus ergaben. Italienische Architekten bauten den Kreml aus und gaben ihm die Gestalt, die er im wesentlichen bis heute behalten hat. Iwan III. schickte Gesandtschaften zum deutschen Kaiser, Friedrich III., aber auch zum Papst, zum Dogen von Venedig und zum Sultan. In Etikette- und Rangfragen traten sie höchst anspruchsvoll auf und forderten stets den ersten Platz. »Der Zar ist auf der Erde der einzige Herrscher über die Christen, der Führer der apostolischen Kirche, die anstatt in Rom und in Konstantinopel in der gesegneten Stadt Moskau steht. Sie allein leuchtet in der Welt heller als die Sonne.« Das wurde zwar im Westen nicht anerkannt, aber Rußland trat in das politische Konzert der europäischen Mächte ein. Kaiser Maximilian schickte 1489 Nikolaus Poppel als ersten Gesandten nach Moskau. Die Gesandtschaft wurde, wie es sich gehörte, erwidert, ohne daß es sich um größere politische Belange gehandelt hätte. Großfürst Wassili III. ließ Karl V. durch eine weitere Gesandtschaft seine Glückwünsche zur Krönung aussprechen. Natürlich wurde eine Gegengesandtschaft geschickt. Aber diese formalen Beziehungen bekamen alsbald politischen Inhalt. Der deutsche Kaiser stand unter dem Druck der türkischen Angriffe. Rußland und Polen lagen in Fehde. Von Wien aus hätte man gern einen Friedensschluß vermittelt, damit Polen freie Hand den Türken gegenüber gewänne. Also schickte man einen Gesandten nach Moskau. Man wählte einen vielfach bewährten Mann, den Freiherrn Sigismund von Herberstein. Ein größerer diplomatischer Erfolg blieb ihm versagt, da die Polen erneut zum

Angriff übergingen, aber er errang ein um so größeres literarisches Aufsehen. Sein Buch »Rerum Moscovitarum Commentarii« wurde in alle Sprachen übersetzt, als das erste grundlegende Werk über Rußland, Geographie, Leute, Recht und Sitten. Es erschien auch in deutscher Übersetzung unter dem Titel »Moskowiter sonderbare Historien«. Die Kaiserin Katharina II. von Rußland ließ 200 Jahre später dieses Werk noch einmal in einer besonderen Ausgabe erscheinen, da sich Herberstein mit diesem Buch die Bezeichnung des Kolumbus von Rußland errungen habe. Das Buch ist heute noch gut zu lesen. Es gibt Anlaß zu manchem Vergleich zwischen einst und jetzt.

Zweimal ist Herberstein in Moskau gewesen, 1517/18 und 1526/27. Die Reisen waren abenteuerlich, sie gingen wochenlang durch unwirtliche Gegenden, über fast unpassierbare Flüsse. Es ist hier nicht der Ort, die Fahrt zu beschreiben. Wir halten uns an das Kapitel: »Wie Botschafter empfangen und gehalten werden.« Dieser Teil des Buches beruht auf den Erlebnissen Herbersteins zweiter Reise nach Moskau. Zwei Botschafter reisen. Der eine, Graf Leonhard Nugard, als Gesandter des Kaisers Karl V., der andere, Herberstein, als Gesandter Ferdinands, des Bruders des Kaisers, der die deutschen Lande regiert und als König firmiert.

Es geht sehr formell zu. Von der Landesgrenze wird ein Bote zum nächsten Gouverneur geschickt, um den Besuch anzukündigen. Dieser erkundigt sich, wer die Botschafter seien, welchen Rang sie hätten und wieviel Pferde sie mit sich führten. Dann schickt er einen seiner Leute zum Empfang und zur Begleitung zu den wartenden Botschaftern. Gleichzeitig geht ein Eilkurier an den Zaren ab.

Ist es nun eine bedeutende Gesandtschaft, so wird ein »großer Mann« zum Empfang bestellt. Vorher wird Ort und Zeit des Treffpunktes festgelegt. Der »große Mann« bleibt am Treffpunkt auf der Straße, damit der Legat vorfahren oder reiten kann. Ein Bote eröffnet dem Gesandten, nach dem Brauch möge er beim Eintreffen aus dem Wagen aussteigen bzw. vom Pferde absteigen. Worte des Großfürsten, die sein Vertreter übermittele, könne man nur stehend anhören. Dann kommt das alte Spiel, daß der

Vertreter des Großfürsten und der des Kaisers und Königs ja nicht einen Augenblick eher absteigen als der andere. Herberstein schildert seine erste Begegnung dieser Art. Er habe bemerkt, daß die Russen der Kleinigkeit, wer zuerst vom Pferde abstiege, größte Bedeutung beimaßen. Da er seinen Herrn in den Augen der Russen nicht herabsetzen und dessen Ansehen nicht mindern wollte, forderte er den Russen auf, zuerst abzusteigen. Da dieser sich weigerte und das »hoffärtige Tun« sich eine ganze Weile hinzog, wollte er zu einem Ende kommen. Er zog seinen Fuß aus dem Steigbügel und tat, als ob er absitzen wolle. Als der Russe, der ihm entgegengeschickt war, das sah, sprang er sofort ab. Darauf erhob sich Herberstein ganz gemächlich aus dem Sattel, »daß es jenen gar sehr reute, von mir betrogen zu sein.« Nach der Begrüßung folgt die Unterredung. Besonders erkundigt man sich nach den persönlichen Verhältnissen des Botschafters, Name, Familie, Eltern, ob er bereits in Rußland gewesen u. a. Alles wird aufgeschrieben und eilends nach Moskau berichtet. Dann sitzt der Legat wieder auf, seine Leute folgen ihm, der Russe bildet den Schluß, damit niemand zurückbleibe.

So geht es von Ort zu Ort. Die Reise wird künstlich verlangsamt, damit man lange vor dem Eintreffen in Moskau die Antwort des Großfürsten besitze, ob die Botschafter kommen dürften.

Sie werden als Gäste behandelt, aber sehr kurz gehalten. Als Herberstein unmittelbar Lebensmittel einkaufen will, wird ihm das verboten. Herberstein fährt daraufhin seinen Begleiter hart an: »Ihr laßt Euch von Eurem Herrn genügend Güter anweisen, die Ihr mir geben sollt, und die Ihr uns alle vorenthaltet!« Von Stund an erhält die Gesandtschaft alles, was sie benötigt.

Eine halbe Meile vor Moskau kam ihnen ein alter Mann schweißüberströmt entgegen. Es war ein Sekretär des Großfürsten, der einst als dessen Legat bei Kaiser Karl V. in Spanien gewesen. Er zeigte an, zwei große Herren seien den Botschaftern entgegengeschickt, sie zu empfangen. Von Herberstein fragte ihn, warum er sich deshalb so in Schweiß gesetzt habe, worauf der frühere Legat antwortete: »O, Herr Sigismund, im Dienste unseres Herrn gelten andere Bräuche als in Eurem Herrendienst.« Alsbald kam eine größere Kavalkade zum Empfang angeritten. Man saß ab, und der Führer der Kavalkade richtete das Wort an die beiden Botschafter: »Der Großfürst Wassili, von Gottes Gnaden König des ganzen russischen Landes – alle Titel folgten – hat vernommen, daß Ihr als des erwählten Römischen Kaisers und allerhöchsten Königs Karl wie seines Bruders Ferdinand als Gesandte zu uns gekommen seid. Deshalb hat er uns, seine Räte, ausgeschickt mit dem Befehl, Euch zu fragen, ob Karl, der Römische Kaiser und allerhöchster König, gesund und wohlauf sei.« Das gleiche fragte er nach Ferdinand. Der nächste Sprecher erklärte dann, er habe den Auftrag, die Botschafter in die Herberge zu gleiten und mit allem zu versehen.

Nach diesen Worten, bei denen alle die Häupter entblößt hatten, übernahm der erste Sprecher wieder das Wort und wendete sich an Graf Nugard. Der Großfürst – alle Titel folgten – hat mir befohlen, Euch, Graf Leonhard, zu fragen, ob Ihr eine gute Reise hattet. Dann stellte er die gleiche Frage in der gleichen Form an Herberstein. Die Botschafter antworteten: »Gott schenke dem Großfürsten ein langes Leben. Mit Gottes Hilfe und des Fürsten Güte sind wir gut geritten.« Dann ging es weiter: »Der Großfürst – alle Titel folgten – schickt Euch, Graf Leonhard, diesen Zelter samt Sattelzeug und ein weiteres Pferd dazu.« Dann folgte dieselbe Ansprache an Herberstein. Die Botschafter dankten, und alle reichten sich die Hand.

In der Herberge angekommen, stellte man fest, daß niemand dort war, auch jeder Hausrat fehlte. Man versprach aber, daß alles hergebracht würde. Das geschah auch, aber es gab Meinungsverschiedenheiten, als Herberstein für jeden ein eigenes Bett forderte. Das sei nicht üblich, wurde ihm erwidert. Man entschloß sich dann aber, höheren Orts anzufragen, und es bekam jeder sein Bett. Hinsichtlich der Verpflegung gab es feste Richtlinien. Sie waren unterschiedlich abgestuft für die Deutschen, die Litauer und für Legaten anderer Fürsten. In ihnen war genau festgelegt, was an Brot, Fleisch, Getränken, Hafer und Heu zu liefern war. Als Herberstein einmal versuchte, Fisch zu kaufen, der in der Verpflegung nicht vorgesehen war, wurde ihm das äußerst übelgenommen.

Als er zur Audienz ging, gab es ein großes Gedränge. Man hatte die Läden geschlossen und alles Volk herbeigerufen, um sich die Ehrung des Zaren anzusehen und um auf die Gesandtschaft Eindruck zu machen. Im Audienzsaal erwartete der Großfürst die Botschafter in großer Umgebung. In seiner Nähe standen ein Waschbecken, zwei Kannen Wasser, ein Handtuch. Denn wenn der Großfürst einem katholischen Gesandten die Hand gibt, wird er unrein und er wäscht sich sofort, wenn der Legat entlassen ist, die Hände. Dem Großfürsten gegenüber, aber etwas niedriger, stand die Bank für die Botschafter. Als bei der Begrüßung die Namen von Karl V. und Ferdinand I. genannt wurden, erhob sich der Großfürst und hörte so die Grußbotschaft bis zum Ende an. Dann sprach er: »Ist Karl, der erwählte römische Kaiser und allerhöchste König, unser Bruder, frisch und gesund?« »Ja, er ist wohlauf.« Dann fragte er in gleicher Weise nach Ferdinand I. und setzte sich wieder. Anschließend rief er jeden der beiden Botschafter zu sich: »Gib mir Deine Hand! Bist Du auch mit Glück geritten?« »Mit Gottes Hilfe und Eurer Gnade sind wir gut geritten!« Dann folgte die Übergabe der Geschenke und ihre schriftliche Erfassung. Nun wurde zum Essen geladen.

Natürlich gab es eine feste Platzordnung. Das Essen begann damit, daß der Großfürst einen Diener rief, ihm zwei lange Stücke Brot gab mit dem Auftrag, dies Graf Leonhard und Herrn Sigismund zu bringen. Der Diener rief einen Dolmetscher herbei und redete die Botschafter an: »Graf Leonhard, der mächtige Herr aller Reußen (wörtlich: aller Rußlande) – es folgten wieder alle Titel – versichert Euch seiner Gnade und sendet Euch von seiner Tafel dieses Brot!« Die Botschafter erhoben sich, mit ihnen alle Anwesenden mit Ausnahme des Bruders des Großfürsten, legten das Brot vor sich auf den Tisch und dankten dem Großfürsten durch Neigen des Kopfes. Das Überreichen des Brotes war ein Zeichen der Gnade, die Überreichung von Salz das der Zuneigung. Dann gab es Wodka. Ein gebratener Schwan wurde hereingetragen. Der Großfürst stach ihn an, um festzustellen, ob er mürbe war. Der

Braten wird wieder hinausgetragen und dann zerlegt wieder hereingebracht. Wie im alten Byzanz sendet der Großfürst Schüsseln, von denen er gekostet hat, den Gästen zu. Alles steht wieder auf und dankt durch Verneigen. Zum Schwan werden Gurken, saure Milch, Pfeffer und Essig gereicht, da es keine Sauce gibt. Es werden vielerlei Getränke geboten, Malvasier, griechischer Wein und Met. Das Essen dauert drei bis vier Stunden. Dann wird die Tafel aufgehoben, und der Großfürst sagt: »Wohlan, gehet jetzt heim!« Dort aber gibt es mit den Begleitern einen erheblichen Nachtrunk, bis alle mehr oder minder trunken waren. Herberstein schreibt, die Russen bemühen sich, die Gäste trunken zu machen, und haben eine wunderliche Art, die Gäste zum Trinken zu animieren. Wenn sie keinen Anlaß zum Anstoßen haben, suchen sie einen. Sie trinken dann auf des Kaisers, seines Bruders und der anderen Fürsten Gesundheit und Wohl. Wenn sie glauben, daß jemand besonders beliebt ist, nehmen sie an, daß ihre Gäste einen Trunk auf dessen Wohl nicht gut abschlagen können. Derjenige, der den Anfang macht, tritt mit seinem Trinkgefäß in die Mitte des Raumes, entblößt sein Haupt und erzählt in wohlgesetzter Rede, auf wessen Gesundheit er trinken wolle und was er dem Betreffenden alles wünsche. Dann leert er den Becher und stülpt ihn über seinen Kopf, damit alle sähen, daß er ihn wirklich ganz ausgetrunken habe. Das gilt als Zeichen, daß er dem, den er durch den Trunk geehrt, wirklich alles Gute wünsche. Dann geht er an das obere Ende der Tafel und läßt die Trinkgefäße der anderen füllen. Er reicht die Becher reihum und sagt einem jeden nochmals ausdrücklich, wem der Trunk gelte. Nun muß jeder in die Mitte des Raumes treten und darf erst wieder auf seinen Platz, wenn der Becher leer ist. Die Russen meinen, sie hätten ihre Gäste nicht wohl empfangen, wenn sie nicht betrunken gewesen seien.

Zum Abschluß der Gesandtschaft erhielten die beiden Botschafter einen mit Zobelfellen gefütterten Kaftan. Herberstein hat ihn gern getragen und sich mit ihm auch auf einem Bilde festhalten lassen.

20.
Nach Isfahan und weiter in den Fernen Osten

Ein Nebelbild, das aus dem Weltmeer steigt
Und wiederum zurück ins Weltmeer fällt.

Omar-i-Khajjam

Neben von Herberstein ist vor allem Adam Olearius mit seinen Schilderungen Rußlands und Persiens in die Literatur eingegangen. Wieder handelt es sich um eine Gesandtschaft. Mitten im Dreißigjährigen Kriege, die gewohnten Handelswege waren unterbrochen, faßte Herzog Friedrich III. von Holstein-Gottorp den kühnen Gedanken, den Seidenhandel statt über das Mittelmeer und die vom Krieg gefährdeten Straßen Süddeutschlands von Persien über Rußland nach Kiel zu leiten. Er gründete die »Persianische Handelskompanie«. Am Markt in Kiel wurden für sie schöne Fachwerkhäuser errichtet, die im Zweiten Weltkrieg ein Opfer der Bomben wurden. Eine Gesandtschaft wurde zusammengestellt, die zuerst Moskau, dann Isfahan aufsuchen sollte. Leiter wurde ein Hamburger Kaufmann, Brügmann, Vertreter ein Holsteiner, Curtius, und diesem beigestellt Adam Olearius, ein sehr gebildeter Wissenschaftler, der die Abenteuer dieser Reise beschrieben hat. 30 Mitglieder umfaßte die Gesandtschaft im ganzen, darunter als Arzt beigeordnet Paul Fleming, einer der bedeutendsten Dichter jener Zeit, in dessen Verse die Erlebnisse einflossen.

»Mich dünkt, ich höre noch den Zorn der tollen Wellen«, beginnt ein Gedicht über einen Schiffbruch. Die Reise begann nämlich mit einem Schiffbruch auf der Ostsee und endete mit einem auf dem Kaspischen Meer vor der persischen Küste.

Die Gesandtschaft wurde in Rußland freundlich aufgenommen, scheiterte aber völlig in Isfahan. Brügmann führte sich unmöglich auf, es kam zu blutigen Händeln, die gegen jedes Völkerrecht verstießen. Die Gesandtschaft mußte unverrichteter Sache abziehen. Brügmann wurde, als er heimgekehrt war, vor Gericht gestellt, man warf ihm völkerrechtswidriges Verhalten und finanzielle Unkorrektheiten vor. Er wurde zum Tode verurteilt und in Kiel auf dem Marktplatz enthauptet.

Von dieser Gesandtschaft heißt es, daß alle höheren Herren mit Ausnahme des Leiters der Dichtkunst huldigten. Auf die politischen Erkenntnisse hat sich dies nicht weiter ausgewirkt, jedenfalls nicht positiv; denn sie bemerkten alle nicht, daß die Britische Ostindienkompanie bereits 1616 Schiffe in den Persischen Golf geschickt hatte, um den Handel mit Persien unter Zustimmung des Schahs aufzunehmen. Es ist kaum anzunehmen, daß es der holsteinische Herzog mit der Ostindienkompanie hätte aufnehmen können, die gerade durch eine persisch-britische Militärexpedition die portugiesischen Handelsniederlassungen vernichtet hatte, selbst wenn Herr Brügmann gewandter und taktvoller in Isfahan verhandelt hätte.

Der Erfolg der Gesandtschaft bestand in einem kulturellen Gewinn. Herr Olearius beschäftigte sich mit der persischen Sprache und stellte zu seinem Erstaunen erhebliche Ähnlichkeit mit dem Plattdeutschen, aber auch mit dem Lateinischen in verschiedenen Wortbildungen fest. Man wußte damals noch nichts von der indogermanischen Sprachfamilie. Die dichtenden Mitglieder der Gesandtschaft beschäftigten sich aber auch mit der persischen Literatur. Olearius selbst übersetzte später das Rosental des 1184 in Schiras geborenen Saadi ins Deutsche. Und diese Übersetzung regte Goethe wiederum an, im Westöstlichen Diwan im Buch des Sängers Gedanken Saadis in seine Verse zu übernehmen.

Eine Gesandtschaft, die gleichzeitig eine Art Expedition war, in Ordnung zu halten, hatte seine Schwierigkeiten. Es gab daher etwas, was wir als Hausordnung bezeichnen würden. Sie ist es wert, in Teilen wiedergegeben zu werden.

»Ebener massen soll über den andern Taffel der Marschall gute Aufsicht haben / daß keine Säwpossen und Unfläterei in Essen und Trincken verübet werde.

Nach gehaltener Taffel soll einjeder sich nach seiner anbefohlenen Verrichtung verhalten / und diejenigen so zum Aufwarten verordnet seyn / bei der Hand bleiben / damit die Fürstl Herren

Gesandten / wann sie eines oder des anderen begehren möchten / ihrer jederzeit mächtig seyn können. Hierbey wollen die Fürstl Herren Gesandten das vielfältige Außlauffen und Suchung allerhand Geschäfften in Wein – oder anderen Häusern und Kellern / gäntz- und ernstlich verboten haben.
Insonderheit aber soll sich keiner von den Pagen, Lackeyen und anderen unternehmen / ohne des Marschalls Vorwissen und Uhrlaub außzugehen / oder des Nachts gantz aus dem Quartier zu bleiben / Sintemahl das Außlauffen und Nächtliche Außlager die Fürstl Herren Gesandten hiermit gäntzlich bei hoher Strafe verbieten.
Ebenmäßig auch das Sauffen und Zechen nach gehaltener Taffel hiermit gäntzlich eingestellt / und keines weges gestattet werden soll. Derowegen der Oberschenke fleissige Obacht zu haben / und darauf zu sehen hat / daß zwar gegen und über den Mahlzeiten auff jede Taffel die Notturfft am Getränke verschaffet und gereicht werde / Nach geendigter Taffel aber soll er den Keller wieder schließen lassen / und den Schlüssel wieder zu sich nehmen. Auch auff die zum Keller verordnete Leute gute achtung geben / damit nicht allerhand heimlicher Unterschleiff / als woraus nichtes denn confusion erfolget / gebraucht werde: Sondern / da er einen oder den anderen hiewieder betreten wird / dieselben mit Ernst alsobald bestraffen / Doch wird hierdurch keinem die Nothturfft gantz und gar abgeschnitten / sondern alleine der unnütze Überfluß abgeschaffet / Dann da jemand zwischen der Mahlzeit einen Trunck begehren würde / soll solches mit des Oberschencken Wissen geschehen / welcher die Gebühr hierinnen zu halten und niemand die Notturfft weigern wird ...«

Der Sinn dieser Anweisung ist klar, der Stil entsetzlich. Anscheinend hat der plattdeutsch sprechende Kanzler der Delegation diese Hausordnung verfaßt und sich befleißigt, ein vornehmes Hochdeutsch zu schreiben. Des Herrn Olearius' Stil ist anders. Noch heute kann man seinen Bericht ohne Schwierigkeiten lesen. Den Empfang der Gesandtschaft beim Schah in Isfahan schildert er sehr anschaulich, es schien nur zweckmäßig, seine Sätze der heutigen Rechtschreibung anzupassen:

»Wir wurden durch einen langen schmalen Hof geführt ... Vor den Wänden stunden etliche Trabanten, so teils hohe spitze und steife Mützen mit Federbuschen trugen, wie auch viele Musketiere in guter Ordnung. Zu Ende dieses Hofes stand querüber ein offenes Gemach, in welchem der König Audienz gab. Denn der Schah nicht wie der Zar in Moskau, um den Gesandten Audienz zu geben, einen besonderen Palast hält, sondern darzu unterschiedlich Gemächer und Lusthäuser zu gebrauchen pfleget.

Hinter dem Brunnen an der Wand saß der König auf der Erde auf einem seidenen Kissen und hatte die Beine übereinandergeschlagen. Sein Säbel ander Seite funkelte von Gold und Edelgesteinen, hinter ihm lagen Bogen und Pfeil. Zur rechten standen 20 schöne Knaben. Einer hatte einen Fächer oder Windwedel, siehet fast als ein Pferdeschwanz aus, mit welchem er dem Könige die Luft kühlte. Vor dem Könige stand der Großmarschall, hielt einen mit Gold ganz überzogenen Stab, so oben einen großen runden Knopf hatte, in der Hand ...

Unsere Gesandten, indem sie vor den König kamen, neigten sich mit gebührender Reverenz: Der König hingegen gab ihnen mit fröhlichen Gebärden einen freundlichen Wink. Darauf wurden sie alsbald zur Seite geführt und neben den Khanen oder Fürsten auf niedrige Stühle gesetzet. Die 15 Vornehmsten der Gesandtschaft wurden auch auf selbigen Saal zu sitzen genötigt, die Pagen und die anderen aber außerhalb des Gemaches neben 13 köstlich ausgeputzte Tänzerinnen, so mit offenen (unverschleierten) Angesichtern auf Teppichen saßen. Diese sollten nicht, wie etliche der Unsern vermeinten, des Königs bestellte Tänzerinnen, sondern gemeine, aber die vornehmsten Huren der Stadt gewesen sein, welche dem Könige jährlich Tribut geben und aufwarten müssen.«

Es wurden dann die Beglaubigungsschreiben und die Geschenke überreicht. Und weiter heißt es in dem Bericht:

»Mittlerweile wurde die Tafel, welche mit Konfekt und Obst besetzt, in lauter großen güldenen Gefäßen eines neben und bisweilen auf das ander, und dazwischen dicke goldene Flaschen, die leer und nur zum Zierath standen, über 300 Stück, gesetzt, daß man, wo man sich hinwendete, nichts als lauter Gold blinken sah und zwar alles ganz schlicht und glatt ohne erhabene oder gegrabene Arbeit, ausgenommen des Königs Trinkgeschirr, Weinflasche und Schale, die mit Türkisen und Rubinen überall versehen waren.

Zu den Früchten wurde der gute Schiraswein herumgereicht und getrunken. Ein Gaukler macht behende und lustige Possen. Nach einer guten Stunde wurde das Konfekt abgetragen und die Tafel zur rechten Mahlzeit bereitet, Tafeltücher von goldenem Stück aufgelegt. 10 Personen brachten die Speisen in sehr großen goldenen, als Töpfe geformten Gefäßen, teils auf den Köpfen, teils auf Tragen, die mit starken goldenem Blech beschlagen waren.

Der königliche Vorschneider setzte sich mit den Speisen mitten auf die Tafel, zerteilte und legte dieselben in unterschiedlich vielen Schüsseln, setzte zuerst dem König hernach den Gesandten und anderen Herren nach der Ordnung vor. Die Schüsseln waren alle mit aufgewalleten Reis gefüllt, und von oben mit gesottenem Schaffleisch, gebratenen Hühnern, Eierkuchen, gekochten Spinat und Sauerampfer, dicker sauer Schafsmilch belegt. Und oft waren in einer Schüssel auf unserer Reihe mehr als fünferlei Essen. Solche Manier lehret ihnen fast die Notwendigkeit. Denn weil sie nicht – wie bei uns der Gebrauch – gegeneinanderüber, sondern alle in einer langen Reihe sitzen, sie nicht über zwei oder drei in eine Schüssel reichen können, sollte es sich nicht wohl schicken, vielerlei Speisen in besonderen Schüsseln anzurichten. Die Mahlzeiten wurden in aller Stille ohne sonderliche Gespräche zugebracht. Man hatte Lust an der Musik und etlichen Schauspielen. Die Instrumente in der Königlichen Musik waren Handpauken, Pfeifen, Schalmeien, Lauten und Geigen, dazu sang der Handpauker in einem unseren Ohren gar jämmerlichen Ton. Die obgedachten Tänzerinnen sprangen auf eine lustige Manier lustig herum. Item ließen einige wohlgeübte Ringer ihre Kunst und Behendigkeit sehen. Indem dies alles vorging, hatten sie hinter den Gesandten in einer Tür, die mit einer Gardine oder Decke verhängt war, einen Perser versteckt, welcher der portugalischen und italienischen Sprache kundig war, um zu hören, was doch die Gesandten unter sich und mit ihrem Dolmetsch redeten. Denn unser Dolmetsch war ein Portugalischer Augustiner Mönch, mit dem sich Brügmann auf Portugiesisch unterhielt, während Olearius mit ihm Latein sprach. Einige kritische Äußerungen über die Sitten und Gebräuche der Perser haben dem König nicht allerdinges wohlgefallen.«

Der Bericht des Adam Olearius über seine Reise wurde ein berühmtes und vielgelesenes Buch. Es entsprach in seiner Zeit den Reiseberichten, die Sven Hedin zu Beginn dieses Jahrhunderts über das von keinem Europäer betretene Tibet und andere Gebiete Ostasiens schrieb, die auf den Karten noch immer als weiße Flecke erschienen. Auch Sven Hedin war am persischen Hof, 250 Jahre später als Olearius. Er begleitete einen schwedischen Gesandten. Man schrieb zwar das Jahr 1890, aber in Teheran war in vielem die Zeit stehengeblieben. Der Gesandte und seine Begleiter wurden am Hafen, als sie persischen Boden betraten, feierlich abgeholt. Dafür war ein hoher Würdenträger, der »Gästeempfänger«, bestimmt. Mit großem Gefolge wurde die Gesandtschaft in einer Karawane – dem damals üblichen Verkehrsmittel – nach Teheran gebracht. In jeder größeren Ortschaft Begrüßung und feierlicher Empfang durch den Bürgermeister oder Gouverneur. In Teheran ritt ihnen Kavallerie in prächtiger Paradeuniform entgegen. Die Gesandtschaft machte in einem Garten vor der Stadt halt und bekam edle arabische Pferde mit goldgestickten Satteldecken und Pantherfellen unter den Sätteln, um in die Stadt einzureiten und ihr Quartier zu beziehen.

An einem der nächsten Tage wurde sie zur Audienz befohlen. Königliche Equipagen holten sie ab. Vor ihnen liefen Herolde mit Silberstäben. Der Schah empfing sie in einem großen Saal. An den

Wänden standen die Großwürdenträger des Reiches in gestickten altertümlichen Kaftanen mit hohen schwarzen Mützen. Neben dem Pfauenthron – welche protokollarische Neuerung, nicht auf ihm sitzend – stand der Schah Nasreddin. Der berühmte Pfauenthron hatte einst dem Großmogul in Delhi gehört. Vor etwa 200 Jahren war er erbeutet worden, schwer mit Goldplatten belegt und mit Edelsteinen besetzt. Den früheren persischen Thron hatten die Türken nach Istanbul mitgenommen, wo er heute im Museum des Serail zu bewundern ist. Er war ebenfalls golden und über und über mit Edelsteinen geschmückt. Nasreddin stand seinem Thron nicht nach. 48 riesige Diamanten zierten seine Brust und auf jedem Achselstück trug er drei große Smaragde. Die Scheide seines krummen Säbels war mit Juwelen übersät.

Es war ein letzter Abglanz orientalischer Pracht. Als Sven Hedin 15 Jahre später den persischen Hof aufs neue besuchte, war der Glanz der Herrscherpracht schon erloschen. Die Neuzeit hatte in der Hauptstadt begonnen, und Hedin fand nach diesen 15 Jahren mehr Veränderungen vor, als sich in den vorangegangenen 250 Jahren ergeben haben. Die Zeit war vorüber, in der Nasreddin mit 300 Zelten Ausflüge in die kühleren Berge machte und Sven Hedin dazu einlud. 2000 Lasttiere und 1200 Personen waren nötig, diesen Ausflug, der einen Monat dauerte, durchzuführen und zu gestalten. Abends wurden die Zelte aufgeschlagen, immer in der gleichen Ordnung, so daß jeder sich in den Zeltgassen zurechtfand. Der Aufbau des Zeltlagers entsprach noch immer dem Grundriß, den vor 2400 Jahren König Cyrus auf seinen Reisen einhielt, wie Hedin aus Xenophon entnahm. In der Mitte die königlichen Zelte, eingefriedet durch Stangen und schwere rote Tuche, einem inneren Burghof entsprechend, ein zweiter Ring war abgegrenzt durch die Zelte der Hauptwache und die Zelte für die Vorräte und für die Küche. Hinter diesem Ring wurde die übrige Zeltstadt aufgeschlagen, in dem auch die Zelte für die Gesandten bereitstanden. Der Schah selbst hatte außer seinem roten Wohnzelt ein Speisezelt, ein Rauchzelt und mehrere Zelte für die Damen seines Harems. Diese ritten dicht verschleiert auf Eseln; aber es gehörte sich trotzdem, das Gesicht abzuwenden, wenn man ihnen begegnete. Eunuchen und Zwerge begleiteten sie.

Verantwortlich für diese wandernde Stadt war der Großwesir. Ihm stand ein großer Stab zur Seite: der Oberhofstallmeister, der Befehlshaber der Leibwache, der Küchen- und Proviantmeister, der Vorsteher der Kleiderkammer – vestiarius hieß er im alten Byzanz – der Vorsteher der Sattelkammer, der Oberaufseher der königlichen Betten und Bettwäsche, der Hauptmann der Eunuchen, der Aufseher der Wasserpfeifenreiniger, der Oberstkoch, der Mundschenk, der Oberbarbier und der Oberaufseher der Sakkans. Das waren Bedienstete, die ständig Wasser um das Zelt des Schahs sprengten, um den Staub zu bändigen.

Das alles noch im Jahre 1890! Wie sich Leben und Auffassung aber in den letzten Menschenaltern geändert haben, zeigt noch mehr die Erwähnung, daß Nasreddins Herz lange Zeit am stärksten an 50 Katzen hing, die einen eigenen Hofstaat hatten und ihn in samtgepolsterten Körben auf seinen Reisen begleiteten. Von Erdöl war noch nicht die Rede. Der Gedanke, der Schah könnte sich eines Tages an der Firma Krupp beteiligen, hätte weltweite Heiterkeit ausgelöst. Auch etwas anderes hätte sich Sven Hedin nicht träumen lassen. Er hatte einst auf mühsamen Wegen durch Wüste und Steppe den wandernden See Lop-nor erreicht, von dem nur einige Nomadenstämme wußten. Dort steht heute das chinesische Atomzentrum, Symbol modernen Fortschritts und moderner Bedrohung. Non sine altera, das eine nicht ohne das andere, hatten schon die Römer sehr allgemein formuliert, wenn sie auch von Rose und Dorn ausgingen.

Das alles aber lag im vorigen Jahrhundert noch in weiter Ferne. Dornen gab es auch, aber anderer Art. Man stelle sich das Gesicht des britischen Botschafters, Sir Mortimer Durand, in Teheran vor, als nach behaglichem Frühstück atemlos der Obereunuch des Schahs bei ihm eintrat, um Asyl für die Damen des königlichen Harems zu erbitten. Man muß wissen, daß in dieser Zeit die britische Botschaft weitgehend völkerrechtlich verpflichtet war, Asyl in Persien zu gewähren. Der Botschafter war also in diesem Falle nicht berechtigt, einfach »Nein« zu sagen. Er war zunächst sprachlos. Als er das Problem überdacht hatte, fragte er, um wieviele Damen es sich handele. »300!« war die Antwort. Die Entgegnung, soviel Platz sei nicht in der Residenz, rührte den Eunuch nicht im geringsten. Man werde Zelte im Garten aufschlagen. Die Botschaft war in heller Aufregung, soweit sich Briten aufregen können. Aber es war doch beruhigend, als nach einigen Stunden der Obereunuch noch einmal vorsprach, um mitzuteilen, der Schah habe kapituliert und unter dem Eindruck 300 zorniger Haremsangehöriger darauf verzichtet, eine weitere Ehefrau heimzuführen, mit deren Person die übrigen unzufrieden waren. Man erzählte sich, die Erwählte sei unter Stand gewesen oder aber die Schwester einer der Frauen. Aus jedem dieser Gründe sei die Heirat unmöglich gewesen. Durch das verständliche Einlenken des Schahs aber wurde eine ernste politische Verstimmung vermieden.

Wenn ein Gesandter eines wirklich sehr kleinen deutschen Kleinstaates im 17. Jahrhundert bereits bis nach Persien vordrang, kann man sich vorstellen, daß die Diplomatie der großen Mächte bereits längere Zeit sehr viel weiter vorgerückt war. Wir schreiben das Jahr 1403. In Samarkand residiert Timur Lenk (Tamerlan), einer der großen Scheusale der Weltgeschichte. Seine Feldzüge sind mit der größten Grausamkeit geführt worden. Er plünderte Isfahan, erstürmte Schiras. Er eroberte Damaskus und Bagdad. Die Bewässerungsanlagen Mesopotamiens ließ er zerstören. Die Bewohner Bagdads ließ er bei der zweiten Eroberung köpfen und errichtete aus den Schädeln 120 Pyramiden. Die Kinder ließ er niederreiten. Von seinem Einbruch hat sich der einst so reiche Vordere Orient nie wieder erholt. Er hatte Delhi geplündert und den türkischen Sultan Bajezid I. gefangengenommen, selbst Bursa und Izmir geplündert, als Heinrich III. von Kastilien Ruy Gonzales de Clavigo an den Hof Timur Lenks als Gesandten schickte. Gonzales, der einen eingehenden Bericht seiner Reise hinterlassen hatte, wählte den Weg durch Südrußland. Sven Hedin, der seinen Bericht gelesen hatte, schlug die gleiche Route ein, als er Samarkand erreichen wollte. Gonzales erwartete einen Hof, der mehr ein mongolisches Feldlager war als eine orientalische Residenz. Er stellte aber fest, daß dieser Timur, der den Völkern in Persien und im Vorderen Orient nur als barbarischer Tatar erschienen war, Kunst und Wissenschaft förderte und unter dem Einfluß der iranischen Kultur sich einen Rahmen geschaffen hatte, der kaum seinesgleichen hatte. Schon das Zelt Timurs im Kriegslager übertraf alles, was sich ein Europäer unter einem Zelt vorstellen konnte. Gonzales de Clavigo beschreibt es genau, und seine Beschreibung ist noch heute die Grundlage für die Kulturhistoriker, die sich mit dieser Zeit und Art islamischer Kunst befassen:

»... ein riesiges Zelt, viereckig, drei lange Lanzen hoch, mit 100 Schritt Seitenlänge von Ecke zu Ecke. Die Decke rund und kuppelförmig, 12 Pfeiler – von dem Brustumfang eines Mannes – tragen sie, blau und mit noch anderen Farben versehen und vergoldet ... Jeder Pfeiler aus drei Teilen bestehend und von Seilen gehalten, trägt das Ende eines großen Seidenvorhanges, die gerafft 4 Zugänge bildeten. Um die 4 Innenwände der Zeltmitte Galerien wie Säulenhallen, ebenfalls ein Viereck bildend, und oben mit der Zeltwand verbunden. Ihre Außenwände werden von 24 kürzeren und dünneren Masten getragen. Zusammen tragen 36 Pfeiler und Masten das Zelt, mit mehr als 500 Seilen gehalten. Außen aber steht an jeder Ecke ein hoher Mast mit einem Apfel aus Kupfer an der Spitze, von einem Halbmond gekrönt.

Die Spitze dieses Zeltes ist viereckig mit wiederum 4 Masten, die Apfel und Halbmond tragen. Diese sehr hohen Maste bilden gleichzeitig das Gerüst für einen Turm aus Seidenstoff mit Zinnen ... Aus der Ferne erscheint das Zelt so groß und hoch wie ein Schloß. Wie ein Wunder ist es anzusehen und über alle Beschreibung prächtig ...

Rund um das Zelt ist eine Wand aus Stoff gespannt aus vielfarbiger Seide mit verschiedenen Mustern. Der obere Rand endet in Zinnen. Diese Wände aus Stoff werden nach innen und außen durch Seile ... gehalten ... Die Stoffmauer umgibt eine Fläche von rund 300 Schritten Durchmesser, sie hat die Höhe eines Mannes zu Pferde.

Die Einfahrt ist gewölbt, mit Türen innen und außen, alles aus

Stoff. Die Einfahrt ist mit einem viereckigen Turm aus Leinen, ebenfalls mit Zinnen, überbaut. Der Stoff mit überaus prächtigen Ornamenten und Mustern, die denen der Fliesen der Innenwände entsprechen.

Diese Zelte wurden das Vorbild für die feststehenden Pavillons, mit denen Timur die Parks in Samarkand schmückte. Für diese und andere verschwenderisch ausgestattete Bauten zog Timur Handwerker aus allen Gegenden seines Reiches zusammen. Aber die Wunderwerke sind zerfallen, die Parks zur Steppe geworden, aber noch immer steht das Mausoleum Timurs in Samarkand, das Gar-i-Amir, das »Grab des Fürsten«, ein Anziehungspunkt für alle Touristen. Timur war gerade im Begriff, einen mörderischen Feldzug gegen China zu unternehmen, als der Tod ihn ereilte. Er liegt unter einem 1,80 m langen und 0,45 m hohen Nephritmonolithen. Um sein Grab aber steht in Alabaster in erhabener Schrift: »Wäre ich noch am Leben, die Menschen würden beben.« Es gehörte viel Mut dazu, hier diplomatische Beziehungen anzuknüpfen.

Anders als in Samarkand waren die diplomatischen Beziehungen in den anderen Ländern Indiens und Ostasiens meist vom Seehandel vorbereitet, ohne politische und kriegerische Bezüge.

Im Jahre 1509 erreichten die Portugiesen Malakka, ein Sultanat, das formell ein Tributstaat Chinas war. Der Admiral der portugiesischen Flotteneinheit hatte von seinem König den Auftrag übernommen, Näheres über China zu erkunden. Man wußte noch nicht, daß das Kitai Marco Polos und China nur verschiedene Namen für das gleiche Reich waren. Ein portugiesischer Kapitän erreichte 1513 oder 1514 als erster die Küste Chinas an einer Stelle gegenüber Hongkong. Bereits 1515 schickte der portugiesische Gouverneur von Malakka einen weiteren Kapitän aus, um nähere Einzelheiten zu erfahren. Dieser reiste auf einem chinesischen Schiff bis Kanton und dann zurück. Er meldete, »daß die Chinesen Frieden und Freundschaft mit den Portugiesen wünschten, und daß sie ein sehr gutes Volk wären«.

Das wurde nach Lissabon berichtet und führte zu der ersten offiziellen Gesandtschaft, die ein Schreiben des portugiesischen Königs an den Kaiser von China überreichen sollte. Bereits 1517 kamen die Schiffe mit der Gesandtschaft vor Kanton an, und nun begann eine Reihe von Mißverständnissen. Wie sollten die Portugiesen auch wissen, daß es beim Sohn des Himmels nur Tributgesandtschaften gab, und wie sollten es die Chinesen verstehen, daß das Salutschießen eine Ehrenbezeugung darstellte. Mißverständnis kam zu Mißverständnis und führte in China zu der Annahme, daß die Portugiesen am liebsten Chinesenkinder als Leckerbissen verspeisten. Und da die Chinesen damals ein sehr konservatives Volk waren, erhielt sich diese Meinung, auf andere europäische Völker erweitert, noch bis in dieses Jahrhundert und belastete den Umgang mit den weißen Teufeln, die ja nun auch ihrerseits wenig dazutaten, als Engel zu erscheinen.

Wir besitzen zwei Berichte aus chinesischer Sicht:

»Die Folangchi (Portugiesen) hatten früher keinen Verkehr mit China. Im Jahre Chengte 12 kamen sie auf großen Schiffen plötzlich beim Ankerplatz von Kanton an. Der Lärm ihrer Kanonen war wie Donner. Sie gaben an, Tribut zu bringen und um die Verleihung eines Lehnstitels bitten zu wollen. Der Provinz-Oberpräsident zur Rechten und Vize-Provinzialzensor Wu T'ing-chü gab ihnen die Erlaubnis, Tribut zu bringen. Die Zensoratsinspektoren aber stellten fest, daß es in den ›Gesammelten Statuten‹ keinen Präzedenzfall gäbe, und ließen sie nicht (zur Hauptstadt) gehen.

Darauf zogen sie sich zurück und gingen in Nant'ou vor Anker. Sie bauten sich dort sogleich Häuser, errichteten Palisaden und verließen sich auf ihre Feuerwaffen, um sich zu sichern ... Sie gingen hin und her zum Auskundschaften und machten sich mit unseren Wegen und Straßen vertraut; sie raubten und kauften kleine Kinder, um sie zu kochen und zu verspeisen ...«

Die Provinzialregierung berichtete nach Peking:

»Eines Tages waren da plötzlich zwei große Seeschiffe ... Ich erstattete sofort dem Generalgouverneur, der gerade in Kanton

war, Bericht. Da diese Leute unsere Sitten nicht kannten, ordnete ich an, daß sie drei Tage lang sich in den Zeremonien übten und danach zur Audienz beim Generalgouverneur geführt würden ... Ich legte einen vollständigen Bericht darüber dem Thron vor. Als der Hof die Genehmigung erteilt hatte, schickten wir sie nach Peking zum Kultusministerium ...
Als einige zum Kultusministerium kamen, führten sie nicht die Zeremonie des Kniens aus und zur Audienz am Kaiserhof beanspruchten sie den Vorrang vor allen anderen Barbaren.
Da zu jener Zeit der Kaiser im Süden war, blieben sie ein Jahr im Gästehaus der Regierung für fremde Tributgesandtschaften. Nachdem der jetzige Kaiser den Thron bestiegen hatte, wurde in Anbetracht ihrer Respektlosigkeit der chinesische Dolmetscher zum Tode verurteilt, und die Leute kehrten unter Gewahrsam nach Kanton zurück. Sie wurden des Landes verwiesen und weggeschickt. Während ihres langen Aufenthaltes in Kanton lasen diese Leute gern buddhistische Bücher.«

Das Schreiben des Königs von Portugal war also nicht dem Kaiser übergeben worden. Ein anderer Portugiese, Thomé Pires, erhielt nun den Auftrag, dies nachzuholen. Nach 3 Jahren wurde ihm erlaubt, nach Peking zu kommen. Aber die Hofbeamten urteilten, daß entgegen der Auffassung in Kanton der Brief des portugiesischen Königs anmaßend und unziemlich sei. Peres erhielt keine Audienz, die Geschenke wurden nicht angenommen, der Brief verbrannt. Die chinesischen Dolmetscher wurden hingerichtet, die Gesandtschaft als Gefangene nach Kanton zurückgeschickt – Peres starb im Gefängnis. Wegen weiterer Mißhelligkeiten wurde ab 1522 den Portugiesen verboten, chinesischen Boden zu betreten. Damit endete die erste diplomatische Aktion Europas zu China. Erst 1557 gelang es den Portugiesen, in Macao eine Handelsniederlassung zu eröffnen. Sie befleißigten sich jeder Zurückhaltung, so daß die Chinesen zufrieden waren und sie außerhalb Kantons auf einer leicht zu sperrenden Halbinsel gewähren ließen; zugleich profitieren sie von den reichlichen Zolleinnahmen.

Der Umgang mit den indischen Fürsten war einfacher. Es gab doch gewisse gemeinsame Grundanschauungen. Diese Fürsten waren nicht göttlicher Herkunft wie der Sohn des Himmels und hatten auch keine entsprechenden Aufträge. Seit den Feldzügen Alexanders des Großen hatte man durch die Jahrhunderte mit westlichen Nachbarn in Verbindung gestanden, vor allem mit Persien, dessen internationale Sitten und Gebräuche sich mit und gegen Byzanz entwickelt hatten. Daraus leiteten sich aber auch festgefügte formale und protokollarische Vorstellungen ab. Die Europäer mußten sich zunächst daran gewöhnen, daß die indischen Souveräne Wert darauf legten, nur mit den Souveränen anderer Länder zu verkehren, soweit es sich um diplomatische Dinge handelte. Beauftragte der Ostindischen Kompanien wurden durchaus nicht als Gesandte anerkannt, wenn auch diesen Kompanien von den Königen in England und Frankreich staatliche Funktionen zuerkannt worden waren. Sie legten auch Wert darauf, daß die Gesandten von entsprechendem Range waren. Man mußte mit ihnen also von Staat zu Staat verkehren.

So entsandte dann König Jakob I. von England 1615 Sir Thomas Roe als ersten bevollmächtigten Botschafter an den Hof des Großmoguls. Und in dem Beglaubigungsschreiben wurde ausdrücklich versichert, daß Roe ein Ritter sei und in bevorzugter Stellung zum Hofe des Königs gehöre, ferner daß er alle Vollmachten für die Verhandlungen habe, die sich – nebenbei gesagt – gegen die Portugiesen richteten. In einem besonderen Schreiben gab der König noch sein fürstliches Wort, alles anzuerkennen und zu bestätigen, was sein Botschafter zusage.

Die ersten protokollarischen Schwierigkeiten traten aber bereits auf, als Sir Thomas Roe im Hafen seinen Fuß auf indischen Boden setzen wollte. Der Hafenbeamte verlangte verschiedene Einsichten und Aufklärungen. Roe protestierte und brachte vor, daß sich solche Fragen nicht mit den Privilegien eines Botschafters vertrügen. Es wurde die Verbindung mit dem für den Hafen zuständigen Gouverneur aufgenommen. Dieser schlug vor, daß Roe ihm einen Besuch abstatte. Aber der bestand darauf, daß zunächst der Gouverneur bei ihm Besuch zu machen habe. Er berief sich ausdrücklich auf das persische Protokoll. Also vereinbarte man den Besuchsaustausch nach persischem Vorbild. Inzwischen war vom Großmogul die Weisung an den Gouverneur eingegangen, Roe sicheres Geleit zur Hauptstadt zu geben und ihn mit allem Nötigen zu versorgen. Das geschah. Der Empfang in Agra war sehr liebenswürdig. Dem Botschafter wurde es erlassen, »to knock the head against the ground«, mit der Stirn vor dem Fürsten den Boden zu berühren, was sonst üblich war. Allerdings, der Verkehr mit anderen Diplomaten ohne Erlaubnis des Großmoguls war auch ihm nach alter indischer Gepflogenheit untersagt. England hatte nun offiziell in Indien Fuß gefaßt, die diplomatische Form war gefunden.

Bei den anderen ost- und südostasiatischen Staaten gab es zunächst immer die Schwierigkeiten mit dem Kotau, dem sich die Europäer, vor allem die Holländer und Engländer, nicht unterziehen wollten. Doch man fand Kompromisse. Sie gingen im allgemeinen dahin, daß der europäische Botschafter bei der Audienz vor dem jeweiligen Herrscher nur mit einem Knie den Boden berührte, weil – wie der König von Ceylon es begründete – der Botschafter von seinem Bruder, dem König von England geschickt sei.

Die Gesandtschaften blieben nicht einseitig. Als einer der ersten entsandte der Schah Abbas der Große von Persien Botschafter nach dem Westen. Er nahm Europäer als Gesandte in seinen Dienst. Am bekanntesten sind die beiden Brüder Sherley geworden. Den einen dieser beiden Engländer schickte er an den Kaiserhof Rudolfs II. wegen eines Bündnisses gegen die Türken. Sherley besuchte in den folgenden Jahren noch die Höfe in Italien, Portugal und Spanien. Sein Bruder überreichte sein Beglaubigungsschreiben am Hof in London.

Es war damals noch weitgehend üblich, sich Gesandter fremder Nationalität zu bedienen. In ihrem Verkehr mit Ostasien nahmen die europäischen Staaten mit Vorliebe indische Brahminen in ihre diplomatischen Dienste. Diese hatten große diplomatische Fähigkeiten, verfügten über die erforderlichen Sprachkenntnisse und über das entsprechende Wissen hinsichtlich der Gebräuche in den aufzusuchenden Ländern, die den Europäern fehlten. Selbst islamische Herrscher bedienten sich solcher Brahminen. Doch wurden auch eigene Leute entsandt. Bekannt sind die Reisen des arabischen Marco Polo, des Ibn Battuta, der die Hauptstadt der Goldenen Horde aufsuchte, aber auch Peking.

1582 unternahmen die ersten Japaner eine Botschaftsreise nach Europa. Durch die christliche Mission waren sie über die portugiesischen Mönche mit Europa bekannt geworden. Sie wurden von einem japanischen Teilfürsten entsandt, der zumindest dem Christentum nahestand. 1584 landeten sie in Lissabon. Sie gingen dann nach Madrid, wo sie von König Philipp II. empfangen wurden. Ihre Reise führte sie dann nach Rom, wo sie Papst Gregor XIII. 1585 freundlich aufnahm. Ein Jahr später traten sie die Rückreise von Lissabon aus an und erreichten 1590 den japanischen Ausgangshafen.

Neben den Portugiesen waren vor allem die Holländer diplomatisch tätig. Sie hatten bereits im 17. Jahrhundert eine ständige Vertretung in Japan. 1609 kam eine Gesandtschaft des Königs von Siam nach Den Haag, es folgte eine persische. Später traten die Franzosen und in immer steigendem Maße die Engländer in Erscheinung. Die asiatischen Botschafter hatten in Europa alle hier üblichen Privilegien, wie auch umgekehrt die europäischen in den asiatischen Landen.

Eine gewisse Ausnahme machte China. Es konnte sich aus seiner Tradition heraus nicht entschließen, die europäischen Staaten als gleichberechtigt anzuerkennen. Es schickte keine Gesandte. Der erste englische Botschafter konnte erst 1792 sein Beglaubigungsschreiben überreichen. Es war Lord Macartney. Das erste war natürlich die Frage des Kotau. Der Lord erklärte sich bereit, den Kotau zu vollziehen, wenn ein chinesischer Großwürdenträger ihn vor dem Bilde des englischen Königs vollziehe. Man einigte sich dann auf das Beugen eines Knies, wie es auch im übrigen Ostasien Gebrauch war.

21.
Zwischen Alkohol und Boudoir

... und kann stark sauffen und bleibt doch bei Verstand ...
... wegen seines guten Exterieurs und der Fähigkeit, bei den Frauenzimmern zu insinuieren und beliebt zu machen ...

Diplomatenqualifikationen preußischer Könige

Die weltweiten Beziehungen beeinflußten auch den Stil der europäischen Diplomatie. Die Entwicklung an führenden Fürstenhöfen ging sowieso im 17. Jahrhundert dahin, elegantes, gepflegtes und gebildetes Auftreten zu verlangen. Aber das war noch nicht überall so. In einigen Ländern ging es in der Welt der Diplomatie noch recht wüst zu.

An Gesandte, die in bestimmte Teile Deutschlands, ferner nach Polen, Rußland oder in die Nordischen Länder geschickt wurden, mußten daher besondere Anforderungen gestellt werden, nämlich eine ausgesprochene Stärke im Vertragen geistiger Getränke, nachdem das Zeitalter schwer zu bändigender Rauflust zu Ende gegangen war. Es gab an verschiedenen Höfen förmliche Zutrinker, strenui potatores, zu deutsch »Hartsäufer«. Ihre Pflicht war es, die fremden Gesandten unter den Tisch zu trinken, damit sie bei dieser Prozedur ihre Geheimnisse offenbarten. »Ut non secreta, sed animam fere erumptant«, daß sie nicht nur ihre Geheimnisse, sondern fast ihre ganze Seele ausbrächen, steht in einem Lehrbuch jener Zeit. »Wer gut trinken kann«, schrieb ein damaliger Sachverständiger, »ist sicher, bei diesen Völkern gut aufgenommen zu werden.« Selbst der elegante Callières bemerkt, daß ein guter Trinker oft besser in den Ländern des Nordens reussiere, wenn er zu trinken verstehe, ohne den Verstand zu verlieren, ihn aber die anderen verlieren lasse.

Der Zar Peter der Große bemaß die Neigung der fremden Gesandten zu seinem Land nach der Menge vertilgten Alkohols. Darüber hinaus hatte er auch Einfälle besonderer Art. Einmal fiel es ihm ein, den englischen Gesandten nicht nur auf seinem Schiff, sondern in dessen Mastkorb zu empfangen; ein anderes Mal ließ er den Hut eines Gesandten auf dessen Kopf festnageln, da dieser seinen Hut nach der Begrüßung durch den Zaren wieder aufgesetzt hatte. Wir hoffen, daß seine Perücke ihn schützte.

Das Leben am russischen Hofe war auch sonst schwer zu ertragen. Ein preußischer Gesandter hatte mehrfach gebeten, ihn abzulösen. Vergeblich, sein äußerst sparsamer König scheute wahrscheinlich die Umzugskosten. Dergleichen soll es schon damals gegeben haben. Da aber besagter König, wenn auch ein Rauhbein I. Klasse, sehr fromm war, begründete der Gesandte ein weiteres Gesuch mit den Worten: »Wer 58 Jahre alt ist und aus diesem russischen Leben einen Blick in die Ewigkeit tut, dem stehen billig die Haare zu Berge.« Nunmehr hatte der Gesandte Erfolg, er konnte heimkehren. Aber der König, es war Friedrich Wilhelm I., der Soldatenkönig, mußte sich nach einem Ersatz umsehen. Ein Aktenvermerk von ihm ist berühmt geworden. Es war ihm ein junger Graf vorgeschlagen worden, der König stimmte zu und schrieb an den Rand der Vorlage: »den kan der Zar wohl leiden und kann stark sauffen, und bleibet doch bei Verstand ...« Die Sprache der Könige war damals, wie man sieht, noch unverbildet, jedermann verständlich und natürlich.

Jeder Angriff löst ein Gegenmittel aus. Auf die alkoholischen Aggressionen antworteten die Gesandten mit dem Trick, sich beim Spiel des Zutrinkens alsbald betrunken zu stellen, um durch ihre scheinbar im Rausch geführten Reden die lieben Gastgeber und Gesprächspartner irrezuführen. Selbst Friedrich der Große mußte sich mit diesem »Problem« beschäftigen und empfahl in seiner Korrespondenz dieses Mittel der Verstellung.

In einem dicken Folianten ist ein Brief veröffentlicht, der aus unmittelbarer Sicht das Leben und Treiben der Gesandten auf dem damaligen deutschen Reichstag in Regensburg schildert:

> »Früh beraten sie, von Mittag an trinken sie, vom Essen bis in die späte Nacht sind sie voll, und wenn sie den anderen Morgen in die Versammlung gehen müssen, sind sie infolge ihrer gestrigen débauche (Schwelgerei), welche sie noch nicht verschlafen haben, schläfrig und taumeln. Um ihren Katzenjammer hinun-

terzuspülen, leeren sie große Becher voll Tiroler Wein oder Malvasier und begeben sich dann vergnügt an ihre Plätze, nach ihrer Meinung in der richtigen Verfassung, um in lärmender Weise ihre oft lächerlichen Voten abzugeben.«

Schon Karl V. hatte sich dahin geäußert, daß es ebenso schwer sei, einen Spanier vom Jähzorn, wie einen Deutschen von der Trunkenheit abzuhalten. Im Buch des Renaissance-Gelehrten und späteren Papstes Aeneas Sylvius »Tractatus de educatione liberorum« (»Abhandlung über die Kindererziehung«), das dem König von Böhmen gewidmet war, steht zu lesen, daß die böhmischen Edelleute schon von Kindes Beinen an gewöhnt würden, möglichst viel Malvasier zu trinken und zu vertragen, um dann besser bei Hofe zu bestehen. Welch hartes, entsagungsvolles Training!

Doch die Zeiten ändern sich mit und ohne Reformprogramme, sogar ohne Rücksicht auf solche Programme. Man wandte sich ab von der pompösen Perücke, schwärmte für die Idylle und fürstliche Schäfereien. Diese neue Welle überspülte die Gefilde Europas. Im übrigen pflegte man leichte geistreiche Gespräche, die Musik, Theater und Oper, alles in einer aufgelockerten Atmosphäre. Die Sitten verfeinerten sich, ohne daß man nun sagen müßte, daß sie sich dadurch verbesserten. Jedes Zeitalter pflegt seine Tugenden und Untugenden. Letztere sind angenehmer und werden lieber und leichter als fortschrittlich empfunden, bis eine folgende Generation sie verwirft und verdammt, es den fernen Enkeln überlassend, den alten Faden wieder aufzunehmen.

Die Zeit des Rokoko ist die große Zeit der Damen. Ohne jeden Prinzipienstreit herrschen sie. Die Weltgeschichte hilft etwas nach, es fehlt an Söhnen, und so sind, wohin man schaut, die Fürstinnen am Ruder, die englischen Königinnen, Maria Theresia in Wien, die verschiedenen Zarinnen. Und waren es nicht Regentinnen, die regierten, so taten es die Favoritinnen und die Mätressen der Fürsten, die die Fäden der Politik durch ihre zarten, aber oft sehr zugreifenden Hände laufen ließen. »Maîtresse en titre«, und deren gab es viele zwischen Paris, Dresden und Warschau, war ein offizielles Hofamt, ja man kann sagen Staatsamt. Die Pompadour dürfte die bedeutendste unter ihnen gewesen sein. Der König, Feld- und Hofmarschälle lagen zu ihren Füßen.

Die Diplomatie mußte sich auf diese neue Welt einstellen. Statt des Aggressionsmittels Alkohol mit Zielrichtung Männerwelt führte man reizende und amüsante Kavaliere ins Feld, Zielrichtung Boudoir der einflußreichen Damen. Mit Gold und Silber als Geschenken durfte nicht gespart werden. Das alleine aber tat es nicht. Das Bild des Diplomaten wandelte sich. Die öffentliche Meinung interessierte sich für sie, und ein früher Journalist schrieb aufgrund seiner Erkenntnisse im »Curieusen Avisen oder Zeitungsschlüssel« zu dem Thema »Auswahl der Diplomaten«, folgendes:

> »Es werden zu diesen Verrichtungen nicht leicht Leute genommen, welche gebrechliche Glieder haben, angesehen es immer an den Höfen gar scharfsichtige und curieuse Bedienten gibt, welche solchen Leuten ekelhafte Beynamen beyzulegen pflegen, daher nicht leicht Einäugige, Hinkende, Ausgewachsene, sondern Personen von freundlicher annehmlicher Miene, von dauerhafter und fester Leibesbeschaffenheit, schöner Gestalt zu Ministern (= Gesandte im damaligen Sprachgebrauch) gemacht werden, welche gleichsam durch einen verborgenen Trieb die Gemüther der Menschen zu gewinnen vermögend sind.«

Ein anderer, damals bekannter Autor meinte etwas kürzer, aber das Thema interessierte auch ihn, ein Diplomat dürfe nicht zu dünn sein, daß er Gefahr laufe, vom Winde weggeweht zu werden, noch dürfe er hinken oder an der Podagra kranken. Im Archiv in München aber wird eine Handschrift unbekannter Herkunft aufbewahrt, die nun endgültige Klarheit schaffte, wie ein Diplomat nicht aussehen dürfe:

> »Daher ein Gesandter, der da von Gesicht übel verstahltet, kropfet, augennaß, Schelchfüssig oder von den s. v. Füssen einen yblen Geruch gibet, oder einen großen Buckel hat, auch sonst ungestalt wie ein afe oder monstrum aussiehet, kann

ohnmeglich seinen Herrn, welchen er vorstellen soll, Ehre machen, wenn er gleich im übrigen noch soviel Geschick hätte.«

Ein Quantum Richtigkeit steckt auch in diesen »curieusen« Stellungnahmen, die eine Figur wie Tayllerand alsbald widerlegt hat. Heute müßte man formulieren, daß im Empfangsland, bewußt und unbewußt, Wert darauf gelegt wird, daß der Botschafter den Typ darstellt, den man als für das Land charakteristisch ansieht. Entspricht er diesem Typ nicht, fühlt man sich als falsch bedient. Der Brite soll wie ein »Bilderbuch«-Engländer aussehen, der Deutsche, der Franzose etc. entsprechend.

Doch zurück ins Rokoko. Schon damals gab es Politologen, die mit wissenschaftlicher Akribie die Probleme des Tages darstellten und beurteilten. Ein Hinblick auf die Moral durfte jedoch nicht fehlen, um die neue Sachlage von allen Seiten zu durchleuchten. Hören wir:

»Ein Ambassadeur hat auch die Favoriten und Mignons an dem Hofe, doch mit gesitteter Beobachtung dessen Charakters zu besuchen ...«

Ein anderer schreibt:

»Ein geschickter Unterhändler sieht den Umgang mit den Frauenzimmern nicht als ganz eitel an ... indessen ahme er doch nicht den Mandoris nach, den kluge Leute ... den Gesandten der Schlafzimmer nennen.«

Ob nun die Theorie der Praxis folgte oder die Theorie der Praxis, mag dahingestellt bleiben. Eine gewisse Übereinstimmung ist nicht zu verkennen.

Die Fürstin von Zerbst, am russischen Hof in Petersburg lebend, Mutter der späteren Zarin Katharina II., ließ den König von Preußen, der ein Damenmuffel war, wissen, als dessen schon ältlicher Gesandter von seinem Posten abtrat, man möge doch nun einen hübschen jungen Mann mit frischen Wangen als Nachfolger bei der Zarin bestellen. König Friedrich Wilhelm I. folgte dem Rat, obwohl er sich selbst am liebsten an sein Tabakkollegium hielt, in dem sich keine weibliche Schönheit entfalten konnte. Von seinem Sohn wissen wir, sie wäre in Rauch und Husten erstickt. Sein Sohn, damals noch als junger Fritz, teilte die Allüren seines Vaters nicht. Er bevorzugte später die Gesellschaft seiner Barbarina, eine Primaballerina. Ihre einzige Verbindung zur Politik kam erst viel später zustande, als in ihren ehemaligen Palast im vorigen Jahrhundert das Auswärtige Amt einzog. Als der junge Fritz zum Alten geworden war, hielt er sich keine Ballerina mehr. Er begnügte sich damit, bissige Verse auf legitime und illegitime Herrscherinnen zu machen. Elisabeth von Rußland und die Pompadour haben ihm das übel vermerkt. Und ohne das Wunder des Hauses Brandenburg wäre der große Friedrich wohl auf der Strecke geblieben. So aber starb genau für ihn zur rechten Zeit die Zarin. Ihr Nachfolger aber war ein Verehrer des Königs und stellte den Krieg ein.

Friedrich der Große hatte gelernt, was weiblicher Einfluß vermochte. Und so wählte er für Warschau einen 25jährigen Grafen aus, »wegen seines guten Exterieurs und insinuanten Manieren«, die ihn befähigten, »sich bei den Frauenzimmern zu insinuieren und sich beliebt zu machen.« Als man den König auf die fehlenden politischen Erfahrungen hinwies, wie dies Beamte zu allen Zeiten gern und oft nicht ohne Grund tun, bemerkte er: »Was den Umstand anlangete, daß vermeldeter Herr Graf keine Idées von den Sachen hätte, so sei weniger an dem; er hätte den Residenten H. beständig bei sich, der alle Minutissima gut kennte.« So war also allen Gesichtspunkten bestens Rechnung getragen.

22.
Die Rokoko-Residenz Bonn

Und Du Bonn im deutschen Land bist mit nichten die kleinste unter den Städten …

Doch warum in die Ferne schweifen? Auch Bonn war damals eine Residenz und unter den vielen Residenzen des damaligen Heiligen Römischen Reiches Deutscher Nation nicht die geringste. In Bonn residierten die Kurfürsten von Köln, die gleichzeitig Erzbischöfe von Köln waren. Köln selbst aber war eine freie Reichsstadt, die unmittelbar dem Kaiser unterstand. Daraus folgte, daß die Stadt in geistlicher Hinsicht dem Erzbischof unterstand, aber im weltlichen Sinne nicht dem Kurfürsten. Die Kölner Bürger hatten deshalb den Kurfürsten recht unfreundlich der Stadt verwiesen und ihn in der Schlacht von Worringen aufs Haupt geschlagen. Bonn wurde nun Sitz der Kurfürsten. Diese rangierten immerhin gleich nach Königen, da sie den Kaiser zu wählen hatten. Das frühere Amt eines Kanzlers für Italien hatte keine Bedeutung mehr. Dafür lag das Kurfürstentum Köln nunmehr politisch im Spannungsfeld zwischen Paris und dem kaiserlichen Hof in Wien. Der Kurfürst konnte immerhin die Verbindung von der Donau zu den Besitzungen der Habsburger in Belgien stören und, wenn er die Franzosen einmarschieren ließ, sogar sperren. Außerdem verfügte der Kurfürst – im Gegensatz zu dem Fürsten von Lippe-Detmold, dem das bekannte Lied nur einen Soldaten und einen General zubilligt – über zwei Infanterieregimenter und ein Dragonerregiment. Der Kurfürst Clemens August stellte sogar ein viertes Regiment auf und hielt zu dessen Vereidigung ein großes Heerlager zwischen Friesdorf und Plittersdorf ab.

Das spielte sich folgendermaßen ab: Er bezog ein türkisches Zelt; denn er hielt viel von Repräsentation. Dabei mag er sich wie ein Feldherr kurz vor der Eroberung Belgrads gefühlt haben. Leider regnete es unentwegt. Die Damen und Herren von Hofe fürchteten für ihre teure Festkleidung und die Perücken. Aber der Kurfürst erklärte stolz, auch der Krieg fände nicht im Saale statt. Dann kam der Tag der großen Parade. Der Kurfürst – nun als Vertreter des geistlichen Standes – zelebrierte eine Messe, um dann die geistliche Kleidung mit der Uniform zu tauschen und ein Pferd zu besteigen. Zwei Generaladjutanten folgten ihm. Es regnete weiter in Strömen. Die tropfnassen Soldaten paradierten. Der Kurfürst war sehr zufrieden. Nur einige Gesandte grinsten still in sich hinein, als sie bemerkten, daß das eine Kavallerieregiment leider über keine Pferde verfügte. Zu solchen Feststellungen brauchte man damals noch keine eigenen Militärattachés. Außerdem war man der frivolen Ansicht, der Kurfürst hätte anstelle der beiden Generaladjutanten doch besser zwei seiner Favoritinnen zu seiner Begleitung und Einrahmung mitreiten lassen sollen.

Es ist aber noch zu bemerken, daß einige Jahrzehnte vor dieser verregneten, aber glanzvollen Parade, es war im Jahre 1672, ein Kurfürst seine Armee sogar ins Feld ziehen ließ. Er wurde deshalb von keinem geringeren als Leibniz als Mars Christianissimus angeprangert, als er zusammen mit dem Rex Christianissimus, Ludwig XIV., gegen Holland marschierte. Viel Lorbeer fiel bei dieser Gelegenheit nicht ab. Der Prinz von Oranien ließ die Deiche durchstechen, der kühne Vormarsch fiel dadurch buchstäblich ins Wasser. Aber im allgemeinen versuchte man, den Krieg zu vermeiden. Man begnügte sich, beim Hof in Versailles zu kassieren gegen das Versprechen, die französische Politik im Reich gegen den Kaiser zu unterstützen, oder aber den Kaiser um finanzielle Beihilfen anzugehen mit der Zusicherung, die französische Politik nicht zu unterstützen. Wen der Kurfürst aber gerade zu unterstützen geneigt war, ließ sich mit rationalen Gründen nicht feststellen. Da wir aber mitten im galanten Zeitalter stehen, in dem die Damen das Regiment führten, waren die Gesandten bemüht, den Einfluß aller Damen genauestens zu analysieren, die seine Durchlaucht umgaben. Die Kölner Kurfürsten waren zwar geistlichen Standes, und man möchte von dem heutigen Stand der Dinge annehmen, daß sie dies zu einiger Zurückhaltung veranlaßte. Doch dem war nicht so. Es waren Weltkinder, im Geist der Zeit groß geworden, denen aus der Politik ihrer Väter oder des regierenden Bruders mit sanftem Nachdruck eines Tages der Kurhut aufs Haupt gedrückt wurde mit der Aufforderung, nun geistlich zu werden. Dagegen haben sich fast alle zunächst gesträubt. Da sie fromme Katholiken waren, kam ihnen der Papst jeweils entgegen und dispensierte sie oft auf Jahre von den Weihen. Doch einmal war es dann doch soweit, daß sie ihre erste Messe abhalten mußten und einige Zeit darauf zum Bischof konsekriert wurden. Aber was Hänschen nicht lernt, lernt Hans nimmermehr. Es blieb viel Weltliches an ihnen haften, und wir wollen nicht zu streng mit ihnen ins Gericht gehen. Wir müßten auch sonst das Vergnügen entbehren zu sehen, wie die jeweiligen kaiserlichen und französischen Gesandten emsig damit beschäftigt waren festzustellen, welche Dame bei dem jeweiligen Kurfürsten gerade in Gunst stand, welche wohl die Anwartschaft auf eine Favoritenstellung haben konnte. Danach aber richtete es sich, mit welchen Geschenken, Geld oder sonstigen Zuwendungen, Versprechen einer lebenslänglichen Pension etc. man sich einzuführen hatte, um auf diesem damals nicht ungewöhnlichen Wege seine kurfürstliche Durchlaucht mittelbar zu beeinflussen und den bösen Gegenspieler zu übertrumpfen oder aus dem Felde zu schlagen.

Die Schönheiten am Hofe waren der Gegenstand dieser fleißigen Berichterstattung. Da war doch die Gräfin Fugger! Durchlaucht pflegten mit ihr zu dinieren; und bis nach Mitternacht blieben die beiden zusammen! Man berichtete. Auch der Nuntius berichtete dem Papst. Aber anders als der Bonner Klatsch, der sich zwanglos verbreitete, und der den Nuntius veranlaßte zu berichten, stellte der Nuntius fest, daß der gesellschaftliche Umgang des Fürsten mit der Gräfin die Grenzen des Erlaubten nicht überschreite. Die Historiker unserer Tage haben sich an das Tagebuch des Kurfürsten gehalten und auf diese Weise festgestellt, daß der Nuntius recht hatte. Anders aber der französische Gesandte, Marquis Desalleur, der neu an den Bonner Hof gekommen war. Er glaubte, daß die Gräfin einen erheblichen Einfluß auf Kurfürsten ausüben müsse, wie die Dinge so lägen. Außerdem mißfiel es ihm, daß die kaiserlichen und auch andere Gesandte die Gräfin hofierten und Frankreich zurückstand. Also berichtete er nach Paris, es sei politisch erforderlich, die Gräfin mit einem kleinen Geschenk zu Anfang und nachfolgenden großen Versprechungen für die französische Seite einzunehmen. Sein Antrag war von Versailles noch nicht beschieden – mit Geld war man damals wie heute immer etwas zurückhaltend, man brauchte es für zu viele Dinge –, als der Gesandte, um es bildlich auszudrücken, vor Erstaunen fast vom Stuhle fiel, als der Kurfürst persönlich ihn wissen ließ, daß die Gräfin sehr unangenehm davon berührt sei, daß die kaiserlichen, selbst die englischen Gesandten ihr mit jeder Höflichkeit – das Wort ist in diesem Zusammenhang mit »barer Münze« zu übersetzen – entgegenträten, während der König von Frankreich ihr kein Zeichen seiner Achtung habe zuteil werden lassen.

Der Marquis war glücklich, Paris stimmte seinem Vorschlag zu. Der Kurier brachte das entsprechende Schreiben, und sobald es entschlüsselt war – bei Damen ist immer Diskretion am Platze, und hier war es außerdem ein Staatsgeheimnis –, eilte der Marquis zur Gräfin, er sei glücklich, ihr mitteilen zu können, daß sie in Kürze ein Billet seines Königs erhalten werde, der den sehnlichsten Wunsch habe, ihr seine besondere Verehrung zu erweisen. Diese besondere Verehrung bestand in einem Koffer mit Silbergeschirr im Werte von 10 000 Livres, etwa gleich 10 000 Goldfranken. Der österreichische Gesandte bekam alsbald Wind von der Angelegenheit und berichtete seinerseits nach Wien, es sei doch sehr zweifelhaft, ob die Gräfin Fugger, die eine sehr hohe Meinung von ihrer Bedeutung habe, auf diese geringe Summe anders als mit freundlichen Komplimenten antworten werde. Doch der österreichische Gesandte irrte sich. Soweit sie konnte, hat die Gräfin Fugger stets die französische Politik unterstützt, obwohl sie das Silber nie erhielt. Denn inzwischen war der spanische Erbfolgekrieg ausgebrochen, und der Koffer mit dem Silber fiel dem Feind in die Hände. Als Ersatz stellte man der Gräfin einen Wechsel über 11 000 Livres aus als erste Rate einer jährlichen Pension. Der Kurfürst aber hatte Pech. Er war auf die Seite Frankreichs getreten, der Kaiser verhängte die Reichsacht über ihn, er mußte ins

Exil und Bonn verlassen. Aus dem Exil setzte er sich mehrfach beim Versailler Hof dafür ein, daß die Gräfin ihre Pension weiter erhielte. Es muß eine sehr energische Frau gewesen sein, denn der Kurfürst klagte 1708 in einem Briefe, daß er von ihr »mit 1000 Sorten Querellen und übelster Beklagung torquiert werde«. Seinen Obristkanzler aber beschwor er, ja dafür zu sorgen, daß seine Briefe in die Hände der Gräfin gelangten; denn »so selbe keinen Brief von mir bekommt, so greint's gleich«.

Als der Kurfürst wieder nach Bonn zurückkehren durfte, nahm auch die Gräfin dort wieder Quartier. Der französische Gesandte, der die Vorgeschichte nicht kannte, wurde darüber aufgeklärt, daß und warum die Gräfin vom französischen Hofe eine Pension bezöge, da sie das besondere Vertrauen des Kurfürsten besessen habe. Er solle aber berichten, »wenn die Gefühle dieses Fürsten, was ziemlich wahrscheinlich sei, sich geändert haben sollten und die Pension mithin unnütz sei«. Der Gesandte stellte jedoch fest, die Gräfin sei noch wohlgelitten.

Aber so einfach lagen die Dinge auch wieder nicht. Der Kurfürst hatte sich aus seinem belgischen Exil eine Constanze Desgroseillers mit zwei Söhnen, die von ihm stammten, mitgebracht, die er zu einer Madame de Ruysbek umbenannte. Die Gesandten witterten neue Möglichkeiten, der Nuntius war empört, der Kurfürst ratlos. Denn er und Madame hatten inzwischen einen Eid geschworen, niemals mehr der Sünde zu verfallen. Und er selbst hatte, um böswilliger Verleumdung entgegenzutreten, an seinen Kanzler geschrieben – von einem Haus, »so von der Wittib Jamans für die Madame de Ruysbek gekauft, und welche diese aus der Ursache nicht bewohnen ... wird, daß es zu nahe bei Hofe gelegen«.

Dem Nuntius aber trat er mit einem Antrag an den Papst entgegen, dieser möge ihm ein Breve ausfertigen, durch das die außerordentliche Tugend und Frömmigkeit der Madame de Ruysbek anerkannt wurde. Der Papst konnte sich nicht entschließen, obwohl der französische Hof den Wunsch des Kurfürsten warm unterstützte. Er sah darin eine Möglichkeit, über Frau de Ruysbek Einfluß auf den Kurfürsten zu gewinnen. Nun war der Kaiser wieder am Zuge. Er konnte, ohne daß es ihm einen Pfennig gekostet hätte, die beiden Söhne legitimieren und in den Grafenstand erheben. Das tat er auch. Einer dieser Söhne wurde später im spanischen Militärdienst Brigadier und Generalwachtmeister, der andere aber vertrat als Gesandter den Lütticher Fürstbischof gegenüber dem habsburgischen Generalgouverneur von Belgien.

Der nächste Kurfürst, nicht mehr Joseph Clemens, sondern Clemens August, ein Neffe seines Vorgängers hat nie ein Breve wie sein Onkel beantragt. Der Vatikan hätte sich eine Vervielfältigungsmaschine zulegen müssen, und die gab es damals noch nicht. Diese Vielfalt der Beziehungen erleichterte die Arbeit der Diplomaten nicht, wie man sich vorstellen kann. 1743 berichtete der kaiserliche Gesandte nach Wien: »... die verwitwete Fürstin von Nassau befindet sich beständig am hiesigen Hofe und steht bei seiner Kurfürstlichen Durchlaucht zwar ziemlich gut, aber gleichwohl nicht so ..., daß sie in Geschäften vieles zu schaden oder zu nützen vermöge ...« Man nahm das in Wien mit Interesse zur Kenntnis, war aber doch der Meinung, daß eine kleinere Zahlung von 1000 Thalern nichts schaden könnte. Ein erneuter Bericht des Gesandten besagte, daß die »Inklination« des Kurfürsten sehr abgenommen habe, man habe die 1000 Thaler eingespart. Die Angelegenheit erledigte sich in kurzer Zeit dadurch, daß die Fürstin eine zweite überaus günstige Ehe einging und ihrem Mann innerhalb von 14 Jahren 11 Kinder gebar. Sie wurde keines diplomatischen Berichtes mehr für würdig befunden, begreiflicherweise.

Zu der gleichen Zeit, in der der österreichische Gesandte die besagten 1000 Thaler eingespart hatte, bekam der französische Gesandte von Versailles den Hinweis, in Bonn werde eine Dame aus Berlin eintreffen. Der französische Gesandte in Berlin habe diese Reise mit ihr abgesprochen, sie erhalte 200 Dukaten Reisespesen. Es wurde ferner mitgeteilt, die Dame kenne den Kurfürsten seit einiger Zeit, sie hätten sich in den Bädern in Aachen kennengelernt und ständen im Briefwechsel. Die Dame schmeichele sich, erheblichen Einfluß auf den Kurfürsten zu haben, und sei bereit, ihn wieder der französischen Partei zuzuführen. Man habe neben dem Reisegeld entsprechende andere Erkenntlichkeiten in Aussicht gestellt.

Luise von Brandt, Tochter eines preußischen Ministers, traf auch wie vorgemeldet in Bonn ein. Sie wurde in Brühl, nicht im Schloß, sondern in einem Landhaus untergebracht. Dort besuchte sie der Kurfürst 14 Tage lang jeden Abend. Er benutzte zwar stets einen anderen Wagen als den offiziell bestellten, und er fuhr in anderer Richtung als zuvor angegeben. Das berichteten bestochene Kammerdiener und andere Agenten dem österreichischen Residenten, der den Gesandten vertrat. Dieser Mann hatte bald herausgefunden, was sich in dem »seitwärts gelegenen particulierten Haus« abspielte. Eilends wurde nach Wien berichtet. Doch dieses Mal war der französische Gesandte skeptischer. Er behielt recht. Nach 14 Tagen reiste Frau von Brandt ab, politisch änderte sich nichts, nur ihr Name geisterte noch eine Zeitlang durch die französischen und österreichischen Berichte. Sie traf sich noch einmal mit dem Kurfürsten, diesmal in Hamburg. Schon kursierten Gerüchte, der Kurfürst habe für sie ein Haus in Poppelsdorf eingerichtet, aber sie kam nicht. Ab 1746 erwähnt sie kein diplomatischer Bericht mehr.

Statt dessen traf eine andere Dame ein, der Clemens August in früheren Jahren nahegestanden hatte. Der Franzose berichtet: »Der derzeitige Verkehr zwischen ihr und dem Kurfürsten ist gleichmäßig kalt und für beide langweilig.« In Versailles hält man die Dame für wichtig, und der österreichische Gesandte empfiehlt seiner Regierung ein gewisses Entgegenkommen: »Bekanntlich hat der Kurfürst vormals zu dieser Dame eine besondere Passion gehabt; obnun zwar diese anjetzt merklich abgenommen, so steht sie doch forthin in besonderen Gnaden«. Im gleichen Jahre wird die Dame jedoch vom Kurfürsten nach Bayern abgeschoben. Auch sie verschwindet aus der diplomatischen Berichterstattung. Jedoch kann der österreichische Gesandte alsbald eine junge Gräfin benennen, »welche für jetzo den Herrn Kurfürsten am besten gefällt«. Man berichtet, der Herr Gesandte habe mit ihr selbst angebandelt und sei bei dem Kurfürsten in Ungnade gefallen, wie er jedoch meint, aus anderem Grunde.

Der Geschichten ließen sich noch manche erzählen. Im ganzen ergibt sich nur, daß Clemens August seine Favoritinnen und seine politischen Anschauungen gleich oft wechselte, ohne daß ein Wechsel mit dem anderen irgend einen Zusammenhang gehabt hätte. Beständig war er nur in dem einen Punkte, daß alles der Repräsentation zu dienen habe. Seine Bauten legen davon noch heute Zeugnis ab in Brühl, in Bonn und in Münster. Er verstand es, die besten Baumeister seiner Zeit heranzuholen. Er hinterließ die schönsten Schlösser in diesem Teil Deutschlands und eine leere Kasse. Wer der Nachwelt etwas bieten will, muß die Gegenwart schröpfen.

Er war der letzte der Kurfürsten aus dem Hause Wittelsbach.

Der Nachfolger Clemens Augusts stammte nicht aus einem fürstlichen Haus und war schon bei Jahren, als er unerwartet gewählt wurde. Max Friedrich von Königsegg mußte aus finanziellen Gründen von dem großzügigen Hofleben Abstand nehmen. Die modische Pracht schwand, alles wurde einfacher. Damit verengten sich auch die Möglichkeiten der großen Damen, auf dem festlichen Parkett eines Hofes tonangebend zu sein und die alte Rolle weiterzuspielen. Aber sie traten noch nicht von der Bühne ab. Wieder gab es eine Gräfin Fugger, die politisch mitmischte, diesmal im Sinne Österreichs. Von Wien her erhielt sie ein wertvolles Geschenk. Zuletzt war sie Äbtissin des Stifts St. Ursula in Köln. Sie scheint vor allem dazu beigetragen zu haben, daß der nächste und letzte Kurfürst von Köln ein Habsburger war, Max Franz, ein Sohn Maria Theresias. Für die chronique scandaleuse sorgte nur eine Großnichte Max Friedrichs. Obwohl sie in den Berichten des französischen Botschafters öfters geschildert und beurteilt wird, hatte sie mit Politik wenig mehr zu tun.

Max Franz sollte ursprünglich Statthalter in Ungarn werden. Als erster der Kurfürsten brachte er eine gediegene Ausbildung im Bereich der Staatsgeschäfte mit. Er versuchte, Ordnung und moderneren Geist in das ziemlich verrottete Staatsgebilde des Kurfürstentums zu bringen. Er ordnete die Finanzen, gründete eine Universität, nahm sich des Schulwesens und der Straßen an. Er schrieb an seinen Hofmarschall: »Ich habe keine Nepoten oder Familie, der ich aufhelfen müßte (das bezog sich auf seinen Vorgänger), keine Mätressen oder Bastarde, denen ich Schätze sammeln wollte. Ich liebe nur Ordnung und das Geld nicht zur Unzeit verschwenden, damit es einem im Notfall nicht gebricht.«

Der französische Gesandte kritisierte stark, daß der Kurfürst alle Damen vom Hofe vertrieben habe. Der Gesandte hatte zudem einen erheblichen Rüffel vom Kurfürsten einstecken müssen, weil dieser sich durch die Tanzfestlichkeiten des Franzosen nächtlicherweise gestört fühlte. Der Gesandte führte diese Einstellung des Kurfürsten, der sich gegen das »pestilenziöse Mätressenwesen« schärfstens ausgesprochen hatte, auf die Frau des englischen Gesandten zurück. Sie war eine Münchnerin. Der Kurfürst zog sie gern an seine Tafel. Der österreichische Gesandte beobachtete diese Tatsache natürlich auch und hatte Befürchtungen, daß der englische, aber auch der holländische Gesandte »durch die Teilnahme ihrer Frauen mittels Einwirkung anderer intriganter Weiber« einen unerwünschten politischen Einfluß ausüben könnten. Aber schon einen Monat später berichtete er, daß des Kurfürsten »kluge Standhaftigkeit alle unechten und gefahrvollen Insinuationen zu Schanden gemacht habe«.

Dies Urteil paßt besser zu dem Gesamtbild des Kurfürsten. Er war ein kranker Mann, der schwer an Fettsucht litt. Es heißt, man habe einen Halbkreis aus seinem Eßtisch herausgesägt, um seinen Leibesumfang aufzunehmen und dem Kurfürsten das Essen zu erleichtern. Ihn aufs Pferd zu befördern, was sich von Zeit zu Zeit nicht vermeiden ließ, war für alle Beteiligten ein schwieriges Unterfangen. Er war von größter Offenheit, seinen Untertanen gegenüber leutselig und freundlich, immer bemüht, ihre Lebensbedingungen zu erleichtern. Ernst Moritz Arndt charakterisierte ihn als den »ersten Bürger seiner Staaten«. Er war im Volke so beliebt, daß es die französische Besatzungsmacht in fassungsloses Erstaunen versetzte, wie dieses Volk nach der Okkupation der Rheinlande in rührender Treue an seinem früheren Fürsten hing. Das Auftreten der Franzosen und ihre wirtschaftlichen Maßnahmen mögen dazu beigetragen haben, die letzte kurfürstliche Zeit in besonders hellem Licht zu sehen.

Damen, Hof, Musik und Glanz waren mit dem letzten der Kurfürsten verschwunden. Napoleon kam, und Mars regierte die

Stunde. Krieg folgte auf Krieg. Aber auch das nahm ein Ende. Der kleine Korporal, der ein Weltherrscher werden wollte, landete auf der Insel St. Helena im fernsten Atlantik. Die Stunde der Diplomaten hatte wieder geschlagen, aber die Zeit, in der die Damen die Staaten regierten, war endgültig vorüber. Selbst die fortgeschrittenste Emanzipation hat daran nichts ändern können. Nur die beiden Damen »Institution« und »Bürokratie« herrschen noch, nicht gerade durch Schönheit, aber wirkungsvoll und anonym.

23.
Die Versachlichung

Tempora mutantur et nos mutamur in illis.

Ovid

Vor der Zeit der politischen und industriellen Revolutionen – beide bedingen sich gegenseitig – war die Diplomatie vornehmlich jahrhundertelang auf die Person des Fürsten eingestellt. Hier war die Achse, um die sich das Geschehen drehte, auch wenn der Herrscher selbst sich nicht sonderlich um die Staatsgeschäfte kümmerte, sondern seinen Kanzler oder Großwesir schalten und walten ließ. Aber in dem gleichen Augenblick, in dem der Kult des absolutistischen Souveräns in Europa seinem Höhepunkt zustrebte, kamen auf die Staaten Aufgaben zu, die ihnen in dieser Form bislang fremd geblieben waren.

Als Friedrich Wilhelm I. von Preußen, der auf dem Gebiet der Staatsverwaltung einmal Bahnbrechendes leisten sollte, die Regierung übernahm, instruierte er einen Gesandten noch ganz nach altem Brauch: »... soll alle 14 Dage schreiben, was passiert, Anecdotte, Kronicka, Schkandalosa.« Aber bereits aus seiner nächsten Anordnung spricht ein anderer Geist. Es soll nunmehr berichtet werden über alle Vorfälle, die für die Commercien, Manufakturen, Finanz- und Domänensachen usw. von Bedeutung sind. Ähnliches hatte schon Colbert, der große Finanzberater Ludwigs XIV., ausgesprochen.

Es handelt sich nicht mehr um die Übermittlung interessanter Neuigkeiten, um die Skandalgeschichten an den diversen Fürstenhöfen, es geht jetzt um Fragen ganz anderer Natur. Sie betreffen auch nicht nur den Nachbarstaat, sondern die ganze europäische Staatenfamilie. In den USA setzten sich neue Staatsformen durch. Wenn der spanische Botschafter bald nach der Unabhängigkeitserklärung berichtet, daß hier in Nordamerika binnen kurzer Zeit ein Riese enstehen werde, so beruht sein Urteil nicht auf irgendwelchen Hofneuigkeiten, sondern auf einer genauen Beurteilung sehr vieler sachlicher Einzelheiten, die von den verschiedensten Seiten zusammengetragen werden mußten. Die sachliche Information wird wesentlicher als der prunkvolle Aufzug.

Dafür müssen neue persönliche Voraussetzungen geschaffen werden. Im 16. Jahrhundert konnte man sich hinsichtlich eines Diplomaten mit der Formel begnügen:

> »Verstehen, wozu Einsicht, Unterhandeln, wozu Geschicklichkeit, Berichten, wozu Urteil gehört, um das Notwendige und das Nützliche zu sagen.«

Die Formel gilt auch noch heute, aber schon die Zeit vor 200 Jahren forderte zusätzlich spezielleres Wissen und Einzelkenntnisse auf verschiedenen Gebieten. Der Nachwuchs der Diplomaten bedarf der systematischen Schulung, unausweichlich. Wir können wieder auf das preußische Beispiel zurückgreifen. Friedrich Wilhelm I. wird alsbald der Vorschlag unterbreitet, einige junge Leute,

> »so wohl studiert und gereiset haben und bei welchen sich einige Vivacitaet und gute Disposition zu den public affaires spühren läßt, als Sekretarien«

auszubilden. Der König erkannte das Positive des Vorschlags, aber das Geld, das er locker machte, reichte nicht aus, den Vorschlag sinnvoll durchzuführen. Friedrich der Große griff ihn wieder auf und errichtete zur Ausbildung seines diplomatischen Nachwuchses 1747 die »Pépinière des Conseillers d'Ambassade«, die Ausbildungsstätte für Botschaftsräte. 10 Anwärter wurden einberufen, es mußten Preußen sein; denn ein Jahr zuvor war festgelegt worden, »von nun an Landeskinder zu den charakterisierten Stellen zu nehmen«. Dazu gehörte der auswärtige Dienst. Der König überwachte die Ausbildung persönlich und prüfte die Teilnehmer, wenn sie die Ausbildungsstationen im In- und Ausland durchlaufen hatten.

Berühmter als diese Pépinière, der kein langes Leben beschieden war, wurde die Gründung Maria Theresias, die Wiener Konsularakademie. Sie war nicht auf den Nachwuchs für den kaiserlichen Dienst beschränkt, sondern stand auch Ausländern offen. Sie galt für mehr als anderthalb Jahrhunderte als hervorragendste Ausbildungsstätte. Im Herbst 1964 ist sie als Diplomatische Akademie in Wien wieder eröffnet worden.

Die neue, dem Sachlichen zugewandte Orientierung der europäischen Diplomaten glättete das Verhältnis zu den Kollegen anderer Länder. Was Callières schon ausgesprochen hatte, wurde mehr und mehr Allgemeingut, ein über die Grenzen hinwegschreitendes Gemeinverständnis der Diplomaten. Das Gespräch und der Austausch der Meinungen werden freier und zwangloser.

Ein anderer, eigentlich zunächst sehr fernliegender Umstand hat zu dieser Entwicklung viel beigetragen. Der Ausgangspunkt war eine Änderung im Verwaltungsaufbau der europäischen Staaten, die dazu führte, daß die Gesandten ihrer Spionageaufgaben enthoben wurden. Nicht, daß man auf die Spionage verzichtete, im Gegenteil, sie wurde intensiviert, aber auf andere Träger verlagert. Schon der alte Callières hatte den Botschaftern den Ratschlag gegeben, niemals – jedenfalls nicht persönlich – Spionage zu treiben oder sich in geheime Unternehmungen einzulassen. Es war den Botschaftern sogar verboten, mit der Opposition zu verkehren. Das alles hätte das erforderliche Vertrauensverhältnis gestört. Eine Ausnahme wurde nur für England und Holland gemacht, da dort die Opposition Teil des legalen Staatsapparates sei und der Verkehr mit ihr nicht mißbilligt werde. Dem französischen Botschafter wurde deshalb in seiner Instruktion ausdrücklich mitgeteilt, daß es der Hof von St. James (London) nicht als anstößig betrachte, wenn der Botschafter Beziehungen zur Opposition unterhielte. Den Umgang mit den Whigs (der damaligen liberalen Opposition) brauche der Botschafter nicht abzulehnen. Der Grund lag darin, daß diese Opposition im Gegensatz zu anderen Ländern sich nicht gegen den Herrscher oder den Staat in seiner gegebenen Form richtete, sondern nur gegen die Politik der jeweils regierenden Partei. Die Stellung des englischen Königs, bei dem der Botschafter akkreditiert war, blieb völlig unberührt.

Daher war auch die alte britische Formel, die uns zu amüsieren pflegt: »Eurer Majestät getreue Opposition«, durchaus zutreffend.

Aber in anderen Ländern, Holland ausgenommen, sah es anders aus. Der Botschafter mußte jeden Kontakt mit der Opposition meiden, um nicht das Vertrauen der Regierung zu verlieren. Es blieb der Weg geheimer Kontakte. Kamen sie an den Tag, so war der Botschafter diskreditiert. Das war unzweckmäßig und konnte sehr peinlich sein. Andererseits war man aber auch darauf angewiesen zu erfahren, was im Hintergrund oder Untergrund vor sich ging. Der neue Weg, den man fand, ging im wesentlichen von Frankreich aus. Er wurde nicht einmal bewußt eingeschlagen, sondern ergab sich aus dem Zusammentreffen sehr verschiedener Umstände.

Zu Beginn der Neuzeit liefen in den europäischen Staaten die Regierungsgeschäfte in der Kammer des Fürsten zusammen. Hier saßen seine Räte, die er berufen hatte, die z. B. in England auch von den Ständen beigegeben wurden. In dem Kollegium wurden die Angelegenheiten besprochen. Mit dem Wachsen der Aufgaben wurde es immer zweckmäßiger und schließlich eine Notwendigkeit, den einzelnen Mitgliedern des Rates bestimmte Aufgaben zur ständigen Bearbeitung zu übertragen und ihnen einen zunächst kleinen Arbeitsstab beizugeben. Das galt sehr frühzeitig für die auswärtigen Angelegenheiten. Es entstanden so im kleinen Organisationsformen, die die Vorläufer unserer Staatssekretariate und Ministerien wurden. Richelieus »Auswärtiges Amt«, wenn wir es so nennen wollen, es war eins der ersten dieser Art, paßte noch in eine einzige Kutsche, als der Kardinal eines Tages mitsamt seinem Stabe zum König beordert wurde.

Mit diesem Anfang einer Arbeitsteilung innerhalb des Rates war der Grundstein zu einer geregelten Erfassung aller Informationen einschließlich der Botschafterberichte gelegt. Ebenso konnten nun die oft sehr eingehenden Instruktionen an die Botschafter systematisch zusammengestellt und übergeben werden. Diese neue Verwaltungstechnik, deren Vorteile nicht zu übersehen waren, führte aber dazu, daß manche Fürsten nicht alles, was sie erfuhren oder verhandeln wollten, über diese nunmehr institutionalisierten Kanäle laufen ließen.

In Frankreich war die büromäßige Aufteilung der Arbeiten am weitesten fortgeschritten. Ludwig XIV., das Vorbild der Herrscher jener Zeit, hatte vorzügliche Minister. Aber dieser Fürst huldigte nicht nur der Repräsentation, er kümmerte sich auch intensiv um die Regierungsgeschäfte und arbeitete besonders auf dem Gebiet des Auswärtigen eng mit seinem Stabe zusammen. Aber dennoch zog er es manchmal vor, mit fremden Gesandten unter vier Augen zu verhandeln, ohne seinen Minister von dem Inhalt des Gesprächs zu unterrichten. Er schrieb auch zuweilen unmittelbar an seine Gesandten im Ausland und gab ihnen Aufträge, über deren Erledigung er wieder unmittelbar unterrichtet wurde. Er war sehr zurückhaltend, diese Art der Geschäftsführung auszuweiten, und beschränkte sie in der Hauptsache auf dynastische Angelegenheiten, d. h. auf seine Familienpolitik.

Unter seinen Nachfolgern aber, die weder die Lust noch die Fähigkeit hatten, die vielfältigen Fäden der Politik in ihren Händen zusammenzufassen, nahm diese doppelgleisige Arbeitsmethode einen stetig wachsenden Raum ein. In der Verwaltungssprache jener Zeit erscheint sie nun als »Secret du Roi«, später unter Napoleon als »Secret de l'Empereur«. Das »Geheime des Königs bzw. des Kaisers« war eine feststehende Erscheinung geworden. Neben den offiziellen Botschafter trat der »Émissaire caché«, der getarnte Vertreter. Er hatte keinen völkerrechtlichen Schutz, führte aber ein offizielles Beglaubigungsschreiben bei sich, um es im Falle der Not vorweisen zu können. Es lag dann im Ermessen des anderen Staates, dieses Beglaubigungsschreiben anzuerkennen oder nicht, wovon es abhing, ob man ihm die Privilegien eines regulären Botschafters zuerkannte. Für Einzelaufträge gab es noch den »Envoyé secret«. Alle diese Aufträge und Verhandlungen gingen an dem Botschafter vorbei. Ludwig XV. führte die gerade in den Jahren seiner Unmündigkeit aufgekommene Methode weiter, als er die Staatsgeschäfte bei Volljährigkeit übernahm. Er selbst schrieb einmal an einen seiner Botschafter: »... ich verstehe, wie schwierig es für Sie ist, meine Anweisungen mit denen des Außenministers in Übereinstimmung zu bringen.«

Neben diesen geheimen Verhandlungsführern gab es aber auch Agenten, die von der Regierung mit reinen Spionageaufträgen bedacht wurden. Zu den berühmtesten der damaligen Zeit gehörte der Chevalier d'Éon. Er trug vorzugsweise Frauenkleider. Das war bereits bei seiner Tätigkeit in England der Fall. Später wurde er Vorleserin bei der Kaiserin Elisabeth von Rußland. In England schloß man hohe Wetten ab, wessen Geschlechtes er wirklich sei. Aber erst nach seinem Tode 1810 wurde das Geheimnis gelüftet und er als männlich identifiziert.

Die Nachrichten dieser Geheimagenten, welcher Art sie auch sein mochten, liefen natürlich nicht auf dem normalen amtlichen Weg. Botschafter und Minister blieben vielfach ausgeschaltet. Das mußte auf die Dauer zu erheblichen Nachteilen führen. Denn, gestern wie heute, kann man nach außen nicht mit verschiedenen Zungen reden, ohne seine Glaubwürdigkeit zu verlieren. Die Verwirrung mußte noch größer werden, wenn sich außer dem König auch Minister und andere Instanzen der neuen Methode bedienten. Friedrich der Große spottete, daß Frankreich sieben Außenminister habe, unter denen die Pompadour nicht gerade die unbedeutendste Rolle spielte.

Alles stirbt am schnellsten durch die Übertreibung. Napoleon griff ein, beseitigte das Durcheinander, das bis in die Zeiten der Republik fortwirkte, und führte eine straffe Zentralisierung durch. Aber freilich auf die Geheiminformationen wollte er am wenigsten verzichten. Er hatte in Fouché, seinem Polizeiminister, einen Meister dieses Faches kennen und sogar fürchten gelernt, von dem er sich lange Zeit nicht zu trennen wagte. Fouchés eigentliches Ressort war die innere Sicherheit, er griff aber weit darüber hinaus und hatte in allen Hauptstädten seine Zubringer. Das ganze System war aber mehr oder minder auf ihn persönlich abgestellt und fiel mit seiner Entlassung in sich zusammen. Doch war in dieser Zeit eine Polizeibrigade ausgegliedert worden, die Sûreté – sie sollte die Keimzelle des französischen Nachrichtendienstes werden. Ihr erster Leiter kam aus der Unterwelt und war mit ihr wohlvertraut. Er war gut mit Balzac bekannt, der ihn als Vorbild für einige Romanfiguren nahm. In England war geheim und verdeckt der Secret Service entstanden. Keiner kannte die Leiter und die Organisation. Defoe, der den Robinson Crusoe geschrieben hat, ist eine Zeitlang ihr Chef gewesen. Diese Dienste und neben ihnen andere mit weniger bekannten Namen übernahmen systematisch die geheime Aufklärung nach innen und außen, da beides oft nicht zu trennen ist.

Das Problem lag nun darin, die beiden Dienste, den offiziellen und den geheimen, in ein geregeltes Verhältnis zu bringen. Man löste die Frage, indem man die Verhandlungen wieder in die Hand des Botschafters legte, er war wieder der alleinige Sprecher des Landes dem Gastland gegenüber. Die Geheimdienste aber hatten Informationen zu beschaffen, die nur aus dem Untergrund zu besorgen waren auf Wegen, die dem Botschafter verschlossen waren. Denn nach allgemeiner Anschauung hatte der Botschafter nunmehr nur noch als Aufgabe, wie es heute im Wiener Übereinkommen vom 18. 4. 1961 formuliert ist:

> »sich mit allen *rechtmäßigen* Mitteln über Verhältnisse und Entwicklungen im Empfangsstaat zu unterrichten und darüber an die Regierung des Entsendestaates zu berichten«.

Je korrekter die Diplomaten sich an diese Einschränkung hielten, desto stärker wurden die Geheimdienste ausgebaut, sie in wachsender Spezialisierung gezielte Informationen bringen zu lassen, besser, systematischer und schneller als die früheren, mehr amateurhaft arbeitenden Agenten der Botschafter in der vorvergangenen Zeit.

Die Informationen aus beiden Quellen in der Zentralinstanz zusammenzufassen, bot keine besonderen Schwierigkeiten. Problematischer dagegen war die Art der Zusammenarbeit im Ausland zwischen der offiziellen Dienststelle, der Botschaft, und den Vertretern des Geheimdienstes. Die Lösungen reichen von einer völligen Trennung bis zu einer teilweisen Eingliederung des Geheimdienstes in das Personal der Botschaft. Oft wird der für das Empfangsland zuständige Leiter des Nachrichtendienstes offiziell, wenn auch unter einer anderen Bezeichnung, als Mitglied der Botschaft in der Diplomatenliste geführt. Man spricht dann von einem »Legalresidenten«, weil er sich als Botschaftsmitglied legal im Gastland aufhält, wenn auch zu illegalen Zwecken. Er ist völkerrechtlich geschützt, kann aber natürlich jederzeit zur persona ingrata erklärt werden und muß das Land verlassen.

Es ist hier nicht der Ort, die Praktiken der Geheimdienste zu beschreiben. Nur soweit der diplomatische Dienst unmittelbar betroffen ist, bedarf es noch einiger Ausführungen.

In manchen Ländern wird der Beauftragte des Geheimdienstes in die eigene Botschaft eingeschleust, deren Mitglieder zu überwachen und über sie zu berichten. In diesen Fällen weiß nicht einmal der Botschafter selbst, wer von seinem Personal zu dem anderen Dienst gehört. Sein Fahrer kann ein Oberst des Geheimdienstes sein, aber auch jedes andere Botschaftsmitglied. Aus London erzählte man – es sind nun schon einige Jahre her – daß sich ein Botschafter eines östlichen Staates beim Foreign Office empörte, er habe Abhörgeräte britischer Herkunft in seinem Schlafzimmer im Bett gefunden, die er zum Beweise vorlege! Das Foreign Office versprach, die Angelegenheit zu prüfen. Nach einiger Zeit sandte es die Geräte mit der Bemerkung zurück, sie seien von Herrn NN, Mitglied seiner Botschaft, dann und dann bei der Londoner Firma X gekauft worden.

Auch in einer Bonner Pension wurden eines Tages Abhörgeräte gefunden, die eine Botschaft dort hatte einbauen lassen, nachdem man die Besitzerin der Pension gewonnen und ihr auch weitere Aufträge gegeben hatte. Es ergab sich sehr eindeutig, daß die Botschaft gerade in dieser Pension ihre neu eintreffenden Angehörigen unterbrachte.

Aber auch in anderer Weise haben die Angehörigen der Botschaften reichlich mit diesen Dingen zu tun. Es gab und gibt Abhörgeräte nicht nur im Watergate. Früher hatten die Geräte noch den Anstand, sich im Telefon durch ein Knacken oder sonst bemerkbar zu machen. Ein deutscher Diplomat berichtet in seinen Lebenserinnerungen, daß er nach dem Ersten Weltkrieg einmal den Protokollchef der lettischen Regierung in Riga aufgesucht habe, um ihm folgendes anzuvertrauen. Jedesmal wenn man von der Botschaft aus telefoniere, werde man durch das Husten des offenbar schwer erkälteten Mithörers gestört. Der Mann täte ihm wirklich leid, man möge ihn doch ablösen. Die Vorsprache führte zu einem vollen Erfolg. Es wurde nicht mehr gehustet, wenn man abhörte.

Die heutige Technik braucht auf keine Erkältungen mehr Rücksicht zu nehmen. Das Band ist schweigsam, solange man es nicht zum Sprechen bringt, und die Abhör»wanzen« sind nicht mehr an das Telefon gebunden und mancherorts allgegenwärtig. In Moskauer Diplomatenkreisen pflegt man vor Beginn einer Party gern dem mithörenden Gerät einmal mitzuteilen, was alles in der staatseigenen Wohnung nicht in Ordnung sei, die Wasserleitung undicht, der Boiler außer Betrieb, die Spülung im Unstand und was es sonst noch dergleichen Dinge – und deren sind viele – gibt, die einen ärgern, ohne daß Abhilfe geschafft wird. So kann man sie doch einmal höheren Orts anbringen zur eigenen seelischen Erleichterung, um dann auf die üblichen Coctailgespräche überzuleiten.

Die Nachrichtendienste sind heute zu großen Behörden angewachsen, die beinahe alles interessiert. Ihr Schwerpunkt lag bis zum Ersten Weltkrieg mehr oder minder auf den militärisch interessanten Sachverhalten. Er liegt auch heute noch dort, aber daneben haben sich politische, wirtschaftliche und technologische Dinge gleichberechtigt in die vorderste Linie des Interesses geschoben. Die Nachrichtendienste Englands, Frankreichs, aber auch des alten Österreichs blicken schon auf eine lange Tradition zurück. Sie sind zur Selbstverständlichkeit geworden. Das Deutsche Reich hatte keinen derartigen Dienst. Erst im Weltkrieg 1914 begann man mit dem Aufbau eines militärischen Abwehrdienstes. Ein allgemeiner Nachrichtendienst stammt erst aus den Tagen Hitlers. Im Gegensatz zu allen anderen Ländern ist, wohl mit aus diesem Grunde, jede nachrichtendienstliche Tätigkeit bei uns suspekt geblieben. Die Fälle der letzten Zeit zeigen die allgemeine Unsicherheit den eigenen Diensten und deren Aufgabenbereich gegenüber, die in anderen Ländern kaum verständlich wäre, in denen es als Ehrenpflicht gilt, mit der Abwehr zusammenzuarbeiten, wenn man entsprechende Beobachtungen gemacht hat oder machen kann. Dies sei am Rande vermerkt, da auch der auswärtige Dienst selbst gleichen Erscheinungen gegenübersteht.

Zum Abschluß noch eine kleine Feststellung. Wenn in der Politik etwas schief läuft, wird es heute gern auch den Geheimdiensten angelastet und weniger der offiziellen Diplomatie, die früher der Hauptprügelknabe war.

Die Diplomaten hatten also einen Teil ihrer früheren Aufgaben verloren; daß der Botschafter nur ein privilegierter Spion sei, konnte man in dieser Schärfe nun nicht mehr behaupten.

Die innere Umstellung des Staatswesens sollte sich aber auch noch in anderer Hinsicht auf die Stellung des Botschafters auswirken.

Die Fürsten der großen europäischen Staaten waren nur sehr selten zusammengetroffen. Man hielt davon nicht viel. Philipp von Comines, ein bedeutender Diplomat Ludwigs XI. und vielgelesener Schriftsteller, hatte die allgemeine Erfahrung in einem einzigen Satz zusammengefaßt:

> »Zwei große Fürsten, die wünschen, zueinander gute Beziehungen aufzunehmen, sollten sich nie von Angesicht zu Angesicht gegenübertreten, sondern nur durch kluge und gute Gesandte miteinander verhandeln.«

Das war sicher richtig. Denn diese Fürsten waren alle mehr oder minder miteinander verwandt oder verschwägert, und da der Familienkrach auch vor Thronen nicht haltmacht, war es für die Verhandlungsatmosphäre sicher besser, sich geeigneter Vertreter zu bedienen. Die äußere Form des Zusammentreffens war auch nicht geeignet, das Verhandlungsklima zu verbessern. Man traf sich meist auf der Mitte einer Brücke. Das hatte protokollarische Gründe, aber auch solche der Sicherheit; denn man pflegte, um jeden Gedanken an ein Kidnapping auszuschließen – es gibt nichts Neues unter der Sonne – am Treffpunkt ein mächtiges Gitter aus Eichenbohlen zu errichten, durch das die hohen Herren dann ihre

Komplimente austauschen konnten. Die letzte Begegnung dieser Art war das Zusammentreffen Napoleons I. und des Zaren Alexander I. auf einem Floß inmitten der Memel, das im Flusse verankert war. Den beiden Fürsten gelang es, eine Einigung zu erzielen, die dann später zu dem Rußlandfeldzug Napoleons führte. Goethe dichtete aufgrund seiner Erfahrungen:

»Sind Könige zusammengekommen,
So hat man immer nur Unheil vernommen.«

Die Verhandlungen waren also im Grundsatz während der ganzen Zeit von den Botschaftern zu führen. Da nun aber die Fürsten die auswärtigen Angelegenheiten durch ihre Kanzler oder Minister führen ließen, auch wenn sie sich die letzte Entscheidung vorbehielten, war mittelbar eine neue Instanz entstanden, die es in dieser Form noch nicht gegeben hatte.

Das wurde sichtbar, als der Stern Napoleons gesunken war und man die politischen Fragen beantworten und entscheiden wollte, die sich aus der Eroberung, der Umstellung der Staatssysteme und der folgenden Niederlage ergaben. Die Alliierten und das in eine Monarchie älteren Stiles zurückverwandelte Frankreich traten in Wien zusammen. Dieser berühmte Kongreß ließ klar erkennen, daß sich die Zeiten grundlegend geändert hatten. Nicht die in Wien anwesenden Fürsten – zwei Hauptbeteiligte, der König von England und der von Frankreich, fehlten sowieso –, nicht die Botschafter, sondern die Kanzler und Minister trugen die Hauptlast der Verhandlungen. Schon das hatte formale Auswirkungen. Sie galten nicht als das alter ego des Fürsten, sondern waren »nur« zwar hochgestellte, aber doch nachgeordnete Beamte bzw. Regierungsmitglieder, die sich nicht mit dem früheren Protokoll zu belasten brauchten. Da sie aber außerdem die Vorgesetzten der protokollarisch eigentlich ranghöheren Botschafter waren, wirkte sich das mittelbar auch auf deren zeremonielle Formen aus. Die Zeit der Aufklärung und der Revolution hatte zudem dazu beigetragen, das Zeremonielle in den Hintergrund treten zu lassen. So konnte man ohne protokollarische Schwierigkeiten in die Sachverhandlungen eintreten, im Gegensatz zu den langwierigen Vorverhandlungen, die dem Westfälischen Frieden vorausgegangen waren. Aber man ging noch einen Schritt weiter.

Die in Wien verhandelnden Staatskanzler und Außenminister waren meist langjährig im diplomatischen Dienst tätig gewesen. Sie kannten die alten Streitigkeiten über die albernsten Formalitäten. In ihrer neuen Funktion standen sie über diesen Dingen und nahmen sich vor, vernünftige Grundregeln für den diplomatischen Verkehr überhaupt aufzustellen. Und das ist ihnen gelungen. In einem Annex des Friedensvertrages sind die neuen Formen der Diplomatie festgelegt, die im wesentlichen noch heute gelten. Die uns so amüsierenden Episoden der Barockzeit um den Vortritt oder um den Vorrang, eine Urkunde zu unterschreiben, fanden ihr Ende und gingen glanzlos in einer schlichten bürokratischen Ordnung unter. Nicht das Alter und das Ansehen der Königreiche, nicht die von Papst Julius II. im Jahre 1504 erarbeitete Rangordnung gaben mehr den Ausschlag. Das Alphabet trat die protokollarische Herrschaft an und nebenbei noch der Kalender. Denn seit dieser Zeit rangieren die Länder nach den Anfangsbuchstaben ihrer Namen in französischer Sprache. Innerhalb des Diplomatischen Corps einer Hauptstadt aber ist nun bei gleicher Rangstufe des Vertreters das Datum der Übergabe des Beglaubigungsschreibens für die Rangordnung maßgebend. Der nach dieser Rechenart dienstälteste Botschafter am Ort ist der Doyen des Corps, der alle seine Kollegen dem Empfangsstaat gegenüber in den gemeinsamen Dingen zu vertreten hat. Als Ausnahme wurde zugelassen – und auch das gilt noch heute –, daß nach altem Brauch in christlichen Staaten der Nuntius, also der Botschafter des Papstes, den Vorsitz führen und der Doyen des Diplomatischen Corps ohne Rücksicht auf den Zeitpunkt der Übergabe des Beglaubigungsschreibens sein kann.

Freilich unterschied man in Wien noch scharf zwischen den verschiedenen Rangstufen der diplomatischen Vertreter. Der Botschafter galt weiterhin als der Vertreter des Staatsoberhaupts, der Gesandte nur als Vertreter der Regierung, weshalb er auch oft die Bezeichnung »Minister« trägt. Der Resident rangierte noch weiter unten. Praktische Auswirkungen hatte diese Scheidung in Rangklassen nur im Protokollarischen, was nicht immer ganz gleichgültig ist. In den Äußerlichkeiten ist es überholt. So hatte lediglich der Botschafter das Recht, in einer Kutsche mit 6 Pferden vorzufahren, wobei die Pferde Schleifen tragen durften. Nur die Frau eines Botschafters hatte das Recht des »tabourets«, in Anwesenheit des Königs sich auf ein Sesselchen setzen zu dürfen, das jedoch um alles in der Welt keine Rückenlehne haben durfte. Man sieht, die Vergangenheit warf in Wien noch durchaus ihre Schatten auf das diplomatische Parkett. Aber die Schatten verblaßten mehr und mehr. Der Botschafter fährt heute im Dienstkraftwagen vor, dessen Pferdestärken nicht festgelegt sind. Die Rangordnung ist bei den Leitern der diplomatischen Vertretung überholt. Seit einigen Jahren entsenden alle Staaten nur noch Botschafter. Die Schweiz hat am längsten daran festgehalten, keine Botschafter, sondern nur Gesandte zu ernennen. Dem Botschafter hing für sie immer noch etwas vom Air des Vertreters eines Fürsten an. Die Schweiz aber legte Wert darauf, ihre alte republikanische Verfassung auch in der Form ihrer Vertretung erkennen zu lassen. Als aber nach dem Zweiten Weltkrieg der Schweizer Vertreter als einziger Gesandter übrigblieb und überall und immer der letzte im Diplomatischen Corps war, erbarmten sich die Eidgenossen seiner und ließen ihn nunmehr auch als Botschafter beglaubigen. Sie folgten damit dem Beispiel der USA. Die Vereinigten Staaten hatten ursprünglich die Auffassung der Schweizer geteilt und nur Gesandte beglaubigt. Sie gaben ihren Standpunkt aber schon früher auf, damit ihr Vertreter beim 60jährigen Regierungsjubiläum der Königin Victoria von England als Botschafter in der vorderen Reihe stehen konnte.

Trotzdem gibt es auch heute noch Gesandte. Der Vertreter des Botschafters – auch in den einzelnen Fachgebieten – führt heute vielfach diesen Titel.

24.
Die große Entfremdung

»Die Diplomaten gehören aufgehangen!«

Feldmarschall von Wrangel

Die Staatsmänner des Wiener Kongresses, die diplomatisch vorgingen und es erreichten, daß es zu einem allgemeinen europäischen Frieden kam, deren Grundsätze bis 1914 vorherrschend blieben im Interesse dieses Friedens, hatten bei ihren Zeitgenossen eine überaus schlechte Presse.

Diese schlechte Presse behielten auch ihre Nachfolger über anderthalb Jahrhunderte. Die Diplomaten galten nicht nur in Deutschland nach der Art ihres Auftretens und nach ihren Grundanschauungen als ein Relikt einer überholten und verwerflichen Gesellschaftsordnung. Sie erschienen als Reaktionäre, die dem Nationalbewußtsein der Völker, das mit der französischen Revolution und in der Reaktion gegen die napoleonische Unterdrükkung entstanden war, nicht Rechnung trugen. »So wurde mit der Feder verdorben, was mit dem Schwert erworben« war ein Spruch der damaligen Zeit. Die Blutopfer der Kriege, die die Völker aufgebracht hatten, schienen vergeblich gewesen zu sein. Und wenn der alte Haudegen Fürst Blücher in seinem merkwürdigen Husarendeutsch die Diplomaten einordnete »als eine Rotte niederer Faultiere, als ein Schock Schwerenöter von Federfuchsern«, so fand er nicht nur in seiner Zeit allgemeinen Beifall. Nun tanzte der Wiener Kongreß zwar, und man genoß nach den blutigen Wirren der Revolution und den Schrecken der Kriege wieder das Leben. Aber vielleicht behielt man gerade deshalb soviel Abstand von den Dingen, daß man sie mit Vernunft behandeln konnte unter dem beherrschenden Gesichtspunkt, den Frieden zu sichern.

Eigentlich hat man erst nach den mißratenen Friedensschlüssen unseres Jahrhunderts erkannt, was dieser Kongreß geleistet hat.

Er schuf ein neues Gleichgewicht zwischen den Großmächten Europas wie einst der Friede zu Utrecht 1713, der den Spanischen Erbfolgekrieg beendete, der bereits ein Weltkrieg mit Auswirkungen auf alle Kontinente gewesen war. Auch damals hatte man einen Ausgleich gefunden, der bis zu den Napoleonischen Eroberungskriegen Europa vor Auseinandersetzungen größten Ausmaßes bewahrte. Das gleiche hat der Wiener Kongreß erreicht, dessen Grundregelungen bis zum Ausbruch des Ersten Weltkrieges maßgeblich geblieben sind. Es war das Verdienst der beteiligten Staatsmänner, auf die der alte Blücher so schimpfte, und ihres kühlen politischen Kalküls, das allerdings im Gegensatz zu den Empfindungen und Wünschen der betroffenen Völker stand.

Im Gegensatz zu Wien wurde der Friedensschluß in Versailles, der den Ersten Weltkrieg beendete und den Zweiten Weltkrieg heraufbeschwor, von Leidenschaften und Gefühlen beherrscht. Anders als in Wien, wo das besiegte Frankreich gleichberechtigt am Verhandlungstische mitwirkte, wurde in Versailles einseitig diktiert. Churchill hat den Vergleich zwischen den beiden Friedensverhandlungen gezogen:

> »Die in Paris versammelten Kriegsherren waren dorthin getragen worden von den stärksten, wütendsten Brandungswellen, die sich jemals in der menschlichen Geschichte aufgetürmt hatten. Dahin waren die Tage von Utrecht und Wien, wo aristokratische Staatsmänner und Diplomaten, Sieger und Besiegte ohne Unterschied, in höflicher und höfischer Disputation zusammenkamen, um fern und frei vom Lärm und sprachverwirrenden Geschrei der Demokratie die starken Systeme neu zu schaffen, über deren Grundlage sie alle eines Sinnes waren. Diesmal umstanden die Völker in vielen Millionen den Konferenztisch und verlangten volle und ungeschmälerte Vergeltung. Wehe den Führern, wenn sie auf der schwindelnden Höhe des Triumphes am Verhandlungstisch verspielten, was die Soldaten auf hundert blutgetränkten Schlachtfeldern gewonnen hatten.«

Und noch ein anderer singt das Loblied des Wiener Kongresses, der Außenminister der USA: Henry Kissinger. In seiner breitangelegten Studie »Großmacht Diplomatie« rühmt er die Klugheit, in dem Vertrage keiner Partei solche Bindungen auferlegt zu haben, die als unerträglich empfunden werden mußten und zwangsläufig zu einer revolutionären Politik geführt hätten, daß man vielmehr im Wege ausgehandelter Kompromisse einen Mittelweg gefunden habe, der von allen Seiten im ganzen doch hingenommen werden konnte. Hierin bestehe die Kunst, wenn man den Frieden sichern wolle. Eine amerikanische Zeitschrift machte sich das Vergnügen, bei der Ernennung Kissingers zum Außenminister ihn in einer Karikatur als Metternich mit dem Gesicht Kissingers erscheinen zu lassen.

Kissinger geht in seinen Ausführungen sogar so weit zu sagen, der damalige Ausgleich sei ohne Rückgriff auf die Anschauungen der Legitimität nicht möglich gewesen. So sieht er es 150 Jahre später. Damals und vordem erschien der Begriff der Legitimität als der Inbegriff des Reaktionären der Freiheit der Völker gegenüber.

Der vorherrschende Wille der in Wien verhandelnden Staatsmänner, den Frieden durch ein Ausbalancieren der Kräfte zu sichern und zu vermeiden, daß Kaiser Alexander von Rußland nun seinerseits die Rolle Napoleons übernahm, wozu er kräftemäßig in der Lage gewesen wäre, wurde von den Völkern, insbesondere in Deutschland, das allerdings mit seinem Verzicht auf nationale Einigung zahlte, nicht verstanden. Man kritisierte die Äußerlichkeiten. »Der Kongreß tanzt« war eine Formulierung des Fürsten von Ligne, die von den führenden Mitgliedern des Kongresses als unpassend und unrichtig getadelt wurde. Die Äußerung wurde jedoch zum Schlagwort. Richtig ist, daß die freundliche Gestaltung des eigenen Lebens als wesentlich angesehen wurde. Metternich nahm es dem französischen Diplomaten Châteaubriand persönlich übel, daß dieser nicht aufmerksam genug hinhörte, als der Staatskanzler ihm erklärte, wie ein besonders leckeres Nudelgericht herzustellen sei. Châteaubriand wußte damals noch nicht, daß er mit dem Entrecôte à la Châteaubriand in die Speisekarten der Welt eingehen würde und damit einen größeren internationalen Ruhm erreichte als mit seinen diplomatischen und bedeutenden schriftstellerischen Gaben. Allerdings war der Erfinder des berühmten Entrecôtes nicht er selbst, sondern sein Koch, der seine Gäste in London kulinarisch zu betreuen hatte, als Châteaubriand dort Botschafter war und mit Esprit und Küche vor dem diplomatischen Corps und der Londoner Gesellschaft glänzte. Wenn er dies vorhergesehen hätte, vielleicht hätte er aufmerksamer den kulinarischen Ausführungen Metternichs gelauscht, um mit einer Mehlspeise à la Châteaubriand noch größer in die Geschichte der Gourmets einzugehen.

Diese Geschichten kennzeichnen einen Teil des diplomatischen Stils des vorigen Jahrhunderts, neben den Amtsgeschäften das Leben der höchsten Gesellschaftsklassen zu führen, durch sie Kontakte und Einfluß zu gewinnen. Das war, sachlich gesehen, unter den damaligen Verhältnissen richtig. Die Diplomatie hielt auch sonst weitgehend an alten Formen fest. Aus der früheren Gesellschaftskleidung entwickelte sich die Diplomatenuniform, die es heute noch in einigen Ländern gibt, farbig und goldbestickt, letzter Abglanz längst vergangener Zeiten, wie die Hellebarden der päpstlichen Schweizergarde oder der Beafeater im Londoner Tower. Aber eben dieses alles trug nicht dazu bei, in dem bürgerlichen Betrachter Sympathien zu erwecken, zumal man in der sachlichen Arbeit der Diplomaten, die vorzugsweise darin bestand, Gegensätze auszugleichen, Schwäche und Unfähigkeit sah. Sowohl Camillo Cavour, dessen staatsmännisches und diplomatisches Geschick die Voraussetzungen für die Einigung Italiens schuf, als auch Bismarck, aus der preußischen Diplomatie hervorgegangen, hatten schwer mit diesen Anschauungen zu kämpfen. Bismarck galt am Anfang seiner Laufbahn mehr oder minder als nationaler Verräter. Der alte Feldmarschall Wrangel telegraphierte, als Bismarck in der schleswig-holsteinischen Frage die diplomatische Regelung anstelle einer kriegerischen Auseinandersetzung suchte, an seinen König: »Die Diplomaten gehören aufgehangen!« Und es war allen klar, wer damit gemeint war. Die Worte Bismarcks, daß es nicht zu jeder Zeit möglich sei, seine Wünsche durchzusetzen, überhörte man oder glaubte ihnen nicht. Die Erfolge Bismarcks, vor allem die Reichsgründung, seit Napoleon und dem Wiener Kongreß die Sehnsucht der Nation, ließen diese anfängliche Ablehnung seiner Politik in Vergessenheit geraten. Er, der größte Diplomat seiner Zeit, avancierte in den Augen der Nation zum eisernen Kanzler in Kürassieruniform mit schwerem Säbel. Nachdem seine Figur auf diese Weise im Sinne der maßgebenden Teile der Nation umstrukturiert war, konnte man weiterhin die Schuld an dem fortdauernden Gegensatz zwischen politischer Berechnung und nationalen Erregungen den unfähigen Diplomaten in die Lackschuhe schieben. Bismarck hatte das Glück, sich auf seinen König stützen zu können; Napoleon III., der sich aus seiner innenpolitischen Situation im Grunde gegen seine eigene Überzeugung veranlaßt sah, 1870 den Preußen den Krieg zu erklären, und der damit der öffentlichen Meinung seines Landes folgte, verlor so das diplomatische Spiel, den Krieg und die Krone. Auch in Frankreich wollte man dieses Ergebnis der eigenen Diplomatie anlasten, zu Unrecht, der französische Botschafter in Berlin bzw. dessen Militärattaché hatte in seinen Berichten eindringlich und immer wieder davor gewarnt, den Alleingang mit Preußen aufzunehmen.

Mit der Reichsgründung ging die Außenpolitik der deutschen Staaten auf das Reich über. Das Auswärtige Amt wurde geschaffen, das im wesentlichen aus dem Preußischen Ministerium für auswärtige Angelegenheiten herausgebildet wurde. Den Glanz der Diplomaten suchte man hier vergeblich. Es herrschte noch der ganze Charme preußischer Sparsamkeit. Ein Mitarbeiter Bismarcks, Moritz Busch, hat den Zustand in seinen Tagebüchern festgehalten, wie es dort in der »Wilhelmstraße«, wie man das Amt populär zu bezeichnen pflegte, im Alltag des Dienstes zuging.

Das Gebäude selbst hatte kurze Zeit einmal der Barbarina, der Primaballerina Friedrichs des Großen, gehört. Später hatte es der russische Gesandte Alopäus gekauft. 1819 ging es in das Eigentum des preußischen Staates über und wurde Ministerium. Die Räume waren trotz einiger Zukäufe äußerst beschränkt. Noch in der Zeit Bismarcks waren Möbel aus dem Besitz des Herrn Alopäus in Gebrauch. Sämtliches Holz der deutschen Wälder und Gärten – so steht es in den Tagebüchern – sei in den Möbeln vertreten gewesen und sämtliche Moden und Stilarten bis ins 18. Jahrhundert hinein.

Da habe es gelbes Pflaumenholz gegeben, dunkles Mahagoni, gewöhnliche Fichte, lackiert, poliert aber auch nur gehobelt. In einigen Büros – so wird ausdrücklich vermerkt – standen sogar Sofas, jedes Sofa anders bezogen und gestaltet als das nächste. Nur das Arbeits- und Empfangszimmer des Staatssekretärs sei verhältnismäßig reich ausgestattet gewesen. Es habe »sogar« einen Teppich gehabt und einige Polstermöbel, daneben aber eine Auswahl von Möbeln, die Überbleibsel der letztvergangenen 50 Jahre gewesen seien. Einer gewissen Berühmtheit habe sich das kleine Wartezimmer erfreut, in dem die fremden Diplomaten preußischen Luxus kennenlernen konnten. Das Prunkstück sei der dort aufgestellte Tisch mit einem Steinmosaik und großen unvertilgbaren Flecken gewesen. Er hieß »der Tisch mit dem historischen Fettfleck«, aber niemand wußte mehr, aus welcher Epoche der Tisch und der Fettfleck stammten.

Die politische Abteilung lag in dem Flügel zum Garten hin. In diesem Flügel hatten einst die Töchter des Grafen Bernstorf gewohnt, der als erster preußischer Außenminister das Gebäude bezogen hatte. Der Flügel hieß deshalb der Komtessenzwinger und bestand aus zwei Zimmern und zwei Kammern, von denen eine kaum eigenes Licht hatte. In diese Räume teilten sich 4 Vortragende Räte und ihre Hilfsarbeiter. Das Zentralbüro war mit 6 Beamten in *einem* Raum untergebracht. In diesem Raum befand sich außerdem die Aktenablage. Für das Chiffrier- und Depeschenbüro mit 14 Beamten standen zwei kleine Zimmer zur Verfügung. Bismarck hat am 29. 4. 1871 eine Vorlage an den Bundesrat gemacht, um die unzureichende und gesundheitsschädliche Unterbringung zu beendigen. Beengt blieb es auch weiterhin. Und trotzdem, in diesen kärglichen Räumen wurde Weltpolitik gemacht. Niemals mehr wurden die Akten so mustergültig geführt wie damals. Noch heute im Archiv ist jedes Stück sofort auffindbar. Die Beamten dort waren Muster an Zuverlässigkeit. Sie hatten auch bereits die gleitende Arbeitszeit erfunden, nur sie verstanden sie anders, als sie heute verstanden wird. Sie arbeiteten so lange, bis alles erledigt war. Die Memoirenliteratur jener Zeit ist voll des Lobes. Der Botschafter Rosen, später einer der ersten

Außenminister der Weimarer Republik, faßte sein Urteil in den Worten zusammen: »Ich kann mir nicht denken, daß irgendein Büro auf der ganzen Welt besser und zuverlässiger gearbeitet hätte.« Tempi passati.

Ein französischer Historiker hat einmal erklärt, die außenpolitische Überlegenheit Preußens habe in seinem Registratursystem gelegen.

Bismarck regierte mit 16 Vortragenden Räten. Da es noch kein Telephon gab und nicht eine Unzahl von Mitwirkungen anderer Räte, Dirigenten und Abteilungsleiter notwendig war, ging es. Die meisten Gegensätze, die sich im politischen und anderen Geschäften ergeben, konnten die Beamten in sich selbst abstimmen, wozu man sich nicht unbedingt im Büro aufhalten mußte. Das führte eines Tages zu dem folgenden Erlaß, der einen vergangenheitssüchtig machen könnte:

> »Berlin, 12. März 1885
>
> Die Herren Räthe und Hülfsarbeiter des Auswärtigen Amtes ersuche ich sich so einzurichten, daß sie mindestens von 12 Uhr Mittags ab in ihren Arbeitsräumen im Auswärtigen Amt anzutreffen sind.«

Diese schönen Zeiten waren aber schon in den 90er Jahren endgültig dahin. Rosen berichtet, aus der Zeit der Jahrhundertwende, daß man Sonn- und Alltags kaum mit 8 Stunden ausgekommen sei, und die Befreiung für einen Sonntagnachmittag ungefähr dieselben Schritte gekostet hätte wie ein Antrag auf einen mehrwöchigen Urlaub.

Diese politische Arbeit war in dieser Form nur mit einem berufsmäßigen diplomatischen Dienst zu erledigen. Die auswärtigen Dienste der anderen vergleichbaren Länder standen vor den gleichen Aufgaben und schufen sich eine entsprechende Beamtenschaft. Das Muster war überall ähnlich. So kam es, daß die diplomatischen Beamten der maßgebenden europäischen Länder alle in etwa das gleiche Bildungsniveau besaßen, mehr oder weniger das gleiche Selbstverständnis hatten und in Ziel und Arbeit sich sehr ähnelten. Sie hatten oft auf dem gleichen Posten gearbeitet, und glaubten, wenn wir Nicolson folgen, alle »unabhängig von dem, was ihre Regierungen glauben mochten, daß der Zweck der Diplomatie die Erhaltung des Friedens sei«. Schon Humboldt hatte erklärt, als er preußischer Außenminister war, kein echter Deutscher könne wollen, daß Deutschland ein Erobererstaat würde. Nicolson gesteht den deutschen Botschaftern vor dem Ersten Weltkrieg zu, daß sie eine klare Vorstellung von den gemeinsamen Interessen Europas hatten, und Holborn, Professor der Yale University, stellt in seinem Buch »The Diplomats« fest, daß die Amtsführung der Diplomaten, die Bismarck nach 1871 auf die wichtigsten Posten entsandt hatte, jeden Vergleich mit der von Angehörigen des auswärtigen Dienstes anderer Länder ausgehalten hätten. Sie seien europäisch in ihrer Haltung gewesen, und ihr deutscher Patriotismus sei durch ihr Gefühl für eine Verantwortung gegenüber Europa gemäßigt gewesen.

Das gleiche läßt sich von den britischen und französischen und vielen Diplomaten anderer Länder sagen. Diese Diplomatie führte noch einige Male zu wertvollen Ergebnissen. Der unter Bismarcks Leitung abgehaltene Berliner Kongreß 1878 sicherte den gefährdeten europäischen Frieden auf Jahrzehnte ab und meisterte eine Situation, die der von 1914 nicht unähnlich war. Der Abschlußvertrag dieses Kongresses ist übrigens der letzte, der eine religiöse Formel enthält und mit den Worten »Mit Gott« beginnt. Noch einmal, im Jahre 1913, gelang es, auf der Londoner Botschafterkonferenz eine erneute Balkankrise abzuwenden, die zu einem Krieg der europäischen Staaten geführt hätte.

Gleichwohl war – besonders in Deutschland – die Kritik am Auswärtigen Amt eine ständige Einrichtung der öffentlichen Meinung. Zechlin, hervorragender Mitarbeiter in der Zeit der Weimarer Republik, schrieb in seinem amüsant zu lesenden Buch über Diplomatie und Diplomaten:

> »Gerade in der Zeit vor dem (1. Welt)Kriege stellte sich der brave Bürger den Diplomaten als einen Grandseigneur mit glänzenden Lackschuhen, aber verfinstertem Verstande vor, der jeden Augenblick bereit war, das Verkehrteste zu tun ...«

Man kann nicht sagen, daß diese Anschauung nicht noch heute lebendig wäre.

Man warf der Leitung und den Beamten des Ministeriums immer wieder vor, daß sie die Belange Deutschlands nicht genügend verträten und zu große Nachgiebigkeit dem Ausland gegenüber zeigten. Der sicher richtige Tausch von Sansibar gegen Helgoland löste einen Sturm der Entrüstung aus. »Uns fehlt ein Bismarck«, war die allgemeine Meinung, dessen diplomatische Geschmeidigkeit völlig in Vergessenheit geraten war. Der Staatssekretär des Auswärtigen Amtes von Kiderlen-Wächter bemerkte dazu 1912, kurz bevor er starb: »Richtig verstanden, ja! Die Autorität eines Bismarck fehlt, nicht um eine schneidige Politik durchzuführen, sondern um die von ihm festgelegten Grundsätze der Mäßigung und Vorsicht einer unvorsichtig gewordenen öffentlichen Meinung gegenüber zu vertreten und zur Geltung zu bringen.«

Bismarck bezeichnete es als ein deutsches Laster, stets zu schimpfen und zu kritisieren. Es ist sicher eine nationale Eigentümlichkeit und ausgeprägte Verhaltensweise. Und es hat sich bis heute nichts daran geändert, wenn auch die Objekte wechselten. Schon Leibniz, der große Philosoph, bemerkte, daß es wenige gäbe, die alles wüßten, aber viele, die alles besser wüßten.

Welches Land aber nun die besten Diplomaten hätte, darüber gab es der Anekdote nach ein Gespräch dreier europäischer Außenminister. Der Franzose meinte, die besten Diplomaten hätten die Russen; der Engländer glaubte, sie seien bei den Deutschen zu suchen. Aber der russische Außenminister erklärte, die Palme stehe den Engländern zu. Denn den Russen fehle es bei aller Kenntnis an Ausdauer, die Deutschen seien so gründlich, daß man von vorneherein ihre Pläne erkenne. Das Wesentliche aber sei, sich nicht in die Karten schauen zu lassen. In diesem Punkte seien die Engländer allen überlegen. Niemand wisse je, was sie vorhätten, da sie es selbst nicht wüßten.

Völkerwanderungen, nationale oder religiöse Explosionen und Ähnliches kann keine Diplomatie aufhalten. Europa taumelte in den Ersten Weltkrieg. Er brachte das Ende der europäischen Vorherrschaft und die Niederlage Deutschlands. Nunmehr sah man entweder die Diplomaten als Kriegsmacher an, was sie nicht gewesen waren, oder im alten Sinne als unfähig; denn tüchtigere Diplomaten hätten dem Reich die Freundschaft anderer Länder erhalten können. Man übersah, daß sich nicht jede Politik verkaufen läßt, vor allem keine, die dem umworbenen Land zu teuer ist. Wie man die Dinge auch betrachtete, der Auswärtige Dienst blieb ein Ärgernis wie je und eh.

H. E. Riesser, der einst unter Stresemann in den Auswärtigen Dienst eingetreten und zuletzt als deutscher Beobachter bei der UNO tätig war, schildert scharfzüngig nach seiner Art die Einstellung im Reichstag, die ihm geläufig war, da sein Vater eine Zeitlang Vizepräsident des Reichstages war:

> »Es stellte sich heraus, daß bereits die Ankündigung einer Organisationsänderung im Auswärtigen Amt zur vorläufigen Beruhigung der öffentlichen Meinung wesentlich beitrug. Es gehörte daher in der Weimarer Zeit geradezu zu den protokollarischen Pflichten eines Außenministers, in seiner ersten Rede vor dem Reichstag mit erhobener und energischer Stimme zu erklären, daß er eine Neuordnung des ihm unterstellten Ministeriums als eine unbedingte Notwendigkeit betrachte. Beifall auf allen Bänken des Hauses war die sichere Folge.«

So wurden allmählich alle Möglichkeiten einer Änderung des Aufbaus oder der Geschäftsordnung erschöpft. Außerdem blieb im Notfall noch die Möglichkeit, verschiedene Abteilungen innerhalb des Hauses zu verlegen und die Stockwerke auszutauschen, eine Technik, die auch nach dem Kriege mit Erfolg gehandhabt wurde. Hitler schwebte als äußerste Konsequenz einer erfolgreichen Umorganisation vor, das Amt überhaupt abzuschaffen, von dessen absoluter Unfähigkeit er überzeugt war. Auch in der Zeit nach dem Zweiten Weltkrieg ist laufend umorganisiert worden. Riesser meint dazu, »daß es kein probates Mittel gebe, um Kritiker zum Schweigen zu bringen, und daß trotz Verbürgerlichung, Demokratisierung, Nazifizierung und Entnazifizierung der Auswärtige Dienst noch am Leben sei.« Er, Riesser, hat es nicht mehr erlebt, daß ein prominenter Politiker der Bundesrepublik seine

Meinung dahin kundtat, ein Auswärtiges Amt sei überflüssig, seine Funktionen könne man unter die beteiligten Fachministerien aufteilen. Die Ironie des Schicksals wollte es, daß dieser Politiker alsbald Außenminister wurde. Es sind dann keine Schritte mehr bekannt geworden, das ihm anvertraute Ressort unter seine Kollegen zu verteilen.

25.
Die neue Diplomatie

Öffentliche Friedensverträge und Abschaffung der Geheimdiplomatie.

Aus den 14 Punkten Wilsons

Nicht nur die Deutschen waren am Ende des Ersten Weltkrieges mit ihren Diplomaten unzufrieden. Ein allgemeines Mißtrauen hatte die Völker erfaßt und der optimistische Glaube, man könne die Streitigkeiten dieser Welt vermeiden, wenn man zu neuen Verfahren überginge.

Geheimverhandlungen sollten der Vergangenheit angehören, offen sollte zwischen den Völkern verhandelt werden. Das stand im Gegensatz zu der bisherigen Übung. Denn bis zum Ausbruch des Krieges 1914 wurden alle diplomatischen Gespräche und was damit zusammenhing, geheim geführt. Auch die Parlamente wurden nicht unterrichtet. Das galt ebenso im Mutterland der Demokratie Großbritannien wie in anderen Ländern. Es war selbstverständlich, und man ließ sich Zeit. Die russisch-englischen Verhandlungen, die 1907 mit einer Übereinkunft abgeschlossen wurden, hatten 15 Monate gedauert, ohne daß sie durch irgendeine Indiskretion gestört worden wären. Das sollte nun nicht mehr sein. Cambon, einer der bedeutendsten Botschafter jener Zeit, schrieb zwar, daß an dem Tage, an dem es keine Geheimhaltung mehr gäbe, jede Verhandlung, welcher Art auch immer, unmöglich geworden wäre. Das ließ man aber nicht gelten. Vor allem der damals mächtigste Mann der Welt, Wilson, der Präsident der USA, erklärte, Diplomatie müsse frank und frei sowie öffentlich betrieben werden. Er ereiferte sich mit missionarischem Eifer für diese und andere Thesen. Die Welt war begeistert.

Als Wilson dann aber in Paris im Mittelpunkt der Streitigkeiten seiner Alliierten stand, welches Gesicht der kommende Friedensvertrag haben sollte, fand man ihn alsbald bei langwierigen Geheimverhandlungen mit den Vertretern der anderen beteiligten Mächte. Vor der Tür des Verhandlungszimmers stand ein amerikanischer Marinesoldat mit aufgepflanztem Bajonette, während ein weiterer Soldat unter dem Fenster patrouillierte, um jeden Lauscher abzuhalten. Cambon hatte recht behalten. Wilson selbst wandelte seine frühere These dahin ab, nur das Ergebnis der Verhandlungen, nämlich die Verträge, seien zu veröffentlichen.

Die Allgemeinheit aber hielt sich an seine früheren Worte und übersah die beiden Marinesoldaten mit aufgepflanzten Bajonetten. Ihre Anwesenheit paßte nicht in die Wunschträume der Zeit. Die Verhandlungsführer und Diplomaten aber mußten sich mit diesen Träumen auseinandersetzen und sie in den demokratisch regierten Staaten berücksichtigen. Man erfand das nichtssagende Communiqué und das entsprechende Interview. Die Russen hatten die Friedensverhandlungen in Brest Litowsk in allen Einzelheiten veröffentlicht. Sie sind nie wieder auf diese Methode zurückgekommen.

Seine zweite Mission sah Wilson darin, auf der ganzen Welt eine Herrschaft des Rechtes und des Gesetzes zu errichten, das den Frieden besser verbürge als das labile System eines politischen Gleichgewichts. Er übertrug gedanklich die Verfassungsgrundsätze der USA auf die Welt mit einer Vertretung aller Staaten in einem Weltparlament. So entstand sein Vorschlag zur Gründung des Völkerbundes. Aber hier mußte er erleben, daß der mächtigste Staat, die von ihm selbst geführten Vereinigten Staaten, ihm nicht folgten und es ablehnten, einem solchen Völkerbund beizutreten, um nicht in alle Streitigkeiten der Welt hineingezogen zu werden. Daran scheiterte der Völkerbund von vorneherein. Denn nun blieb das Gebilde schwach und unausgeglichen, zumal wesentliche Partner wie Deutschland und Rußland ausgeschlossen blieben. Trotzdem hat der Völkerbund seine Bedeutung gehabt. Sein Hauptverdienst bestand aber, von heute aus gesehen, in dem Beispiel, das er gegeben, und in den Formen, die in ihm entwickelt worden waren. Aber auch diese hatten ihre zwei Seiten.

Bei seinen Konferenzen, aber auch bei anderen wurden mehr und mehr die Staaten nicht durch ihre Botschafter, sondern durch die Regierungschefs oder doch wenigstens durch ihre Außenminister vertreten. Das bedeutete im Grunde eine Rückkehr zu dem ursprünglichen Verfahren aller Völker, zu einzelnen Verhandlungen einen außerordentlichen und bevollmächtigten Botschafter in der eigentlichen Bedeutung des Wortes zu entsenden anstelle ständiger Vertreter. Es hatte darüber hinaus aber noch eine einschneidendere Bedeutung. Die Botschafter waren alle Zeit an ihre Aufträge gebunden. Sie konnten daher, ohne ihre Gesprächspartner zu verletzen, jederzeit die Verhandlungen unterbrechen, um ihre Regierung zu informieren und sich neue Weisungen zu holen. Auch das Ansehen des Botschafters litt in keiner Weise darunter, wenn er sich nicht alsbald festlegte. Das erleichterte Kompromisse. Ein Regierungschef hatte diese Möglichkeiten nicht. Er war weitgehend sein eigener Auftraggeber. Ein Ausweichen, vorerst mit den Fraktionen des Parlaments Fühlung aufzunehmen, wäre ihm als Schwäche ausgelegt worden und hätte sein Renommé nach innen und außen gemindert. Auch ein Nachgeben bei den Verhandlungen war leicht geeignet, sein Ansehen zu Hause zu schmälern, wenn es in aller Öffentlichkeit sichtbar wurde. Die Öffentlichkeit aber war durch Presse – und heute durch Fernsehen und Rundfunk noch intensiver – mehr oder minder mittelbar immer zugegen. Man bedenke, daß auf der Außenministerkonferenz in Genf 1929 die Vertreter der beteiligten Staaten von nicht weniger als 1800 Presseleuten umlagert waren. Das hatte und hat zwangsläufig die Folge, daß die verhandelnden Politiker, abhängig von den Parlamenten und ihrer Wählerschaft, stets unter dem Druck stehen, möglichst auffallende, oft nur eingebildete Erfolge zu erzielen. So werden gern Propagandareden zum Fenster hinaus gehalten, oder es bleibt bei Monologen, die das Gegenteil einer klärenden und fördernden Diskussion sind, oder bei einem schlichten Njet. Das aber hat nun wieder dazu geführt, daß die Staatsmänner möglichst nur dann zu Gipfelkonferenzen kommen, wenn die Zusammenkünfte so vorbereitet sind, daß ein mittleres Ergebnis zu erwarten ist. Das ist aber wieder die Stunde der

Diplomatie, nach alten Grundsätzen in einer Atmosphäre der Höflichkeit bei geschlossenem Fenster sich vorab zusammenzufinden, die Standpunkte zu klären und nach Lösungen zu suchen.

Doch oft ist für solche Vorbesprechungen die Zeit zu kurz. Oft bestehen aber auch bei den Politikern psychologische Hemmungen, den diplomatischen Apparat einzuschalten, besonders wenn die Außenminister schnell wechseln und sie, mit den allgemeinen volkstümlichen Anschauungen ausgerüstet, ihr Amt antreten. In diesen Fällen pflegt das Verhältnis zwischen dem Minister und dem neu übernommenen Ressort erst einmal gestört zu sein. Die Minister haben sich ihre politische Linie erdacht und neigen dazu, an Hinterlist und Widersetzlichkeit zu glauben, wenn man sie auf Schwierigkeiten hinweist. Ein Extrembeispiel bietet Hitler. Er glich einem Kapitän, der von seiner mit dem Kompaß festgelegten Linie nicht abwich und der jeden Fingerzeig auf dazwischenliegende Sandbänke und ganze Kontinente als dumm, feige oder verräterisch zurückwies. Wenn es am Anfang des Jahrhunderts bereits hieß, daß die Politik von Laien gemacht und von Beamten durchgeführt werde, so ging Hitler nicht als erster und auch nicht als einziger und sicher nicht als letzter noch einen Schritt weiter. Er suchte sich seinen Außenminister und andere Verhandlungsführer aus dem Kreise derer aus, die auf seine Kompaßrichtung und auf ihn schworen und ihn wegen mangelnder Sachkenntnis nicht mit Hinweisen auf Sandbänke und Untiefen plagten. Staatsmänner, die sich nicht als unmittelbar von der Vorsehung berufen fühlen, pflegen diesen auch ihnen geläufigen Tendenzen maßvoller nachzugehen; ein Hinweis auf den beschränkten Beamtenverstand – früher hieß es einmal Untertanenverstand – zog und zieht aber fast immer. Die bedeutenden Minister aber verstehen es, sich des Apparates zu bedienen, angehäufte Erfahrung sich selbst anzueignen, um ihre Ziele zu erreichen.

Den Deutschen liegt es besonders, mit Prinzipien zu arbeiten, über die sich mit Worten so trefflich streiten läßt. Sie neigen dazu, das Prinzip für die Hauptsache zu halten und Mißerfolge darauf zurückzuführen, daß das Prinzip nicht konsequent genug eingehalten worden sei. Bismarck meinte, das sei das Verfahren, mit einem Baumstamm quer durch den Wald zu gehen. Im »Prinzip« lagen die Verhältnisse in den anderen Ländern aber nicht viel anders. 1944 erklärte ein Mitglied des britischen Oberhauses, daß seit den Tagen Sir Edward Greys – Außenminister Großbritanniens zu Beginn des Ersten Weltkrieges und davor – das Foreign Office nicht mehr existiert habe. Das war sicher übertrieben, aber nicht ohne wahren Kern. Die von der Diplomatie ausgearbeiteten Pläne zur Beendigung des Krieges, auch des Zweiten Weltkrieges, waren ausgewogener als das dann zustandegekommene Diktat. Clemençeau schloß den Generalsekretär des Quai d'Orsay von der Leitung der französischen Delegation auf der Konferenz von Versailles aus, da er sich in den traditionellen Vorstellungen eines ausgeglichenen europäischen Verhältnisses der Staaten bewegte.

Ein US-Diplomat hatte 1913 auf die drohende Kriegsgefahr in Europa hingewiesen. Er schrieb in einem Artikel:

»Das europäische Gleichgewicht ist, was viele Amerikaner nicht ahnen, eine politische Notwendigkeit, die allein auf der westlichen Halbkugel die Fortführung einer von umfangreichen Rüstungen unbeschwerten (amerikanischen) Wirtschaft rechtfertigt... Das Verschwinden oder die Verkleinerung jedes einzelnen europäischen Staates wäre ein Unglück, dessen Ausmaß sich nach der jeweiligen politischen Änderung richten würde ... Die USA haben dabei nichts zu schaffen, selbst wenn England geschlagen würde, wenn nur das allgemeine Gleichgewicht erhalten bleibt. Wenn immer aber die Gefahr der Zerstörung des jahrhundertelang anerkannten politischen Gefüges Europas droht, kann Amerika ihr gegenüber nur auf eigene Kosten neutral bleiben. Wenn es dann nicht erkennt, daß die Interessen der besiegten Völker ebenso seine eigenen sind, wird sich Amerika einer politischen Blindheit schuldig machen, die es später bereuen wird.«

Wilson hielt nichts von diesem europäischen Gleichgewicht. Natürlich kann man von einer solchen Balancepolitik, wie sie heute innerhalb der Europäischen Gemeinschaft geübt wird, keine Ideallösungen für alle Beteiligten erwarten. Sie ist und bleibt eine immerwährende Aufgabe, die schärfsten Konfrontationen zu vermeiden oder zu mildern. Wilson glaubte an ein Patentrezept und an eine Ideallösung und wußte nicht, wie hart im Raume sich die Sachen stoßen.

Auch Roosevelt, der nicht so weltfremd wie Wilson war, hörte nicht auf die Warnungen seiner Botschafter. Er habe den »animus«, so soll er geäußert haben, »nach dem Kriege mit Joe (Josef Stalin) gut zurechtzukommen.« Die Auffassungen seiner Diplomaten hatten keinen Einfluß auf die Gipfelkonferenzen von Teheran und Jalta. Roosevelt folgte seinem »animus«. Später stellten sich die amerikanischen Politiker dann die Frage, warum sie den Krieg gewonnen und den Frieden verloren hätten.

George F. Kennan, einer der bedeutendsten Botschafter der USA und jener Zeit bemerkte dazu:

> »Als Berufsdiplomat mit 25jähriger Erfahrung kann ich mich der Bemerkung nicht enthalten, daß ich fest überzeugt bin, daß wir das Prinzip des Berufsdiplomatentums in unserer Außenpolitik anwenden könnten ..., wenn wir seinen Angehörigen mit Achtung begegneten und uns ihre Einsicht und Erfahrung zunutze machten. Ich gestehe jedoch gern, daß dagegen starke Voreingenommenheit und Vorurteile bei gewissen Kreisen unserer öffentlichen Meinung, besonders im Kongreß und in der Presse, sprechen und wir aus diesem Grunde wahrscheinlich verurteilt sind, uns weiterhin fast ausschließlich auf die sogenannte ›Diplomatie des Dilettantismus‹ zu verlassen.«

Auch in Rußland hatte man am Ende des Ersten Weltkrieges und unmittelbar danach die gleichen Vorbehalte gegen die Diplomatie alten Stiles. Sie wurde deshalb nach der Revolution 1917 abgeschafft. Der Titel Botschafter oder Gesandter verschwand aus dem Vokabular der Sowjetunion. Da man aber irgendwie in anderen Ländern vertreten sein mußte, schuf man die Bezeichnung »Polpred« und akkreditierte unter diesem Titel die Vertreter. Nicolson schreibt aus seinen Erfahrungen über sie:

»Das Benehmen dieser Missionare eines neuen Systems verband zuerst die Derbheit eines siegreichen Proletariats mit jenem überirdischen Lächeln bewußter moralischer Überlegenheit, das allen erst kurz zu einer neuen Religion Bekehrten eigen ist.«

Aber es dauerte nicht lange; schon weil es international einen Rang »Polpred« nicht gab, griff man auf die alten Vorbilder zurück, ebenso wie das Militär, allerdings später, wieder auf die zaristischen Schulterstücke und anderes zurückkam. Es gab nun wieder Botschafter und Gesandte, die durchaus gelernt hatten, das Protokoll zu beherrschen, auf das man nach innen und außen wieder größten Wert legte. Auch sonst bot die Vergangenheit Vorbilder. Wie unter den alten Zaren waren die Botschafter in ihrer Bewegungsfreiheit eingeschränkt. Als Gesprächspartner gab es nur die dafür vorgesehenen Kontaktstellen innerhalb des Außenministeriums. Selbst bei Einladungen und Empfängen hielt und hält man ausgeprägt auf Abstand.

Ein langer Quertisch an der Stirnseite des Empfangssaales pflegt bei einer solchen Gelegenheit die Gastgeber und ihre Ehrengäste von den übrigen Teilnehmern zu trennen. Vor dieser Tafel ist ein Streifen Niemandsland, dann beginnen die Längstische, parallel gestellt, bis 50 m lang, in der Anordnung ein Symbol für die Kluft zwischen Regierenden und Regierten, wie sie im Zarenreich oder in Byzanz kaum breiter gewesen sein kann. Diese Längstische aber sind überladen mit allem, was die berühmte russische Küche zu bieten imstande ist, einschließlich der bekannten Getränke. Zwischen den Längstafeln bewegen sich zwanglos die Gäste. Die Gastgeber aber mit den Ehrengästen sitzen auf bequemen Sesseln jenseits der Quertafel. Wenn das Essen endet, trinken Gäste und Gastgeber sich über die Barriere zu. Auf kurze Zeit wird die Sperre gelockert. Spricht eine der Spitzenpersönlichkeiten einen Botschafter persönlich an, so wird das als eine politische Geste beachtet. So ist es auch gemeint, und es soll auffallen.

Unter Stalin war die Abkapselung fast vollkommen. Stalin

zeigte sich nach dem Vorbild der alten orientalischen Herrscher möglichst wenig persönlich, um mehr als Idol, denn als Mensch zu wirken. Er lebte in einer kleinen Region des Kremls und bewegte sich möglichst nur zwischen seinem im Gebäude des Zentralkomitees gelegenen Arbeitszimmer, seiner nahebei gelegenen Wohnung und dem Sitzungssaal des Rates der Volkskommissare, der gleichzeitig der Saal des Politbüros war. Er hatte sich damit – wie früher die Päpste – weitgehend eingemauert.

Die neu akkreditierten Botschafter hatten die Hoffnung, zu ihm zur Audienz zugelassen zu werden, längst aufgegeben. Eine Ausnahme bestand nur für den Botschafter der USA, der während des Krieges sogar jederzeit vorgelassen wurde. Von ihm abgesehen, äußerten die neu angekommenen Botschafter nur, um der Form zu genügen, den Wunsch, »die Ehre haben zu dürfen, dem Generalissimus ihre Huldigung und die ihrer Regierung auszudrücken«. Damit war die Angelegenheit erledigt.

Der italienische Botschafter Quaroni hat in seinen Erinnerungen dargestellt, wie aber manchmal »aufgrund einer unbegreiflichen Berechnung der sowjetischen politischen Alchemie« plötzlich ein Anruf kommen konnte: »Der Generalissimus wird Sie morgen zu der und der Stunde empfangen.« Meist habe es sich um eine völlig ungewohnte Stunde gehandelt, die allgemein dem Schlaf zustand. Der Botschafter kam. Das Zeremoniell war von äußerster Kürze. Man begrüßte sich und nahm am Konferenztisch Platz. Der Gast beginnt mit seinem Vortrag. Stalin schweigt und zeichnet Figuren auf ein Blatt Papier, immer dieselben. Hat der Botschafter seine Ausführungen beendet, fragt Stalin, ohne sich in seinem Zeichnen stören zu lassen oder den Kopf zu heben, nach Einzelheiten. Dann folgt ein längeres Schweigen, das Minuten dauern kann, und das Stalin mit weiteren Zeichnungen ausfüllt. Dann erst lehnt er sich in seinen Sessel zurück und redet. Er kann bösartig sein in seinem Verhalten und einfach nur schneidend lachen. Er kann auch über seinen eigenen Außenminister in dessen Gegenwart herziehen und sagen: ›Aber haben Sie nicht bemerkt, daß er nichts versteht?‹«

Chruschtschow brach mit dieser Form. Er gab sich jovial und plauderte gern auch in kleinerem Kreis mit den Botschaftern, so auch mit dem damaligen deutschen, der geläufig russisch sprach. Sah man die beiden in einer Ecke, so murmelten die ausländischen Kollegen des Botschafters: »Schaut, sie sprechen ganz geheim über das Wetter.« Das war die Ära Chruschtschow. Nach seinem Sturz ging der Kreml auf eine mittlere Distanz.

Wenn das Verhalten nach außen hin auch wechselte, eine Kluft zwischen der politischen Leitung und den Funktionären des auswärtigen Dienstes gab es nicht. Man arbeitete zusammen, analysierte die Lage genauestens und führte die verschiedensten Sandkastenspiele durch. Man ließ sich Zeit, Utopien überließ man westlichen Politikern. Breshnew läßt seine Politik von den zuständigen und entsprechend mit Sachverständigen ausgerüsteten Gremien des Zentralkomittees begutachten. Er diskutiert sie anschließend mit dem Politbüro, um sie dann in dem Rahmen zu realisieren, dem die Mehrheit seiner engsten Mitarbeiter zugestimmt hat. Nur ein enger Kreis hat eine Gesamtübersicht, die nach außen abgesichert bleibt.

Für die Botschafter der fremden Mächte bedeutet das: Die Informationen fließen auch weiterhin spärlich. Man ist auch weiterhin wie unter Stalin und wie je und eh auf die vorgeschriebenen Partner im Außenministerium angewiesen, die nicht gerade mitteilsam zu sein pflegen, oder in der Hauptsache auf Kombinationen. Aus der Art und dem Zeitpunkt eines Presseartikels zieht man mittelbar Schlüsse, ebenso aus dem Auftreten oder Nichtauftreten bestimmter Persönlichkeiten, wobei man es zu einiger Übung bringen kann, aus diesen einzelnen Chiffren einen Klartext herauszulesen.

Da das breite Gespräch fehlt, sind die Botschaften in Moskau vergleichsweise klein gehalten. Es wäre sinnlos, einen großen Stab von Spezialisten einzusetzen, wie es in anderen Ländern üblich ist. Gleichwohl haben die verschiedensten Botschafter westlicher Länder ausgezeichnete Berichte geliefert. Ihre Beurteilungen wurden indessen oft als störend empfunden, da sie mit den vorgefaßten Meinungen und Wunschträumen nicht übereinstimmten.

Klassisch ist die Antwort, die ein US-Botschafter – es handelte sich allerdings nicht um die UdSSR – auf seine fundierten Berichte erhielt: »In dem Maße, wie Ihre Auffassungen überhaupt erwägenswert sind, sind sie geprüft und verworfen worden.« Dabei galt es unter den Beteiligten als Positivum, daß er überhaupt eine Antwort erhalten hatte. Das ist durchaus nicht immer und überall der Fall. Nebenbei: Die spätere Entwicklung hat dem Botschafter recht gegeben.

26. Die Personallawine

Die Beamten vermehren sich ungeschlechtlich.

Aus der Zoologie des Parkinsonschen Gesetzes

Die Diplomatie hatte im Laufe der Jahrhunderte weite Bereiche ihrer früheren Tätigkeit abgegeben. Sie brauchte sich – außer in der Abwehr – nicht mehr mit Spionage zu beschäftigen. Die großen Verhandlungen wurden nicht mehr von den Botschaftern, sondern von den Außenministern und vorwiegend der inneren Verwaltung entnommenen Fachkräften geführt. Die Berichte über Zahlen und Fakten aller Art sind auf die Presse übergegangen.

Da nach weit verbreiteter Meinung die Botschafter – nunmehr allerdings unter »Geheim« – nur noch das berichten, was tags zuvor offen in der Presse gestanden hat, mußte man eigentlich mit einer Einschränkung der auswärtigen Dienste rechnen, zumal die neuen internationalen Organisationen so viele politische und sonstige Sachgebiete in ihren Zuständigkeitsbereich gezogen hatten, daß die zweiseitige Abstimmung ebenfalls als überholt angesehen wurde.

Aber was geschah? Die Zahl der im diplomatischen Dienst der Welt Beschäftigten dürfte sich mehr als verzehnfacht haben. War das die Sucht der Beamten in allen Staaten und Staatsbereichen nach höheren Posten, für die die Voraussetzung eine Vergrößerung des nachgeordneten Apparates war? Und allen Parlamenten und Finanzministern wurde mit Erfolg Sand in die Augen gestreut? Und warum sind alle Mühen bislang gescheitert, diese Entwicklung aufzuhalten? Die Gründe sind vielgestaltig.

Das, was man heute die Industrielle Revolution nennt, hat die Welt verändert. Sie bedeutet einen so wichtigen Einschnitt in die Geschichte der Menschheit wie einstmals in grauer Vorzeit die

Entdeckung des Feuers. Die technische und ökonomische Entwicklung der beiden letzten Jahrhunderte hat dazu geführt, daß auf allen Gebieten anstelle einer weitgehenden örtlichen Lebensautonomie gegenseitige Abhängigkeiten entstanden sind, zu deren Lenkung mehr und mehr nur noch der Staat in der Lage ist, so daß in steigendem Maße alles, was sich bisher von allein erledigte, zu einem verwaltungsmäßigen und in den Außenbeziehungen politischen Problem wurde. Die Palette reicht vom Öl- bis zum Hähnchenkrieg, der die USA und die Europäische Gemeinschaft bewegte. Bei dieser Bandbreite der zu behandelnden Sachgebiete kommt man weder in der inneren Verwaltung noch im auswärtigen Dienst ohne eine entsprechende Verstärkung sachverständiger Kräfte aus, zumal wenn eine immer weitergehende Berücksichtigung der Interessen des einzelnen Individuums gefordert wird. Es ist die weltgeschichtliche Stunde der Spezialisten. Da man aber ohne eine Generalisierung trotz aller Computertechnik nicht auskommt, muß es dann bei der Fülle der Fachgebiete Leute geben, die das ungeheuere Informationsmaterial aus dem jeweiligen Fachchinesisch wieder allgemeinverständlich zusammenfassen. Im Extremfall wird man an den fröhlichen Postbriefkasten erinnert, der, nach außen sorglich getrennt, besondere Einwürfe für Drucksachen, Orts- und Fernbriefe hat, im Innern aber alles wieder in einen Abholkorb fallen läßt. So berichtet man über alles Spezifische, damit in der Zentrale das Spezielle wieder in ein Allgemeines umgewandelt werde. Das Ei des Kolumbus liegt einfach darin, daß auch bei bester geistiger Aufnahmefähigkeit und Erfahrungsbandbreite der einzelne draußen nicht alles Spezielle aufnehmen kann, was für die allgemeine Steuerung im Ergebnis von Interesse ist. Im Vergleich zur früheren Verwaltung, und dazu gehörte auch der auswärtige Dienst, kann man folgenden Vergleich wagen. Damals suchte man ein beschränktes Feld mit begrenzten Mittel zu beeinflussen. Heute geht die Forderung danach, ein unbegrenztes Feld in weite Einzelheiten hinein institutionell zu beherrschen. Man konnte lesen, daß in der Schule sogar Zärtlichkeit im Sexualleben unterrichtet werden soll. Es gehört zu den Tabus unserer Zeit, nicht von den finanziellen, personellen und erziehungsmäßigen Grenzen zu sprechen. Dabei verfügt der Westen über mehr Tabus als der Osten, der es bei einigen sehr generellen und harten bewenden läßt und deshalb im einzelnen Probleme rationeller angehen kann, zumal in seiner Wirtschaftsstruktur die absoluten Grenzen des Möglichen sich jeweils deutlich abzeichnen. Es soll eine sowjetische Hochrechnung geben, daß um die Jahrtausendwende im Großraum Moskau alle verfügbaren Arbeitskräfte in der Planung eingesetzt sein würden und der Produktion nicht mehr zur Verfügung ständen. Das Problem stellt sich in anderer Form auch dem Westen, der es aber nicht glauben will, die ungeheuere Vermehrung der Verwaltung und der Lebensabsicherung lieber auf ein Parkinsonsches Gesetz als auf die eigenen Wünsche zurückführt, deren Durchführung eben weitgehende Folgen hat und die Grenzen des Tragbaren und Durchführbaren erreicht. Aber das kann der Fortschrittsglaube nicht anerkennen und erfindet lieber säkularisierte Dämonen in großer Zahl, die im Wege stehen und bekämpft werden müssen. »Denn so schließt er messerscharf, daß nicht kann sein, was nicht sein darf.«

Doch zurück zur Geschichte. In der Entwicklung der auswärtigen Dienste fing dies alles sehr bescheiden an.

Der große Napoleon hatte als erster die Idee, einigen seiner Botschafter einen Offizier als militärischen Sachverständigen zuzuteilen. Es waren nur einige wenige, aber sie waren die Vorreiter einer bis dahin unbekannten Legion nachfolgender Spezialisten. Andere Länder folgten dem Beispiel Napoleons, und man kann nicht sagen, daß sie dies nur aus Geltungssucht taten. Sie hatten sachlich nicht zu bestreitende Gründe. Der Militärattaché gehörte in einigen Jahrzehnten zum festen Bestand jeder besseren Botschaft. In dem gleichen Maße, wie sich die Kriegstechnik differenzierte, mußten dies auch die Sachverständigen tun. So gibt es denn heute den Heeres-, den Marine-, den Luftwaffen- und noch so manchen anderen Spezialmilitärattaché.

Aus dem Zusammenrücken der Welt, ermöglicht und dann erzwungen durch die Entwicklung der Technik und die immer stärker werdenden Wirtschaftsabhängigkeiten, ergab sich nach dem Ersten Weltkrieg die Notwendigkeit, auch auf dem zivilen Sektor

Spezialisten den Botschaften zuzuordnen. Die USA waren das beherrschende Gläubigerland geworden; Europas Goldvorräte, die Grundlage aller Währungen damals, hatte der Krieg aufgezehrt. Man mußte nach zwischenstaatlichen Lösungen suchen. Die Wirtschaftsfragen wurden in fast allen Ländern eine Überlebensfrage für die Regierungen. Die Botschaften erhielten entsprechende Sachverständige zugeteilt. Die wachsende Bedeutung der Presse in weiten Teilen der Welt war nicht zu übersehen. Ihr gegenüber den eigenen Standpunkt zu klären und sie damit zu beeinflussen, mußte in den Vordergrund treten. Die Botschaften wurden um einen Pressereferenten verstärkt. Die Gewerkschaften entwickelten sich zu wesentlichen Faktoren, mit ihnen Fühlung zu halten und um das Arbeits- und Sozialrecht anderer Länder im einzelnen kennenzulernen, entsandte man Sozialreferenten. Innerhalb der Wirtschaft nahmen Agrarfragen einen selbständigen Raum ein, es folgte der Landwirtschaftsreferent. Was dem Land billig ist, ist der See recht. Es gab nunmehr Fischereispezialisten und solche für den Seeverkehr. Man bemerkte, daß es neben der Wirtschaft auch noch so etwas wie Kultur gab. Der Kulturreferent wurde zur festen Einrichtung. Da die Kultur sich vorzugsweise auf die höheren Ziele der Menschheit ausrichtete, technologische und naturwissenschaftliche Erkenntnisse ihr in etwa fremd blieben, trat der Wissenschaftsreferent dem Botschafter zur Seite.

Ein englisches Blaubuch über den auswärtigen Dienst zählte bereits 1963 ohne die Militärattachés 14 Arten von Spezialisten auf, die natürlich alle ihre Stäbe hatten. Denn was wäre ein Wagen ohne Räder. Die Außenministerien waren von dieser Entwicklung keineswegs beglückt. Es war nicht das Parkinsonsche Gesetz, daß jedes Amt sich automatisch erweitere, was zu dieser Vermehrung führte. Dahinter standen die Interessen der Fachministerien, auch interessierter Verbände, ins technische Detail gehende Informationen zu erhalten. Dahinter stand auch der Wunsch, unmittelbar vertreten zu sein.

Beispielgebend waren die Botschaften der USA. Selbst in kleineren Ländern vergrößerten sich die Stäbe ihrer Botschaften durch immer weitere Untergliederung der Spezialgebiete auf 200 und mehr. Die übrigen Staaten konnten sich schon aus finanziellen Gründen diesem Vorgehen nicht anschließen. Sie machten aus der Not eine Tugend und trösteten sich damit, daß ein Zuviel an Spezialisten sich nicht auszahle, die allgemeine Beurteilung der Gesamtsituation eines Landes, die der Spezialist mit seinem eingeschränkten Facettenblick nicht erfassen könne, bedeutend wesentlicher sei, selbst für Einzelfragen, da das Ganze mehr sei als die Summe seiner Teile. Der britische Duncan-Report formulierte: »Der diplomatische Dienst solle weder aus Experten noch aus Amateuren bestehen, sondern aus ›professional generalists‹.« Diese Auffassung hat sich bei allen Mittelstaaten durchgesetzt, selbst in den USA ist die Zahl der entsandten Spezialisten stark rückläufig. Gleichwohl ist die Zahl der bei den Botschaften beschäftigten Personen im Schnitt vier- bis sechsmal höher als vor dem Zweiten Weltkrieg.

Ein weiterer Zuwachs an Personal jeder Art ergab sich aus der Gründung von über 50 Staaten in den letzten 30 Jahren. Da sie alle in der UNO Sitz und Stimme haben, konnte man sie nicht ohne diplomatischen Kontakt lassen, mögen die Länder auch noch so klein sein. Mehrere Länder durch eine Botschaft betreuen zu lassen, scheiterte in vielen Fällen an den geographischen Gegebenheiten oder aber an der Empfindlichkeit und gegenseitigen Eifersucht benachbarter Staaten.

Die wachsende Zahl der in den auswärtigen Diensten beschäftigten Personen konnte nicht ohne Einfluß auf die Formen diplomatischen Verkehrs bleiben. Die frühere Geschlossenheit der Diplomatie ging verloren. Die Quantität des zu besprechenden Materials verwies den Botschafter auf die qualitativ wichtigsten Punkte. Die übrigen mußten auf der Ebene des nachgeordneten Personals abgehandelt werden. Das erforderte persönliche und sachliche Kontakte auf breiter Ebene. Das Problem ist, wie man diese Kontakte findet. Im Büro hat niemand Zeit für ein allgemeineres und persönlicheres Gespräch. Man fällt meistens lästig. Die früheren festlichen Diners, die dem Zwecke dienten, sich in einer gelockerten Atmosphäre näher kennenzulernen, waren durch die Entwicklung überholt. Es konnte nicht mehr genügen, daß sich einige wenige bei der folgenden Tasse Kaffee in eine Ecke zurückzogen, um kurz, aber über Wesentliches miteinander zu sprechen. In den USA hatte man eine Lösung gefunden. Der Cocktail machte es möglich, daß eine fast unbegrenzte Zahl Interessierter auf relativ kurze Zeit zusammenkommen konnten. Hier kann man sich kennenlernen. Jeder Diplomat versucht, auf seinem eigenen Abschiedscocktail seinen Nachfolger mit dem für ihn wesentlichen Personenkreis bekanntzumachen. Dem Kennenlernen folgt später ein zwangloser Austausch der Meinungen, auch der Informationen. Formales Anmelden im Büro entfällt. Es genügen ja auch manchmal wenige Minuten, für die man sich scheuen würde, im Auswärtigen Amt des Gastlandes gesondert vorzusprechen. Beim Cocktail erledigt man das Anliegen nebenbei und kann sich dann einem anderen zuwenden. Fleißige Bienen fliegen von Blüte zu Blüte, um etwas Nektar zu saugen, nur die faulen Drohnen stehen in der Ecke und begnügen sich mit dem Whisky. Für sie werden die Empfänge nicht gegeben, selbst wenn die Veranstaltungen nach außen hin nur der Repräsentation zu gelten scheinen. Wer an einem Abend an mehreren solcher Einladungen teilgenommen hat, die Form des Cocktails läßt dies ja gerade zu, weiß, was er getan hat, und kommt nicht auf den Gedanken, einige Lustbarkeiten hinter sich gebracht zu haben. Der Cocktail ist die Nachrichtenbörse, unverbindlich Informationen einzuholen und zu geben, sich näher kennenzulernen, die Bekanntschaft zu erhalten und zu vertiefen. Kein Schriftwechsel kann die persönlichen Begegnungen ersetzen, wenn auf beiden Seiten die Notwendigkeit oder der Wunsch nach Zusammenarbeit besteht, die allemal mit unverbindlichen und unauffälligen Sondierungen zu beginnen pflegt.

Eine neue Note in das komplizierte Feld der Massendiplomatie haben die staatlichen internationalen »Multi«'s eingeführt. Die engere Zusammenarbeit auf den verschiedensten Gebieten von Staat zu Staat hat ihre Parallele in dem Zusammenwirken auf multilateraler Ebene in den verschiedensten internationalen Organisationen. Auch damit begann man bereits im vorigen Jahrhundert, erst einmal recht bescheiden. Den Anfang machte der Weltpostverein, der auf Vorschlag des deutschen Generalpostmeisters von

Stephan gegründet wurde. Es folgten weitere, z. T. überwiegend regionale Abschlüsse wie z. B. im europäischen Eisenbahnverkehr. Der rein technische Hintergrund überwog. Das Gespräch wurde zwischen den Fachleuten maßgebend geführt. Aber dabei blieb es nicht. Auch die Politik verlangte nach neuen Formen. Der Internationale Gerichtshof in Den Haag mag als frühes Beispiel dienen. Der bedeutsamste Schritt in dieser Richtung war aber die Gründung des Völkerbundes, der sich 1920 in Genf mit 60 Mitgliedsstaaten konstituierte. Die Internationale Arbeitsorganisation in Genf aus der gleichen Zeit hatte dieselbe Bedeutung für ein spezielles Sachgebiet. Das alles waren aber nur Vorstufen für die umfassende Organisation der Vereinten Nationen in New York, die 1945 ins Leben gerufen wurde. Sie wirkt vor allem auch durch die große Zahl ihrer Unterorganisationen. Regional begrenzt entstanden die Europäische Gemeinschaft und im Osten das COMECON. Die Aufzählung aller heute existierenden internationalen Organisationen dieser Art würde Seiten füllen. Sie werden hier erwähnt, weil sie in erheblichem Maße den diplomatischen Dienst berühren und ihm neue Funktionen zugeführt haben. In den Außenministerien der Staaten gibt es im allgemeinen die Stelle, die für die generellen Fragen der verschiedenen Organisationen zuständig ist. Ferner haben die Staaten bei den großen Organisationen Ständige Vertretungen eingerichtet, in denen die Interessen des Entsendestaates der Organisation gegenüber wahrgenommen werden. Sie haben die Stellung und die Aufgaben einer Botschaft. Manchmal sind die Leiter dieser Vertretungen zugleich auch in bestimmte Bereiche der Organisation eingegliedert und nehmen dort die ihnen in dem Statut übertragenen Aufgaben wahr. Die Leiter dieser Vertretungen, die meist den Botschaftertitel führen und dem auswärtigen Dienst des Entsendelandes vorher angehört haben, sind damit in einer neuen Art zwischenstaatlicher Verbindungen tätig, die über den früheren zweiseitigen Rahmen hinausgehen. Sie haben, nach innen gesehen, schwierige Koordinationsaufgaben, da die Mehrzahl der ihnen beigeordneten Beamten aus den verschiedensten Fachministerien kommen, die nicht ohne weiteres auf einer gemeinsamen Linie liegen.

Der Vollständigkeit halber sei auch erwähnt, daß eine größere Anzahl Beamter aus den verschiedenen auswärtigen Diensten beurlaubt werden, um innerhalb der internationalen Organisationen als deren Beamte allgemeine oder auch spezielle Arbeitsgebiete zu übernehmen, bis sie in ihre alte Behörde zurückkehren mit neuen Erfahrungen und Einsichten.

Eine Erwartung hat sich nicht erfüllt, daß durch die Tätigkeit der internationalen Organisationen das Aufgabengebiet der allgemeinen Botschaften wesentlich eingeengt würde. Im Gegenteil, wesentliche Fragen, die in der betreffenden Organisation behandelt werden sollen, müssen meist zwischen den einzelnen Staaten zuvor besprochen werden, um sich gegenseitig abzustimmen. Beide Kanalsysteme werden parallel in Anspruch genommen. Der Umfang kann allerdings sehr unterschiedlich sein.

Die Bundesrepublik hat in ihrer Verfassung eine ähnliche Erscheinung. Trotz des Bundesrates, in den die Länder ihre Bevollmächtigten entsenden, unterhält jedes Land eine eigene Vertretung in Bonn dem Bunde gegenüber. Die Einrichtung ist unentbehrlich, zwischen den Bundes- und Länderinstanzen in laufendem Kontakt zu bleiben. Es handelt sich hier nicht um einen diplomatischen Dienst, da nur innerstaatliche Funktionen wahrgenommen werden. Die Ähnlichkeit liegt in der Organisationsform einer eigenen Vertretung, während die Abstimmung der Länder untereinander sich auf besonderen Konferenzen ihrer Ministerpräsidenten oder Fachminister abspielt oder auch in Einzelbesprechungen von Land zu Land. Die mehrfachen Verhandlungs- und Vorverständigungsebenen sind also auch innerhalb eines festgefügten Staatsgebildes eine Notwendigkeit, zumal es auch hier nicht nur Fachliches, sondern durchaus auch Politisches im Verhältnis Land zu Land und Länder zum Bund gibt. Dieser Bereich ist natürlich innerhalb der internationalen Organisationen erheblich größer und verwickelter, eine Domäne der allgemeinen Politik und damit der diplomatischen Auseinandersetzung.

27.
Schlußbetrachtung

Anfang und Ende immerfort dasselbe
Und was die Mitte bringt, ist offenbar
Das, was zu Ende bleibt und anfangs war.

Goethe

Wir sind am Ende unserer Betrachtungen angekommen. Es war ein weiter und langer Weg bis hin in die verwickelten Verhältnisse einer allerseits künstlich verwalteten Welt und Menschheit. Die gegenseitige Abhängigkeit der Völker und Staaten verlangt eine gegenseitige Abstimmung, um Katastrophen zu vermeiden. Aber alle Versachlichung kann die in den Dingen und Menschen liegenden Interessengegensätze nicht beseitigen. Sie sind stärker als alle Bündnisse, Vertragsabschlüsse und internationalen Übereinkünfte. Der Frieden der Welt bleibt eine immerwährende Aufgabe.

So bleibt, auch wenn die Formen sich ändern, der Diplomatie und mithin den Botschaftern ein weites Feld. Schon heute zeigt sich, wie schnell eine Konferenzdiplomatie sich festfahren kann, und wie es dann nur wieder den einen Ausweg gibt, einen befähigten Mann vertraulich von Regierung zu Regierung verhandeln zu lassen. Immer ist alles im Fluß, der nie der gleiche ist.

Was soll man anstreben? Früher fragte man das Delphische Orakel, in dem die Pythia ihre zweideutigen Auskünfte gab. Man las in den sibyllinischen Büchern nach, die dunkel waren. Es gab die Astrologie, aber den Stand der Sterne konnte man verschieden deuten. Das alles existiert nun nicht mehr, aber als Ersatz haben wir die modernen Sterndeuter, die Futurologen. Aber auch sie können die Fragen nicht eindeutig beantworten und erreichen in ihrer Treffsicherheit nicht einmal die der Wetterfrösche, die doch auch zu wünschen übrig lassen, wenn der Herr Außenminister oder Botschafter das Datum für eine Gartenpartie ohne Regen festlegen wollen. Die schönste Großwetterlage kann im Meteorologischen wie im Politischen durch eine Einzelstörung örtlich zunichte gemacht werden. Der Mensch ist noch unberechenbarer als Wind und Wolken.

In allen Jahrhunderten war die Sehnsucht deshalb ein anderer, besserer Mensch. Aber trotz Märtyrer und Erziehungsexperimenten, er blieb so seltsam wie am ersten Tage. So bleibt im Augenblick nur die eschatologische Erwartung der Verhaltensforscher, daß er sich durch eine Änderung im Erbgefüge – natürlich im guten Sinne – wandele. Diese Wandlung können wir bis zum Ende dieses Kapitels leider nicht abwarten; wir fürchten, es käme sonst nie zu Ende. So müssen wir uns damit begnügen, uns der Erfahrung des alten, weisen Diplomaten Talleyrand anzuschließen, daß nichts undurchsichtiger als die Zukunft sei.

Dieser Spruch ist so weit gefaßt, daß er sogar die Hoffnung zuläßt, es ließen sich jeweils tragbare Lösungen finden. Dazu gehören Wissen, Erfahrung und Urteilsvermögen, heute wie einst. Für Träume und Träumer ist kein Raum. In der Beschränkung zeigt sich erst der Meister. Das Vollkommene aber, um mit dem Koran zu sprechen, steht nur Allah zu. Das Vollkommene anzustreben, läßt den Menschen scheitern. Das ist die große Lehre der Geschichte. Guter Wille ist schon viel, aber zum Erfolge genügt er nicht, auch nicht die Tüchtigkeit. Es gehört, was die früheren Jahrhunderte besser wußten, noch ein gehöriger Schuß von dem dazu, was man einst »fortune« nannte. Da nach einem alten Spruch der Mut mehr Auswege findet als noch so kluge Verzagtheit, so belassen wir es bei einem Leitsatz Goethes:

> »Wie von unsichtbaren Geistern gepeitscht, gehen die Sonnenpferde der Zeit mit unsres Schicksals leichtem Wagen durch; und uns bleibt nichts, als mutig gefaßt die Zügel festzuhalten, und bald rechts, bald links, vom Steine hier, vom Sturze da, die Räder wegzulenken. Wohin es geht, wer weiß es?«

Literaturverzeichnis

Akagi, R. H.: Japanese Foreign Relations 1542–1936, Tokyo 1936

Allardt, H.: Moskauer Tagebuch, Düsseldorf 1973

Alexandrowicz, C. H.: Treaty and Diplomatic Relations between European and South Asian Powers in the 17th and 18th Century, Recueil des Cours, Paris 1961

ders.: Introduction to the Law of Nations in the East-India, Oxford 1967

American Foreign Service Association: Toward a Modern Diplomacy, Washington/DC 1968

Anweiler, O.: Die russische Revolution 1905–1921, Stuttgart 1971

Atiya, Aziz A.: Kreuzfahrer und Kaufleute, München 1973

Bender, F.: Antikes Völkerrecht, Bonn 1901

Boodberg, P. A.: Marginalia to the Histories of Northern Dynasties. Theoph. Simocatta on China (in: HJAS, 3, 1938, S. 223–243)

Borel, F.: De l'Origine et des Fonctions des Consuls, Leipzig 1831

Braubach, M.: Die vier letzten Kurfürsten von Köln, Bonn 1931

ders.: Kurkölnische Miniaturen, Münster 1954

Breasted, J. H.: Geschichte Ägyptens, Zürich 1936

Breyer, L.: Bilderstreit und Arabersturm in Byzanz, Graz 1964

Bullok, A.: Hitler, Frankfurt/Main 1964

Callières: De la Manière de negocier avec les Souverains, Amsterdam 1710

Cambon, J.: Le Diplomate, Paris 1926

Candiotti, F.: Historia de la Institucion Consular en la Antiquidad y en la Edad Media, 1925

Cornelius, F.: Geschichte der Hethiter, Darmstadt 1973

Dalheim, W.: Struktur und Entwicklung des römischen Völkerrechts, München 1968

Dettmer, H. A.: Grundzüge der Geschichte Japans. Darmstadt 1965

Dieterich, K.: Hofleben in Byzanz, Leipzig 1912

Doblhofer, E.: Byzantinische Diplomaten und östliche Barbaren, Graz 1955

Eickhoff, E.: Venedig, Wien und die Osmanen, München 1970

Einhard: Vita Caroli Magni, Stuttgart 1968

Essen, v. d.: La Diplomatie, ses Origines et son Organisation jusqu'à la fin de l'Ancien Régime, Brüssel 1953

Fischer, C.: Summa Poetica, München 1962

Franke, O.: Geschichte des Chinesischen Reiches, Berlin–Leipzig 1930–1950

Franke, W.: China und das Abendland, Göttingen 1962

Forke, A.: Mu Wang und die Königin von Saba (in: MSOS 7, 1904, S. 117–172)

Giesebrecht, W. v.: Geschichte der Deutschen Kaiserzeit, Meersburg 1930
Glasenapp, H. v.: Indische Geisteswelt, Baden-Baden 1958
Gundert, W.: Lyrik des Ostens, München 1958
Hammer-Purgstall, J. v.: Geschichte des Osmanischen Reiches, Pest 1827–1838
Hartel, K. D.: Das Taschenbuch vom Schnupftabak, München 1970
Haussig, H. W.: Byzantinische Geschichte, Stuttgart 1969
Hedin, Sven: Reisen mit Sven Hedin, Wiesbaden 1967
Heinisch, K. G.: Kaiser Friedrich II. in Briefen und Berichten seiner Zeit. Darmstadt 1968
Helm: Untersuchungen über den auswärtigen diplomatischen Verkehr des Römischen Reiches im Zeitalter der Spätantike, 1932
Herbertstein, S. v.: Reise zu den Moskowitern, München 1966
Herrmann, P.: Sieben vorbei und acht verweht, Hamburg 1952
Heuß, A.: Die völkerrechtlichen Grundlagen der römischen Außenpolitik, Leipzig 1933
ders.: Abschluß und Beurkundung des römischen und griechischen Staatsvertrages, Darmstadt 1967
Ivánka, E. v.: Europa im 15. Jahrhundert von Byzantinern gesehen, Graz 1965
Jakob, G.: Arabische Berichte von Gesandten an germanische Fürstenhöfe, Berlin 1922
Kahn, D.: The Codebreakers, New York 1967
Kaminski: Chinesisches Völkerrecht, Wien 1972
Kaster, H. L.: Kleine Geschichte des Orients, Frankfurt/Main 1955
Keller, W.: ... und die Bibel hat doch recht, Düsseldorf 1957
Kennan, G. F.: Memoiren eines Diplomaten, München 1971
ders.: Amerikas Außenpolitik 1900–1950, Zürich 1952
Kissinger, H. L.: Großmacht Diplomatie, Düsseldorf 1962
Koch, Th.: Ähnlichkeit mit lebenden Personen ist beabsichtigt, Hamburg 1970
Krauske, O.: Die Entwicklung der ständigen Diplomatie, Leipzig 1885
Krekeler, H. L.: Die Diplomatie, München–Wien 1965
Kruse, H.: Islamische Völkerrechtslehre, Göttingen 1953
Laurent, F.: Histoire de Droit des Gens, Brüssel 1861
Lorenz, K.: Das sogenannte Böse, München 1974
Macchiavelli, N.: Discorsi, Köln 1965
Macchiavelli, N.: Il Principe, Stuttgart 1963
Markwart: Ein arabischer Bericht über die arktischen Ländereien aus dem 10. Jahrhundert, Budapest 1964
Mehnert, K.: China nach dem Sturm, München 1973
Moltke, H. v.: Briefe über Zustände und Begebenheiten in der Türkei, Berlin 1882
Mommsen, Th.: Römisches Staatsrecht, 1887
Nicolson, H.: Kleine Geschichte der Diplomatie, Frankfurt/M. 1955
Numelin, R.: The Beginnings of Diplomacy, London–Kopenhagen 1950
Olearius, A.: Vermehrte Moscowitische und Persianische Reisebeschreibung, Schleswig 1656
Pörtner, R.: Die Erben Roms, Düsseldorf 1964
Plowden, Lord: Report of the Committee on Representational Services Overseas, London 1964

Polo, Marco: Die Reisen des Venezianers Marco Polo, München 1969
Potjomkin: Geschichte der Diplomatie, 1948
Quaroni, P.: Diplomaten unter sich, Frankfurt/M. 1954
Rauch, G. v.: Machtkämpfe und soziale Wandlungen in der Sowjetunion seit 1923, Stuttgart 1971
Reischauer, E. O.: Die Reise des Mönchs Ennin neun Jahre im China des 9. Jahrhunderts, Stuttgart 1969
Renovin, G.: Histoire des Rélations internationales, Paris 1958
Reschid, A.: L'Islam et le Droit des Gens, Paris 1932
Rice, T.: Die Kunst des Islam, München/Zürich 1967
Riesser, H. E.: Von Versailles zur Uno, Berlin 1962
Rimscha, H. v.: Geschichte Rußlands, Darmstadt 1970
Rocher, L.: The Ambassador in Ancient India, IYBA 1958
Rosen, F.: Aus einem diplomatischen Wanderleben, Berlin 1931
Salles, G.: L'Institution des Consulats, Paris 1898
Satow, E.: A Guide to Diplomatic Practise, London 1957
Schott, S.: Altägyptische Liebeslieder, Zürich 1950
Schwarz-Schilling: Der Friede von Shan Yüan, Wiesbaden 1959
Schweigger, S.: Neue herausgegebene Reißbeschreibung nach Constantinopel etc., Nürnberg 1665
Smith, L. D.: The Science of the Secret-Writing, London 1944
Soyter, G.: Byzantinische Dichtung, Athen 1938
Speer, A.: Erinnerungen. Frankfurt/M. 1969
Teply, K.: Kaiserliche Gesandtschaften ans Goldene Horn, Stuttgart 1968
Toynbee, A. J.: Der Gang der Weltgeschichte, München 1970
Treitinger, O.: Die oströmische Kaiser- und Reichsidee, Jena 1938
Wahl, R.: Karl der Große, Frankfurt/M. 1954
Zechlin, W.: Diplomatie und Diplomaten, Stuttgart 1935

Register

Felix von Eckardt

Ein unordentliches Leben

640 Seiten, Leinen

»Der Kern des Buches sind die Kapitel über Felix von Eckardts Zusammenarbeit mit Konrad Adenauer. Und hier ist nichts ›unordentlich‹, wohl aber vielfältig und hintergründig. Das lesenswerte Buch spiegelt eine Zeit wieder, in der allzu viele Vorgänge allzu kompliziert waren, teils aus ihrer Natur, teils, weil die handelnden Personen unter dem Kennwort ›Politik‹ auf schmalen Pfaden schleichen oder sich durch einen Dschungel von Argumenten hindurchkämpfen mußten, deren Wahrheitsgehalt oft nur schwer zu erkennen war.«

Die Zeit

»›Ein unordentliches Leben‹ ist der fesselnde Lebenslauf eines Mannes, dem die Eitelkeit des Memoirenschreibers völlig fehlt, der über amüsante Begebenheiten am Rande der großen Politik ebenso pointiert zu schreiben weiß wie über die wichtigen Entscheidungen der großen Politik.«

Hamburger Abendblatt